일제강점기 어문 정책과 어문 생활

이 저서는 2008년 정부(교육과학기술부)의 재원으로 한국학술진흥재단의 지원을 받아 수행된 연구임(KRF-2008-812-A00145)
This work was supported by the Korea Research Foundation Grant funded by the Korean Government (KRF-20008-812-A00145)

지은이 **허재영**

- 건국대학교 졸업, 문학박사
- 국어문법사를 전공하였으며, 국어 교육사와 제2언어로서의 한국어 교육 분야에 관심을 갖고 연구를 진행하고 있음. 건국대학교, 춘천교육대학교, 성신여자대학교, 경원대학교 등 여러 학교에서 강의를 하였으며, 서울대학교 국어교육연구소 선임연구원, 호서대학교 겸임 교수, 건국대학교 강의 교수를 지냈음
- 현재 단국대학교 교육대학원 교육학과 국어교육 조교수
- 논저로는 『부정문의 통시적 연구』(2002, 역락)
  『국어과 교육의 이해와 탐색』(2006, 박이정)
  『제2언어로서의 한국어교육의 이해와 탐색』(2007, 보고사)
  『국어의 변화와 국어사 탐색』(2008, 소통)
  『우리말 연구와 문법 교육의 역사』(2008, 보고사)
  『일제강점기 교과서 정책과 조선어과 교과서』(2009, 도서출판 경진)
  『통감시대 어문교육과 교과서 침탈의 역사』(2010, 도서출판 경진)
  그 밖의 국어사 및 국어과 교육 관련 논문이 다수 있음

일제강점기 어문 정책과 어문 생활 1
일제강점기 어문 정책과 어문 생활

ⓒ 허재영, 2011

1판 1쇄 인쇄 ‖ 2011년 11월 20일
1판 1쇄 발행 ‖ 2011년 11월 30일

지은이 ‖ 허 재 영
펴낸이 ‖ 양 정 섭
펴낸곳 __ 도서출판 경진
     등 록 __ 제2010-000004호
     주 소 __ 경기도 광명시 소하동 1272번지 우림필유 101-212
     블로그 __ http://kyungjinmunhwa.tistory.com
     이메일 __ wekorea@paran.com

공급처 __ (주)글로벌콘텐츠출판그룹
     대 표 __ 홍정표
     기획·마케팅 __ 노경민
     경영지원 __ 최정임
     주 소 __ 서울특별시 강동구 길동 349-6 정일빌딩 401호
     전 화 __ 02-488-3280
     팩 스 __ 02-488-3281
     홈페이지 __ http://www.gcbook.co.kr

값 __ 24,000원
ISBN __ 978-89-5996-131-3 94370
       978-89-5996-130-6 94370(세트)

일제 강점기 어문 정책과 어문 생활 **1**

일제 강점기 어문 정책과 어문 생활

허재영 지음

도서출판 경진

머리말

이 책은 한국연구재단의 인문 저술 지원 사업에 따른 '일제강점기 어문 정책과 어문 생활'(KRF-2008-812-A00145) 연구 결과물이다.

글쓴이가 국어교육사에 깊은 관심을 갖게 된 것은 2002년부터 시작된 '근현대 민족어문 교육 기초 연구' 프로젝트에 참여하면서부터이다. 이 프로젝트는 한국연구재단(당시는 학술진흥재단)의 토대 연구의 하나였는데, 국어교육사에 대한 기초 자료 수집 및 정리를 목표로 하였다. 이 프로젝트에서 중점적으로 수행한 작업은 어문 정책, 교육과정, 교과서, 한국어 교육 관련 자료, 북한의 어문 교육 등과 관련된 기초 자료를 수집하여 정리하는 일이었다.

이 작업을 수행하면서 느낀 점은 1895년 근대식 학제가 도입된 이후 100년의 시간이 흘렀지만 국어교육사 분야의 연구는 기초 자료 수집과 정리가 매우 미진하다는 것이었다. 교육 관련 법령이나 학제 변천 과정도 뚜렷이 알기 어려웠으며, 시대별 교과서 발행 실태를 조사하는 일도 쉽지 않았다. 다행히 강윤호(1973), 박붕배(1987, 1997), 김규창(1987), 이종국(1991) 등의 선행 연구가 있어서 어느 정도 윤곽은 잡을 수 있었지만, 근대 계몽기(1880~1910), 일제강점기(1910~1945), 건국 과도기(1945~1955), 교육과정기(1955 이후)를 이어가는 긴 시대에 '어문 정책', '어문 생활', '교육 법령', '교육 제도', '교과서' 등을 포괄적으로 연구하는 일은 결코 쉬운 일이 아니었다.

이 작업은 당시 연구에 참여했던 연구 책임자(제1차는 윤여탁 교수님, 제2차는 민현식 교수님), 공동 연구원 그리고 연구 보조원들의 피나는 노력의 결과 비교적 풍성한 성과를 거두었다. 그 결과는 윤여탁 외 (2005)의 『국어교육 100년사』(서울대학교 출판부)와 민현식 외(2007)의 『미래를 여는 국어 교육사』(서울대학교 출판부)로 나타났다.

사실 국어교육사를 연구하면서 느끼는 어려움은 한두 가지가 아니다. 가장 큰 문제는 기초 자료의 수집과 정리이다. 특히 정책 자료는 조선, 대한제국, 조선총독부, 미군정, 대한민국과 같이 국가나 정부를 기본으로 해야 하기 때문에 방대한 공문서를 훑어야 한다. 이 문제는 주로 『구한국 관보』, 『조선총독부 관보』, 『조선총독부 시정 연보』, 『미군정기 관보』, 『(정부 수립 이후의) 관보』를 통해 해결하고자 하였다. 현재 영인되어 있는 이들 관보의 양도 매우 방대하다.

그러나 더 심각한 문제는 근대 계몽기와 일제강점기의 어문 정책, 교과서, 계몽 정책 및 운동 자료를 수집하는 일이었다. 이러한 자료는 일반적인 연구서와는 달라서 학계의 관심도 덜했을 뿐 아니라 각 도서관에서 수집하여 정리한 사례도 많지 않다. 이 문제를 해결하기 위해 글쓴이는 2002년부터 지금까지 전국 각지를 다니면서 자료를 모았다. 이러한 작업은 많은 비용과 시간을 요하는 일이었는데, 글쓴이보다 먼저 이러한 일을 해 오신 몇 분 선생님들의 조언이 큰 힘이 되었다. 예를 들어 국어교육사 자료를 중점적으로 수집하여 연구하신 박붕배 선생님(현재 한글학회 이사)이나 사전 자료를 중점적으로 수집하여 연구하신 박형익 선생님(현재 경기대학교 국어국문학과 교수)의 조언을 들을 수 있었다. 그 과정에서 한국연구재단의 인문 저술 지원 사업의 지원을 받을 수 있었던 것은 큰 행운이었다.

글쓴이가 관심을 가졌던 분야는 '어문 정책과 어문 생활' 분야였다. 어문 정책은 국가나 정부 차원에서 어문 문제를 해결하고자 하는 방책을 의미한다. 어문 문제의 범위는 매우 넓기 때문에 '국어 문제', '국어교육 문제'를 포괄할 수밖에 없었다. '어문 표준화 과정'이나 '국문 관련 논설', '어문 보급을 위한 교재', '국어 교과서' 등과 같이 어문 문제와 관련된 자료는 닥치는 대로 수집하고, 시간이 날 때마다 국립중앙도서관을 비롯하여 각 대학의 도서관을 뒤졌다. 전국의 헌책방을 돌아다니고 고물상을 뒤지며 때로는 개인적으로 자료를 수집하는 사람들을 만나기도 하였다. 그러면서 시간이 날 때마다 엑셀과 한글 프로그램을 활용하여 자료를 정리하고 입력하는 일을 해 왔다.

지금까지 글쓴이가 연구한 주요 주제는 '근대 계몽기의 어문 정책', '통감시대의 교과서', '국어 교과의 성립 과정', '국어과의 영역별 교육 내용과 방법의 변화 과정', '일제강점기의 교과서 정책', '조선어과 교과서 복원 작업', '건국 과도기의 교과서 변천 과정' 등이었다. 이 가운데 일부는 정리한 자료와 함께 몇 권의 저서로 출간하기도 하였다.

이 연구는 글쓴이의 어문 정책사 관련 연구의 하나이다. 이번 연구에서는 일제강점기 조선총독부를 중심으로 한 어문 정책을 중점적으로 다루고자 하였다. 조선총독부의 어문 정책을 '일본어(당시는 국어라고 표현함) 보급 정책'을 최우선 과제로 하였다. 이는 통감시대부터 점진적으로 추진해 온 정책인데, 식민 지배 상황과 목표에 따라 강도가 달라진다. 특히 1938년 이후 지원병제 실시 이후 각종 인적 자원 수탈을 위한 일본어 보급 정책은 이른바 '조선어 말살 정책'과 깊은 상관성을 보인다.

일본어 보급 정책이 조선인 동화 정책의 출발점이라고 한다면, 일본인을 대상으로 한 '조선어 (장려) 정책'은 식민 통치를 원활하게 하기 위한 정책이라고 할 수 있다. 이 주제에 대해 야마다[山田寬人](2004)와 같은 기존의 연구가 있었지만, 한국인의 입장에서 조선어 장려 정책의 본질을 깊이 있게 분석한 사례는 많지 않다. 이 점에서 일본인을 대상으로 한 조선어 정책 관련 법령을 찾고, 이와 관련된 교재를 수집하는 일은 중요한 의미를 갖는다. 이 과정에서 '경성부 조선어연구회'와 이 연구회의 기관지인 『월간잡지 조선어』를 확인한 점은 의미 있는 일이라고 할 수 있다.

조선총독부의 조선문 표준화 정책도 살펴보아야 할 주제였다. '보통학교용 언문 철자법'을 제정한 이유, 제정 및 개정 과정에 나타난 이론적 근거, 철자법이 미친 사회적 영향 등에 대한 연구는 좀 더 심층적인 분석을 요한다. 비록 하동호(1986)에서 이러한 자료를 수집한 적도 있지만 총독부의 철자법 정책의 흐름을 이해하기 위해서는 좀 더 실증적인 자료가 필요할 수밖에 없었다. 이 점에서 『매일신보』는 귀중한 자료의 하나였다. 다만 이 신문의 축쇄본은 판독이 매우 어려워 큰 곤란을 느꼈다.

또 하나의 주제로 조선총독부가 취해 온 '대민 정책(對民政策)'이 있었다. 이 주제는 기존의 연구에서는 거의 찾아보기 힘든데, 이른바 '농촌진흥'이나 '자력갱생운동'과 같은 통치 정책을 의미한다. 이 정책도 강점 이후 지속적으로 추진되어 왔는데, 때로는 헌병 경찰을 동원한 억압적인 방식이 적용되기도 하고, 때로는 '민중 계몽'의 슬로건을 내걸기도 한다. 하지만 이 정책의 본질은 식민 이데올로기를 보급하는데 필요한 기능적 문식성을 갖추게 하는 데 있었다. 이 주제에 대한 연구는 일제강점기의 각종 민중운동이나 '문자보급운동'의 성격을 파악하는 데도 반드시 필요한 일일 것이다.

이러한 연구를 진행하면서도 아직까지 남은 문제가 많이 있음을 깨닫게 된다. 첫째는 기초 자료의 수집과 분석이 지속적으로 진행되어야 한다는 점이다. 글쓴이는 박붕배 선생님에 이어 일제강점기 조선어과 교과서를 전수 조사하고 그 결과물을 『조선어독본』 1~5권으로 복원하였다. 이 작업에도 많은 시간이 걸렸다. 하지만 국내에서 일제강점기 조선총독부에 의해 편찬된 '일본어 독본'이 체계적으로 복원된 적은 없다. 글쓴이가 파악하기로는 1910년부터 1945년까지 대략 200종 정도의 일본어 독본(당시의 책명은 국어독본)이 발행된 것으로 보인다. 이 책을 수집하여 복원하는 문제도 또 하나의 숙제이다. 영인 보급된 자료에 대한 심층적인 분석도 필요하다. 대표적인 자료가 조선총독부에서 월간지로 펴낸 『조선(朝鮮)』이다. 이 잡지는 고려서림에서 총 47책으로 영인하였다. 조선교육회에서 펴낸 『文教の朝鮮』도 마찬가지이다. 이 자료는 일본의 MT 출판사에서 영인하였는데 총 82책에 이른다. 또한 조선총독부가 '자력갱생운동'의 차원에서 월간으로 펴낸 『자력갱생휘보(自力更生彙報)』가 있다. 이 홍보지는 일본문으로 이루어진 본책과 조선문으로 이루어진 부록이 있는데 1939년 이후에는 부록 대신 '언문판'이라는 책명을 사용하였으나 발행 전모는 밝혀지지 않았다.

둘째는 내용 분석과 관련된 문제이다. 이번 연구에서 다룬 주제 이외에도 이 시기 국어 문제와 관련된 심층적인 분석이 필요하다. 대표적인 주제 가운데 하나가 일제강점기의 '국어 연구 경향'과 '국어교육 연구 경향'이다. 국어 연구 경향은 김민수·고영근·하동호 선생님이 정리한 『역대문법대계』(탑출판사)라는 방대한 자료가 있지만, 이 자료는 대체로 개인 저작물을 중심으로 하였다. 근대 계몽기 이후 신문, 잡지, 학회보 등에 나타나는 국어 연구 성과물 또는 국어교육 연구 성과물도 적지 않기 때문에 이에 대한 종합적인 정리와 분석이 필요하다. 이 두 가지 문제는 이 연구의 후속 과제로 남겨 둔다.

2011년 10월 31일
한국연구재단 인문 저술 지원 사업에 따른
'일제강점기 어문 정책과 어문 생활'을 마치면서
허 재 영

목 차

조선총독부의 대민 정책(對民政策)과 계몽 문제

어문 정책의 개념과 연구 범위

1. 연구 목적

이 연구는 일제강점기 조선총독부에서 실시한 어문 정책의 실체를 실증적 자료 조사를 바탕으로 체계화함으로써, 우리의 어문 생활에 미친 영향을 규명하고자 하는 목적을 갖는다.

일제강점기 조선총독부의 어문 정책은 크게 세 가지 방향에서 계획·집행되어 온 것으로 볼 수 있다. 첫째는 조선인을 대상으로 한 일본어 보급 정책이며, 둘째는 조선인을 대상으로 한 조선어 정책(궁극적으로는 조선어 말살 정책으로 이어짐), 셋째는 일본인을 대상으로 한 조선어 정책(조선어 장려 정책)이다. 이러한 정책은 일제강점기 초기부터 계획적이고 의도적으로 실시되어 왔으며, 이는 조선 교육령과 각급 학교령, 그리고 각종 법령을 통하여 실행되었다.

그러나 기존의 연구에서는 이러한 정책의 성격이나 구체적인 내용에 대한 실증적인 규명이 부족하여, 많은 사람들이 일제강점기의 어문 정책에 대해 오해하는 경향이 있다. 예를 들어 '조선어 교육'이 조선어를 보존하는 교육인 것처럼 오해하는 경우, '조선어 말살 정책'을 식민 지배와 피지배의 '억압과 저항'이라는 단순 등식으로 이해하는 경우, '조선어 장려 정책'이 일본의 조선 문화 이해의 방편인 것처럼 오해하는 경우 등이 그것이다. 이러한 차원에서 일제강점기 조선총독부의 어문 정책에 대한 실증적 연구가 절실한 실정이다. 특히 어문 정책은 국가나 정부 차원에서 어문 문제에 대한 행정적, 정치적 해결 방안을 의미한다는 점에서, 일제강점기의 어문 정책 연구는 조선총독부를 중심으로 해야 함은 당연한 일이다. 이를 고려할 때 조선총독부의 어문 정책과 그 영향에 대한 실증적 연구의 필요성은 그 어느 때보다도 절실한 입장이라고 할 수 있다.

이와 함께, 이 연구에서는 일제강점기 어문 정책과 직접적으로 또는 간접적으로 관련을 맺고 있었던 당시의 어문 연구, 어문 생활의 실태 조사도 포함하게 된다. 이는 어문 생활 실태가 어문 정책 입안 및 집행의 배경이 된다는 점에서 자연스러운 접근 방법이라고 할 수 있다.

어문 정책사 연구의 주된 방법은 두 가지를 고려할 수 있다. 하나는 과거의 역사를 대상으로 한다는 점에서 문헌 자료 중심의 연구 방법을 사용할 수 있다. 일제강점기 어문 연구나 어문 생활, 그리고 어문 정책과 관련된 자료는 매우 다양하게 산재되어 있다. 각종 신문이나 잡지, 총독부에서 발행한 『조선총독부관보(朝鮮總督府官報)』나 『월간 조선(月刊朝鮮)』, 『조선총독부시정연보(朝鮮總督府施政年譜)』 및 『조사월보(調査月報)』, 조선교육회 등의 기관에서 발행한 『文敎の朝鮮』을 비롯하여 각종 교과서, 개인 저서 등이 이에 해당한다. 따라서 이 연구는 각종 자료에 산재된 어문 정책 관련 자료를 정리하고 체계적으로 분류하는 데 일차적인 목표를 둔다.

다른 하나는 이 시기를 살아왔던 사람들의 경험을 대상으로 실태 조사를 하는 방법이 있다. 실태 조사 방법은 설문지법, 관찰법, 구술 면접법 등의 다양한 방법을 사용할 수 있는데 이 연구가 대상으로 삼는 시기가 일제강점기라는 점을 고려한다면, 이 시기를 경험한 사람들을 대상으로 구술 면접을 하는 방법을 고려할 수 있다. 사실 일제강점기를 경험한 사람들 가운데 생존자가 많지 않다는 점을 고려한다면, 이 방법을 사용하여 구술 자료를 확보하는 일은 매우 중요한 과제로 생각된다. 그렇지만 현재 문헌 자료의 수집과 정리 문제도 충분히 해결되지 않은 상태에서 이 방법을 직접 적용하는 데는 많은 어려움이 따른다.

이 연구는 조선총독부의 어문 정책에 대한 통시적 연구에 해당한다. 이 점에서 이 연구는 자료 수집과 기술, 식민 정부의 어문 정책에 대한 설명을 주된 목표로 삼는다. 이와 같은 목표는 궁극적으로 특수한 상황에서 전개되는 어문 정책이 어떤 특징과 결과를 초래할 수 있는지를 예측하게 함으로써, 어문 정책의 미래를 이해하는 데 도움이 될 수 있다. 이와 같은 차원에서 이 연구는 다음의 과정을 거쳐 연구된다.

첫째는 자료 조사 단계이다. 앞의 표에서 확인할 수 있듯이, 조선총독부의 어문 정책 관련 자료는 〈관보〉, 〈교과서〉, 사회 교육 교재, 신문과 잡지 등을 통하여 확보할 수 있다.

둘째는 조선총독부의 어문 정책에 대한 기술의 단계이다. 확보한 자료를 분석할 경우 앞의 표에서 제시한 바와 같이, 4개의 주요 주제를 중심으로 통시적인 기술이 가능할 것으로 보인다.

셋째, 일본어 보급 정책, 조선어 교육 정책, 조선어 장려 정책, 그리고 계몽 정책의 특징을 분석함으로써 식민 시기의 어문 정책이 갖는 특징을 체계적으로 설명할 수 있다. 이 과정에서 어문 정책에 작용하는 요인들이 무엇인지 분석하고, 각 요인이 어떤 기능을 담당하는지를 설명함으로써, 어문 정책에 대한 설명 가능성과 예측 가능성을 높이고자 하는 것이 이 연구의 주된 목표이다.

넷째, 조선총독부의 어문 정책을 기술, 설명함으로써 광복 이후의 어문 정책을 비롯하여 오늘날에 이르기까지 일제강점기가 어떤 의미를 갖는지를 밝혀낼 수 있다.

ㄹ. 연구 대상과 범위

2.1. 국어 정책과 어문 정책

정책은 "시정의 방향" 또는 "정치상의 방책"을 뜻하는 말로, "정부, 단체 등이 선택한 공사 문제에 대한 시정 방침이나 행동 양식"을 일컫는다. 대부분의 사회과학 연구 분야가 그러하듯이, 정책에 대한 개념 규정이나 학문적 접근 방법은 매우 다양하다. 이에 대해 최봉기(2008 : 51)에서는 정책의 개념에 포함된 속성과 성격을 다음과 같이 정리한 바 있다.

(1) **정책의 개념과 속성**
ㄱ. 정책의 주체는 개인이나 사적 집단이 아닌 정부의 공공 기관이다.
ㄴ. 정책은 임기응변적인 조치나 우연한 행동이 아니라 의도를 가진 정부 당국의 목표지향적인 활동이다.
ㄷ. 정책을 통해 구현하려는 가치는 기존 문제의 해결뿐만 아니라 장래에 예측되는 문제에 대한 해결이나 변화를 유도하려고 하는 것이다.
ㄹ. 정책은 주로 복잡하고 동태적인 정치 행정적 과정을 통하여 이루어진다.
ㅁ. 정책은 일반적으로 미래지향적인 성격을 지니고 있다.

이처럼 최봉기(2008)에서는 정책의 개념에 포함된 속성을 밝히고,

정책이 갖는 성격을 "가치 지향성, 미래 지향성, 변화 지향성, 정치성 및 경제성, 행동 지향성, 비용 유발성, 가변성, 문제 해결 지향성"으로 나누어 설명한 바 있다. 이러한 정책의 성격을 고려할 때 어문정책도 정부나 단체의 정치상의 방책을 의미하는 말로 풀이할 수 있다. 이에 대해 송기중(1993)에서는 어문 정책에 해당하는 '국어 정책'의 개념을 "국어 문제에 대한 국가나 정부의 시정 방책"이라는 말로 정의한 바 있고, 허만길(1994)에서는 "국어에 관한 국가 정부의 계획혹은 기본 방책"이라고 정의한 바 있다. 같은 맥락에서 최용기(2003)에서는 국어 정책을 "국민이 일상 언어생활에서 사용하는 언어에 대한 국가 정부의 시정 방책"이라고 풀이하고 있다.[1]

일제강점기의 어문 문제는 식민 지배 언어인 일본어와 피지배 언어인 조선어가 모두 대상이 되었으므로, 어문 정책에 대한 개념 정의가 좀 더 복잡하다. 왜냐하면 이 시기 국가를 배경으로 한 공용어는 '일본어'였기 때문에 당시의 '국어'라는 개념은 일본어를 뜻하는 말이었다. 특히 1910년 당시의 '국어'라는 개념은 '조선어'와 '일본어' 가운데 어느 것을 지칭하는지 혼란스러울 때도 많았다. 다음과 같은 자료는 이러한 상황을 보여준다.

(2) '국어'가 의미하는 언어

ㄱ. 우리말글을 지칭하는 사설 : …天下에 書同文이라 ᄒ나 言文이 一致

---

1) '언어 정책', '언어 계획', '어문 정책', '국어 정책', '어문운동', '국어운동' 등의 용어 사용에 대해서는 허재영(2002)을 참고할 수 있다. 이 글에서는 '언어 정책'과 '어문 정책'을 같은 개념으로 사용하고 있으며, 일제강점기라는 시대 상황을 고려하여 '국어 정책'이라는 용어를 피하고 있음을 밝힌다. 일제강점기의 어문 문제는 정책적인 차원에서 조선총독부의 '일본어(당시의 국어) 보급 정책', '일본인을 대상으로 한 조선어 정책', '조선인을 대상으로 한 조선어 정책'으로 나누어 접근할 수 있다. 따라서 포괄적인 차원에서 이 시기의 어문 문제에 대한 정책적인 접근을 의미할 때에는 '어문 정책'이라고 부르고, 개별 사항에 대해서는 해당 어문 문제가 무엇인가를 고려하여 용어를 사용하고 있음을 밝힌다.

치 못호 者는 日本에는 日本 國文이 有호야 國語를 因作호엿고 泰西列
國에는 泰西國文이 有호야 國語를 因作호엿고 露國에는 露國國文이
有호야 國語를 因作호엿고 支那에는 漢文을 純用호나 語錄으로 國語
를 因作호엿고 至於日本호야는 國文도 有호고 漢文도 有홀지라도 硏
究가 稍精호 者는 各學校의 敎課의 雜用호 所以로 雖兒童婦女라도 文
意를 易解호야 目不識丁호는 歎이 無호고 朝鮮則 國文이 雖有홀지라
도 漢文을 專尙호야 言文이 相違호 者는 漢文學者는 國文을 賤棄호여
日文人의 可學홀 者가 아니라 호야 初不掛眼흠으로 但 婦女小堅의 通
情호는 文字로만 作호야 解知호는 者 l 無幾호도다. (중략) 國文의 發
展치 못흠을 切嘗慨歎호는 者는 簡易호 要路를 棄호고 由行치 못호니
語學을 學習코져 호나 國文을 不通호면 國語를 未解홀지니 語音의 淸
濁高低를 全昧호고 語學을 學호기가 詰屈호는 歎을 免치 못홀지니 其
本을 捨호고 馳무 涉獵호면 雖終身求之호야도 成功호기를 得치 못홀
者라. 是以로 本社에셔 國으로 同胞의 智識을 發展호는딕 必要로 認호
는 者는 漢문을 解得호는 人은 少호고 國문을 解得호는 人은 稍多홈으
로 國문 申報를 刊行호지가 九百五十八号에 至호엿도다. 國漢문을 並
解호는 效果를 奏치 못호 者는 元來로 國을 抛棄호던 惡習이 因以成痼
호야 本社의 國문報는 有識호 人은 等閑히 視호야 同胞에게 有益호 記
事와 難解호 문意는 硏究홀 思想이 無호니 民智의 發展을 望키 難호리
로다. 朝鮮의 國문도 日本과 如히 漢문과 參互호야 硏究가 益深호면
語學의 解得이 易호야 民智開發의 捷徑을 作호리라 호노라. 一'國文의
必要', 『매일신보』 1910.10.11.

ㄴ. 일본어를 의미하는 사설 : 夫 國家 領有에 屬호 者 地域은 勿論 肥饒
瘠确호고 總히 國土라 稱호며 國家 統治에 歸호 者 人衆은 勿論 賢愚貴
賤호고 能히 國民이라 稱호나니 故로 國民의 齊一호 議論에 不可岐貳
는 其名曰 國論이오 國民의 共同호 風俗에 不可背馳는 其名曰 國俗이
라 故로 舉國所就에 其勢不得不 影從이오 舉國所趨에 其勢不得不 響應
이니 此則然矣어니와 至於語言호야는 尤히 至急至切의 關係가 有호니

國人 喧喧에 我獨嘿ᄒ며 國人 制制(?)에 我獨聾이면 是ᄂ 一木偶人而
止며 一土偶人止니 此 二十世紀 活動時代에 故意로 ** 自手束縛ᄒ야
一行一止를 隨意로 由치 못ᄒ도록 ᄒᄂ 人을 엇지 有知覺이라 ᄒ리오.
槪言ᄒᆯ진ᄃᆡ 一飢가 逼體라도 我不言飢면 誰給之食이며 一寒이 乏骨이
라도 我不言寒이면 誰賜之衣리오. 推此以往으로 水之溺而火之焚이라
도 我言을 待ᄒ야 人數가 必至오 *之觸而阩之陷이라도 我言을 須ᄒ야
人助가 必來ᄒ리니 人之不可以不言也ㅣ 如是夫ㄴ뎌.

又況 我朝鮮人은 新附에 歸屬ᄒ지 日淺ᄒ야 內地人으로 더부러 意見
上 相違點에 不無ᄒ고 習慣上 差異處가 不無ᄒᆷ은 勿論인즉 第一 要點
되는 國語를 不知ᄒ고 엇지 同舟共濟相保의 密接情誼를 融通和解ᄒ리
오. 故로 當局에서 行政上 急務가 莫先於國語普及이라 專力鼓動ᄒ며 極
意奬勵ᄒᆷ은 一般了知ᄒᄂ 바이어니와 其所以됨이 二가 有ᄒ니 一은 日
鮮人의 情誼가 疏通ᄒ야 速히 同化 方面으로 燭爛同流코ᄌ ᄒᆷ이오 一
은 朝鮮人의 至願을 語悉ᄒ야 行政 事務에 障碍가 無코ᄌ ᄒᆷ이니

我朝鮮人은 此意를 克體ᄒ면 寧히 一日不食이언뎡 不可一日無國語
오 寧히 一夜不寢이언뎡 不可一日無國語니 何者오 一日一夜不食不寢
으 難或精神筋力에 疲腦를 生ᄒ나 大體는 猶自無傷이로ᄃᆡ 一日一夜라
도 國語가 無ᄒ면 着足擧手에 動軏狼狽리니 吾人 層乾舌凅의 勸告黎煩
이 良有以也로다. (이하 생략) ―'國語普及의 急務', 『매일신보』 1913.
11.2. 사설

위의 두 사설에 나타난 것처럼, 일제강점기에는 '일본어'를 '국어'
또는 '공용어'로 삼았기 때문에 식민 당국은 일본어를 주된 대상으
로 어문 정책을 실시하였으며, 통치의 효과를 높이기 위한 방편으로
'조선어 정책'을 펼치게 되었다.

이에 비해 정부 차원의 정책이 아니라 민간 차원이나 개인 차원의
어문 문제에 대한 접근 태도나 방법을 일컬을 때에는 '운동'이라는
용어를 사용한 사례가 있다. 이 용어는 '독립운동'(『매일신보』 1919.3.8.

사설에서는 3.1 독립투쟁을 '소요 사건'으로 보도하면서 "소위 독립운동"이라는 제목을 사용한 바 있음), '참정권운동'(『매일신보』 1926.4.18.), '농민계몽운동'(『매일신보』 1926.11.12.) 등과 마찬가지로 민중의 정치적 또는 문화적인 움직임을 나타내는 용어로 사용되었다. 일제강점기의 어문운동은 주로 어문 통일과 문자 보급에 초점이 맞추어져 있었다. 특히 '한글'이라는 명칭이 보편화되면서 처음 나타난 용어가 '한글 운동'이다.[2]

이를 종합할 때, '어문'이라는 용어와 '국어'라는 용어는 '국가' 또는 '공용어'와 관련되어 파생된 용어라고 할 수 있으며, '정책'이라는 용어와 '운동'이라는 용어는 어문 문제에 대한 해결 주체와 관련된 문제에서 파생된 용어라고 할 수 있다. 이 점에서 일제강점기는 다양한 언어(일본어, 조선어, 영어 교육, 한어 교육 등) 문제가 공존하였으며, 정책의 주체가 식민 당국이었다는 점을 고려할 때 '어문 정책'이라는 용어를 사용하는 것이 좀 더 합리적일 것으로 판단된다.

2.2. 조선총독부의 어문 정책과 변화

정책학 연구자들에 따르면 정책이 이루어지기 위해 세 가지 구성 요소가 존재한다고 한다. 최봉기(2008 : 56~58)에서는 이들 요소를 '정책 목표', '정책 수단', '정책 대상'으로 나누어 설명한 바 있다. 이를 고려할 때 일제강점기 어문 정책의 목표는 정책 대상에 따라 달리 설정될 수밖에 없었다. 구체적으로 말하면 식민 지배 언어인 일본어를 조선 민중에게 보편적으로 사용하게 하는 일(일본어 보급 정책), 식

---

2) 김윤경(1932)에서는 "최근의 한글 운동"이라는 용어를 사용하였으며, 이극로(1938)에서는 "한글 운동과 조선어 사전"이라는 제목의 글을 남기기도 하였다. 이러한 차원에서 이응호(1973)에서는 '개화기의 한글 운동', '미군정기의 한글 운동'이라는 용어를 사용하고 있다.

민 정책을 구체적으로 추진할 관리들에게 조선 민중과의 의사소통 능력을 기르게 하는 일(조선어 정책, 또는 조선어 장려 정책)이 우선적으로 추진되었으며, 일본어 보급 정책은 조선 민중이 궁극적으로 조선어를 사용하지 않게 하려는 의도에서 추진되었으므로 조선 사람들을 대상으로 한 조선어 정책(조선어 위축 또는 말살 정책)과도 밀접한 관련을 맺게 된다. 이를 고려하여 일제강점기의 어문 정책을 대상 언어와 대상 집단을 기준으로 체계화하면 다음과 같다.

(3) 일제강점기 어문 정책의 체계

대상 집단 \ 대상 언어	일본어(국어)	조선어(민족어)
일본인	일본어 정책	(일본인을 대상으로 한) 조선어 정책 또는 조선어 장려 정책
조선인	일본어 보급 정책	(조선인을 대상으로 한) 조선어 정책

(3)의 표와 같이 식민 정부에 해당하는 조선총독부의 어문 정책은 일본인을 대상으로 하는 '일본어 정책'과 '조선어(장려) 정책', 조선인을 대상으로 하는 '일본어 보급 정책(국어 보급)'과 '조선어 정책'으로 나누어 살필 수 있다. 특히 조선인을 대상으로 하는 어문 정책은 조선인 문맹자가 많았기 때문에, '문맹퇴치' 또는 '문자 보급'의 차원에서 별도로 다루어 볼 필요가 있다. 이를 고려하여 조선총독부의 주요 어문 정책의 주된 특징을 기술하면 다음과 같다.

(4) 조선총독부 어문 정책의 특징

어문 문제	어문 정책의 특징
일본어 보급 정책	일본어 보급 정책은 통감시대부터 광복 직전까지 포괄적이고 체계적으로 진행되어 왔다. 일본어 보급 정책을 뒷받침하는 자료로는 각급 학교의 일본어 교과(당시의 국어), 사회 교육에 사용된 일본어 학습 자료, 〈매일신보〉 등에 게재된 일본어 학습 자료 등이 있다. 이들 자료는 조선인의 일본어 학습 능력뿐만 아니라 식민 정책을 뒷받침하는 자료로도 폭넓게 연구되어야 할 것들이다.

	이러한 정책 실행의 결과 1913년 0.6%에 머물던 일어해득자가 1943년에는 22%로 증가했음을 확인할 수 있는데, 이러한 일어해득자의 증가는 조선어 말살 정책의 기반이 되었음을 이해할 수 있다.
조선어 (교육) 정책	이 정책은 일본어 보급 정책과 깊은 상관관계에 있다. 일본어를 보급하면서 조선어를 위축시키고자 하는 것은 당연한 일이다. 이 정책은 학교 교육과 밀접한 관련을 맺고 있어서 '조선어 교육 정책'이라고 불러도 좋다. 이 정책을 추진하기 위하여 조선총독부에서는 제한된 범위 내에서 〈조선어 교과〉를 운영하고, 이를 뒷받침하기 위한 교과서를 개발을 하였다. 조선어 교과서는 모두 5회에 걸쳐 발행되었는데, 기존의 연구에서는 3회 정도만 알려져 있을 뿐, 이에 대한 전모조차 밝히지 못한 상태이다. 더욱이 이들 교과서에 실린 내용을 분석함으로써, 일제강점기의 교육이 광복 이후에 어떤 영향을 미치고 있는지를 분석하는 일은 어문 정책뿐만 아니라 국어교육사 연구에도 중요한 의미를 갖는다.
조선어 장려 정책	이 정책은 일본인을 대상으로 한 정책이다. 식민 조선에서 의사소통 능력을 길러 실질적인 업무를 담당하도록 하기 위해서는 조선어를 구사하는 일본인이 많아져야 한다. 이러한 차원에서 조선총독부에서는 1910년대부터 '조선어 정책' 또는 '조선어 장려 정책'이라는 이름 아래 식민 관료(조선총독부 관리, 경찰관, 금융조합 서기 등)들을 대상으로 조선어 사용 능력을 평가하고 이에 대한 포상을 함으로써 조선에서의 지배 능력을 향상시키고자 하였다. 이러한 흐름 속에서 '경성조선어연구회'가 설립되기도 하였으며, 이 단체에서는 〈월간잡지 조선어〉를 발행하기도 하였다.
계몽 정책과 계몽운동	근대 이후 계몽 정책은 문자 해득 능력을 기르는 데 초점을 맞추었다. 이 점에서 조선인에 의한 계몽운동 못지않게 조선총독부에서도 식민 지배를 위한 계몽 정책을 지속적으로 추진하여 왔다. 현재 이 부분에 대한 선행 연구는 전무한 상태인데, 1910년대의 각종 강습회로부터 1930년대 중반의 〈자력갱생운동〉에 이르기까지 식민 정부 중심의 계몽 정책은 일본어 보급 차원뿐만 아니라 식민 기지를 만들기 위한 생산성 향상의 차원에서 조선어를 사용한 계몽 정책에 이르기까지 매우 다양하게 전개되어 왔음을 확인할 수 있다.

이 연구에서는 위의 표에 제시한 조선총독부의 어문 정책의 변화 모습을 시대별로 기술하는 데 목표를 둔다.

2.3. 시대 구분의 문제

일제강점기 어문 정책에 대한 체계적인 연구 성과가 축적되지 않은 상황에서 기존의 연구는 대체로 일제강점기를 하나의 시기로 묶어 '지배 : 피지배'의 관계로 단순 도식화하는 경향이 있었다. 그러나 일본어 보급 정책이나 조선어(장려) 정책, 또는 조선어(교육) 정책 등은 식민 지배의 초기부터 입안되어 지속적으로 추진되어 왔으며, 각각의 정책마다 일정한 변화의 모습을 보인다. 이를 고려할 때 일제 강점기 어문 정책을 하나의 시기로 묶어 단순화하는 것은 식민 시대의 어문 정책을 이해하는 데 도움이 되지 않는다.

그런데 조선총독부의 어문 정책은 어문 문제만을 별도로 다루기 위한 기관을 설치하지 않았기 때문에, 네 가지 정책을 일률적으로 기술하는 데 어려움이 따른다. 이는 정부 차원의 정책 과정이 일반적으로 '정책 의제 설정 → 정책 결정 → 정책 집행 → 정책 평가 → 정책 종결'[3]의 순서로 진행되며 이를 위한 기관을 두고 있다는 점과 비교할 때, 체계적이지 못한 느낌을 주기도 한다. 이 점에서 주목할 만한 사항은 일제강점기의 어문 정책이 주로 교육기관과 밀접한 관련을 맺고 있다는 점이다. 이는 식민 초기의 어문 문제에 대한 일본 정부의 인식과도 맥을 같이 한다. 다음은 1910년 10월 동경제국교육회 조선교육부 주사 위원회에서 밝힌 '조선 교육의 방침'이다.

(5) 朝鮮教育方針

第一. 教育勅語의 趣旨를 普實케 ᄒ고 日本과 朝鮮間에ᄂ 從來로 特別ᄒ 關係가 有ᄒ즉 兩國의 合倂은 當然ᄒ 運命됨을 了解케 ᄒ고 日本의 臣民이 되야 文明舞臺에 活躍케 홈에는 朝鮮 人民의 發展上 莫大ᄒ 利益되ᄂ 希望을 與홀 事.

第二. 日本語의 普及으로써 急務를 作ᄒ야 此에 全力을 注홀지니 此를 實行홈은 左와 如홈.

一. 初等教育에ᄂ 諺文 漢文을 全廢ᄒ고 日本語를 用홀 事.

二. 日本語 教習 學校에ᄂ 適當ᄒ 補助를 與홀 事.

三. 師範學校를 增設ᄒ야 日本語에 熟達ᄒ 敎員을 多數 養成홀 事.

---

3) 최봉기(2008 : 94~95)에서 인용함.

四. <u>各種學校 專門學校</u>에서도 日本文 敎科書를 用홈으로써 本則을 삼을 事.

五. 日本語로써 <u>官用語</u>를 삼을 事.

六. 日本文으로 作혼 <u>家庭書類의 普及</u>홀 方途를 講究홀 事.

第三. 敎科書의 編纂은 特히 重大혼 者인즉 總督이 直轄홀 機關을 設호야 此에 從事케 홀 事. ―『매일신보』 1910.10.13.

이 기사에 나타난 바와 같이, 일제강점기 어문 정책은 교육 정책과 밀접한 관련을 맺고 있다. 일본어 보급과 관련된 여섯 개의 항목 가운데 네 개 항목이 학교 교육과 관련을 맺고 있으며, 관용어(공용어) 지정이나 가정 서류의 보급도 교과서 편찬 과정과 어느 정도 관련을 맺고 있었다.

이러한 차원에서 일제강점기 어문 정책의 변화를 기술하는 데 적용할 수 있는 시대 구분 기준으로 '교육 이데올로기'의 변화를 고려할 수 있다. 일제강점기 조선에서의 교육은 '조선 교육령'에 의해 진행되었다. 조선 교육령은 1911년 8월 23일 제1차 교육령(구교육령)이 발포된 이래 10여 차례 크고 작은 변화가 있었다.[4] 이를 표로 나타내면 다음과 같다.

(6) 조선 교육령의 변화

차수	연월일	주요 변화	비고
제1차 조선 교육령	1911.08.23.	조선교육의 기초 법령 명시	구교육령
제2차 조선 교육령	1920.11.12.	보통학교 수업 연한 늘림	
제3차 조선 교육령	1922.02.04.	국어 상용자를 기준으로 입학 기준 적용	신교육령
제4차 조선 교육령	1929.04.19.	실업 교육 강화, 사범 교육 관련 개정	

---

4) 조선 교육령의 변화에 대해서는 김규창(1985)에서 비교적 상세하게 연구된 바 있다.

제5차 조선 교육령	1933.03.15.	사범학교 관련 개정	
제6차 조선 교육령	1935.04.01.	실업보습학교 관련 개정	
제7차 조선 교육령	1938.02.23.	단선 학제 운용으로 개정	개정교육령
제8차 조선 교육령	1940.03.25.	국민학교령에 따른 개정	41.3.25. 개정에 따라 소학교에서 국민학교로 개정
제9차 조선 교육령	1943.03.08.	중등학교령 발포에 따른 개정	통합교육령
제10차 조선 교육령	1945.07.01.	전시체제에 따른 교육령	전시교육령

조선 교육령의 변화 과정에서 어문 정책과 관련하여 주목할 만한 것은 식민 초기의 구교육령, 1922년의 신교육령, 1938년의 개정교육령이다. 왜냐하면 일제강점기 어문 정책의 핵을 이루었던 일본어 보급 정책을 기준으로 하였을 때, 구교육령 체제 하에서는 일본어 보급 정책의 이데올로기가 확립되었으며 1922년 국어 상용자의 개념이 도입되었고, 1938년부터는 조선어과가 수의과로 변경되면서 '조선어말살정책'의 기반이 닦였기 때문이다. 이를 근거로 하여 이 연구에서는 조선 교육령의 변화 시기를 기준으로 어문 정책의 변화를 기술하고자 한다.

3. 앞선 연구

3.1. 어문 정책 연구

어문 정책 연구는 국어학이나 국어교육학, 정책학 등의 다양한 분야가 통섭되는 분야라고 할 수 있다. 아직까지 국어정책학이 학문적 정체성을 충분히 확보하지 못한 상황에서 일제강점기의 어문 정책만을 별도로 연구한 성과를 기대하기는 힘든 상황이다. 그렇지만 어문 정책의 본질이나 어문운동에 관한 앞선 연구는 비교적 다양하게 축적되어 왔다고 할 수 있다. 이러한 흐름은 크게 세 가지 흐름으로 나타난다.

첫째는 문화사의 일부로서 어문 정책과 어문운동을 분리하지 않고 다루려는 경향이 있다. 예를 들어 박병채(1982)에서는 '일제하의 국어운동'을 집중적으로 기술하고자 하였는데, 이는 문화운동사의 한 분야로서 어문운동을 다루고자 한 업적이다. 이처럼 문화운동의 한 분야로서 어문 문제를 다룰 수 있는 까닭은 어문 통일이나 문자 보급 등이 일제강점기 민중의 삶과 직접적인 관련을 맺고 있었기 때문이다. 신문화운동이나 각종 계몽운동 등이 모두 언어생활과 관련되어 있으며, 그 가운데 '한글 통일' 문제는 가장 중요한 문제로 인식되어 왔다.

둘째는 언어 문자의 역사에 초점을 맞추어 어문 정책과 어문운동을 묶어 기술하고자 하는 경향이다. 이러한 흐름은 일제강점기 어문 통일에 종사하였던 사람들로부터 지속되어 온 경향이라고 할 수 있는데, 김윤경(1932), 이극로(1935)를 비롯하여, 이응호(1973, 1975)까지 비교적 다수에 이른다. 특히 이극로(1935)는 '한글마춤법통일안' 이후의 한글 보급 문제를 사회운동의 차원으로 규정하면서 '철자법 통일', '표준어 통일', '어법 통일', '단어 통일', '외래어와 그 철자법 통일', '독법 통일' 등의 문제를 다루고자 하였다. 한글 운동의 역사적 차원을 집중적으로 연구한 사례는 이응호(1973, 1975)에서 찾아볼 수 있다. 이 저서는 미군정기와 개화의 문자운동과 관련된 자료를 충실하게 정리하여 한글의 발전사를 이해하는 데 기여한 것으로 평가할 수 있다. 또한 한글학회(1971)는 한글학회의 발자취를 살피는 차원에서 한글 운동의 역사를 다루고 있으며, 외솔회(1977)에서는 '국어운동'에 대한 여러 사람들의 견해를 종합하고자 하였다. 이처럼 국어 문제를 한글 문제로 다룬 배경에는 정책적인 고려보다는 근대계몽기 이후 중요하게 대두되었던 국어 통일의 문제, 그 가운데서도 철자법 통일의 문제를 집중하였기 때문이다.

셋째는 어문 정책과 어문운동을 분리하여 '어문 정책론'을 체계화하고자 한 경우이다. 예를 들어 김민수(1975)는 "국어 문제는 우리의 당면한 현실이다. 마치 치료를 기다리는 환자의 상태와도 같다. … 오늘날 한글을 깨치지 못한 중학생이 있다고 한다면, 누구나 놀랄 것이다. 그러나 이것은 사실이다. 그러면 그 학생에게 결함이 있는지 혹은 국어교육에 불합리가 있는지 먼저 그 원인을 따져 보아야 하겠고, 그런 후에야 거기에 적절한 개선책이 마련될 것이다. 이러한 국어 문제를 생각함에 있어서 밑바탕이 될 이론과 역사적인 흐름을 질서 있게 밝히고, 치우친 결론보다 넓은 시야에서 다각도로 보기 위하여 엇갈린 논의를 객관적으로 분석하려고 힘썼다."라고 밝히면서, 국어 문제를 '언어의 생리', '문자의 생리', '교육의 생리', '정책의 생리'로 나누어 기술한 바 있다. 이처럼 국어 문제를 '개선책 마련'의 차원에서 접근하고자 한 것은 정책학의 입장을 반영하고자 한 셈이다. 같은 맥락에서 조선 시대의 어문 정책을 다룬 이근수(1979), 광복 이후를 다룬 허만길(1994), 남북한 어문 정책을 비교한 최용기(2003) 등은 정책적인 차원에서 어문 문제를 연구한 업적이라고 할 수 있다.

3.2. 국어학사와 국어교육사

국어 문제는 국어 연구나 국어교육과 밀접한 관련을 맺고 있다. 특히 근대계몽기 이후의 국어 연구는 최경봉(2008), 허재영(2008) 등에서 지적한 것처럼 '실천적인 관점'과 밀접한 관련이 있었기 때문에, 국어 연구와 국어운동이 분리되지 않는 경향이 있었다.

이 점에서 국어학사 연구의 선행 업적들은 '한글마춤법통일안'의 원리가 도출되는 과정까지의 국어학 연구의 특성을 기술하는 문제를 포함하여 기술한 경우가 많다. 특히 눈여겨 볼 만한 성과는 김민수·고영근·하동호(1977)에 의해 편집된 〈역대문법대계〉이다. 이 자료집은 "한국 문법에 관한 저술은 이미 1800년대부터 시작하여 오늘에 이르기까지 무릇 백종을 세고 남는다. 그러나 이를 계통적으로 열람할 수 있도록 고루 갖추어 놓은 바도 없거니와 그 동안 정변과 전란을 겪는 사이에 유실되어서 좀처럼 볼 수 없는 것이 상당한 수에 이르고 있다."라고 하면서 원문 자료를 그대로 재현하는 데 목표를 두고 102책의 방대한 분량으로 편집되었다. 그 가운데 하동호 (1986)의 『한글논쟁논설집』(상 : 3-22, 하 : 3-23)은 일제강점기 신문과 잡지에 나타난 한글 문제 관련 논설을 집약한 것으로, 후대의 국어 정책 연구에 중요한 자료로 활용되어 왔다. 고영근(1998)의 『한국 어문 운동과 근대화』(탑출판사)도 이러한 맥락에서 국어 문제와 국어학자들의 연구 결과를 체계화한 업적이라고 할 수 있다.

최근에는 국어교육사 연구의 차원에서 국어 정책에 대한 관심도 높아졌다. 이러한 흐름은 박붕배(1987)로부터 본격적으로 시작되었다고 할 수 있는데, 근대계몽기 이후 국어교육과 관련된 자료를 수집하여 '시대 개관', '교육 제도', '교육 과정', '교재 분석', '문헌 고찰' 등의 연구를 진행하였다. 특히 박붕배(2003)는 '침략기의 국어 교과서'라는 제목 아래 일제강점기로부터 제1차 교육과정 이전까지의 교과서를 정리하였다는 점에서 큰 의미가 있다. 이러한 흐름 속에서 윤여탁 외(2005), 민현식 외(2007)는 국어교육의 백년 역사를 학문적 차원에서 정리한 업적으로 평가할 수 있다.

이와 같은 흐름 속에서 학제간의 연구를 통하여 근대 이후의 어문 문제를 다루고자 하는 시도도 늘어나고 있다. 예를 들어 이병근 외 (2007)에서는 "1910~20년대 일본인에 의한 한국어 연구의 과제와 방향"(이병근), "1910~20년대 한국어 연구와 한국어의 실상"(송철의), "일제강점기 언어 정책"(정승철), "일제강점기 한문학 연구의 성과"

(이종묵), "1920년대 초반 소설의 근대적 특성"(임주탁) 등의 주제를 다룬 바 있다.

또한 이하준(2005), 김성준(2010)과 같이 일제강점기의 국어 교육(조선어 교육)을 주제로 한 연구 성과도 축적되고 있다. 이들 연구의 주된 대상은 조선 교육령 변천이나 조선어 말살 정책 등이다. 특히 이하준(2005)에서는 농촌 계몽운동의 차원에서 진행된 국어 교육을 다루었다는 점에서 이 분야의 연구 지평을 확대한 것으로 평가할 수 있다.

3.3. 앞선 연구의 의의

어문 정책이나 어문운동, 국어학사와 국어교육사의 차원의 연구를 종합할 때 '어문 정책'에 관한 학문적 정체성 확립의 필요성은 상당수의 학자들이 공감하고 있는 것으로 보인다. 이러한 흐름 속에서 국어 정책이 학문적 연구 대상인가에 대한 논의도 일부 진행된 바 있다. 비록 학회 차원에서 조직적으로 구체적인 활동을 행한 적은 없지만, 2007년 12월에는 일부 학자들이 모여 '국어정책학회'를 만들자는 시도를 한 적도 있었다.

그러나 아직까지 국어정책학이 무엇인지, 무엇을 어떻게 왜 해야 하는지에 대한 방향이나 활동 내용이 구체화된 적은 없었다. 그럼에도 불구하고 '어문 정책'이 학문적 차원에서 연구 대상이 될 수 있다는 사실은 앞선 연구에서도 여러 차례 확인된 바 있다. 이는 사회언어학이 정착되면서 활성화된 것으로 볼 수 있는데, 장태진(1988)에서는 어문 정책의 핵심 내용으로 '언어 계획'의 성격을 다룬 바 있다. 또한 국어학회(1993)에서는 세계 각국의 언어 정책을 대상으로 학술대회를 연 바 있으며, 국가 차원의 어문 정책 기관이 설립되면서 어문 정책은 학문적, 실천적 관심사가 될 수 있었다. 이러한 흐름 속에서 국립국어연구원(2000)의 학술회의 주제인 '21세기 국어 정책'은 어문 정책의 연구 대상으로 어떤 것들이 있는지를 명확하게 보여주었다고 할 수 있다.

그럼에도 불구하고 학문적 차원에서 '국어정책학(또는 어문 정책학)' 연구의 흐름에는 몇 가지 한계가 나타난다.

첫째는 국어정책학의 학문적 정체성에 관한 체계적인 논의가 부족했다는 사실이다. 비록 학회 창설 움직임이 있었지만 본격적인 활동을 한 적이 없고, 일부 학회에서 학술대회 주제로 이 문제를 다룬 적은 있지만 체계적인 연구 활동이나 연구 단체의 출현은 이루어지지 않은 상태이다. 그 주된 요인은 어문 정책 연구의 성격을 고려할 때 국어학, 국어교육학뿐만 아니라 사회학, 정책학, 역사학 등의 다양한 학문 분야를 통섭하는 차원에서 진행되어야 하기 때문에 학문적 체계화가 쉽지 않다는 점에서 비롯된 것이라고 할 수 있다.

둘째는 어문 정책과 어문운동의 관계를 어떻게 설정해야 하는가에 있다. 근대계몽기 이후 우리의 어문 문제 해결 방식은 정부 주도의 정책적 해결보다는 민간단체의 운동 역량과 밀접한 관련을 맺어왔다. 특히 근대계몽기 이후 보편화된 '어문사상일체관'이나 '어문민족주의'는 '한글 운동 = 애국주의'라는 등식을 만들어 낸 경향이 있으며, 이러한 경향은 일제강점기 조선총독부와 한글 연구 단체의 관계, 한글파와 정음파의 대립, 한글 전용파와 국한문혼용파의 대립 등과 같은 문제를 객관적으로 고찰하는 데 장애로 작용한 결과를 낳기도 하였다.

이와 같은 관점에서 일제강점기 어문 정책과 어문 생활 연구는 균형감 있고 객관적인 시각을 고려한 연구가 이루어져야 할 것으로 보인다. 특히 이 시기의 조선총독부의 어문 정책에 대한 체계적인 연구가 부족한 상황에서 방대한 자료에 대한 전수 조사를 행하여 일제강점기의 어문 정책의 성격과 변화 과정을 살펴야 할 것으로 판단된다. 이를 위해 이 연구에서는 다음과 같은 점에 주의하여 연구를 진행하고자 한다.

첫째는 기초 자료에 대한 전수 조사이다. 전수 조사는 일부의 자료만을 대상으로 하는 것이 아니라, 관련 내용의 자료를 모두 조사하는 방법이다. 일제강점기 조선총독부의 어문 정책 자료로는『조선총독부관보(朝鮮總督府官報)』(아세아문화사 총 144책),『월간조선(月刊朝鮮)』(고려서림 총 47책),『시정연보(施政年譜)』(국학자료원 총24책) 등이 있으며, 조선교육회의 기관지『문교의 조선(文敎の朝鮮)』도 매우 중요한 자료이다. 이와 함께 조선총독부에서 발행한 각종 교과서와 생활 서식 문서, 일본어 보급 자료서 등도 체계적으로 분석해야 할 필요가 있다.

둘째는 식민 정부의 통치 이데올로기에 따른 어문 교육과 어문 정책의 변화를 정확히 짚어내야 한다. 특히 이 시기 어문 정책의 성격에 대한 접근 방식은 일본인 연구자와 한국인 연구자 사이에도 큰 차이가 있을 수 있고, 한국인 연구자 사이에도 연구 성향에 따라 차이를 보일 수 있다. 예를 들어 '조선어 장려 정책'이 식민 지배를 위한 언어 정책이었는가 아닌가 등의 논쟁(山田寬人, 2004 : 15~16 참고) 등은 어문 정책 연구가 연구자의 시각과 밀접한 관련이 있음을 보여준다.

조선총독부의 일본어 보급 정책

1. 일본어 보급 정책의 본질

1.1. 일본어 보급 이데올로기

언어는 의사소통의 도구이자 사상 표현의 수단이다. 이 점에서 어문 정책은 언어공동체의 원활한 의사소통을 위해 존재하며, 또한 그 언어공동체의 삶의 양식을 유지하고 발전시키기 위해 존재한다. 이러한 차원에서 열강의 식민 지배 과정에서는 피지배 국가를 대상으로 한 어문 정책을 추진해 왔다. 이성연(1988)에서는 한 언어공동체의 언어에 대한 이민족의 언어 정책을 '외지 이민족의 언어 정책 = 식민지 언어 정책'과 '내지 이민족의 언어에 대한 정책 = 소수 민족에 대한 언어 정책'으로 나누어 살피면서, 식민지 언어 정책의 언어관에 대해 정리한 바 있다. 그에 따르면 식민지 언어 정책의 배경이 되는 언어관은 훔볼트가 제시한 '언어사상일체관'[1]과 밀접한 관련이 있다고 한다.

이와 함께 이성연(1988)에서는 豊田國夫(1964)의 이론을 도입하여
식민 언어 정책의 유형을 '종속주의', '동화주의', '자치주의'의 형태
로 제시한 바 있다. 종속주의는 식민 지배국과 피지배국의 관계를
식민 본국의 이익에만 종속시켜 식민 활동을 하는 유형을 말하며,
동화주의는 피지배국의 혈통이나 문화를 식민 본국에 융합·동화시
키려는 것이다.

같은 맥락에서 일제강점기 식민 정부의 어문 정책은 '동화주의'와
'종속주의'를 기본으로 하고 있다. 이는 앞에서 살펴본 것처럼 '동경
제국교육회'의 '조선교육방침'에 천명된 "兩國의 合倂은 當然히 運
命됨을 了解케 ᄒ고 日本의 臣民이 되야 文明舞臺에 活躍"케 하기
위해 '일본어 보급'이 가장 급무라는 점을 내세우는 교육 정책을 통
해서도 확인된다. 이러한 경향은 일제의 강제 침탈 이후 조선총독부
의 기관지로 전락해 버린 『매일신보』를 통해 좀더 자세히 살펴볼 수
있다.

(1) 國民統一과 國語, 『매일신보』 1917.2.28. 사설

　다시 筆舌을 要ᄒ 것 업시 日鮮人의 融合 同化上에ᄂ 最히 國語(日本
語)의 普及이 緊要ᄒ다 盖 朝鮮人에게 國語가 普及케 ᄒ며 國語를 熟習
케 ᄒ여야 비로소 日鮮人 交際上에 津津ᄒ 情昧롤 生ᄒ고 延ᄒ야 萬般의
事情을 疏通ᄒ기 容易홀지라. 元來 言語ᄂ 國民의 最히 貴重ᄒ 바 ㅣ니
卽 忠君愛國의 根本이 되고 又ᄂ 一國 國粹의 源泉이 되ᄂ도다. 然則 言
語의 國家 並 國民에 及ᄒᄂ 影響 及 效果의 如何가 如何히 重且大ᄒ지
ᄂ 多言을 俟치 안이홀 바ㅣ로다.

　惟컨딕 我 祖宗 三千年來의 光輝잇는 歷史를 保ᄒ고 東西 兩球에 際ᄒ
야 異數의 發達繁榮으로 稱僕을 博ᄒᄂ 所以ᄂ 各種이 有ᄒ다 홀지라도

---

1) 언어사상일체관은 "언어는 정신의 필연적인 발로여서 인간의 마음의 힘이며, 발로에 대
해서는 활동하지 않는다"라는 훔볼트의 언어관을 표현한 말이다.

言語의 統一이 玆에 多大흔 力을 有흔 者라 謂치 안이치 못흘지니 卽 北은 北海道의 邊을 極ᄒ고 南은 沖繩縣(오키나와)의 端을 窮ᄒ도록 六千幾萬을 擧ᄒ야 相通치 안음이 無흔즉 此를 支那와 如히 南支那의 言語가 北支那에 通치 못흠과 又는 露國 其他 列國과 如히 一國內에 幾十種의 言語가 有ᄒ야 서로 通치 못흠에 比ᄒ면 果然 世界에 冠絶됨을 實證흠이 안인가. 夫 一國內에 數種의 言語가 有흠은 用法 其他 各般의 施設上에 不少흔 不便이 有흘 쑨 안이라 根本的으로 同熟을 缺ᄒ고 融合 同化의 作用에 支障을 生ᄒ는 者ㅣ 不鮮ᄒ며 此와 同時에 其各個各個의 集合力 結束力의 薄弱흔 結果는 반다시 一國 集合의 上에 自然 影響됨이 莫大ᄒ도다. 故로 我帝國과 如히 臺灣 及 朝鮮을 領有ᄒ야 旣其 帝國의 一部에 加흔 以上에는 否라 國防線의 一大 障壁이라고 視흘 만흔 地에 置흔 以上 政治 及 産業 上의 方面 或은 敎育上의 力으로서 彼等에게 同化의 德을 與흠이 實로 今日의 急務ㅣ라. 但 其民族이 多ᄒ고 且 幾千年來의 言語를 一朝一夕에 容易히 消滅키 難흠은 勿論이라 흘지라도 敎育上의 力 又는 社會上의 力을 藉ᄒ야 帝國語를 普及케 ᄒ지 안이치 못흘지오 習熟케 ᄒ지 안이치 못흘지니 卽 帝國語를 尊重케 ᄒ야 熱心誠意로 各般의 方面 各般의 機會를 利用ᄒ야 此를 普及케 ᄒ고 此를 習熟케 ᄒ는 時는 良貨가 惡貨를 驅逐케 흠과 如흔 或 一草가 一勢力이 有흔 草에 淘汰됨과 如흔 作用의 下에서 朝鮮語는 漸次 其 勢力을 實ᄒ고 此에 代ᄒ야 日本語의 普及 應用이 되야 此의 勢力은 逐日 擴大ᄒ야 遠히 國語의 統一을 見흘지니 然卽 眞正흔 國語의 統一 領土의 統一이 되고 日鮮一家의 實績이 眞正 現出됨을 得흘지라. 吾人은 世의 爲政家 敎育家 實業家됨을 勿論ᄒ고 何者보다도 國語의 尊重, 國語의 普及에 努力ᄒ기를 希望치 안이치 못ᄒ노니 苟히 國家의 結合을 鞏固히 ᄒ고 永久의 安康 統一을 欲ᄒ면 元來 國語의 普及을 等閑에 附치 못흘 것이오 其 植民地의 統治 及 國民의 統一이 同化上에 根本的 勢力을 有흔 者는 此 國語外에 更無흘 것이라 主張ᄒ야 可能的 朝鮮 內의 大小 人民에게 國語 習熟의 必要흠을 覺知케 ᄒ고 多方面으로 國語普及의 機關을 設ᄒ야 植民地의 統治 及 國民

의 統一上에 奧緊혼 第一領을 作치 안이치 못홀 것이라.

이 사설에서는 '국어의 통일'이라는 차원에서 일본어의 보급이 이루어져야 한다고 강조하고 있다. 국어(일본어)의 통일은 '일선인 교제와 융합', '충군 애국의 근본', '식민 통치와 국민 통일'의 차원에서 이루어져야 할 과제로 제시되었다. 이러한 사상은 1910년대 식민 통치의 근본 방침이었다고 할 수 있는데, 『매일신보』에는 다음과 같은 사설이 더 나타난다.

(2) 일본어 보급과 관련된 사설

ㄱ. 夫言語는 我의 意思를 人에게 傳ᄒ야 人으로 ᄒ야곰 感動ᄒ는 大機關이라. 我가 如何혼 喜가 有홀지라도 言語가 無ᄒ면 人이 不知ᄒ며 我아 如何혼 悲가 有홀지라도 言語가 無ᄒ면 人이 不知ᄒ며 我가 如何혼 愚가 有홀지라도 言語가 無ᄒ면 人이 不知ᄒ며 我가 如何혼 怒가 有홀지라도 言語가 無ᄒ면 人이 不知ᄒ고 其他 千事萬物이 言語가 안이면 엇지 彼我의 意思를 疏通케 ᄒ리오. 然혼즉 我의 喜홈과 我의 悲홈과 我의 愚홈과 我의 怒홈과 其他 千事萬物을 我가 能히 言치 못ᄒ면 此는 啞人이라 謂홀지라. (중략) 然혼즉 各國의 事物을 通ᄒ며 各國의 知識을 效ᄒ야 各國人과 意思를 疏通코져 홀진듸 不可不 各國의 言語를 先學ᄒ려니와 況 內地는 至密且邇의 關係가 有혼즉 不可不 至密且邇의 感動이 互發ᄒ여야 同化的의 好影響이 生홀지니 此好影響을 發코져 ᄒ면 互相間 言語의 障碍가 無혼 然後에야 可圖홀지라. 內地人도 我 朝鮮語를 熟習ᄒ려니와 我 朝鮮人의 義務는 日語研究가 最히 急務라 謂홀지로다. 嗚呼ㅣ라 一賢 一不肖라도 同化치 못홀지오 一智一愚라도 同化치 못홀지오 一强一弱이라도 同化치 못홀지니 宜히 言語를 先究ᄒ야 內地의 事物과 知識을 統一ᄒ야 何賢何不肖가 無ᄒ며 何智何愚가 無ᄒ며 何强何弱이 無혼 然後에야 同化의 幸福을 得홀지라. (이하 생략) ─國語研究의 必要, 『매일신보』 1911.2.23. 사설

ㄴ. 此는 一時라도 可堪키 難ᄒ니 卽 朝鮮人 現症이라 ᄒ지로다. 今日 朝
鮮人은 日本의 新附國民이라. 然ᄒ 則 能히 日本語를 言ᄒ여야 其口가
不啞라 ᄒ지니 現下 朝鮮人의 日本語를 了解ᄒᄂ 者가 幾何나 되나뇨.
諸般 法令도 日本語가 안이면 不解ᄒ지오 諸般 科學도 日本語가 안이
면 不解ᄒ지오 其他 吾人의 日用ᄒᄂ 諸般 事務가 日本語가 안이면 亦
不解ᄒ지라. (중략) 京鄕 各校에셔ᄂ 日本語로 敎育의 基礎로 作ᄒ야
數年를 過ᄒ면 彼等 靑年을 擧皆 嫺熟ᄒ려니와 學校 以外의 人도 不可
不 日本語를 硏究ᄒ야 實際 應用을 圖ᄒ지라. 或 自鬚가 已飄ᄒ고 聰
明이 減損ᄒ야 一聞一忘ᄒ 者ᄂ 事勢의 不能ᄒ이어니와 稍히 壯健時
代에 在ᄒ야 四方의 經營이 有ᄒ 者ᄂ 何事何業이던지 必 內地人의 交
際가 有ᄒ지니 聾啞를 對에 엇지 遂意ᄒ을 得ᄒ리오. ―日本語의 勢力,
『매일신보』 1913.7.18. 사설

일제강점 초기에 해당하는 1910년대 전반기에 실린 두 편의 사설
에서는 "언어는 아의 의사를 인에게 전하야 인으로 하야곰 감동하는
대기관"이라는 인식을 바탕으로 일본의 일부가 된 조선인의 입장에
서 '국어를 배우는 것은 의무'라고 주장하였다. 이러한 인식에는 의
사소통 도구로서의 언어관, 언어는 사상과 밀접한 관련을 맺는다는
언어관, 그리고 국가를 중심으로 한 국어관 등이 모두 전제되어 있
다. 이러한 사상은 일본어 보급의 가장 중요한 수단인 교육 정책의
기반을 이루었으며, 이는 1911년 발포된 '조선 교육령'(제1차 조선 교육
령으로 구교육령이라 불림)의 보통 교육과 관련된 조항2)으로 나타난다.

그런데 일제강점기 일본어 보급 정책을 통하여 구현되는 '동화의

---

2) 조선 교육령에서의 교육은 보통 교육, 실업 교육, 전문 교육으로 규정하였으며(제4조)
보통 교육(보통학교, 고등보통학교, 여자고등보통학교)의 기초가 되는 보통학교 교육의
목적은 "보통의 지식과 기능을 가르치고, 특히 국민된 성격을 함양하며, 국어를 보급함
을 목적으로 한다(제8조)."라고 규정하고 있다.

정도'는 시기별로 달라진다. 예를 들어 1910년대는 '선인 동화 = 교제상의 필요'라는 수준에서 일본어 보급을 주장하였으나, 1920년대에 이르러서는 '일시동인(一視同仁)' 또는 '국민정신 함양(國民精神 涵養)'을 주된 목표로 삼았다. 이러한 흐름은 1930년대에 이르러 '내선일체(內鮮一體)'의 단계를 거쳐 '내선융합(內鮮融合)'의 수준으로 변화해 가고 있음을 확인할 수 있다. 이러한 변화 과정을 통해 볼 때, 일본어 보급이 갖는 함의는 궁극적으로 피지배 언어인 조선어를 말살하여 언어 문화적인 차원에서 일본화하려는 정책의 일종이었음을 알 수 있다.

1.2. 일본어 보급 방법

일제강점기 일본어 보급은 전면적이고 총체적으로 진행되었다. 동경제국교육협회의 조선교육방침 제2항에서 각종 학교에서의 일본어 교육과 관용어화, 가정서식류의 발행 등을 제시한 바와 같이, 학교 교육과 사회 교육, 각종 출판물 등에서 일본어 보급이 광범위하게 진행되었다.

첫째, 학교 교육을 통한 일본어 보급은 '조선 교육령'의 취지 아래, 각급 학교에서 일본어를 교수 용어로 삼고, 점진적으로 피지배 언어인 조선어과 수업 시수를 줄여가는 방법을 사용하였다. 1911년 8월 23일 처음 발포된 '조선 교육령'에서는 "교육은 교육에 관한 칙의 취지에 의하여 충량한 국민을 육성하는 것을 본의로 한다(제2조)."는 규정에 따라 각급 학교에서 일어 교육을 강화하고, 조선어 교육을 억제하는 형태로 나타났다. 이는 각급 학교 규칙에 잘 나타나 있다. 학교 교육의 내용은 1922년 신교육령에 와서는 전면적으로 변화를 보인다. 이는 앞에서도 설명한 바와 같이, 신교육령이 조선인과 일본인을 구분한 학제가 아니라, '국어 상용자와 비상용자'를 기준으로 한 학제이기 때문이며, 아울러 각급 학교의 수업 연한과 일어 및 조선어 교과목명의 변화를 전제로 하기 때문이다. 따라서 국어 상용자가 다니는 '소학교, 중학교, 고등여학교'의 경우에는 일어만 교과목으로 설정되며, 조선어는 가르치지 않았다. 대신 일어를 상용하지 못하는 사람들을 대상으로 한 학교인 '보통학교, 고등보통학교, 여자고등보통학교'에서는 일어 교육이 한층 강화되었다.

이와 같은 일본어 보급은 1938년의 개정교육령이 발포되기까지는 큰 변화가 없었다. 단지 '공민과'가 추가되거나, 일본어 및 조선어과의 학년별 수업 시수에 약간의 변화만 보일 뿐이다. 그렇지만, 1910년대부터 지속적으로 이루어져 온 일본어 교육 정책은 1930년대 이후 상당한 효과를 거두었을 것으로 짐작된다. 이는 특히 1930년 3월 3일에는 '국어를 상용하는 자의 입학 정원 조정'을 발포[3]하는데, 이는 국어 상용자가 그만큼 늘어났음을 의미하는 것으로 해석된다. 1938년의 개정교육령 이후로의 일본어 교육 정책은 질적인 차원에서 다른 모습을 띤다. 이는 국어 상용 여부와 상관없이 학제를 '소학교-중학교/고등여학교'로 일원화한 데서 그 특징을 찾을 수 있다. 이는 이 시기 학교 교육에서는 더 이상 조선어를 가르치지 않아도 되었거나, 적어도 정책상 조선어를 가르치지 않도록 하기 위함이었다. 개정교육령 아래의 조선어과는 수의 과목이거나 토지의 정황에 따라 둘 수도 있는 과목으로 전락하였고, 그 대신 교수 용어 및 교과목에서 국어(일본어) 사용이 필수가 되었다.

둘째, 각종 강습회를 비롯한 사회 교육 수단을 살펴볼 수 있다. 일어 보급을 위한 강습회는 1910년대부터 지속적인 관심 아래 추진되

---

3) 1933.3.3. 『조선총독부 관보』 제1552호, 조선총독부령 제26호. 大正 十一年 朝鮮總督府
令 第十五號 朝鮮教育令 第二十五條ニ 依リ 國語ヲ 常用スル 者 又ハ 國語ノ 常用セサ
ル 者ノ 入學ニ 關スル 件 中 左ノ 通改定ス.
第三條 第一項 中 '三分ノ一'ヲ '二分ノ一'ニ, 同條 第二項 中 '二分ノ一'ヲ '三分ノ二'ニ
改ム

어 온 것으로 보인다. 이는『조선총독부 관보』의 다음과 같은 자료
를 통해 확인할 수 있다.

(3) 조선총독부 관보에 게재된 강습회 관련 기사

ㄱ. 普通學校校監講習會,『조선총독부 관보』1911.9.14. 제315호[일문]

　　公立普通學校ハ 本年各道ニ 互リ 百三十四校ヲ 增設シ 既設ノ 分ヲ
合シテ 二百三十四校ヲ 見ルニ 至レリ 此等新設교ニ 要スル 內地人校監
ノ 任用ハ 當局ニ 於テ 周到ナル 注意ヲ 用ヒ 此ニ 漸ク 其採用ヲ 終リ
右校監ヲ 京城ニ 召集シテ 校監講習會ヲ 開催シタリ 蓋シ 朝鮮敎育ニ
對スル 當局ノ 注意ヲ 與ヘ 併セテ 之ニ 要スル 智識ノ槪念ヲ 與フルノ
必要アルヲ 以テナリ

　　〈關屋 學務局長 談話〉

一, 普通學校ノ狀況 …　　二, 普通學校 敎育ノ 方針 …

三, 私立學校 及 書堂 …　　四, 校監ニ 對スル 希望

　　　一, 生徒ノ 敎養 …

　　　二 部下敎員ノ 養成…

　　　三 民心ノ 指導 諸君ノ 任務ハ 學校內ノ 敎育ノミヲ 以テ 足レリト
　　　　　セス 進ムテ 所在民心ノ 啓發ニ 力メ 向學心ノ 進步ヲ 圖リ…

　　　四 <u>國語ノ 普及</u> 國語ノ普及ハ 今日ノ 急務ニシテ 諸君カ 學校ノ內外
　　　　　ニ 於テ 大ニ 努力セムコトヲ 望ム 然レトモ <u>國語ノ 普及ハ 唯
　　　　　言語ノ使用 全國ニ 洽キヲ 以テ 目的ヲ 達スルモノニアラスシ
　　　　　テ 之ニ 伴フ 日本ノ 國民性ヲ 普及セシメサル 可ラス</u> 國民性
　　　　　ノ 伴ハサル 國語ノ 進步ニ 弊害ノ 伴フモノアルハ 各國ニ 於
　　　　　テ 實驗スル 所ナリ…

　　　五 校監ノ 覺悟 …

ㄴ. 府郡署記 講習會,『조선총독부 관보』1911.10.16. 제362호.

　　內地人 府郡署記中 內務事務ニ 從事セシムヘキ 者 … 朝鮮ニ 於ケル
地方行政 事務ノ 槪要 竝 朝鮮語ニ 關シ 講習會ヲ 開催セリ

〈宇佐美 長官 訓示〉

… 特ニ 講習時間ノ 多クヲ 朝鮮語ニ 充テタル 點ハ 多少 當局者 考慮ノ結果テアル, 人アリ 曰 朝鮮ハ 既ハ 日本ノ 領土テアツテ 普通學校ニ 於テモ 國語ノ 教授ニ 多大ノ 時間ヲ 割キ 一般朝鮮人民モ 國語ニ 通セムコトヲ 焦慮シ 居ルノ 今日 何ヲ 苦ムテカ 朝鮮語練習ノ 愚ヲ 爲スカト, 之ハ一ノ 理掘トハナルカモ 知レス, 乍併身苟モ 地方ニ 官吏トシテ 人民ニ 直接シ 其ノ意思ヲ 疏通セシメムトスルニハ, 其ノ 一般用語タル 朝鮮語ニ 通スルニ 非スムハ 到底 事務ノ 進捗ヲ 圖リ…

위의 자료는 보통학교 교감이나 부군 서기를 위한 강습회에서 일본어 보급의 중요성(급무)을 역설한 자료이다. 이 자료를 통해 확인할 수 있듯이, 각종 강습회에서는 조선 민중과 직접 관련을 맺는 교원이나 관리들은 조선어를 사용하는 능력도 갖추어야 하지만 궁극적으로는 일본어를 보급하여 교육과 행정 업무를 수행할 수 있어야 한다는 점이 강조되고 있다. 이러한 맥락에서 각 지역마다 실정에 따라 일본어 보급을 위한 각종 강습회가 열린 바 있으며, 강습회의 성격도 시대마다 일본어 보급 수준을 반영하여 변화하고 있음을 확인할 수 있다. 예를 들어 1910년대의 강습회는 일본어의 존재와 필요성을 알리는 수준에 머물렀다면, 1920년대의 강습회에서는 강습 대상에 따라 '문자 보급'의 방편으로 '조선어'나 '산술'과 함께 강습하는 경향이 우세했으며, 1930년대 후반기에는 농민을 대상으로 한 '자력갱생운동' 차원의 강습회나 부녀자를 대상으로 한 강습회를 제외하면 '국어(일본어) 상용'의 차원에서 강습회를 연 경우가 많았다.

셋째, 사회 교육의 차원에서 일본어로 된 각종 서식이나 일본어 학습서를 개발하여 보급하는 방법이다. 이 방법은 일본어 학습서를 발행하여 보급하는 방법과 일본어와 조선어의 대역 문서를 발행하는 방법 등이 있었다. 전자의 대표적인 예로는 『속수국어독본(速修國

語讀本)』(1917, 조선총독부)과 같은 학습서를 직접 개발한 경우와『국어 교수법(國語教授法)』(1912, 京城高等普通學校 教諭 兼 訓導 鹿子生儀三郎 述, 조선총독부 발행)과 같은 개인 저술을 발굴하여 총독부가 발행한 경우가 눈에 뜨이며, 후자의 경우는 각종 척독류나 서식 문투를 대역으로 편찬하거나『잠업지남(蠶業指南)』(1912, 경상북도 총무과)과 같은 실업 서적을 대역으로 출판한 사례가 나타난다.

이러한 방법은 1920년대 이후 더 활발해져 각종 서식이나 사전, 출판물 등에서 상당수가 대역 형태를 띠거나 일본어 중심으로 옮겨 가고 있음을 확인하게 된다. 특히 '치안유지법', '출판법' 등의 통제가 강화된 이후로는 일본어 서적에 비해 조선어 서적의 출판 비율이 현격하게 떨어지며, 1940년대에 이르러서는 농업이나 의학 등의 실업 장려와 관련된 서적을 제외한 사상 표현과 직접적인 관련을 맺는 조선어 서적은 거의 자취를 감추게 된다.

이밖에도『매일신보』를 비롯한 신문 잡지를 활용하여 일본어를 보급하는 방법도 눈에 뜨인다. 이 방법은 신문이나 잡지의 일면을 활용하여 일본어 학습 자료를 연재하는 방법이다. 예를 들어 매일신보사에서는 1912년 7월 9일부터 50회에 걸쳐 '국어첩경(國語捷徑)'이라는 난을 두어 일본어 기초 학습 자료를 연재하였는데, 이 시기 신문과 잡지가 많지 않았음을 고려할 때, 이 난의 영향은 적지 않았을 것으로 보인다. 신문 잡지의 일본어 학습 자료 제공은 '조선어 말살 정책'이 활발하게 진행될 무렵인 1940년 전후에 더 활발해지는 것으로 보이는데, 당시의 잡지인『조광』,『혜성』등에서도 이러한 자료를 찾아낼 수 있다.

언어 내적인 차원에서 일본어 보급의 주된 수단은 두 언어의 구조적 유사성과 공유 문자였다. 구조적 유사성에 대한 언급은 앞에서 소개한『매일신보』1913년 7월 18일에 게재된 '일본어의 세력'이라는 사설에도 잘 나타난다.

(4) 日本語의 勢力, 『매일신보』 1913.7.18.

… 彼 國體가 不同ㅎ고 民習이 不同흔 支那人도 日本語의 熱心이 此와 如ㅎ거던 況 朝鮮人은 直接 關係가 有흔 自國의 語를 엇지 汗漫에 付ㅎ여 聾啞者로 自處ㅎ야 羞愧 憂鬱을 不知ㅎ리오. 大抵 朝鮮人은 由來 外國語를 傳習홈에 敏活ㅎ야 支那語 英語 等도 其 發音 用語가 容易ㅎ거던 日本語 及 朝鮮語는 畧畧相近ㅎ야 相悟ㅎ기가 不難홀지니 語學의 敏活은 朝鮮人의 特長이라 謂홀지라. 朝鮮 及 內地人이 互相 親密ㅎ여 同化 方面으로 進ㅎ야 永久의 幸福을 增長코져 홀진되 必 其 關鍵이 日本語에 在ㅎ다 홀지로다. (하략)

이러한 언어의 구조적 유사성이나 공유 문자에 대한 의식은 근대 계몽기부터 싹튼 것으로 보인다. 특히 일본어 보급 과정에서 주된 수단으로 대두된 것 가운데 하나는 '한자 문제(漢字問題)'였다. 이른바 '한언혼합문(漢諺混合文)' 또는 '일선한문(日鮮漢文)'이라 불리는 혼합문체는 1885년 12월 25일 『한성주보(漢城週報)』에서 그 모습을 나타낸다. 이 문체의 발생에 대해서는 여러 가지 논란[4]이 존재하지만, 흥미로운 점은 1930년대 후반 일본인 이노우에(井上角五郎)의 진술이다.

(5) 漢諺混合文體 『매일신보』 1938.5.3.~5.5.

◇半島文明의 黎明史 三先覺의 感懷 = 言論機關의 驚異的 躍進에 半島의 面目이 躍如

漢諺混合文은 내가 作成한 것; 半島의 新聞界는 實로 福澤諭吉 (後彌) 象二郎 兩先生으로 나는 明治 十五年 先生의 命을 受하야 ****學의 計劃에 着手하야다. 나는 國王의 委任을 어더 外衙門 顧問이 되자 博文局

---

4) 오늘날 국한문혼용체라 불리는 혼합문체의 발생에 대해서는 두 가지 설이 존재한다. 하나는 이노우에의 진술에 바탕을 둔 이노우에 창시설, 다른 하나는 유길준이 『서유견문』에서 '칠서언해를 모방'하여 창시했다는 설이다. 두 가지 설 가운데 어느 것이 타당하다고 단정하기는 어려우나 적어도 국한문혼합문체가 일본어 보급 과정에서 주요 수단이 되었음을 틀림없는 사실이다.

主催로 그 當年 漢城旬報를 發行하엿는데 當時는 아직도 ***을 *하고 잇섯기 때문에 日本은 狄夷 대접을 하는 故로 그 苦心이 여간이 아니엇다. 그쑨 아니라 數千의 支那兵이 各道에 駐屯하야 **잇섯는 故로 迫害가 滋甚하야 드듸여 第十號로 停刊하고 一時 歸國할 수밧게 업섯다. 第十七年 支那는 …쇠 金玉均의 內亂으로 因하야 博文局은 火災를 當하고 쏘 얼마 동안 停刊할 수밧게 업섯다.

이 사이에 나는 漢諺混合文을 作成하야 大日本 內閣大臣에게 傳達 是國奴隷制度廢止의 歷史 事實 等을 募 하야 國王殿下쎄 供하얏는데 殿下쎄서는 日本 支那 等을 비롯하야 海外의 事情을 特히 알려 하시는 故로 東京 其他의 新聞을 오려서 日本(假名) 여페다 諺文을 다러 드리기로 하엿는데 特 기쌔하시여 內官이 나를 차저 왓섯다. 그 後 博文局의 新聞을 發行하라는 國王殿下의 命令에 依하야 그 實行次로 … 十九年 一月 漢城週報 第一號 發行時 는 漢諺混合文의 紙面을 처음으로 編成하엿든 바 當時의 **官이 **을 中國文이 아니라 하야 蔑視하고 잇섯슴에도 不拘하고 (이하 생략) ―『매일신보』 1938.5.3.

◇ 寧死不歸의 覺悟로 漢城旬報를 發行 外衙門 顧問時代의 朝鮮事情 : 내가 *甲으로부터 上京한 것은 明治 十二年이엇다.

慶應義塾을 卒業할 째까지 福澤諭吉, 後彌象二郎(?) 兩先生과 가까이 지내고 敎育을 바든 것이다. 그 當時의 兩 先生은 어써케 하면 日本의 獨立을 確固히 할까를 熱心히 硏究하고 게섯기 때문에 親密히 往來하고 게섯다. 福澤 先生은 恒常 말슴하시기를 "我國은 밤낫 太平洋 中의 一孤島로 置留할 수 업는 일이다. 大陸에 進出하야 東洋 權利의 平和 補完에 全히 하고 西力東漸의 ***을 해야 한다. 그러려면은 朝鮮과 支那까지도 잘 引導해서 一般 人民의 生活安定과 普通敎育과를 實行하야 이를 三國의 接觸을 實現해야 할 것이다. 이 根柢에는 文力을 使用해야 하나 늦지 안흐면 武力을 쓰는 것도 不得已할 것이다. 이리해야 我國의 獨立은 鞏固해지고 東洋의 平和도 **을 것이다."라고 입버릇가티 말슴하셧다. 그 째에 朝鮮政府로부터 朴定陽이 來朝하얏다. (이하 중략) 福澤 先生은 兩人

(유길준, 윤치호)을 相照로 朝鮮諺文을 硏究하얏는데 그 當時 先生의 論文에는 朝鮮은 諺文이 有이기 째문에 下層 人民의 敎育이 容易하나 支那에는 漢文쑨이요 日本의 '이로하' 갓흔 것이 업는 것은 큰 缺點이라고 쓴 일이 잇다. 明治 十四年 十二月에 金玉均이 朝鮮國王殿下의 命을 滋하고 僧服으로 渡來한 후 몰래 福澤 先生을 차저 왓다. 同行은 徐光範이엇다. 金氏는 福澤 後彌 兩先生을 獨會하고 于先 王命을 傳한 후 어써케 하면 朝鮮을 文明開化로 引導할 수 잇는지 問하얏다. 先生은 "一般 人民의 生活을 安定케 하라. 普通敎育을 施하라. 그러함에는 新聞의 發行이 第一 問題"이라고 說하니 金氏는 戚姪黨은 支那에 屈服하고 王親黨은 鎖國을 唱導하야 王命이 容易히 實行되지 안흠을 말하얏다. (이하 생략) ―『매일신보』 1938.5.4.

◇ 國王殿下의 御命으로 混合文體를 使用：漢城週報 發刊 當時의 回顧

내가 漢城旬報라는 朝鮮 最初의 新聞을 發行한 것은 내가 京城 赴任 후 滿 一年 째엿다. 外衙門 ** 閔泳穆을 **로 金晩植을 副**로 하고 外衙門 顧問 井上角五朗을 主筆로 하고 博文局이라 稱하야 外國의 事情에 達한 者 쏘는 文筆의 才能이 잇는 者를 採用하야 主筆 쏘는 可筆의 官位로 授하야 全國 各地의 官報에 *을 命하얏다.

이 漢城旬報 第一號가 印刷되자 나는 이것을 福澤 先生에게 보내엿다. 先生은 나의 努力이 이에 至함을 기써하시는 同時에 左와 如한 意味의 便紙가 왓다. (前略) 朝鮮諺文으로 通俗的 理據 簡學의 眞理를 알릴 것이요 漢諺文 가튼 것도 滋味잇슬 것이다. 何如間에 諺文을 쌜리 使用함이 可하다. 諺文만으로는 區別이 적어서 效果가 적다. 쌜리 朝鮮의 舊主體를 一掃하고 십다. 日本에서 古體를 排斥한 것은 오로지 通俗文일 것이다. 等閒히 볼 것이 아니다.

나의 日學 施行의 目的은 漢諺混合의 文章을 創始하는 데 잇섯슴으로 漢城旬報를 發刊하기 전에 特히 姜偉라는 사람을 **교 **에 두고 硏究를 밧는 同時에 漢諺混合의 典範을 만드러 사람들에게 보인즉 大槪는 이것을 便利한 것으로 認定을 하얏는대도 不拘하고 一般은 中國의 文字가 아니라고 하야 卑下하며 더군다나 所稱 兩班들은 이것을 사용하는 것을 羞恥로 역이고 子女에게도 童蒙先習이라는 純漢文을 가르치며 (중략) 얼마 후 나는 다시 渡鮮하야 漢諺混合의 文體를 처음으로 만드러 보앗다. 즉 日本內閣大臣의 列傳, 北美合衆國 奴隷廢止의 歷史 갓혼 相當히 두터운 것을 出版하얏는데 이 聞을 들은 國王殿下께서 御賜費를 하시엇고 더욱 殿下는 支那 日本 其他 海外의 事情을 즐기어 아시냐고 하시며 매일 파가티 내 處所로 왓섯슴으로 나는 東京 其他의 新聞의 要點을 蒐集하야 日本 假名 엽해다가 諺文을 付하야 進上하엿섯는데 이것이 퍽 貴重한 것으로 取扱을 바덧다. (하략) ―『매일신보』 1938.5.5.

이노우에의 진술이 어느 정도 신빙성이 있는지는 알 수 없으나,[5] 일제강점기 이전부터 일본 지식인들(후쿠자와 같은 사람들)은 조선의 언어와 문화에 상당한 관심을 보였으며, 그 이유는 '동양 평화(식민지배 이데올로기)'를 실현하는 방책이 될 것이라는 믿음 때문이었다. 그 과정에서 이노우에는 한글에 한자를 섞어 쓰는 이른바 '한언혼합문(漢諺混合文=국한문혼용체)'을 『한성주보』에 처음 선보였다고 주장한 셈이다.

이러한 흐름 속에서 일제강점기 일본어 보급의 주요 수단으로 '한자' 또는 '한문'이 사용되었으며, 구체적으로는 한자(한문)를 조선어 교과의 일부로 다루거나 각종 출판물에서 한자 사용의 비중을 높여 일본문과 조선문을 같은 형태의 문자로 인식할 수 있도록 만드는 방식을 사용하였다. 특히 일본어 보급의 과도기에는 '한자-일본문-한글'의 혼합문체를 사용함으로써 한자를 읽는 사람들이 일본어를 쉽게 익힐 수 있도록 한 출판물도 빈번하게 나타났다.

---

5) 이노우에의 회고는 1936년 讀書新聞社에서 발행한 『朝鮮統治の回顧と批判』이라는 책에도 실려 있다. 이 책은 일제강점에 큰 영향을 주었던 여러 인사들을 신문사에서 초청하여 회고하는 글을 쓰도록 하여 묶은 책이다.

ㄹ. 구교육령 시기의 일본어 보급 정책

2.1. 일본어 보급 이데올로기 확립

일제의 강점 초기인 1910년대 일본어 보급 정책은 그 이전부터 존재해 왔던 일본어 보급의 이데올로기가 확립되는 시기라고 할 수 있다. 이 시기의 일본어 보급 이데올로기는 크게 두 가지로 나누어 설명할 수 있다.

첫째는 제국 신민 이데올로기이다. 이 이데올로기의 핵심은 새롭게 제국의 일부가 된 조선인들은 제국 신민으로서 일본어를 배워야 한다는 의미로 풀이할 수 있다. 이러한 이데올로기는 결과적으로 '어문사상일체관'이나 국민성으로 포장된 민족 이데올로기와도 상통한다.

(6) 신민의 의무로서의 일본어 보급

ㄱ. 叡聖文武 天皇陛下大命을 奉ㅎ야 本官이 今此朝鮮統轄之任을 膺홈에 際ㅎ야 施政綱領을 示홈으로 朝鮮上下民衆에 諭告홈 夫彊域이 相接ㅎ며 休戚이 相倚ㅎ야 民情亦有昆弟之誼者ㅣ 相合ㅎ야 一體를 成홈은 自然之理요 必至之勢라 以是로 大日本天皇陛下게셔는 朝鮮의 安寧을 確實케 保障ㅎ시고 東洋의 平和를 永遠히 維持홈을 緊切케 體念ㅎ샤 前韓國元首의 希望을 應ㅎ시고 統治權의 讓與를 受諾ㅎ신바ㅣ라… 願컨대 人文發達은 後進敎育에 不可不候라 敎育之要는 進智磨德ㅎ야 以在資於修身齊家홈이나 然이나 諸生이 輒厭其勞而就其逸ㅎ고 徒談空理面流放漫홈은 終히 無爲徒食之民이 된 者ㅣ 往往有之ㅎ니 自今으로 宜矯其弊ㅎ야 去華就實ㅎ며 一洗其懶惰陋習ㅎ고 涵養勤儉之美風을 努홈이 可홈. … 明治 四十三年 八月 二十九日 統監 子爵 寺內 正毅 ― 『朝鮮總督府官報』 1910.8.29. 第1號

ㄴ. 國語を 教授することが 普通學校 教育の 主要なる 一目的であるこ
とは, 之を 朝鮮教育令に 見るも, 普通學校規則に 見るも, 將た, 教育
實施に 伴ふ 總督閣下の 諭告に 見るも 明確なることであつて, 且つ
本科が 普通學校に 於ける 基本教科たることも 亦 自ら 瞭然たるとこ
ろであります. 由つて今, 此に 示せる 事項に 基いて, 普通學校に 於け
る 本科の 位置を 逃べて 見たいと 思ふであります.

(一) 普通學校ハ 兒童ニ 國民教育ノ 基礎タル 普通教育ヲナス 所ニシ
テ, 身體ノ 發達ニ 留意シ 國語ヲ 教ヘ 德育ヲ 施シ 國民タルノ
性格ヲ 養成シ, 其ノ 生活ニ 必須ナル 知識 技能ヲ 授ク(朝鮮敎育
令 第八條). (中略)

(三) 惟フニ 朝鮮ハ 未ダ 內地ト 事情ノ 同ジカラザルモノアリ, 是ヲ
以テ, 其ノ 敎育ハ 特ニ 力ヲ 德性ノ 涵養ト 國語ノ 普及トニ 致シ.
以テ 帝國臣民タルノ 品性トトヲ 具ヘシメンコトヲ 要ス (下略)
此の 諭告の 詞を 案する 時は, 朝鮮全土に 國語の 普及を 圖り, 以て
內鮮人 相互の 意志 感情を 疏通し, 一面 德性の 涵養に 留意して 帝國
臣民として 完全なる 人物を 養成するは, 目下の 急務であります. (下略)
—朝鮮總督府(1912), 『國語敎授法』, 朝鮮總督府內務部學務局.

이 두 자료는 일제강점기 초기 일본어 보급의 의의를 명료하게 보
여준다. 당시 교육의 근본 목적은 조선을 완전 동화시키는 데 있었음
을 보여주는데, 데라우치 유고에서는 이를 '상합 일체'라고 표현하였
다. 이를 위한 중요한 수단이 '일본어(국어)의 보급'이었는데, 총독의
유고나 조선 교육령은 이를 명시하고 있다. 특히 총독 유고에는 '일
본어 보급이 급무'라는 내용이 포함되어 있었음을 확인할 수 있는데,
이처럼 식민 초기 조선총독부에서 일본어 보급을 급무로 여긴 까닭
은 조선인으로서 일본어를 사용하는 것이 새로운 제국의 신민된 도
리이자 의무라는 점을 강조하고자 했기 때문이다. 이는 일본어 보급
의 성격이 일차적으로는 '국민성'이라는 제국주의 이데올로기와 관

련을 맺고 있었음을 의미한다. 이는 민족주의를 내세워 민족 감정을 자극6)하는 대신 '국민 이데올로기'를 내세운 것이라고 할 수 있다.

둘째는 '국어 통일'의 이데올로기이다. 이는 의사소통의 차원과 밀접한 관련을 맺기도 한다. 『매일신보』의 일본어 보급 관련 사설 가운데는 이 이데올로기와 관련된 것들이 자주 나타난다.

(7) 일본어의 필요성

ㄱ. 天下에 殘疾은 聾者 啞者가 最甚ᄒ다 ᄒ니 彼 面目이 他人과 如ᄒ고 彼 手足이 他人과 如ᄒ고 彼 心性이 他人과 如ᄒ되 但 他人의 語를 不聞ᄒ니 誰가 聾者를 可憐치 안이ᄒ며 自己의 言을 不發ᄒ니 誰가 啞者를 憫憐치 아니ᄒ리오. … 然ᄒ 則 朝鮮人의 今日 急務ᄂ 日本語를 嫻習홈에 在ᄒ다 홀지로다. 朝鮮人의 日本語를 嫻習홈은 多言을 不要ᄒ거니와 東亞大陸의 第一指를 屈홀 만ᄒ 支那로 言홀지라도 目今 日本語를 嫻習ᄒ기에 努力ᄒᄂ지라 支那 方面으로 遊歸 ᄒ 者의 言을 聞ᄒ 則 支那 內地에 到處마다 大官 及 有力者와 代語士 及 商賈 等에 日本語를 了解ᄒ야 支那 今日에 政治 思想과 社交主義ᄂ 並히 日本語에 依ᄒ야 輸入홀 줄로 思惟ᄒ니 今日 日本語의 勢力이 然則 何如ᄒ뇨. ― '일본어의 세력' 『매일신보』 1913.7.18.

ㄴ. 我同胞ᄂ 片平假名이 何인지 淸濁發音이 何인지 懼然不姓ᄒ야 雷霆霹靂이 頭上에 徘徊ᄒ던지 宏山華嶽이 眼前에 遮隔ᄒ야도 聞不能 見不能ᄒᄂ니 此 交涉頻煩과 關係密接의 酬應을 何道로써 支過홀고.

又ᄂ 我가 內附ᄒ지 于今 四年에 人民의 知識 程度가 不日不淺이로디 大發展의 效能을 尙且不見홈은 亦國語不通에 基因홈이니 假令 官

---

6) 이와 같은 분석이 일본어 보급의 성격에서 제국주의의 국민성 이데올로기가 민족 이데올로기가 완전히 분리될 수 있음을 의미하는 것은 아니다. 제국주의의 국민성 이데올로기는 결과적으로 '일본 민족'을 중심으로 하는 민족 이데올로기와 통합 수밖에 없다. 그러나 식민 통치 기간 중 통치 이데올로기로 '일본 정신'을 표방한 시점은 1930년대 중반 이후로 보인다.

廳의 指導 訓飭이 비록 勸勸慈篤ᄒ시라도 其文字 其言語를 人人이 悟得지 못ᄒᄂᆫ지라 故로 疑訝도 生ᄒ며 故로 反對도 起ᄒ야 自然 事業 進就에 妨害를 與ᄒ고 又 文名의 進達ᄒᆯ 方法에 蒙昧ᄒ야 農工商業 等 諸般事爲에 改良키 無望이니 我 半島人民의 國語不通 利害關係가 果然 何如ᄒ뇨.

　或曰 朝鮮人은 朝鮮語로만 一生을 足히 須用ᄒᆯ지니 何必 勞心苦口ᄒ야 伊呂渡에 精力을 費ᄒ리오 ᄒ지만은 此ᄂᆫ 井底小蛙의 局見이라 不必更辯이로다.

　譬컨듸 朝鮮極地遐方의 人이 一朝에 京城에 入ᄒ야 其地方語를 使用ᄒ거던 京城人은 句讀를 莫解ᄒ야 遂히 其人의 所要事를 誤應 ᄒᄂᆫ 事도 有ᄒ니 同地同語도 猶如此致誤어든 又況 內地人과 萬里不同風의 區域에 居住ᄒ다가 一朝會合ᄒ야 苟言語 阻隔이 有ᄒ면 엇지 情契信孚를 望ᄒ리오. 是則 人民도 亦國語普及이 今日 急先務됨을 覺悟實行ᄒᆷ이 可ᄒ도다. 最是肯肇되ᄂᆫ 事ᄂᆫ 我가 國土에 衣食ᄒ며 國籍에 記名ᄒ며 國役에 服勵ᄒᄂᆫ 國民이 되야서 一國에 通用ᄒᄂᆫ 國語에 昧昧ᄒ면 엇지 文明 國民의 資格에 羞恥ᄒᆯ 事가 안이리오. 故로 往往 識者ᄂᆫ 此에 憤隔ᄒ야 白首殘齡에 其子其孫을 率ᄒ고 親히 小學校 生徒됨을 願ᄒᄂᆫ 者 도 有ᄒ니 如此ᄂᆫ 吾人의 極히 贊成ᄒᄂᆫ 事이니 ―'국어보급의 급무(2), 『매일신보』 1913.11.5.

　이 사설은 일본의 일부가 된 조선인으로서는 국어인 일본어를 습득하여 원활한 의사소통을 해야 한다는 이데올로기를 담고 있다. 특히 조선인으로서 조선어만을 아는 것은 '정저소와'의 편견이라고 강조하여 정치·경제의 중심어인 일본어의 습득이 반드시 필요함을 강조하였다. 이처럼 국가를 배경으로 하는 국어의 존재, 국어의 통일 등과 관련된 사상은 일본어의 보급에만 국한된 것은 아니라고 할 수 있다. 우리말의 통일과 표준화 문제는 근대계몽기로부터 일제강점기에 이르기까지 어문 생활의 주요 문제[7]였음은 주지의 사실이다.

2.2. 일본어 보급 정책의 경과

일제강점기 초기 일본어 보급 정책은 학교 교육, 사회 교육, 출판물 보급 등의 다양한 방식으로 전개되었다.

첫째로 학교 교육에서는 '조선 교육령'에 일본어 보급의 의의를 명시하였으며, 이를 실행하는 각급 학교 규정에서 '일본어 교과'의 취지를 명확히 밝혀 놓았다. 다음은 제1차 조선 교육령 아래의 각급 학교 일본어과 교과 관련 항목이다.

(8) 제1차 조선 교육령 당시 각급 학교 일본어과 관련 규정

ㄱ. 보통학교

第七條 普通學校에서는 <u>敎授上에 左의 事項에 注意홈이 可홈</u>

一 <u>兒童의 德性을 涵養ᄒ야 忠良ᄒ고 勤勉흔 國民을 養成홈</u>은 普通學校의 主要흔 目的인즉 何敎科目이라도 常히 此에 留意ᄒ야 敎授홈을 要홈

二 常히 秩序를 重히 녁여 規律을 守ᄒ는 氣風을 養成홈은 敎育上에 重要흔 事인즉 何敎科目에 對ᄒ야도 常히 此에 留意ᄒ야 敎授홈을 要홈

三 <u>國語는 國民精神이 宿흔바ㅣ니 또 知識技能을 得케 홈에 缺치 못흘</u> 것인즉 何敎科目에 對ᄒ야도 國語의 使用을 正確히 ᄒ고 其應用을 自在케 홈을 期홈이 可홈 …

第九條 國語는 普通의 言語, 文章을 敎ᄒ야 正確히 他人의 言語를 了解ᄒ고 自由히 思想을 發表ᄒ는 能을 得케 ᄒ며 生活上에 必須흔 知

---

7) 우리말과 글의 통일 과정에 대해서는 한글학회(1971), 고영근(1998) 등의 앞선 연구에서 충분히 논의가 되었다. 특히 근대계몽기와 일제강점기 우리말과 글에 대한 다양한 견해를 모아 놓은 하동호(1986) 등의 자료집도 어문 통일과 표준화 문제를 이해하는 데 도움이 될 것이다.

識을 授ㅎ고 兼ㅎ야 德性의 涵養에 資흠을 要旨로 흠

國語는 假名부터 始作ㅎ야 普通의 口語를 授ㅎ고 차차 進ㅎ야는 平易ㅎ 文語에 及ㅎ며 其材料는 修身, 歷史, 地理, 理科, 實業과 其他生活上에 必須ㅎ 事項을 採ㅎ고 女兒를 爲ㅎ야는 特히 貞淑ㅎ 德을 養흠을 務흠이 可흠

國語를 授흠에는 讀法, 解釋, 會話, 暗誦, 書取, 作文及習字를 倂ㅎ야 課흠이 可흠 但 作文, 習字는 特히 敎授 時間을 區別ㅎ야 課흠을 得흠

讀法은 發音에 注意ㅎ야 抑揚 緩急이 其宜를 得흠을 要흠

解釋은 平易ㅎ 口語를 用ㅎ야 語義 文意를 明瞭케 흠이 可흠

會話는 讀本中의 文章이나 又는 事項에 因ㅎ야 此를 授ㅎ고 進ㅎ야는 日常 쓰는 事項에 對ㅎ야 對話를 ㅎ게 흠이 可흠

暗誦은 讀本中의 佳句, 格言, 韻文 等을 適宜로 選擇ㅎ야 此를 課흠이 可흠

書取는 讀本中의 文字, 文章 其他 兒童의 了解흠을 得홀 文字, 文章을 選ㅎ야 此를 課흠이 可흠

作文은 一般히 口語體로 ㅎ야 爲先 單句부터 始作ㅎ야 漸次 長篇에 及ㅎ야 書翰文을 倂課흠이 可흠

習字는 實用을 旨로 ㅎ야 假名及漢字를 練習케 흠이 可흠 漢字의 書體는 楷書, 行書의 二體로흠

ㄴ. 고등보통학교

第十條 高等普通學校에셔는 敎授上에 左의 事項에 注意흠이 可흠

一 生徒의 常識을 養ㅎ야 忠良ㅎ고 勤勉ㅎ 國民을 養成흠은 高等普通學校의 主要ㅎ 目的인즉 何敎科目에 對ㅎ야도 常히 此에 留意ㅎ야 敎授흠을 要흠

二 常히 秩序를 重히 녀겨 規律을 守ㅎ는 氣風을 養成흠은 敎育上 重要ㅎ 事인즉 何敎科目에 對ㅎ야도 常히 此에 留意ㅎ야 敎授흠을 要흠

三 國語는 國民精神의 宿ㅎ 바ㅣ오 또 知識技能을 得케 흠에 缺치 못홀 것인즉 何敎科目에 對ㅎ야도 國語의 使用을 正確히 ㅎ고 其應用

을 自在케 흠을 期흠이 可홈 …

第十三條 國語는 普通의 言語, 文章을 了解ᄒ야 正確 쏘 自由로 思想을
發表ᄒ는 能을 得케 ᄒ며 兼ᄒ야 智德의 啓發에 資흠을 要旨로 홈
國語는 現代의 文章부터 漸次 近古의 國文에 及ᄒ야 其讀法, 解釋을
教ᄒ야 佳句, 格言, 韻文 等의 暗誦을 ᄒ게 ᄒ며 會話, 書取, 作文, 文
法을 授흠이 可홈

ㄷ. 여자고등보통학교

第九條 女子高等普通學校에셔는 教授上에 左의 事項에 注意흠이 可홈
一 靜淑ᄒ고 勤儉흔 女子를 養成흠은 女學校의 主要흔 目的이오니 아
모 教科目에 就ᄒ야도 常히 此에 留意ᄒ야 教授흠을 要홈
二 國語는 國民精神의 宿흔 바 1 오 쏘 知識技能을 得케 홈에 缺치 못
홀 것인즉 何教科目에 對ᄒ야도 國語의 使用을 正確히 ᄒ고 其應用
을 自在케 흠을 期흠이 可홈

이상과 같이 각급 학교에서의 일어 보급과 조선어 억제 정책은 매
우 밀접한 관계에 있다. 대체로 일어의 경우는 '국민정신이 깃든 바'
로, '읽기, 해석, 회화, 쓰기, 글씨쓰기, 작문' 등을 포함하여 교육하도
록 하였으며, 조선어급한문은 '회화'는 빠져 있다. 이는 조선인들을
대상으로 한 조선어 교육이어서 회화가 자연스럽게 이루어진다는
의미에서 빼놓은 것일 수도 있으나, 전반적으로 수업시수가 일본어
에 비해 1/3 정도에 불과하기 때문에 교육 내용 선정에서도 차이를
둔 것으로 보인다.

학교 교육의 차원에서 교수 용어의 제정이나 교과서 개발도 일본
어 보급과 밀접한 관련을 맺고 있음은 당연한 일이다.[8] 특히 일본어

---

8) 일제강점기 교과서 개발 과정이나 교과서 내용 분석에 대해서는 별도의 분석이 필요하
다. 이에 대해서는 뒤의 분석을 참고할 것.

보급과 관련하여 교수법의 개발과 보급도 중요한 과제 가운데 하나
였다. 예를 들어 조선총독부의 『국어교수법』 보급은 일본어과 교과
의 중요성을 다시 확인할 수 있게 해 준다. 이 책은 경성고등보통학
교 교육 겸 훈도였던 鹿子生儀三郎의 개인적인 연구를 조선총독부
에서 출판하여 보급한 것으로, 이는 이 책의 '범례'에 잘 나타난다.

(9) 國語敎授法 凡例

一. 本書は 京城高等普通學校 敎諭 兼 訓導 鹿子生儀三郎が 自ら 硏究せ
し 結果を 編述し, 當局 編輯課に 於て 訂正を 加へたるものなり.

二. 本書は 普通學校 若くは 同程度の 學校に 於て 國語を 敎授する 敎
員の 參考とし 又は 朝鮮人に 國語敎授法を 敎授する 場合の 用書と
して 適當なるものと 認む.

三. 官公立學校 敎員にして 本書を 使用するものは 更に 明治四十四年
八月 公立普通學校 校監講習會 演說集の 中, 朝鮮總督府 編修官 立柄
敎俊 並 官立漢城師範學校 敎授 事務取扱 囑託 山口喜一郎の 國語敎
授法を 參照するを がなりとす.

―朝鮮總督府 內務部 學務局

일본어 교수법 보급은 조선총독부 학무국에서도 중요한 사항으로
다루어졌다. 이 범례에서는 당시의 일본어 교수법 관련 자료로 교감
강습회에서 사용했던 교수법 자료와 관립한성사범학교 촉탁원이었
던 야마구치의 교수법이 더 있었음을 확인할 수 있다. 이처럼 조선
총독부에서 일본어 교수법을 강조한 것은 일본어 보급이 식민 정부
차원에서 중요한 어문 정책으로 다루어졌기 때문이라고 할 수 있다.

이와 같은 배경에서 조선총독부에서는 일반인을 대상으로 한 『속
수국어독본(速修國語讀本)』을 발행하여 보급하기도 하였다. 이 책은
조선총독부에서 독학용 일본어 학습서로 개발한 것으로, 초판은

1915년(대정4년) 1월 20일 발행하였으며, 1919년(대정8년) 7월 25일 증보 인쇄를 하였다. 이 책의 발행 목적은 '서언(緖言)'에 비교적 잘 나타나 있다. 그 내용은 다음과 같다.

(10) 速修國語讀本 緖言

一, 本書ハ國語ヲ速修セシメムガ爲 ニ編纂シタルモノナリ.

一, 本書ハ獨習ノ便ヲ計リテ全部振假名ヲ施シ, 又, 第一編ヨリ第四編マデハ朝鮮語ノ對譯ヲ附セリ.

一, 本書ノ假名遣ハ普通學校國語讀本ト全然同一トス.
但シ, 第五編ニハ文語體文章ヲ揭グ若干候文體ヲモ加ヘテ歷史的假名遣ヲ用ヒ, 之ニ習熟セシムルノ便ヲ計レリ. サレドモ字音ノ振假名ノミハ表音的假名遣トセリ.

一, 本書第一編第二編第三編ハ片假名及ビ單語ヨリ始メテ, 秩序的ニ敎材ヲ提出シタルヲ以テ, 順次ニ學習スルヲ要スルモ, 第四編會話又ハ第五編文章ハ何レモ日常生活ニ須要ナル事項ヲ蒐メタルモノナレバ, 必ズシモ順ヲ追フヲ要セズ, 國語夜學會等敎授時間ノ少キ所ニテハ, 適當ニ取捨選擇シテ敎フベシ.

一, 本書ニハ, 一般的知識ヲ修得セシメムガ爲附錄トシテ參考トナルベキ諸種ノ事項ヲ記載シタリ.

이 책의 내용은 모두 5편으로 편제되었으며, 서언에서 밝힌 바와 같이 제1편부터 제4편까지는 조선어 대역을 실었고, 제5편은 일어로 되어 있다. 제1편은 편가명급단어[片假名及單語 : 가다가나], 제2편은 단구급단문(短句及短文), 제3편은 평가명[平假名 : 히라가나], 제4편은 회화(會話), 제5편은 문장(文章)으로 구성되었으며, 각 편은 과별 구성을 취하고 있다. 이와 같은 교재의 개발은 조선총독부에서 식민 초기부터 계획적으로 일본어 보급에 힘썼으며, 각급 학교뿐만 아니라 각종 일본어(국어)야학회를 두어 조선인들로 하여금 자발적으로 일본어를 익히도록 유도하였음을 알 수 있게 해 준다.

둘째로 사회 교육의 차원을 살펴볼 수 있다. 이는 일반 조선인들이 일본어를 배울 수 있도록 강습회나 야학을 독려함으로써 일본어 사용자를 늘려가는 방식이라고 할 수 있다. 이에 대한 공식적인 통계 자료는 나타나지 않지만, 『매일신보』에 실린 다음과 같은 기사는 일본어 보급이 교원이나 식민 통치 기관의 직원에 의해 빈번하게 이루어졌음을 나타낸다.

(11) 일본어 강습회와 관련된 기사

ㄱ. 楊州의 國語講習 : 公立楊州普通學校 職員과 郡廳 官吏 一同이 共同 發起ㅎ야 該郡邑內에 國語講習會를 設置ㅎ고 郡內 人民을 勸誘ㅎ야 入會講習케 ㅎ되 一般 官吏가 互相 遞番ㅎ야 義務的으로 仕退後熟心 敎授홈으로 志願者가 日益增加ㅎ다 ㅎ며 朝鮮 官吏는 國語文法을 硏究ㅎ고 內地人 官吏는 朝鮮語를 硏究ㅎ다더라. ―『매일신보』 1911.12.16.

ㄴ. 北鮮 人民의 國語 : 함경북도의 일어 발전. 근일 이릭로 일반 죠션 인민들이 국어 연구에 ㄱ쟝 쥬의홈은 <u>닉디 사롬과 죠션 사롬의 친밀ㅎ는 긔관</u>인 줄을 싯드름이어니와 함경북도 인민들은 더욱 연구ㅎ야 일어를 능통한 쟈가 만타는딕 각부군으로 구별ㅎ면 청진부에 오빅인, 셩진군에 이십인, 길쥬군에 일빅이십팔인, 명천군에 ᄉ십일인, 경셩군에 오빅인, 무산군에 삼십ᄉ인, 회녕군에 구빅오십삼인, 종셩군에 오십인, 온셩군에 오십인, 경원군에 오십인, 경흥군에 오십인 합게 이쳔삼빅칠십륙인이라더라. ―『매일신보』 1912.3.24.

ㄷ. 鮮人 敎員 夏期 講習 : 죠션인 교원 하긔 강습회. 황히도에셔는 공ᄉ립학교를 물론ㅎ고 죠션인 교원의 학력(學力)을 보충홀 목뎍으로 오는 팔월 일일브터 팔월 삼십일일ᄭ지 히쥬공립보통학교(海州公立普通學校)에셔, 하긔강습회를 열고, <u>슈신, 교육, 국어, 한문</u> 네 과정으로써 교슈홀 터인딕 학교 직원은 물론이오 일반 희망ㅎ는 쟈는 칠월 십일일ᄭ지

소관 군청에 리력셔를 쳠부ᄒ야 쳥원셔를 뎨츌케 ᄒᄂ다더라(海州支局)
—『매일신보』1912.6.8.

ㄹ. 仁川의 國語講習 : 인천의 국어연습히 조직. 인천부 황등쳔면 면쟝 남
길우(黃等川面 面長 南吉祐) 씨ᄂ 소관면닉 쳥년ᄌ뎨의게 일본어(日本
語)의 보급을 도모홀 목뎍으로 근일 국어연습회(國語演習會)라 ᄒᄂ 회
를 셜립ᄒ고 교ᄉ 일명을 고빙ᄒ야 거월 십팔일브터 일본말과 밋 슈놋
ᄂ 법의 교슈를 시작ᄒ얏ᄂ 바 회원의 슈효ᄂ 삼십칠명에 달ᄒ야 금일
ᄭᅵ지 입회ᄒ기를 쳥구ᄒᄂ 쟈ㅣ 련속부졀ᄒ야 그 셩적의 대단히 죠흔
바 교과셔 칙은 보통학교의 교과셔를 ᄉ용ᄒᆫ다더라(仁川支局) —『매일
신보』1913.8.12.

이처럼 일본어를 강습 대상으로 삼았음을 고려할 때, 1910년대부
터 '문자 보급'이나 '문맹퇴치'의 개념에는 '일본어 사용'이라는 방
향9)도 내포되어 있음을 알 수 있다.

셋째로 신문이나 출판 매체를 통한 일본어 보급 활동을 살펴볼 수
있다. 『매일신보』에 연재된 '국어첩경'뿐만 아니라, 일본어와 조선어
의 대역 출판물이 널리 보급되기 시작하였는데, 이는 어학서류뿐만
아니라 척독이나 서식 그리고 실용서적 등에 이르기까지 매우 다양
하다.

이처럼 다양한 방식의 일본어 보급 정책을 도입한 결과는 조선총
독부의 『시정연보(施政年譜)』에 실린 기사를 통해 확인할 수 있다. 시
정 연보는 1906~1908년 통감시대부터 1945년에 이르기까지 연도별

---

9) 이는 1920년대 각종 문자 보급 교재의 구성 방식을 살펴볼 때 더욱 뚜렷해진다. 상당수
의 문자 보급 교재에는 '산술', '국어(일본어)', '조선어'가 동시에 들어 있으며, 1930년대
이후의 문자보급운동의 교과목에도 일본어가 포함되었음을 확인할 수 있다(이에 대해
서는 뒤에 다시 구체적으로 설명할 예정임).

시정 결과를 보고한 보고서로 1911년부터는 일본어 보급과 관련된 내용을 비교적 소상하게 싣고 있다. 1910년부터 1920년까지 시정 연보에 실린 조선에서의 교육 상황을 살펴보면 다음과 같다.

(12) 1910년대 시정 연보의 교육 관련 보고 내용[10]

발행 연도	해당 연도	교육관련 기사의 구성 체계	학교 교육	일어 보급 정책
1911. 03.30.	1910 (메이지 43년)	제16장 교육 제134절 교육행정의 통일, 제135절 보통학교(보통학교 교원 학도 급 졸업자), 제136절 고등 정도 제학교(관립 고등 정도 제학교 일람), 제137절 농림학교(농림학교 교원 생도 졸업자), 제138절 공업전습소(공업전습소 교원 생도 졸업자), 제139절 실업학교(실업학교 일람), 제140절 사립학교, 제141절 교과용도서(교과용도서 반포고), 제142절 유학생(거류민 교육 및 보육기관 일람, 내지인 교육비 보조금 예산액)	교육기관 통일, 교육기관 중심 서술, 일본인 교육 보조 문제	
1913. 03.29.	1911 (메이지 44년)	제17장 교육 제142절 교육제도의 정비(1911년 조선 교육령 제정 공포), 제143절 교육 칙어의 하사, 제144절 보통학교(보통학교 개황), 제145절 고등 정도 제학교(조선인 교육 고등 정도 관립학교 일람), 제146절 실업학교(실업학교 일람), 제147절 조선총독부 농림학교(조선총독부 농림학교 교원 생도 졸업생), 제148절 조선총독부 공업 전습소(조선총독부 공업 전습소 교원 생도 졸업자), 제149절 의학강습소, 제150절 경학원, 제151절 사립학교, 제152절 향교 급 서당, 제153절 교과용 도서(교과용 도서 급 교원 참고서 반포 고), 제154절 유학생, 제155절 내지인 교육(내지인 교육 기관 일람), 제156절 교육비(국고지변 조선교육비 예산 2년 비교), 제157절 국어의 보급	조선 교육령, 각급 학교 기관, 일본인 교육 기관	국어 보급 문제를 처음 다룸(조선 교육령에 의거) : 신학제 실시 후 특별히 중히 여기는 조치―관공립 학교 중심. 사립학교는 아직 불충분. 내지인 교원 특별 초빙 배치.
1913. 03.29.	1912 (명치 45년, 대정 원년)	제17장 교육 제193절 조선 교육령 실시의 결과, 제194절 칙어등본의 반포, 제195절 학사 감독, 제196절 교과용도서, 제197절 교원 양성, 제198절 보통학교(조선인 교원 보통학교 개황), 제199절 고등 정도 제학교(조선인 교육 고등 정도 관립학교 일람), 제200절 실업학교(조선인교육 실업학교 개황), 제201절 조선총독부 농림학교(조선총독부 농림학교 교원 생도 졸업생), , 제202절 조선총독부 공업 전습소	조선 교육령 실시 결과, 칙어 반포, 일본인 교육을 두 항목으로 나누어 기술	관공립학교중심, 일본인교원초빙―금년도부터는사립학교에서도국어과를가하도록함. 국어강습소와 야학회 등을 도처에 개설할 수 있도록 함. 본부 편찬의 국어독본 기타 국어 관계 서

10) 이 표는 시정 연보의 교육 관련 기사 내용을 바탕으로 임의로 만든 것임.

		(조선총독부 공업전습소 교원 생도 졸업자), 제203절 의학강습소(의학강습소 교원 생도 졸업생), 제204절 경학원, 제205절 사립학교, 제206절 서당, 제207절 유학생, 제208절 내지인 교육 제도, 제209절 내지인 교육 기관(내지인 교육기관 일람), 제210절 교육비(국고지변 조선 교육비 예산 2년 비교), 제211절 국어의 보급, 제213절 민력의 편찬 반포		적을 구독.
1915. 02.26.	1913 (대정 2년)	제15장 교육 : 제216절 교육시설의 확장, 제217절 내지인 교육(내지인 교육기관 개황), 제218절 조선인 교육 고등 정도 학교(조선이 교육 고등 정도 관립학교 개황－경성전수학교, 경성 고등보통학교, 평양고등보통학교, 경성여자고등보통학교), 제219절 실업학교(조선인교육 실업학교 개황), 제130절 보통학교(조선인 교육 보통학교 개황), 제131절 조선총독부 농림학교(조선총독부 농림학교 교원 생도 졸업자), 제132절 조선총독부 공업 전습소(조선총독부 공업 전습소 교원 생도 졸업자), 제133절 의학강습소(의학강습소 교원 생도 졸업자), 제134절 사립학교, 제135절 교원양성(국고 지변 조선인 교육비 예산), 제136절 교육비, 제137절 교과용도서(교과용도서 급 교원 참고서 반포 고)	교육시설 확장에 초점을 맞춤	
1916. 03.18.	1914 (대정 3년)	제15장 교육 : 제133절 국민교육의 통일(교육 칙어, 제국교육), 제134절 내지인 교육(내지인 교육 기관 개황), 제135절 조선인 교육 보통학교(조선인교육 보통학교 개황), 제136절 조선인 교육 실업학교(조선인 교육 실업학교 개황), 제137절 조선인 교육 고등 정도 학교(조선인 교육 고등 정도 관립학교 개황), 제138절 조선총독부 농림학교(조선총독부 농림학교 개황), 제139절 조선총독부 공업전습소(조선총독부 공업전습소 개황), 제140절 의학강습소(조선총독부 의원 부속 의학 강습소 개황), 제141절 사립학교, 제142절 교원양성, 제143절 교과용 도서(반포 고), 제144절 교육비	국민교육 통일(교육 칙어와 제국 교육＝식민교육)	
1917. 01.00.	1915 (대정 4년)	제19장 교육 : 제150절 교원심득의 발포(3개조－충효를 본으로 덕성을 함양함. 실용을 요지로 하여 지식 기능을 교수함. 강건한 신체를 육성함), 제151절 내지인 교육(내지인 교육기관 개황), 제152절 조선인 교육 (1) 보통교육, (2) 고등 교육, (3) 실업 교육, 제153절 조선총독부 농림학교, 제154절 조선총독부 공업전습소, 제155절 의학강습소, 제156절 사립학교, 제157절 교원양성, 제158절 교과용도서, 제159절 교육비	교원심득, 내지인교육과 조선인교육의 체계화	

1917. 12.00.	1916 (대정 5년)	제13장 교육 : 제106절 내지인 교육(내지 관계 법령을 준용, 내지인 교육 기관 개황), 제107절 조선인 교육 (1) 초등보통 교육(실업 사상 함양, 국어의 해석, 충량한 국민 양성, 조선인 교육 보통학교 개황), (2) 고등보통 교육 (조선인 교육 관립 중등학교 개황), (3) 실업학교(조선인 교육 실업학교 개황), 제108절 전문 교육의 창설, 제109절 전수학교, 제110절 의학 전문학교, 제111절 공업전문학교, 제112절 조선총독부 농림학교, 제113절 사립학교, 제114절 서당, 제115절 경학원, 제116절 교원 양성, 제117절 유학생, 제118절 교과용 도서, 제119절 교육비(예산)	조선인 대상 초등보통 교육의 목표 명확히. 전문학교 창설.	국어 보급 문제 강조
1918. 12.00.	1917 (대정 6년)	제13장 교육 : 제111절 내지인 교육 (1) 초등보통 교육(소학교ー고등소학교에서 수의과로 조선어를 가하여 교육함), (2) 고등보통 교육 (중학교, 고등여학교의 교육), (3) 실업 교육, (4) 전문 교육 = 내지인 교육기관 개황, 제112절 조선인 교육 (1) 보통 교육ー[1] 보통학교(조선인교육 보통학교 개황) [2] 고등보통학교, [3] 여자고등보통학교(조선인교육 관립 중등학교 개황) [4] 사립각종학교 [5] 서당 [6] 시험 급 강습 (2) 실업 교육 (개황) (3) 전문 교육 (개황) (4) 유학생 (5) 교과용 도서 =독학 교재 문제, 제113절 교육비	시정연보 편제방식을 내지인과 조선인으로 구분	
1922. 01.00.	1918 ~ 1920 (대정 7년 ~ 대정 9년)	제5장 교육 제23절 학제 [1]개설 (1) 구시(옛날)의 교육상황 (2) 교육의 방침(교육제도에 대한 조사 연구 진행ー내선인 구별 등의 문제. 교육칙어를 존중하여 충량한 국민육성을 목적으로 내선인의 사상, 민도, 언어, 풍습 등 전반) (3) 교육행정 기관 (4) 교육기관 [2]학제의 쇄신 (1)응급적 개정 (2) 사립학교규칙의 개정 (3) 내지인 교육제도(고등소학교 수의과에 조선어를 가하여 교육) [3] 임시교육조사위원회 (1)조직 (대정9년 12월 동회 규정 발포 (2)제1회 회의 결의사항(대정10년 1월 : 초등, 중등, 전문,대학 기타 각교육 계통에 대한 당국의 제시한 원안에 대한 의결, (3)제2회 회의 결의사항(대정10년5월 [4] 임시교과서조사위원회 제24절 교육기관의 확장 [1[보통학교의 급설 [2] 실업 급 전문 교육기관 제25절 국어의 보급 제26절 조선어의 장려 제27절 경학원 급 각군 문묘	1. 학제 개편 (조선인과 일본인 공학ー국어 상용 기준) 2 교육 행정 기관, 3 교육기관을 구분	1. 보통학교에서는 매주 8~12시간 교수. 2. 각과 모두 교수 용어에 국어를 사용. 3. 고등보통 교육, 실업 교육, 전문학교에서 국어의 교수를 노력 4. 사립학교규칙(대정9년3월) 5. 사회일반에서=국어 야학회, 국어강습회 등 실시(지방 청년에게 국어를 학습할 일) **대정7년 276개소의 야학, 강습회 개최

이 자료에 나타나듯이, 일제강점기 조선총독부에서는 일본어 보급을 위해 일본인(내지인) 교원 초빙, 강습회 개설, 교수 용어의 (일본어로) 통일, 교수 시수 조정 등의 다양한 시책을 사용했음을 확인할 수 있다. 그 결과 1910년 초에 비해 1920년에 이르러서는 일본어 사용자수가 인구 천명당 21명 수준으로 늘어났음을 확인할 수 있다.[11]

3. 신교육령 시기의 일본어 보급 정책

3.1. 국어 상용 이데올로기

1920년대의 일본어 보급 이데올로기는 통치 방침인 '일시동인(一視同仁)' 또는 '내선융화(內鮮融和)', '공존공영(共存共榮)' 이데올로기와 밀접한 관련을 맺고 있다.[12] 일시동인이란 일본 제국의 입장에서 조선인과 일본인을 동일하게 대우한다는 뜻을 담고 있는 이데올로기이며, 이는 궁극적으로 일본 국민으로서의 정신을 함양하게 한다는 뜻을 내포한다. 내선융화는 일본과 조선이 조화를 이루어야 한다는 사상으로, 제국 신민 이데올로기의 다음 단계라고 할 수 있다. 공존공영은 일본과 조선의 공존 및 공동 번영을 꾀한다는 주의이다. 이 시기의 교육 이데올로기도 이러한 통치 이데올로기를 반영한다. 다음 자료는 1922년의 조선 교육령(신교육령) 개정과 일시동인의 이데올로기의 관계를 잘 나타내 준다.

---

11) 1922년에 발행된 시정 연보(1918~1920년에 해당하는 사항)에서는 1919년 일본어 초해자의 수가 20만명, 보통회화 가능자가 10만 2천명이었던 데 비해 1920년에는 초해자 수가 24만명, 보통회화 가능자가 12만 2천명 수준으로 보고된 바 있다.

12) 이러한 이데올로기를 극명하게 드러낸 것이 『매일신보』 1928.3.4. 사설이다. 이 사설은 조선총독부 중의원 회의에서 사이토 총독이 천명한 것으로, '조선통치의 정신'이 '일시동인', '내선융화', '공존공영'에 있다는 점을 강조한 데 대한 해설의 성격을 띠고 있다.

(13) 교육 이데올로기의 변화

今般에 朝鮮敎育令이 發布되야 今日 朝鮮의 敎育은 內地와 同一한 制度에 依하야 施設됨에 至혼 것은 新學制上에 日新 紀元을 開혼 것이니 實로 慶祝에 不堪하는 바이라. 從來의 敎育令은 倂合 后 즉시 制定되야 朝鮮에 在한 其 當時의 民度에 顧하야 簡易하고 且 實用에 適함을 指導혼 것인바 善히 實情에 **하고 又 심의 進步를 調成한 事가 實노 不堪하도다. (중략) 新敎育制度는 一視同仁의 聖旨에 依하야 差別 撤廢를 期하야 內地와 同一한 制度에 依함을 主義로 한 結果 舊令은 單히 朝鮮人에 對한 學制이얏섯스나 新令에 在하야는 朝鮮內의 敎育의 人種的 區別을 設치 아니하고 此 一法令에 統合하게 될 것이라. 다만 朝鮮에 在혼 民族은 現狀으로는 其 日常生活에 國語를 使用하는 者와 不然한 者가 有호고 其 風俗 習慣 等에 事하야도 亦 不動혼 者가 有홈으로 普通敎育에 對하야 全然 同一혼 制度를 抱하고 又 主義로 共學 混合 敎育을 實行홈은 適當치 아니한 事情이 有혼 故로 普通敎育에 際하야 國語를 常用하는 者는 小學校, 中學校 又는 高等女學校에 國語를 常用치 아니히는 者는 普通學校, 高等普通學校 又는 女子高等普通學校에 入學홈을 本體로 하고 다만 特別혼 事情이 有혼 境遇에 在호야만 交互로 入學홈을 得하게 한 것이다. (하략)
—敎育의 根本方針 水野 政務總監 談『매일신보』 1922.3.2

1922년 발포된 신교육령의 요점은 '차별 철폐'라는 이데올로기 아래 '일본어 상용 여부'를 중심으로 한 학제 운영에 있었다. 이 교육령은 1920년 설치된 '조선교육조사회'의 교육 실태 조사13) 결과를 바탕으로 개정 작업을 진행하였으며, 차별 철폐라는 이름 아래 일본

---

13) 이에 대해서는『매일신보』1920.11.29. 기사를 참고할 수 있다. 이 기사에서는 구체적인 이름을 밝히지는 않았지만 당국자의 말을 인용하여 '장래의 (조선) 교육방침'을 정리한 바 있는데, 주요 내용은 고등교육(대학 설립 문제), 중등학교, 초등학교, 사범학교, 경비 문제, 교육조사회 설치 문제 등으로 구성되었다. 이를 통해 볼 때 1920년대의 교육 문제의 특징은 '일시동인'에 따른 '일본어 상용 문제'와 '고등 교육(대학 설립)', '실업 교육 강화 움직임' 등이라고 할 수 있다.

인과 조선인의 공동 학제 운영을 표방한 교육령이었다. 그렇지만 일본어 상용 여부에 따라 학제를 나눈 것은 '조선의 특별한 사정'이 있기 때문이라고 강변하였는데, 결과적으로 일본인과 조선인의 교육적인 차별은 철폐될 수 없는 상황이었음을 의미한다. 이 교육령의 주요 내용은 다음과 같다.

(14) 朝鮮教育令, 勅令 第19號

第一條 朝鮮에 在흔 教育은 本令에 依흠

第二條 國語를 常用ᄒᄂ 者의 普通教育은 小學校令, 中學校令 及 高等女學校令에 依흠 但 此等의 勅令中 文部大臣의 職務는 朝鮮總督이 此를 行흠

前項의 境遇에 在ᄒ야 朝鮮特殊의 事情에 依ᄒ야 特例를 設ᄒ는 必要가 有흔 者에 對ᄒ야는 朝鮮總督이 別段의 定을흠을 得흠

第三條 國語를 常用치 아니ᄒ는 者에 普通教育을 ᄒ는 學校는 普通學校, 高等普通學校 及 女子高等普通學校로 흠

第四條 普通學校는 兒童의 身體의 發達에 留意ᄒ야 此에 德育을 施ᄒ고 生活에 必須흔 普通의 知識技能을 授ᄒ야 國民될 性格을 涵養ᄒ고 國語를 習得케 흠을 目的으로 흠

第五條 普通學校의 修業年限은 六年으로 흠 但 土地의 情況에 依ᄒ야 五年 又는 四年으로 흠을 得흠

普通學校에 入學흠을 得ᄒ는 者는 年齡 六年 以上의 者로 흠

修業年限 六年의 普通學校에 修業年限 二年의 高等科를 置흠을 得흠

高等科에 入學흠을 得ᄒ는 者는 修業年限 六年의 普通學校를 卒業흔 者 又는 朝鮮總督의 定ᄒ는 바에 依ᄒ야 此와 同等 以上의 學力이 有ᄒ다 認定된 者로 흠

普通學校에 補習科를 置흠을 得흠

補習科의 修業年限 及 入學資格에 關ᄒ야ᄂ 朝鮮總督의 定ᄒ는 바에 依흠

第六條 高等普通學校는 男學生의 身體의 發達에 留意ᄒ야 此에 德育을
施ᄒ고 生活에 有用ᄒ 普通의 知識技能을 授ᄒ야 國民될 性格을 養
成ᄒ고 國語에 熟達케 홈을 目的으로 홈

第七條 高等普通學校의 修業年限은 五年으로 홈

高等普通學校에 入學홈을 得ᄒ는 者는 修業年限 六年의 普通學校를
卒業ᄒ 者 又는 朝鮮總督의 定ᄒ는 바에 依ᄒ야 此와 同等以上의 學
力이 有ᄒ다 認定된 者로 홈

高等普通學校에 補習科를 置홈을 得홈

補習科의 修業年限 又 入學資格에 關ᄒ야는 朝鮮總督의 定ᄒ는 바
에 依홈

第八條 女子高等普通學校는 女生徒의 身體의 發達 及 婦德의 涵養에 留
意ᄒ야 此에 德育을 施ᄒ고 生活에 有用ᄒ 普通의 知識技能을 授ᄒ
야 國民될 性格을 養成ᄒ고 國語에 熟達케 홈을 目的으로 홈

第九條 女子高等普通學校의 修業年限은 五年 又는 四年으로 홈 但 土地
의 情況에 依ᄒ야 三年으로 홈을 得홈

女子高等普通學校에 入學홈을 得ᄒ는 者는 修業年限 六年의 普通學
校를 卒業ᄒ 者 又는 朝鮮總督의 定ᄒ는 바에 依ᄒ야 此와 同等以上
의 學力이 有ᄒ다 認定된 者로 홈.

修業年限 三年의 女子高等普通學校에 入學홈을 得ᄒ는 者는 普通學
校 高等科를 卒業ᄒ 者 又는 朝鮮總督의 定ᄒ는 바에 依ᄒ야 此와
同等 以上의 學力이 有ᄒ다 認定되는 者로 홈

女子高等普通學校에 補習科를 置홈을 得홈

補習科의 修業年限 及 入學資格에 關ᄒ야는 朝鮮總督의 定ᄒ는 바
에 依홈

第十條 入學資格에 關ᄒ야는 修業年限 六年의 普通學校의 卒業者는 尋
常小學校 卒業者, 普通學校 高等科의 第一學年 修了者 又 卒業者는
各高等小學敎 第一學年 修了者 及 修業年限 二年의 高等小學敎의
卒業者, 高等普通學校 卒業者는 中學校 卒業者, 女子高等普通學校

卒業者는 相當 修業年限의 高等女學校의 卒業者로 看做홈

第十一條 實業教育은 實業學校令에 依홈 但 同令 中 文部大臣의 職務는 朝鮮總督이 此를 行홈

實業學校의 設立 及 教科書에 關ㅎ야는 朝鮮總督이 定ㅎ는 바에 依홈

第十二條 專門教育은 專門學校令에, 大學教育 及 其豫備教育은 大學令에 依홈 但 此等의 勅令 中 文部大臣의 職務는 朝鮮總督이 此를 行홈

專門學校의 設立 及 大學豫科의 教員의 資格에 關ㅎ야는 朝鮮總督이 定ㅎ는 바에 依홈

第十三條 師範教育을 ㅎ는 學校는 師範學校로 홈

師範學校는 特히 德性의 涵養에 努ㅎ고 小學校 教員될 者 及 普通學校 教員될 者를 養成홈을 目的으로 홈

第十四條 師範學校에 第一部 及 第二部를 置홈 但 特別의 事情이 有ㅎ 境遇에 在ㅎ야는 第一部 又는 第二部만을 置홈을 得홈

第一部에서는 小學校 教員될 者를, 第二部에셔는 普通學校 教員될 者를 教育홈

第十五條 師範學校 修業年限은 六年으로 ㅎ야 普通科 五年, 演習科 一年으로 홈 但 女子에 在ㅎ야는 修業年限을 五年으로 ㅎ야 普通科에셔 一年을 短縮홈

第十六條 師範學校 普通科에 入學홈을 得ㅎ는 者는 尋常小學校를 卒業ㅎ 者 又는 朝鮮總督의 定ㅎ는 바에 依ㅎ야 此와 同等 以上의 學力이 有ㅎ다 認定된 者로 ㅎ고 演習科에 入學홈을 得ㅎ는 者는 普通科를 修了ㅎ 者, 中學校 或은 修業年限 四年의 高等女學校를 卒業ㅎ 者 又는 朝鮮總督의 定ㅎ는 바에 依ㅎ야 此와 同等 以上의 學力이 有ㅎ다 認定된 者로 홈

第十七條 師範學校에는 特別의 事情이 有ㅎ 境遇에 在ㅎ야 特科를 置ㅎ며 又는 特科만을 置홈을 得홈

第十四條의 規定은 前項의 特科에 對ㅎ야 此를 準用홈

(18조 이하 부칙은 생략함) —『朝鮮總督府官報』1922.2.6. 號外

이 교육령에 따르면 '국어를 상용하는 자'와 관련된 소학교, 중학교, 고등여학교에 대한 규정은 포함되어 있지 않다. 이 교육령의 취지가 '조선에서의 교육'을 고려한 것이라는 점을 내세우면서 '일본어를 상용하지 않는 자'와 관련된 '보통학교, 고등보통학교, 여자고등보통학교, 실업 교육, 전문 교육, 사범학교'를 주된 대상으로 하였는데, 이는 이 시기 조선에서의 교육이 일본인(국어상용자)을 대상으로 한 것이 아니라 일본어를 상용하지 않는 자(조선인)를 대상으로 한 것임을 명백히 하는 셈이다. 따라서 '국어 상용'의 이데올로기는 표면상 '차별 철폐'를 내세웠지만 실제적인 차별 철폐를 목표로 한 것은 아니라고 할 수 있다.

이러한 맥락에서 1920년대 중반 이후에는 일본어 보급보다 '실업교육'이나 '기회균등(교육 시설 보급을 통하여 입학난을 완화해야 한다는 주의)' 이데올로기가 더 강하게 표방된 경향이 있다. 다음은 일부 사립학교의 교육 방침과 관련된 기사이지만, 일본어 보급보다 실용주의를 채택하겠다는 학교장의 담화를 포함하고 있다.

(15) ─新敎育方針─國語中心主義를 써나 實用主義를 採用[14)
　　─內地와 懸隔이 甚한 것이 크게 遺憾, 徽文高普 校長 李潤周 氏 談 : 이번에 發表된 初等敎育振興方針의 主要 眼目은 (一) 敎育의 機會均等主義에 依하야 敎育을 普遍的으로 普及케 하는 것과 (二) 從來와 갓흔 讀書敎育의 廢를 掃除하야 勤勞의 情神을 涵養하야 公民으로서의 資質을 向上시킨다는 데 잇는 듯합니다. 在來와 갓이 大多數의 民衆은 何等 初等敎育도 밧지를 못하고 其中 若干의 小數者가 아무리 高等敎育을 밧는 다할지라도 社會文化는 도저히 向上할 수가 업는 것을 누구나 다 아는

---

14) 이 기사는 1928년 조선총독부의 신교육방침이 결정되고 난 뒤, 휘문고보 교장인 이윤주의 담화를 보도한 기사이다. 이 시기의 교육 방침은 '일면일교주의'에 따른 초등교육 보급(보통학교 보급)을 '기회균등'이라고 불렀다.

바이올시다. 과연 全設 民衆의 資質이 一切로 向上되지 못하면 그 社會의 文化는 向上할 수가 업는 것입니다. (중략) 假量 滿七歲 入學을 한다 하면 滿 十一歲에 修了를 하게 될 모양이니 그 四年間에 學習한 效果는 말은 안이하야도 已히 想像할 수가 잇지 안습닛가. 우리의 慾心의 눈으로 보면 不足한 것이야 다 말할 수 잇겟습닛가만은 무슨 일이나 最初부터 完全을 期할 수 업는 觀點을 싸라 年 一年 向上되고 完成되어 가기를 바라는 바이며 <u>더구나 이와 갓흔 四年制 普通學校에서 지금과 갓흔 國語中心主義의 敎育을 한다 하면 實質에 잇서서 더욱 볼 것이 업게 될 것이니 此際에 對하야 多大한 考慮가 잇기를 바라는 바이올</u>시다. —『매일신보』1928.4.18.

이 기사에 나타난 것처럼 1920년대 후반기의 교육 이데올로기에서 중심이 된 것은 '실업 교육 강화'와 '교육 시설 보급'이었다. 실업 교육 문제는 일제강점기 주된 식민 정책 가운데 하나였는데, 표면상으로는 '국민의 생활안정을 위한 경제력 향상'을 내세웠지만, 실제로 생산성을 높임으로써 식민 지배를 용이하게 하고자 하는 방편에서 추진된 정책이라고 할 수 있다. 이러한 흐름에서 1925년 이후에는 실업 교육 강화가 더욱 강하게 추진되었던 것으로 보인다.15)

그러나 표면상 드러나지 않았고 하여 일본어 보급 정책이 소홀히 다루어진 것은 아니다. 이 정책은 식민 정부의 중심 어문 정책의 하나로 장기적이고 지속적으로 추진되어 왔다. 이는『시정연보』에 '국어의 보급'을 독립된 절로 편제하여 지속적인 보고서를 제출한 것만으로도 확인된다.

---

15) 『매일신보』의 경우 1925년 이후 '실업 교육' 문제에 대하여 지속적으로 사설을 게재하고 있는데 1925년 7월 6일, 1926년 6월 23일, 1927년 1월 14일, 1927년 3월 27일, 1927년 7월 3일자의 사설이 대표적이다. 이뿐만 아니라 이 시기 조선총독부 학무국장이었던 이진호의 주된 교육 지침도 "생산성을 높이는 교육"으로 정리할 수 있다.

3.2. 일본어 보급 상황

이 시기의 일본어 보급 정책 추진 상황을 학교 교육, 사회 교육, 출판물 등으로 나누어 살펴보면 다음과 같다.

첫째 1922년 발포된 조선 교육령의 특징은 '국어상용여부'를 기준으로 학제를 운영하였음을 알 수 있다. 이 교육령에서는 일어 비상용자의 경우 보통학교에서는 '국어 습득'을, 고등보통학교나 여자고등보통학교에서는 '국어 숙달'을 목표로 삼고 있다. 이러한 내용을 표로 정리해 보면 다음과 같다.

(16) 신교육령 아래에서의 각급 학교별 교과목과 교수 요지

	학교		총칙여부	교수상의 주의	국어(일본어)	조선어	
초등	국어상용	소학교	〈총칙을 둠〉 아동신체발달, 도덕교육, 국민교육의 기초 생활에 필수한 보통의 지식 기능	국민교육 관련 사항은 어느 학과목이든 유의	보통의 언어, 일상수지의 문자 급 문장, 정확한 사상표창, 지덕 계발을 요지로 함	토지의 정황에 따라 수의과목 또는 선택과목으로 조선어를 택할 수 있음 일상 간이한 언어 문자 요해, 용무를 드러내는 능력	
		과목명			국어	조선어(수의과)	
	비상용	보통학교	〈총칙〉이 없음.	국민된 성격을 함양하며, 국어를 습득케 함은 어느 학과목이든 유의	소학교와 같음	보통의 언어, 일상수지의 문자 급 문장, 정확한 사상 표창 항상 국어와 연락을 유지하도록 함	평이한 한문을 요해하는 능력, 덕성 함양에 바탕을 둠
		과목명			국어	조선어	한문
고등	국어상용	중학교	〈총칙〉을 둠	국민도덕 양성 관련 사항은 어느 학과목이든 유의	국어급한문은 보통의 언어 문장 요해, 정확하고 자유로운 사상 표창, 문학상 취미 양성, 지덕 계발을 요지로 함	보통의 언어 문장 요해, 일상의 응대를 위한 용무를 구분하는 능력 : 처음에는 언문에서 시작하여 한자를 섞은 문장을 강독	
		과목명			국어급한문	조선어급한문 (수의과목)	

구분		학교	총칙	교수요지	국어	조선어	한문
	비상용	고등보통학교	<총칙>이 없음	국민된 성격 함양, 국어에 숙달케 함은 어느 학과목이든 유의	중학교와 같음		보통의 언어 문장을 요해, 정확하고 자유로운 사상 표창, 문학상의 취미 양성, 지덕 계발
		과목명			국어급한문		조선어급한문
여고	국어상용	고등여학교	<총칙>을 둠 여자에 필요한 고등보통 교육을 목적으로 하며, 특히 국민도덕을 양성하고, 부덕 함양에 유의함	국민 도덕 양성과 관련된 사항은 어느 학과목이든 유의	보통의 언어, 문장을 요해하고, 정확하고 자유로운 사상 표창, 문학상의 취미, 지덕계발	외국어가 없을 때 수의과목으로 도화, 음악을 선택하고, 그것이 없을 때 '조선어'를 선택할 수 있음	
		과목명			국어	조선어 (제2차 수의과목)	
	비상용	여자 고등 보통 학교	<총칙>이 없음	국민된 성격을 함양하며, 국어를 숙달함은 어느 학과목이든 유의	고등여학교와 같음	고등보통학교와 같음	보통한문을 요해하는 능력, 덕성 함양
		과목명			국어	조선어	한문

이 표에 나타난 바와 같이, 이 시기의 일어 교육 정책은 국어 비상용자에게 국어를 습득하게 하고, 상급학교에서는 이를 숙달하게 하는 데 목표를 두었다. 그렇지만 보통학교, 고등보통학교, 여자고등보통학교의 교과목명과 교수 요지에 대한 진술은 통일되어 있지 않다. 특히 '한문'의 경우, 보통학교의 경우는 '국어, 조선어'로 되어 있어 한문 교과가 설정되지 않은 듯하며, 고등보통학교의 경우는 '국어급한문, 조선어'로 되어 있어, 일어과와 관련된 한문만 들어 있는 듯하다. 이에 비해 여자고등보통학교의 경우는 '국어, 조선어'로 되어 있지만 교수요지에는 '조선어급한문'이 들어 있어 혼란을 가져온다. 그렇지만 이러한 혼란은 법규상의 혼란일 뿐, 실제로는 '소학교-중학교-고등여학교'나 '보통학교-고등보통학교-여자고등보통학교'에서 한문 교과를 따로 두어 운영하였던 것으로 판단된다.

둘째 사회 교육의 차원이다. 이 시기 사회 교육은 학교 교육과 밀접한 관련을 맺도록 시정 방침을 정하고 있었는데, 다음 자료는 이를 잘 반영한다.

(17) 學校를 中心으로 ᄒᆞᄂᆞᆫ 社會敎化 = 學務局 學務課長 松村松盛
◇ 사회 교화의 필요
◇ 사회 교화상 교육자의 지위
◇ 조선의 사회 교육의 실현
◇ 사회교육의 시설에 대ᄒᆞᆫ 주문
―『매일신보』 1921.12.2.~12.3.

이 자료는 1920년대 학교 교육과 사회 교육의 관계를 잘 드러낸
기사이다. 이 기사는 사회 교화의 필요성을 강하게 역설하고, 이를
수행하는 주체로서 교육자의 임무를 강조하고 있다. 이처럼 사회 교
육을 주도하는 주체로서 교원의 역할을 강조하게 되는 이유는 식민
시대의 특징이 자발적인 사회 교육이 이루어지기보다는 통치 주체의
정책에 따라 사회 사업이 이루어지기 때문이다. 이 점에서 '문맹퇴
치'나 '농촌운동' 등의 사회운동도 상당수는 조선총독부의 시정 방침
의 연장선에서 진행된 것이 많았다. 그 과정에서 일본어 보급 정책도
자연스럽게 표출되는데, 다음과 같은 기사를 이를 잘 나타내준다.

(18) 京畿道內 社會事業 一般(4)
이제로부터는 農村振興事業의 現狀을 보아 가자 ……大正 三年 三月에
金烏靑年會라는 것을 組織하고 同會가 中心이 되야 一般 民衆에게 …쓰
그 한편으로는 每年 十一月부터 翌年 三月까지 夜學會를 開催하고 朝鮮語,
漢文, 算術, 國語 等을 熱心히 敎授하야 지금은 전 洞民 男女 二百餘 名
中 八歲 以上 四十歲 以下의 男子로서 文盲이라고는 한 사람도 업고 쏘
女子도 四十歲 以下 八歲ᄭᆞ지 전부 諺文을 解하나 그 중 단 두 명은 아무리
가르쳐도 諺文을 깨치지 못하는 先天的 文盲者로 더퍼 두엇다 한다. (하략)
―야학을 열심히 장려해 동내의 문맹을 타파『매일신보』 1928.12.13.

이 기사는 1928년 경기도내 농촌진흥사업의 하나인 문맹퇴치 야학운동을 보도한 기사이다. 이 야학회는 1914년부터 시작되었으며, 야학의 주요 과목은 '조선어, 한문, 산술, 일본어'였음을 확인할 수 있다. 이처럼 이 시기 각종 야학회의 주요 과목은 '조선어'뿐만 아니라 '산술'과 '일본어'가 포함되어 있었다.16)

셋째는 언론 출판물의 변화이다. 1920년대의 특징 가운데 하나는 이른바 '문화정치'를 표방함으로써 조선어를 강압적으로 말살하고자 하지는 않았다는 점이 특징이다. 오히려 식민 통치에 관여하는 사람들을 대상으로 조선어 사용 능력을 길러 원활한 식민 통치에 기여할 수 있도록 장려하고자 하는 정책(조선어 장려 정책)이 강하게 추진되었기 때문에 언론이나 출판을 통한 일본어 보급이 강하게 추진되지는 않은 것처럼 보인다.

그러나 이 시기의 식민 어문 정책에서도 일본어 보급 정책은 가장 중요한 어문 정책이었다. 이는 앞에서 살펴본 것처럼 학교 교육에서 일본어 시수를 늘리고, 조선어 시수를 줄이는 방식으로 나타나기도 하였지만, 어문 문제 가운데 일본어 보급 문제가 조선총독부의 가장 관심 있는 문제였음을 조선총독부에서 발행하는 각종 간행물을 통해 확인할 수 있다는 점을 통해서도 증명된다. 특히 이 시기에 이르러서는 '국어(일본어)를 이해하는 자'의 실태보다 '증가 상황'이 더 큰 관심사로 대두되고 있는데, 다음은 이를 증명한다.

---

16) 이러한 흐름에서 일제강점기 개발된 문자 보급 교재는 '조선어'만을 대상으로 한 것, '조선어'와 '산술'을 대상으로 한 것, '조선어'와 '산술' 그리고 '일본어'를 포함한 것의 세 가지 형태로 나눌 수 있는데, 청년을 대상으로 한 독본이나 일부 농민독본류는 세 번째 유형의 것이 많다.

(19) 國語を 解する 朝鮮人

大正十四年末 現在に 於ける 朝鮮人にして 國語を 解するもの 數を 調査するに

	男	女	計
總數	823,570	123,576	947,146
稍解	528,549	86,484	615,033
普通會話	295,021	37,092	332,123

にして 前年に 比し 一二九,一四九人ち 約 一割 六分弱の 增加を 來した.
—朝鮮總督府, 『月刊朝鮮』, 1926.8. 第135號

일어 사용자의 증가는 일본어 보급이 점차 효과를 거두고 있음을 의미하며, 지속적인 증가율은 일본어 보급의 효과가 충분할 경우 조선총독부의 어문 정책의 본질적인 성격이 변화할 가능성을 갖게 됨을 의미하는 것이라고 할 수 있다.

3.3. 1930년대 이후의 일어 보급 정책

일본어 보급 정책은 1929년 조선 교육령의 개정(1929.4.19.)을 계기로 다소 변화의 모습을 보인다. 이 교육령에서 주목할 만한 항목은 제7조와 제8조이다.

(20) 1929년 개정된 교육령의 요점

第七條 第一項 中 '理科'ヲ '理科, 職業'ニ, '裁縫'ヲ '家事及裁縫'ニ 改メ.
　　同條 第二項ヲ 左ノ 如ク 改ム. 土地ノ 情況ニ 依リ 前項 敎科目ノ
　　外 手工ヲ 加ヘ 又ハ 隨意科目トシテ 漢文ヲ 加フルコトヲ 得
第八條 普通學校ニ 於テハ 敎授上 特ニ 左ノ 事項ニ 注意スベシ
　　一. 國民タルノ 性格ヲ 涵養シ 國語セシムルコトハ 何レノ 敎科目
　　ニ 於テモ 常ニ 深ク 之ニ 留意センコトヲ 要ス

二. 善良ナル 風俗ヲ 尊重シ 兒童ノ 德性ヲ 涵養 ....

三. 勤勞好愛ノ 精神ヲ 養 ....

四. 知識技能ハ ....

五. 兒童ノ 身體ヲ 健全ニ 發達 .....

六. 男女ノ 別ハ 勿論 ...

七. 各教科目ノ 教授ハ ....

위의 조항에서 알 수 있듯이 교육령 개정의 요점은 '공민교육 강화'와 '실업 교육 강화'에 있었다. 공민교육은 취학난을 개선하기 위해 교육시설을 보급하고, '근로 애호'라는 구호 아래 실업학교나 실업 교과목을 중시하는 것을 의미한다. 이 교육령의 요점에 대해『매일신보』에서는 다음과 같이 보도하고 있다.

(21) 公民教育의 主義로 普校 規則을 改正 = 女子는 家事教育에 置重 昨日부터 審議 中이어든 <u>普通學校 及 小學校 規程 改正案</u>은 六月 二十日 本府令 第五十七號로 小學校 規程 同 五十八號로 普通學校 規程을 公布하얏다. 今番 改正의 要諦는 <u>公民教育과 勤勞愛好의 精神을 涵養할 目的下</u>에 從來 加設 科目인 實業을 ** 이라고 改稱하고 此를 必須科目으로 하고 又 女子에게는 家庭에 置重하야 教育하기로 되엿다. 其外에도 **의 改正을 보게 되엿는대 此 初等學校 規程 改正에 際하야 山梨 總督은 各 道知事에 左와 如한 訓令을 說하얏다더라. (훈령 생략) ―『매일신보』1929.6.20.

위의 기사에 나타나듯이 이 교육령 개정의 요체는 '공민교육'과 '실업 교육'이라고 할 수 있다. 이를 위한 주요 방침으로 '사범 교육'을 변경하였는데, 이는 식민 교육을 원활하게 수행할 사범학교의 증설 및 교원에 대한 직접 통제를 목적으로 하는 것이라고 할 수 있다. 이 점에서 이 시기에는 '시학관(視學官)' 제도가 이전보다 훨씬 강화되었으며[17] 그 인원도 대폭 늘렸다. 실업 교육 강화는 농촌 실정 개선을 비롯한 각종 산업 문제, 농민진흥정책 등의 연장선에서 이루어진 것이라고 할 수 있다. 이는 1920년대 후반부터 지속되어 온 교육 정책이라고 할 수 있는데, 1929년의 교육령 개정에서는 이 상황을 반영한 셈이라고 할 수 있다.

그러나 이 시기 '기회균등', '공민교육', '실업 교육' 이데올로기가 조선인의 권익을 옹호하기 위해 제안된 것은 아니었다. 오히려 공민교육 이데올로기는 '국가의지'나 국민도덕'을 강조하는 이데올로기로 나타났다.

(22) 국가의지와 국민도덕 이데올로기

ㄱ. 敎育의 大眼目은 國家意志에 合致 = 朝鮮에는 勤勞敎育이 最適 = 武部 學務局長 談

　國民敎育은 將來에 在한 國家 存立의 基盤인 故로 그 밋 本 目的은 國家에 有用한 活人物을 育成함에 잇슴은 말할 것도 업다. 그러면 吾人의 取할 敎育의 大眼目은 바로 國家의 意志와 合致할 것이 아니라면 아니 된다. 그리고 쏘 그 國家意志가 如何한 것이냐 함은 一家의 私見이나 獨目의 學說로서는 안이 된다. 반듯이 國家의 意志 表示인 敎育法規의 明示한 바에 準據치 아니하면 안이 된다. 그러나 法令은 如何히 이를 明示할지라도 그것은 普遍的 槪念的인 것에 不過한 것이오, 活人物의 敎育이라 하는 事實에 對하야 이를 實際로 行하여야만 비롯오 活事業으로 表現되는 것이다.

---

17) 이처럼 시학 기능을 강화하고자 한 배경에는 1920년대 후반기 각 학교를 통해 표출된 동맹휴학운동과도 밀접한 관련이 있다. 동맹휴학의 민족 감정, 열악한 교육 환경, 교원의 자질 부족 등이 원인이었으나 식민 정부에서는 이를 교육 환경 문제 또는 학생들의 풍기 문란 문제로 몰아가고자 하는 경향이 있었다. 특히 『매일신보』는 동맹휴학에 대해 지속적인 비판 기사를 싣고 있는데, 1929년 6월 18일의 '학생들의 풍기를 위하야'라는 사설이 대표적인 경우이다. 이러한 배경에서 1930년 7월에는 시학기관의 확장과 시학관의 지위 격상 문제가 본격적으로 논의되기 시작하였다.

그러면 敎育에 任한 者는 몬저 國家의 意志를 確認하고 時代의 推移와 民度를 洞察하야 그곳에서 具體的 方案을 出案하고 活而上下에 敎育하는 活事實로서 國家意志에 從하도록 努力치 아니하면 아니된다. 此處에 敎育者 務에 重大性이 잇고 그 使命에 尊重 實性이 잇는 것이다. (이하 생략) —『매일신보』 1930.1.9.

ㄴ. 國民道德의 淵源

…父母에 孝하고 兄弟에 友하며 大體 相和하고 朋友相信하며 恭儉으로 其를 知하고 博愛로 衆에 及하며 學을 修하고 슴을 習하야 이 知能을 啓發하고 聰記를 成就하며 進하야 <u>公益을 廣히</u> 하고 <u>他務를 觀</u>하라 하신 바 즉 此이 다 一字라도 我等 國民 아니 다 當히 人類로서 사사**을 太하야 加할 바라 할 것인가. 方今 勢道는 漸降하고 人心은 弛緩하려는 傾向은 容히 玆甚을 切하려는 바이다. (하략) —『매일신보』 1930.10.30.~10.30.(사설)

위의 자료에 나타난 국가 의지나 국민 도덕은 식민 통치에 필요한 국민의 자질을 의미하는 것으로, 이 시기의 국가 의지는 '실제주의', '체험주의'로 불린 근로 교육을 의미하는 것으로 해석된다. 이는 1930년 11월 7일 중등학교 교육 개선 방침을 천명한 神尾 학무과정의 담화에도 잘 나타난다.

(23) 實際에 必要한 科目을 體驗主義로 敎育 = 中等敎育改善에 對하야 = 神尾 學務課長 談

昨報= 朝鮮內 一般 中等學校의 敎育方針을 劃一主義로부터 實際主義 又는 自由主義로 一 進展을 圖하라는 中等學校規程 改正에 對하야 神尾 總督府 學務課長은 大要를 다음과 가티 말한다. "이번의 中等學校 敎育 方針을 改正한다는 것은 明年 四月 新學期부터 一般 高等普通學校 同 程度의 中等學校 及 中學校 等에는 實業科를 商業學校 農業學校 工業學校 專修學校 等 一般 中等 程度의 實業學校에는 公民科를 設置하게 된데 짜

라 中等學校의 規程을 改正하야 各學校가 보다 實際主義의 精神 아래 지력 又 學校自體의 事情 如何에 依하야 가장 實效 잇는 敎育을 하도록 하라는 것이다. 一般 實業學校에 公民科를 新設하는 것은 文部省의 方針에 따라 朝鮮에도 實施하게 된 것으로 이것은 實業敎育에 잇서 새로운 일이라 할 수가 잇고 高普校와 밋 中學校에 實業科를 設置하는 것은 朝鮮에는 이미 從來에도 實施하여 왓스나 明年부터는 이것을 一層 溫厚하게 하야 從來 實業科을 一種學科的으로 배혼 것을 體驗的으로 배호도록 하라는 것이다. 즉 敎育의 劃一主義로부터 實際主義 又는 體驗主義의 敎育을 實施하라는 것인데 이에 由한 規程 改正은 이미 審査까지 終了되어 잇스나 조금 더 硏究할 問題가 잇서 아즉 保留 中에 잇다. 하여간 이것은 明年 四月부터 實施하라는 것임으로 今年 中에 總督府 府令으로 發布할 豫定을 가지고 잇다." 云云

이 기사에서 확인할 수 있듯이, 이 시기의 '실제교육'은 실과 과목을 중시하거나 실업학교 또는 실업과를 증설하는 것을 말하며, 이러한 여러 형태의 교육기관 확충을 '획일주의'에서 벗어난 '자유주의'라고 일컫고 있다.

이러한 시대 상황에서 일본어 사용 능력은 실제교육에 부합하는 것으로 간주되었다. 특히 입학 시험에서 일본어를 강조함으로써 일본어 보급의 효과를 높이려는 움직임이 나타나는데, 이와 관련된 『매일신보』의 기사가 눈에 뜨인다.

(24) 算術, 國語를 根據로 實情 能力을 斟酌─初等校 成績에 特別 置重키로
　　　시험지옥에서 구출 방침 = 함북과 답신
　　　朝鮮敎育會에서 선수 中等學校 入學試驗 方法의 改善에 對하야 各道 學務課에 通牒을 發하야 意見을 구하기로 되엿는 바 이에 對한 咸北道 學務課의 意見은 아래와 가티 記寫하얏는 바 入學試驗 科目은 最小限度 算術, 國語로 하고, 地方의 實情에 應하야 他敎科를 加改할 것. (하략) ─

『매일신보』1934.9.27.

이처럼 일본어 보급은 식민 지배의 현실적 요구와 불가분의 관계를 맺는다. 이 점에서 중일전쟁이 본격화된 1937년 이후에는 각종 동원 체제와 맞물려 일본어 보급이 더욱 강화된다.

4. 개정교육령 이후의 일본어 보급 정책

4.1. 국체명징의 이데올로기

조선총독부의 일본어 보급 정책이 강압적이고 전면적으로 실시되기 시작한 시점은 1937년 전후라고 할 수 있다. 1937년 7월 7일 노구교 사건을 계기로 한 일본의 중국 침략 이후로 일제는 강압적이고 전면적인 황국신민 정책을 펼치게 되었는데, 이때의 주된 교육 이데올로기는 '국체명징(國體明徵)', '만선일여(滿鮮一如)', '내선융합(內鮮融合)', '일본정신(日本精神)' 등의 이데올로기이다.

국체명징의 이데올로기는 1936년부터 나타나기 시작한 통치 이데올로기인데, 『매일신보』1936년 7월 21일자에는 "民衆을 啓蒙誘掖, 國體를 一層 明徵"이라는 기사가 게재된 바 있다. 이 기사는 평북 부윤 군수 회의에 참석한 美座 도지사의 훈시와 관련된 것으로, '국체'의 개념이 무엇인지 뚜렷하게 나타나지는 않았다. 그렇지만 1937년 중일전쟁 이후로는 조선과 만주는 하나라는 '선만일여(鮮滿一如)'나 일본과 조선은 공동 운명체라는 '일선동체(日鮮同體)'를 강조하면서 일본 정신으로 무장한 '국체'의 개념이 강조되기 시작하였다. 다음은 이러한 예를 보여준다.

(25) 國體明徵의 觀念과 勤勞精神徹底 高調-京畿 二千教員에 各種 講習會

교학쇄신(敎學刷新)의 중대한 포인트는 먼저 초등교육을 담당하고 잇는 보통학교 선생님의게서부터 출발하지 안으면 안 된다고 하는 의미에서 경기도 학무과에서는 이번 하기휴가(夏期休暇)에 여러 가지 강습회를 개최하야 교단에서 잇는 선생님들의게 새로운 지식을 주입해 주기로 되엇다 한다. 즉 현재 경기도 내에는 각종 보통학교에 二천여명 교원이 잇는데 사범과(師範科)를 맞춘지 오래여서 시대를 압스고 잇는 교육과 대소 거리가 머러지는 문제도 잇슴으로 이들의게 좀더 새로운 지식을 주입식혀서 아동지도에 풍부한 자료를 주는 의미에서 이번에 여러 가지 강습회를 열기로 되엿스며 특히 근로정신(勤勞精神)을 고취하기 위하야 직업과(職業科)의 강습을 이번 기회에 一층 강화하리라고 한다.

그리하야 오는 二十일의 방학에 뒤이어 먼저 직업교육과로서 농업(農業) 혹은 공업(工業) 상업(商業)에 대한 강습을 계속적으로 개최하는 동시에 다시 국체명징(國體明徵)의 과업을 고조하고저 수신과목(修身科目)에 대한 강습도 행하고 그 외에 정서교육(情緒敎育) 방면도 치중하야 창가(唱歌) 율동(律動) 혹은 체육방면의 체위향상으로서의 체조강습회도 개최하리라 한다. ―『매일신보』 1937.7.8.

이 기사에 나타나듯이 '국체명징'의 이데올로기는 수신과목의 교수 요지와 밀접한 관련을 맺고 있었다. 그런데 사실 이 이데올로기는 일제강점기 말기 강압적 조선통치의 서막을 알리는 이데올로기라고도 할 수 있는데, 이 이데올로기의 출현은 내선일체나 내선융합18) 등의 이데올로기와 함께 '신사 참배', '조선어 말살' 등의 정책이 행해질 수 있는 기반이 마련되어 가고 있음을 의미한다.19) 국체

---

18) 내선융합의 이데올로기는 1920년대의 일시동인, 내선융화보다 한층 더 강화된 조선 통치의 이데올로기로 간주된다. 내선융화가 일본과 조선의 조화를 의미했다면, 내선융합의 이데올로기는 일본의 종속국으로서 조선이 일본과 하나라는 이데올로기라고 할 수 있다.

명징이 갖는 의미는 1945년 조선유도연합회의 이름으로 출판된『국체명감(國體明鑑)』(著者 高橋亨, 喜田新六, 朝鮮儒道聯合會)의 다카하시 서문에 잘 나타난다.

(26) 序

　我等 日本國民으로서 我 國體의 尊嚴함과 그 恩惠의 罔極함에 對한 感謝 感激을 今日과 如히 切實하게 늣기여짐은 已往에 일즉 보지 못하든 바이다. 그것은 現在 우리 日本이 肇國의 大 理想 實現을 爲하야 有史 以來의 雄偉 絶大한 事業에 從事하야, 月一月步 一步로 赫赫한 成果를 擧揚하고 잇는 까닭이다. 支那事變에 繼續하야 大東亞戰爭이야말로 國家의 存亡이 달닌 大事業으로서, 只今의 日本 國民은 後世 子孫 永遠의 福祉를 擁護하기 爲하야 一億一心 熱彈熱火가 되어 勁敵擊滅 國難克服에 驀進하고 잇는 것이다. (중략)

　國體는 家屋의 基礎工事이라, 家屋의 表面에는 나타나지 안이하나 二六時 中 家屋의 存立의 힘이 되고 잇는 것이다. (중략) 國體는 國史에 顯現하며, 歷史는 恒常 變化하는 故로 嚴格한 意味에서 歷史는 反復하지 안는다. 그러나 特定 國民의 歷史는 其 國民的 性格의 變革을 밧지 안는 한 一道의 精神에 依하야 一貫하야서 隨時로 或은 强하게 或은 弱하게 或은 놉히 或은 얏치 此를 顯現치 안이하면 不止하는 것이다. 我 國史에 잇서 其 精神이야말로 君國一體 忠孝一本 君民一家의 國體之精華 그것이다. 然故로 國體觀念을 明徵코저 할진대 國史를 敷明함보다 以上 最良한 方法은 업다. 能히 國史의 精神에 通徹할 쌔가 卽 國體를 明徵케 할 쌔다. (하략) ―高橋亨, 序,『國體明鑑』(1945. 昭和 19年, 朝鮮儒道聯合會).

이 서문에 나타난 '국체명징'의 관념은 '역사'를 통해 실현되며, 그

---

19) 이 이데올로기의 출현과 함께 등장한 주요 변화는 '황국신민의 서사' 제정이라고 할 수 있다. 이 서사는 1937년 10월을 전후하여 각 학교에서 학생과 교원들이 따라 부르도록 의무화되었다.

요체는 '군국일체, 충요일본, 군민일가'로 집약된다. 이 점에서 국체명징의 이데올로기 아래에서는 '조선적인 것'은 배제되고 오로지 '일본적인 것' 좀 더 구체적으로는 '일본 제국주의적인 것'만이 강조될 수밖에 없다.

이와 같은 이데올로기를 바탕으로 1937년부터는 일본어 보급 정책이 학교 교육이나 사회 교육 전반에 걸쳐 매우 광범위하고 강력하게 추진되었다고 할 수 있다. 이러한 배경 아래에서 1938년 3월 4일에는 개정교육령이 공포되었다. 이 교육령의 특징은 일본인과 조선인을 구분하지 않고 단선학제를 운영했다는 점에 있다. 이때의 단선학제는 일본인과 조선인의 차별 철폐를 의미하는 것이 아니라, 기존의 교육령에서 표방한 '조선에서의 특수한 사정'을 인정하지 않는 방향으로의 개정을 의미한다. 이 교육령은 다음과 같이 이루어져 있다.

(27) 朝鮮敎育令[20)
第一條 朝鮮에서의 敎育은 本令에 依함
第二條 普通敎育은 小學校令 中學校令 及 高等女學校令에 依함. 但 此等의 勅令 中 文部大臣의 職務는 朝鮮總督이 此를 行함. 前項의 境遇에 잇서서 朝鮮의 特殊事情에 依하야 特例를 設置할 必要가 잇는 것에 對하야는 朝鮮總督이 別로 定함을 得함.
第三條 實業敎育은 實業學校令에 依함. 但 實業補習敎育에 對하야는 朝鮮總督府의 所定에 依함. 實業學校令 中 文部大臣의 職務는 朝鮮總督이 此를 行함. 實業學校의 設立 及 敎科에 對하야는 朝鮮總督府의 所定에 依함.
第四條 專門敎育은 專門學校令, 大學敎育 及 其豫備敎育은 大學令에 依함. 但 此等의 勅令 中 文部大臣의 職務는 朝鮮總督이 此를 行함. 專

---

20) 이 교육령은 『조선총독부 관보』 1938년 3월 4일자에는 일본어로 발포되었으며, 위의 내용은 『매일신보』 1938년 2월 23일자 호외로 실린 기사이다.

門學校의 設立 及 大學 豫備敎員의 資格에 對하야는 朝鮮總督府의 所定에 依함.

第五條 師範敎育을 하는 學校를 師範學校로 함. 師範學校는 特히 特性의 涵養에 效力하고 小學校 敎員인 者를 養成함을 目的으로 함.

第六條 師範敎育의 就業 年限은 七年으로 하고 普通科 五年 演習科 二年으로 함. 但 女子는 就業年限을 六年으로 하고 普通科는 一年을 短縮함.

第七條 師範學校 普通科에 入學함을 得하는 者는 尋常小學校를 卒業한 者 又는 朝鮮總督府의 所定에 依하야 此의 同等 以上의 學力이 잇다고 認定되는 者로 함. 演習科에 入學할 수 잇는 者는 普通科를 終了한 者 中學校나 坐는 修業年限 四年 以上의 高等女學校를 卒業한 者 又는 朝鮮總督府의 定한 바에 依하야 이와 同等 以上의 學力이 잇다고 認定되는 者로 함.

第八條 師範學校에 特別한 事情이 잇는 境遇에는 尋常科를 두고 又는 尋常科만 둘 수 잇슴.

第九條 尋常科의 就業年限은 五年으로 함. 但 女子에 잇서서는 此를 四年으로 함. 尋常科에 入學할 수 잇는 者는 尋常小學校를 卒業한 者 又는 朝鮮總督府의 所定에 依하야 이와 同等 以上의 學力이 잇다고 認定된 者로 함.

第十條 特別한 事情이 잇는 境遇에는 演習科는 尋常科만을 둠. 師範學校에 此를 둘 수 잇슴.

第十一條 師範學校에 硏究科 又는 講習科를 둘 수 잇슴. 但 硏究科는 尋常科만을 두고 師範學校에는 此를 둘 수 업슴. 硏究科 及 講習科의 入學年限 及 入學 資格에 對하야는 朝鮮總督府의 所定에 依함.

第十二條 師範學校에 附屬 小學校를 置하야 特別 事情이 잇는 境遇에는 公立小學校로서 附屬小學校에 代用함을 得함.

第十三條 師範學校는 官立 又는 公立으로 함. 公立師範學校는 道에 限하야 此를 設立함을 得함.

第十四條 師範學校의 教科書 編成 設備 授業料 等에 關하야는 朝鮮總督
府의 所定에 依함.

第十五條 <u>公立師範學校의 設立 及 廢止는 朝鮮總督府의 認可를 受함.</u>

第十六條 本令에 規程하는 것을 除하는 外 私立學校 特殊敎育을 하는 學
校 其他의 敎育施設에 關하야는 朝鮮總督府의 所定에 依함. [附則
省略]

개정교육령의 내용은 보통 교육, 실업 교육, 전문 교육, 사범 교육
으로 구성되어 있다. 이전의 교육령이 보통 교육의 초등, 중등, 남녀
학교의 규정을 포함하고 있거나 '일본어 보급' 관련 내용을 포함하
고 있었던 데 비해 1938년의 개정교육령은 단선 학제 운용에 따라
단순화되었다는 점이 특징이다. 그러나 여기에서 간과할 수 없는 것
은 '일본어 관련' 규정인데, 이 내용이 포함되어 있지 않다는 것은
이 규정을 두지 않아도 될 만큼 조선에서의 일본어 보급이 활발하게
이루어졌음을 의미하는 것으로 볼 수 있다. 이는 다음의 일본어 보
급 상황을 참고하면 쉽게 이해할 수 있다.

4.2. 개정교육령의 일본어 보급

개정교육령 시기의 일본어 보급 정책은 단선학제 운영에 따른 조
선어과의 지위 격하(수의과로 격하됨), 사회 교육의 차원에서 일본어
보급 정책의 강화를 특징으로 들 수 있다.

먼저 이 시기 학교 교육의 특징을 살펴볼 필요가 있다. 먼저 학제
개편을 살펴보면, 기존의 국어 상용 여부에 따른 학제에서 '소학교,
중학교, 고등여학교'의 단선 학제가 도입된 점을 확인할 수 있다. 이
때 공포된 소학교 규정 가운데 주요 특징은 다음의 기사에 잘 나타
난다.

(28) 매일신보 호외 보도 내용 삽입

이는 "兒童의 健全한 發達에 留意하야 國民道德을 涵養하고 生活에 必須한 普通의 知能을 得케 하야 忠良한 皇國臣民의 育成에 努力할 것으로 함"이라는 今番 改正된 小學校規則 第一條이다. 普通學校規程 廢止와 同時에 內鮮一體를 根本精神으로 前 小學校規程에 一大 改正을 施한 것이니 그 精神을 가장 잘 엿볼 수 잇는 것은 第十六條이다.

第十六條 小學校에서는 恒常 左의 事項을 留意하야 兒童을 敎育할 事

一. 敎育에 關한 勅語의 趣旨에 依하야 國民道德의 涵養에 努力하고 國體의 本義를 明徵히 하야 兒童으로 하여금 <u>皇國臣民으로서의 自覺을 振起하고</u> 皇運 扶翼의 道에 徹케 하도록 努力할 것.

二. 兒童의 德性을 涵養하야 醇良한 人格의 陶冶를 圖하고 健全한 皇國臣民으로서의 資質을 得하게 하여 進하야 國家와 社會에 奉仕하려는 念을 厚히 하게 해서 內鮮一體 同胞輯睦의 美風을 養하도록 努力할 것.

三. 勤勞愛好의 精神을 養하고 興業治産의 志操를 確固케 하도록 努力할 것.

四. 知識技能은 恒常 生活에 必須한 事項을 授하고 産業에 關한 事項에 對하야는 特히 留意하야 이를 授해서 反復練習하야 이를 應用自在케 할 것.

五. 兒童의 身體를 健全하게 發達케 할 것을 期하고 어느 敎科目에 잇서서든지 그 敎授는 兒童의 心身發達의 程度에 副케 할 것을 努力할 것.

六. 男女 區別은 勿論 個人의 處地 特性 及 其 將來의 生活에 主義하야 各 適當한 敎育을 施하도록 努力할 것.

七. <u>國語를 習得케 하고 그 使用을 正確히 해서 應用을 自在케 하고 國語敎育의 徹底를 期하야써 皇國臣民으로서의 性格을 涵養하도록 努力할 것.</u>

八. 敎授用語는 國語를 使用할 것.

九. 各 敎科目의 敎授는 그 目的 及 方法을 그릇하지 말고 相互聯絡하야 補益하도록 努力할 것.

以上 條目 中 三四五六은 變更되지 안앗스나 七八九는 새로 부가되엇거나 그러치 안으면 徹底的으로 改正된 것이다. 改正의 眼目은 '皇國臣民으로서의 自覺을 振起해야 한다는 것과 內鮮一體가 條文에 明記된 것이요 또 國語敎育의 徹底를 期해야 되는 点과 敎授用語는 國語를 使用하라' 라는 点이 亦是 內鮮一體의 基本精神을 强調하는 点이다. 미치여(例를 들자면 前 敎育令 第十六條의 道德의 實踐)이 改正敎育令에서는 第十七條에 '國民世俗의 實踐'으로 된 것, 그리고 '忠君愛國' 위에다 새로이 '皇國臣民으로서의 志操를 굿게고저'라 첨가한 것 등 國民的 自覺의 意氣를 規程하고 잇는 点이다. —『매일신보』 1938.3.17. 호외.

소학교 규정 개정의 '일본어 교육(국어교육) 철저'나 '일본어 교수용어' 사용 규정은 중학교와 고등여학교의 규정에도 나타난다.

(29) 중학교와 고등여학교 규정 개정의 요점

ㄱ. 중학교 : 男子에게 須要한 高等普通敎育을 施하고 特히 國民道德을 涵養하야 忠良有爲의 皇國臣民을 養成(總則 第一條)하려는 것과 內鮮一心一家 達成이라는 根本精神에 基한 것은 勿論이나 中學校에서 課할 第一外國語를 支那語로 改正한 것을 비롯하야 全校에 及해서 小學校 規程보다 훨신 커다란 改正을 施하얏다.

第十一條 中學校에서는 恒常 左의 事項에 留意하야 生徒를 敎授할 것.

一. 敎育에 關한 勅語의 旨趣에 基하야 國民道德의 養成에 用意해서 我肇國의 本義와 國體의 尊嚴함 所以를 會得케 하야 忠孝의 大義를 明確히 하고 그 信念을 鞏固케 할 것 其하야 恒常 生徒로 하여금 實踐躬行케 하야서 皇運扶翼의 道에 徹케 하도록 努力할 것

二. 生徒의 德性을 涵養하야 醇良한 人格을 陶冶해서 進하야 國家社會에 奉仕하려는 念을 厚히 하고 內鮮一體 同胞輯睦의 美風을 養하도록 努

力할 것

三. ~ 七. (이전과 동일)

八. 國語의 使用을 正確히 하고 그 應用을 自在케 하야 國語敎育의 徹底
를 期해서 써 皇國臣民으로서의 性格을 涵養하도록 努力할 것

九.~十三. (이전과 동일)

十四. (前略) 國語가 國民性의 具現이요 國語의 敎養이 國民의 自覺을 促
하고 品位를 높히는 所以임을 會得케 하야 國語愛護의 念을 培養하는
同時에 美的 道德的 情操의 陶冶에 努力하고 漢文에 잇서서 그 特質에
留意하야 國語와의 關係를 明確히 하고 正確한 理會를 得케 하야 漢文
의 我 精神生活에 對한 意義를 會得케 할 것.(하략)

第二十四條 (前略) 朝鮮語를 授함에 잇서서는 되도록 日常生活에 關聯케
하야 恒常 國語와 聯絡을 取해서 皇國臣民으로서의 信念을 涵養하
도록 努力할 것을 要함.

ㄴ. 고등여학교 : 高等女學校는 女子에게 須要한 高等普通敎育을 施하고
特히 國民道德의 涵養 婦德의 養成에 用意해서 良妻 賢母로서의 資質
을 得케 하야 忠良 至順한 皇國女性을 養成하기에 努力할 것으로 함이
라는 것이 高等女學校 規程 總則 第一條이다. 全體에 잇서서 改正된
要點은 中學校 規程과 다름 업스나 高等女學校로서의 特殊한 條文을
擧하면 如左하다.

第十二條 高等女學校에서는 恒常 左의 事項에 留意하여 生徒를 授할 것.

一. 敎育에 關한 勅語의 旨趣에 基하야 國民道德의 養成 婦德의 涵養에
用意해서 我肇國의 本義와 國體의 尊嚴함 所以를 會得케 하야 忠孝의
大義를 明確히 하고 그 信念을 鞏固케 할 것 其하야 恒常 生徒로 하
여금 實踐躬行케 하야써 皇運扶翼의 道에 徹케 하도록 努力할 것

二. 品性의 陶冶 貞操의 涵養에 用意하며 貞操를 重히 알고 醇良靜淑하
고 溫情慈愛에 富하고 順風美俗을 尙하고 案에 對한 任務를 尊重하야
國家社會에 奉仕하려는 素地를 得케 할 것을 努力할 것.

三. 質實을 尙하고 勤勞를 好愛하는 至念을 養하는 同時에 責任을 重히

알고 協同을 尙하여 內鮮一體 同胞輯睦의 美風을 養하도록 努力할 것 (중략)

六. 女性의 心身의 特質을 알리어 結婚生活 及 育兒에 關한 事項을 理會케 할 것.

七. 國語의 使用을 正確케 하고 그 用應을 自在케 하야 國語敎育의 徹底를 期해서 皇國臣民으로서의 性格을 涵養하도록 할 것 (하략)

이처럼 각 학교 규정 개정의 주요 내용에는 '국민도덕 = 황국신민 = 국체명징'의 이데올로기와 함께, 이를 실현하는 방법으로서의 '일본어 교육(국어교육)'의 중요성이 포함되어 있다. 식민 제국주의의 일본어 보급 이데올로기는 학교 교육에서의 조선어과에 대한 위상 문제를 가져왔을 뿐만 아니라, 조선어과 전폐 움직임으로 이어지게 되었다. 이 문제는 교육령이 개정을 전후로 교육 담당자들의 논쟁거리로 대두되었는데, 이와 관련한 다음의 기사를 참고해 볼 수 있다.

(30) 조선어과의 존속 문제

ㄱ. 名稱統一 共學實現後 朝鮮語 科目은 存續
  －小學은 必須, 中學은 隨意로 敎科書 內容도 變更
  ―『매일신보』 1937.11.20.

ㄴ. 朝鮮語 敎授의 限界－三會議서 明白히 指示
  －대도시와 소도시 구별하야 방침 확립 : 漸進的으로 全廢할 方針
  조선교육을 개정하야 내선인 교육을 통일하며 동시에 내선인 공학을 할 수 잇게 한 획긔적 학제 개혁은 사월 일일부터 실시하게 되엿는데 이에 세상의 주목을 끄른 학제 개혁 후의 소학교와 중학교와 고등여학교에서의 조선어 과목 교수 문제는 지난 십오일에 공포한 각학교 규정에 의하야 전부 수의과목(隨意科目)으로 되야 학교장은 도지사의 인가를 마터 가지고 조선어를 가설(加設) 과목으로 교수할 수 잇게 되엿다. 그러나 규정상에는 전반적으로 수의과목으로 되어 잇슴으로 조선어 과목의 교수를 어써케 할 것인가 함은 중대한 문제로 되어 왓섯다. 그런데 학무국에서는 이 문제에 대하야 일전에 열리엇든 내무부장 회의, 도 학무과장 시학관 회의, 각 중등학교장 회의에서 '조선어 과목' 교수 문제를 다음과 가티 명백히 지시하엿스며, 또 각 도에 정식으로 통첩을 하엿다 한다.

一. 소학교(종래의 보통학교)에 잇서서는 규정에 잇는 대로 교수할 것

一. 중학교와 고등여학교(종래의 남녀 고등보통학교)에 잇서서는 대도회지 학교 즉 경성(京城) 평양(平壤) 부산(釜山) 대구(大邱) 등 가티 국어가 일반적으로 보급된 큰 도회지 학교는 조선어과목을 전면 가르칠 필요가 업다.

一. 그러나 지방의 적은 도시에 잇는 학교로서 일반적으로 국어가 보급되지 아니한 학교에서는 사정에 싸라 각 학년을 통하야 一 二 三학년 정도까지 교수하거나 각도에서 이것은 적당히 취급하여도 무방하다.

一. 조선어과목의 교수 여부는 각 학교장이 적당히 긔안하야 학측 개정의 명을 도지사에게 신청하는 형식으로 도지사 전긔 표준에 의하야 결정한다.

그리고 각 학교의 조선어 교수 시간은 이번에 각 학교 규정의 개정안에 의하야 다음과 가티 종래보다는 모다 교수시간을 감하엿다. 즉 신구 규측에 잇서 한주일간의 교수시간을 비교하여 보면 다음과 갓다.

學校名/學年別 敎授時間		一	二	三	四	五	六
小學校	舊	2	2	2	2	2	2
	新	2	2	2	2	2	2
中學校	舊	2	2	2	2	2	0
	新	2	2	1	1	1	0
高等女學校	舊	2	2	2	2	2	0
	新	2	2	1	1	1	0

이와 가티 결국은 각 도지사는 학무국의 지시 방침에 의하야 대도회지 남녀 중학교에서는 조선어를 교수하지 안코 지방 소도시에 잇는 학교에서만은 전학년을 또는 일부 학년에서 가르칠 수가 잇게 된 것인데 점진

적으로 전폐할 것은 명백하게 되엿다.

　　—『매일신보』 1938.3.23.

위의 기사에 나타난 것처럼 개정교육령에서의 조선어 교과는 '수의과'로 지정되었으나 일본어 보급이 활성화된 대도시의 경우는 조선어 과목을 교수하지 않고, 지방의 소도시에서만 학교장이 도지사의 인가를 받아 교수할 수 있도록 하였다. 이는 이 시기에 일본어 보급 정책이 강력하게 시행되기에 이르렀음을 의미하며, 또 한편으로는 기존의 일본어 보급 정책이 상당한 효과를 거두어 왔음을 의미하는 것으로 볼 수 있다.

4.3. 인력 수탈을 위한 일본어 보급 정책

개정교육령기의 일본어 보급 정책과 밀접한 관련을 맺는 역사적 사건은 '지원병제(志願兵制)'라고 할 수 있다. 식민 조선에서의 수탈은 경제적인 면뿐만 아니라 '지원병'이나 '징용'과 같은 인력 수탈로도 이어졌다. 사실 지원병제는 이 시기 급작스럽게 실시된 것이 아니다. 일본 제국주의는 1920년대 중반부터 군국주의를 추구하면서 학생 군사 훈련을 도입하였고, 이에 따라 조선에 거주하는 일본인 학생이나 조선인 학생들에게 군사 교육을 실시해야 한다는 논리를 확립하고자 하였다. 다음은 이를 잘 나타낸다.

(31) 朝鮮人 學校에 軍事敎育을 贊成 : 心神을 鍛鍊할 必要로

　　明年度부터 內地의 各 中等學校 及 專門學校에셔 軍事敎育을 實施할 터이라는 바 此는 兵役 年限 短縮에 依하야 生한 軍隊 敎育의 不足을 補充하고자 하는 것으로 陸軍 側에셔는 在營 年限 短縮을 斷行한다 하야도 其 實施는 數年後에 學校의 軍事 補充 敎育의 實積을 見하고 此에 鑑하야 確信을 得한 後 徐徐히 實施할 計劃인 듯하다. 그럼으로 內地에 在한 此

等 各 學校에서 試驗的으로 實施하야 我 朝鮮의 同一 程度의 學校에셔도 同樣으로 實施하야도 無妨할 줄로 余는 思하나 內地의 學校와 相異하야 從來에 此에 要하는 武器 其他의 器具가 貧弱 寡量하얏슴으로 其 準備로 도 相當한 資金과 歲月을 要함으로 內地 同樣으로 明年 四月부터 實施하 기는 좀 困難할지오 兵役의 務를 負케 하지 안이한 <u>朝鮮人 學生에게 軍事 補充 敎育은 優秀한 軍人을 養成할 豫備로 하는 것이 唯一한 目的이 안이 오 假令 軍人이 되지 안이하야도 所謂 軍人精神의 特長과 心神의 鍛鍊에 依하야 他日 社會의 活動할 時에 裨益케 됨이 不尠할지라.</u> 故로 學校敎育 의 精神 目的을 阻害치 안이할 程度로 實施하는 것은 寧히 歡迎할 事이라 信하나니 在鮮 各學校의 生徒도 其 實施를 翼望한다 한즉 內地 同樣으로 實施하는 것이 宜當이라고 余는 信하노라. —『매일신보』 1924.12.4.

이 기사는 『매일신보』에 등장하는 조선인 학생의 군사 훈련과 관 련된 최초의 기사로 보인다. 이 시기 일제의 군국주의화에 따라 일 본인 학생에게 군사 교육을 시키는 것은 큰 문제가 되지 않으나 조 선인 학생의 경우는 다소 복잡한 사정이 따른다. 왜냐하면 당시 조 선인은 일본인과는 달리 병역 의무가 없었기 때문이다. 이러한 실정 에서 신교육령 이후 실시된 '내선 공학(內鮮共學)' 이데올로기에 따른 학제—국어 상용 여부를 기준으로 한 학제—를 도입함으로써 조선 에 거주하는 일본인 학생에 대한 군사 교육 실시 여부와 조선인 학 생에 대한 군사 교육 실시 여부가 논란의 대상이 된 것이다. 이 점에 서 초기의 군사 교육 이데올로기는 '병역 의무'와 구별되는 '(심신 단련을 위한)군사 교육'으로 나타났다. 이에 따라 1926년 2월에는 일 본인 학생을 대상으로 군사 체조를 교수하고 조선인 학생은 자의에 맡긴다는 원칙을 확립하였다.[21] 그러나 만주 침략 야욕을 불태우던

---

21) 이에 대해서는 『매일신보』 1926년 2월 25일자 '軍事敎育 實施 決定—兵役 義務 關係로 原則으로써 內地人 學生에게 課할 方針'을 참고할 수 있다.

일본 군국주의의 입장에서는 학생 동원의 필요성이 점증하던 1928
년부터 본격적인 군사 교육을 실시하기 시작했다. 이 때의 군사 교
육은 전문 학교 이상의 학교를 대상으로 하였다. 이러한 흐름은 만
주 침략 이후 고등보통학교로 확대되었다. 다음은 이러한 흐름을 나
타내는 자료들이다.

(32) 군사 교육 확대 과정

ㄱ. 懸案이 되얏든 朝鮮 內 中等學生 以上 學校의 軍事教育 問題는 此를
施行하기로 決定되야 城大, 高工, 高商, 法專, 醫專, 高農 等 各 官立 專
門學校 以上의 學校에는 既히 그 配屬將校까지 任命되얏슴으로 今秋
第二學期부터는 實行을 見하게 되얏스며 싸라서 未久에는 各 中學校
에 普及될 模樣이다. (하략) ―『매일신보』 1928.7.10.

ㄴ. 陸軍省에서는 八月의 定期 移動을 機會로 京城 以外의 高等普通學校
에 配屬 將校를 置하야 軍事教鍊을 朝鮮의 靑少年에게 實施하기로 決
定하얏다. 同時에 그 成績 如何에 依하여는 配屬 將校를 增置하야 一
般的으로 實施할 方針이라 한다. 이것은 要컨대 朝鮮의 中等 程度 以
上 學校의 現代 敎育에 잇서서 一般의 多年 要望이오 輿論이든 바가
今日에 至하야 비롯오 達成할 曙光이 비쵀엿다 할 것이니 朝鮮의 敎育
을 爲하야 慶賀 不已하는 바이다.

　現代에 잇서서 靑少年의 軍事教鍊에는 多數 國家가 그의 普及 擴充
을 爲 하야 留意 不怠하는 中이니 '나치스'의 獨逸과 '하틀러'의 伊太利
는 勿論이오 太平洋 건너 黃金國 아메리카에서는 婦女에게까지도 이
를 普及하기에 汲汲함은 事實이다. 特히 世界大戰 以後에 競爭忌避 思
想이 一般化한 늣김이 업지 아니한 歐米에서도 오히려 軍事敎育의 普
及의 傾向이 濃厚한 것은 그 理由가 어데에 잇슬 것인가. 이는 勿論 國
民的으로 次回의 戰爭을 備하는 副産物의 所得이 업지 안을 것이나 其
實은 軍事的 敎鍊으로써 國民의 精神과 身體를 鍛鍊하야 有事의 國民
과 善良한 公民을 맨드는 데 그 目的이 잇는 것이다. 여기에 或 何必

軍事的 敎鍊을 바듬으로써만 國民의 精神과 身體가 鍛鍊될 수 잇슬까 하는 疑訝도 업지 안흘 바이나 이 疑問은 軍事敎鍊의 特殊한 性能과 效果를 모름에서 나타나는 바이다. 一般 '스포쓰'와 相異하야 國家觀念의 **下에 紀律, 節制, 協同, 團結의 公民生活上 必要不可缺한 點이 他의 追隨를 許할 바 아니다. (하략) —『매일신보』 1934.6.27.

이 자료에서는 군사 교육의 목적을 '국민 정신과 신체 단련'을 통해 '유사의 국민과 선량한 공민'을 양성하는 데 있다고 하면서 군사 교육이 마치 '스포츠'인 것처럼 선전하고 있다. 이러한 이데올로기는 병참 기지화 이데올로기와 함께 조선인을 전시 도구로 활용하고자 하는 의도를 담고 있는 것이다.

조선인의 병력 자원화는 1938년 4월 1일부터 실시된 '징병제'로 나타난다. 일본 군국주의자들은 지원병제가 '애국 적성의 결실'이며, '제국 신민, 국민으로서의 긍지'를 실현하는 길이라고 강변하면서 이제도 실시로 민도가 향상될 수 있다고 하였다. 더욱 주목할 사실은 제7차 조선 교육령(개정교육령)이 '지원병령'22)과 함께 공포되었다는 사실이다. 이는 개정교육령의 단선 학제가 병력 자원 수탈을 뒷받침

---

22) '지원병령'은 모두 5조로 구성되었으며, 그 가운데 중요한 내용은 다음과 같다.
第一條 戶籍法의 適用을 受치 안흔 年齡 십칠년 以上의 帝國 臣民인 男子로 陸軍 兵役에 屬할 者는 陸軍定한 바에 依하야 志願을 한 다음 이를 現役 又는 第一補充兵 役에 編入함을 得함. 前項 規定에 依하야 現役 又는 第一補充*役에 編入되는 者의 兵役에 關하야는 陸軍大臣의 特定한 境遇를 除外한 外에 兵役法의 定한 바에 依하야 現役兵 又는 第一補充兵으로서 **된 者의 兵役에 同一함. 第一項에 規定하는 年齡은 志願의 年의 십이월 일일에 잇서서의 年齡으로 함.
第二條 前條의 規定에 依하야 現役 又는 第一 補充 兵役에 編入된 員數는 每年 陸軍大臣 上疏를 臨하야 이를 定함. 前條의 規定에 依하야 現役 又는 第一 補充 兵役 個人의 手續을 終了하는 時는 陸軍 大臣은 그 狀況을 上奏할 것.
第三條 補充 兵役 國民兵 又는 兵役을 終了한 者로서 戰時 又는 事變에 際하야 陸軍部 隊 所屬을 志願하는 者는 陸軍大臣의 定한 바에 依하야 判斷한 다음 이를 適宜한 部隊에 編入할 수 잇슴. 前項의 規定에 依하야 陸軍部隊에 編入된 者의 身分 取扱은 召集된 者와 同함. (下略) —매일신보』 1938.2.23.

하기 위한 제도였음을 의미한다. 따라서 지원병제 하에서는 '일본어 보급'이 매우 시급한 문제가 될 수밖에 없었으며, 전 시대와는 비교할 수 없을 정도로 일본어 보급운동이 강하게 전개되었다. 예를 들어 일제강점기 『매일신보』에는 142개의 일본어 보급 관련 기사가 게재되었는데 이를 시대별로 나타내면 다음과 같다.23)

(33) 시대별 일본어 보급 관련 기사의 수

시대	기사 수	제 목
구교육령기 (1910년대)	8	조선인의 어학, 국문의 필요, 국문 연구(이때의 국문은 일본어임)의 필요, 강습회 또는 야학회 관련 기사, 교원 강습회(사설), 일본어의 세력, 국어 보급의 급무, 국민 통일과 국어, 선인 동화 등
신교육령기 (1920년대)	4	휘문 고보 생도의 국어 폐지 강청, 질문하는 도중에 조선어가 문제, 신교육방침─국어중심주의를 떠나 실용주의를 채택, 야학을 열심히 장려해 동내의 문맹을 타파(일본문 야학 관련 기사)
병참기지화 이후 (1930년대)	13	일치단결 기치하에 근검저축과 문맹 퇴치, 장진부인교풍회 하계 주부 강습회, 문맹을 철저 타파코저 간이학교를 신설, 산술과 국어를 근거로 실정 능력 짐작, 농진 사업 병행하여 문맹 퇴치 대성취 등(이 시기 문맹퇴치 사업은 조선어와 일본어를 모두 대상으로 삼았음)
지원병제 이후 (1938년 이후)	36	괴산 육 개소 보고서 국어 보급 강습회, 전선 2천6백 보교에 간이 국어 보급반 설치, 국어 보급은 좋으나 조선어 배척은 불가, 대학과 중등교 입시에 영어는 단연 폐지, 국어전해운동 등
국민징용령(1942), 징병제(1943) 실시	77	국어 상용 철저 강화, 국어 상용 보급과 실제 운동 방침, 국어는 대동아 어, 전면적 국어 사용에 황해도서 강사를 대량으로 양성, 국어보급운동 요강, 내선일체는 국어 상용으로 등

이러한 흐름을 고려할 때 일본어 보급운동은 '국체명징', '내선일체'의 이데올로기를 바탕으로 한 인력 수탈과도 밀접한 관련이 있다. 일제는 중일 전쟁을 일으킨 뒤 '지원병제', '국민징용령(국가총동원법, 국민동원령 등)'을 발포하면서 '총후(銃後 : 전시 후방이라는 뜻)'의 조

---

23) 기사의 구체적인 내용은 자료집을 참고할 수 있다.

선 인민이 '황국신민'으로서의 역할을 다하기 위해 병역이나 징용 의무를 철저히 이행해야 한다고 강조하였다. 이에 따라 조선인의 일본어 사용 능력이 절실해졌으며, 이를 실현하기 위한 다양한 정책과 운동을 전개해 나갔다. 이 시기 주목할 만한 일본어 보급 정책은 다음과 같다.

첫째, 사회 교육 차원에서 전 조선을 대상으로 하는 '일본어 문맹 퇴치'운동이 적극적으로 추진되었다. 이러한 흐름은 1937년부터 나타나기 시작하는데, 1938년 이후에는 조선 전 지역을 대상으로 조직화하는 경향을 보였다. 다음은 이를 잘 보여준다.

(34) 전 조선을 대상으로 한 일본어 보급 정책

全鮮 二千六百 普校에 簡易國語普及班 設置－今年度부터 三開年 繼續 事業

◇成人層 敎化 大運動 : 총독부 사회교육과에서는 <u>국체명징(國體明徵)의 철저와 내선일체(內鮮一體)의 강화 철저</u>를 도모하고저 十三年度부터 三개년 계속 사업으로 전조선 이천육백 여 <u>보통학교에 간이국어보급반(簡易國語普及班)을 조직하야 성인(成人) 교육을 대규모적</u>으로 하게 되엿다 한다. 그리하야 위선 초년도 예산으로 당년에 七만원을 게상하게 되엿는데 그 방법은 본부에서 편찬한 간이국어독본을 교과서로 하야 각 보통학교 교원으로 조직된 보급반에서는 학교 관하의 성인들에게 일상생활에 필요한 국어를 간이하게 가르킨다는 것으로 이것은 일반 어린아동들은 학교 입학할 긔회도 잇지만 십칠 팔세로부터 삼십세까지 갓가은 청소년 중에는 겨우 언문이나 알을 쑌이지 국어는 전연 이해치 못하는 자가 대단히 만홈으로 이러한 성인들을 인년에 십만인식 삼년간 <u>삼십만인을 목표로 문맹(文盲)퇴치와 교화</u>를 식히려는 것이다. 그리고 간이 국어독본의 편찬은 본부 편즙과와 사학교육과에서 협력하야 관민편찬위원회를 임명한 후 오는 십팔일에 제일회 위원회를

본부에서 열게까지 진행되엇는데 이 위원회에서 독본의 편찬이 끗나면 삼실에까지 인쇄를 끗내어 일만책으로는 유가로 팔고 각 보급반의 교계본부로 배부할 터이이라는데 편찬위원은 총독부 외에 민간에서 본사부사장 리상협(李相協), 박(朴) 재동보통학교장, 고교(高橋) 경성 녀자사범학교장 등 제씨가 임용되엇다. ―『매일신보』 1938.2.27.

이 자료에서 확인할 수 있듯이, 이 시기 일본어 보급 정책은 '교화'라는 명목 아래 전 조선을 대상으로 확대되었으며, 그 과정에서 학교가 중요한 역할을 담당했음을 알 수 있다.

둘째, 전시 체제를 모방한 조직적인 일본어 보급운동이 전개되었다. 특히 조선총독부의 후원을 받는 '국민훈련후원회'와 매일신보사는 공동으로 '국어 보급 정신대'를 창설하기도 하였는데, 이 조직은 총력연맹이 결성되기 직전에 조직화된 단체라고 할 수 있다.

(35) 국어 보급 정신대 조직

ㄱ. △本府 後援, 勤員 압두고 십칠, 팔일 協議會 : 병참기지를 직희는 반도 민중으로서 아직까지도 국어를 몰르는 사람이 만허서야 웬말이냐고 국민훈련후원회(國民訓練後援會)에서는 본사의 후훤을 어더가지고 이번 겨울방학 동안 고향으로 도라가는 남녀학생을 동원하여 전선 일제히 국어보급운동을 일으키기로 되엿다는 것은 긔보한 바이다. 그래서 지난 십이일에는 추최측과 후원측은 물론이요 관게 당국자의 경성부내 각 남녀 중등학교장 등 유지 삼십여명이 본사 강당에 모히여 그 근본 방침을 협의하엿다. 그리고 그 후 각 학교** 구체적 계획을 **시킨 것과 각 학교 당국자의 정성스러운 협력도 협력이려니와 절믄 학생들도 이 국어보급운동에 마음것 **하는 나머지 서로 압을 다투어 강사가 되겟다고 지원하야 벌서 남녀 학생을 합하여 오륙백명을 돌파하고 잇고 지금도 계속하야 지원자가 연다라 나오는 중이다. (하략) ―매일신보』 1940.12.15.

ㄴ. 국민훈련후원회의 주최와 본사의 후원으로 지난 겨울방학 동안 전선 각지에서 힘차게 열리엇든 국어전해(國語全解) 운동은 그동안 큰 수확을 거두고 씃을 마추엇고 이 씃 기푼 운동에 추진대원(推進隊員)으로 동원되엿든 부내 열네곳 남녀학교의 팔백여명 생도들도 개학되여 전부 경성으로 도라왓다. 그래서 이십팔일 오후 세시부터 부내 경성사범학교 강당에서 추진대원들의 귀중한 체험과 국어보급 실적을 보고하는 보고회를 열기로 되엿다. 이 국어보급 운동은 이것이 처음으로 시작된 것이엇지만은 남녀대원들이 내선일체 운동의 씩씩한 용사로서 무거운 책임을 다하고서 힘든 로력과 일반 민중의 국어를 배워야겟다는 열성이 한데 뭉치여 처음에는 십사일간 예정으로 국어를 가르키려든 것이 희망자가 만허서 평균 십육일간 동안으로 연장되엿스며 강습생도 처음에는 오명 정도이든 것이 의외로 희망자가 만허 보통 십명 만혼 곳은 오십명이나 되엇다고 한다. (하략) ―『매일신보』 1941.1.24.

'국어 보급 정신대'라는 명칭의 이 조직은 총독부와 신문사가 후원한 단체로, 남자 중학교 8교와 여자 중학교 6교의 학생이 참여하였다. 두 후원 기관에서는 이들의 활동을 위해 일본어 교재를 발행하고, 이들의 활동을 장려하는 차원에서 보고회를 갖기도 하였다. 이들은 모두 '조선 신궁'에 모여 '봉고제'를 지낸 뒤 선서를 하고 각 지역에 흩어져 일본어 보급운동에 종사하였다. 이처럼 특정 언론사가 주최한 것처럼 보이는 보급 부대의 조직에는 조선총독부의 관변 단체인 '국민훈련후원회'가 있었고, 이 후원회와 유사한 단체로 '총력연맹'이 조직되어 전 조선을 대상으로 하는 일본어 보급운동이 전개되었다.

셋째, 언론이나 출판을 통한 일본어 보급이 더욱 강하게 추진되었다. 예를 들어 『매일신보』에서는 1940년 10월 11일부터 '국어란(國語欄)'을 별도로 두어 일본어를 공부하도록 하였으며,[24] 그 이후에는 일본어판을 발행하기도 하였다. 잡지도 마찬가지여서 1941년 이후

에는 일본어로 된 잡지가 급증했다. 이러한 경향은 1942년 이후 더 강화된다.[25]

5. 국민학교령과 통합교육령 이후

5.1. 국민학교령과 일본어 교육

국민학교령은 1941년 3월 31일 공포되었다. 이 교육령은 특징은 초등보통 교육기관에서 '황국의 도'를 바탕으로 한 '국민의 기초적 연성'을 목표로 한다는 것이라고 할 수 있다. 이 표현은 개정교육령 시기의 '국체명징', '내선일체' 등의 이데올로기가 훨씬 공고해진 것이라고 할 수 있다. 다음 자료는 국민학교령의 특징을 잘 나타내 준다.

(36) 今年부터 初等學校에 新體制, 國民學校制 實施코

△ 忠良한 皇國臣民 練成에

△ 綜合 統一되는 敎科目

　　종래의 소학교에서는 각 과목을 종합적으로 가르첫다는 것보다 오히려 각 과목별로 중요시하얏고 쏘는 황국신민 양성을 목표로 국어보급에 주력하는 의미에서 전과목을 종합적으로 균형하게 교수하지 못햇다. 그

---

24) 『매일신보』의 일본어 학습란은 1911년부터 1013년 사이에도 등장한다. 이 시기의 일본어 학습란은 '국어 첩경(國語捷徑)'이라는 제목 아래 연재되었다. 그 이후 일본어 학습란이 나타나지 않는데, 1940년 10월에 이르러 이 학습란이 다시 등장한다. 이처럼 신문이나 잡지에 '일본어 학습란'을 둔 이유는 대중이 일본어를 쉽게 익히도록 유도하고자 하는 데 있었던 것으로 보인다.

25) 1942년은 전시 체제 하의 조선에서 중대한 변화가 일어난 시점이다. 태평양 전쟁의 발발과 함께 미루어져 왔던 '국민징용령'('국가 총동원법'에 따라 일본에서는 1939년 7월 15일, 조선에서는 1939년 11월 15일에 실시할 예정으로 된 법령)이 실시된 시기가 이때이다. 또한 이 해에 조선에서 '국민학교령'이 실시되기도 하였다.

러튼 것이 이번 국민학교에서는 '충량한 황국신민 련성'이라는 것에 큰
목표를 두엇슴으로 황국신민이 될 만한 바탕을 가지게 하고저 다섯 가지
큰 제목 미테 열여섯 가지 과목 등을 각 학년에 균형하게 배정하고 황국
일본의 근본 리념(根本理念)을 깁히 인식식혀 몸과 마음을 련마하도록
하얏다. ─『매일신보』 1941.1.4.

국민학교령의 교과목 편제는 '국민과', '이수과', '체련과' '예능과',
'실업과' 등의 과목군별 편제를 취한 점이 특징이다. '국민학교령'의
주요 내용은 다음과 같다.

(37) 國民學校令, 勅令 第148號, 『朝鮮總督府官報』 第4254號, 1941年 3
月 31日

　　第一章 目的
第一條 國民學校ハ 皇國ノ 道ニ 則リテ 初等普通敎育ヲ 施シ 國民ノ 基
　　礎的 鍊成ヲ 爲スヲ 以テ 目的トス
　　第二章 課程 及 編制
第二條 國民學校ニ 初等科 及 高等科ヲ 置ク 但シ 土地ノ 情況ニ 依リ
　　初等科 又ハ 高等科ノミヲ 置クコトヲ 得
第三條 初等科ヲ 修業年限ハ 六年トシ 高等科ノ 修業年限ハ 二年トス
第四條 國民學校ノ 敎科ハ 初等科 及 高等科ヲ 通シ 國民科, 理數科, 體
　　練科 及 藝能科トシ 高等科ニ 在リテハ 實業科ヲ 加フ
　　國民科ハ 之ヲ 分チテ 修身, 國語, 國史及地理ノ科目トス
　　理數科ハ 之ヲ 分チテ 算數 及 理科ノ科目トス
　　體練科ハ 之ヲ 分チテ 體操 及 武道ノ科目トス 但 シ 女兒ニ 付テハ
　　武道ヲ 缺クコトヲ 得
　　藝能科ハ 之ヲ 分チテ 音樂, 習字, 圖畵 及 工作ノ科目トシ 初等科
　　ノ 女兒ニ 付テハ 家事 及 裁縫ノ 科目ヲ 加 フ
　　實業科ハ 之ヲ 分チテ 農業, 工業, 商業 又ハ 水産ノ科目トス

前五項ニ 揭グル 科目ノ外 高等科ニ 於テハ 外國語 其ノ他 必要ナ
ル 科目ヲ 設クルコトヲ 得. (下略)

이와 같은 교과목 편제는 '황국의 도', '황국신민 연성(皇國臣民鍊
成)'을 강조하기 위한 것이었다. 특히 국민과는 이른바 '황국신민의
근본이념'을 표방한 교과목이라고 할 수 있다. 이에 대해 앞의 기사
에서는 다음과 같이 설명하고 있다.

(38) 국민학교에서 가르칠 교과목

修身 : 수신은 국민과에서 제일 힘쓰는 과목으로 막연하게 도덕적(道德
的) 관념을 가르킨다는 것보다 어린애로 하야금 '자기'를 알게 하
얏다. 그래서 지금까지에는 '거짓말을 하지 마라' 하얏지마는 이러
케 금지식히는 말보다는 실제로 어린이들이 실천할 수 잇는 것을
집어 넣고 쪼한 <u>교수 내용에 잇서서 '쌀', '우리집'류 이러한 구체
적 사실을 집어너서</u> 쌀은 어째서 소중하며 우리집에는 누구누구가
사는데 어써케 단란스럽게 사라간다든지 하는 사실을 가르켜 학
교에서 배호는 것보다 실제로 집에 나가서 알을 수 잇도록 하얏다.

國語 : 국어에는 종래와 가치 국어독본 즉 읽는 것, 쓰는 것, 말하는 것,
작문 짓는 것, 글씨 쓰는 것을 가르키되 그 중에로 평단한 말과 발
음(發音)을 하는 것, 그리고 일용회화에 바른말을 하도록 지도의
중점을 두엇스며 덥허노코 경을 읽듯 책만 읽는 것보다 그 내용을
알고 책을 읽도록 하얏다. 그리고 '히라가나'는 그 전에는 이학년
부터 가르키던 것을 이번에는 일학년 삼학기부터 가르키고 일학
년 육월부터 간단한 한문 글자도 가르키어 특히 국민적 감격을 갓
게 하기 위하야 교재(敎材)에는 동화 가튼 것을 집어너코 그 외에
일이학년부터 <u>국방(國防)</u>과 <u>해외 발전 사상</u>을 너허 시국적 교수를
하게 되엿다.

歷史 : 초등*과 오년부터 가르켜서 <u>조국(肇國)</u>의 큰 리상을 가르켜 럭대

천황의 놉흐신 성덕과 국민의 충성, 근대적 영웅들의 실례를 들어 가르키고 한편으로 내선일체의 큰 리상을 가르켜 신애협력(信愛協力)하는 마음을 갓게 하게 하얏다.

地理 : 초등과 사학년부터 시작하야 소위 '환경의 관찰' 즉 지리를 배홀 준비부터 시작케 한다. 그리고 조선은 대륙병참기지(大陸兵站基地)라는 것을 깨닷게 하며 세계적으로 웅비(雄飛)할 것을 지리를 통하야 아르키게 하얏다. ―『매일신보』 1941.1.4.

국민과로 명명된 수신, 국어, 역사, 지리 등은 모두 중일 전쟁 이후의 전시 이데올로기를 반영한다. 특히 일본어 교과인 '국어'에서는 "국방과 해외 발전 사상"을 강조한 점이 특징이다. 이처럼 국어와 일본 정신의 상관성을 강조한 것은 당시의 '국체관(國體觀)'과 직접적인 관련을 맺고 있었다. 이에 대해서는 하라다[原田金司](1945)의 『국민학교 국어요설(朝鮮國民學校 國語要說)』(春川師範學校國語敎育硏究室)을 살펴보면 쉽게 짐작할 수 있다. 이 책은 전후편 10장 부록 7절로 구성된 일본어 교과목 해설서로, 전편의 제1장 '서설'에는 당시 조선에서의 일본어 교육이 갖는 의미가 상세하게 풀이되어 있다.

(39) 國語の 意義

國語と 國民が 自國の 語をさしていふ 名目である. 我が 國では 日本語といふも 同じである. (中略) 國語學に 於て 國語といふ 時には 方言をも 含めて 廣い 意味に 使用されるが, 國民學校に 於ける 國民科といふ ときには 方言を 含まず, 又 日本國內の 或る 一地方に 使用されてる ものでも, 琉球國, 朝鮮語, 支那語, 臺灣蕃語, マライ語, 北海道のアイス語, 樺太のオロチヨン語, ギリヤ l ク 語は 含まない.

要する 國家的 見地に 立つて 認められた 醇正なる 言語をさすもので ある. 醇正とは 現代日常 用ひてゐる 口語や 文語のみでなく, 或る 程度の 古典語をも 含む ところのものである. ―原田金司(1945)의『朝鮮國民

學校 國語要說』(春川師範學校國語教育研究室).

위의 설명에서는 일제강점기 '국어'의 범위를 식민 지배 지역이었던 유구(오키나와), 조선, 지나, 대만 등을 포함하여 넓은 의미로 정의할 수 있지만, 국가적 입장에서 순정한 국어는 현대 일상에서 사용하는 구어와 문어(혹은 고전어 포함)로 한정(곧 '일본어'만을 의미)한다. 이 책에서는 '국민학교의 국어교육'의 범위를 명확히 하고, 국어교육에는 국어가 반영하는 세계관이 들어 있으며, 국민과의 국어교육은 "국체의 정화를 명확히 하고 국민 정신을 함양하여 황국의 사명을 자각하게 하며 충군애호의 지기를 양성하는 것"을 목표로 한다고 주장하였다.

5.2. 총력연맹과 일본어 상용 문제

1942년 국민학교령과 징용령의 실시는 일본어 보급 정책의 결정판을 이룬다. 이 시기 이후의 일본어 보급은 '총력운동'의 차원으로 진행되었으며, 이에 따라 '국어(일본어) 보급운동 강령'이 제정되어 전 조선 민중이 일본어를 배우도록 강요당했다.

먼저 '총력연맹'의 일본어 보급운동을 살펴보자. 이 단체는 1940년에 조직된 '정신동원 조선 연맹'이나 '문장 보국대' 등이 확대 개편된 조직이라고 할 수 있다.26)

---

26) 국민총력연맹의 성격에 대해서는 『매일신보』 1940년 10월 15일자 기사를 참고할 수 있다. 이 조직은 당시에 공포된 '국민조직 신체제 결성 요강'에 따른 것으로, 전 조선인을 동원하여 지원병에 지원할 수 있도록 하고, 창씨개명에 동참하도록 하는 것을 목표로 하였다.

(40) 총력연맹 활동

ㄱ. '참된 내선일체(內鮮一體)는 먼저 국어 해득으로…'라는 총력련맹의
지도 구호에 발맞추어 경성부 당국에서 백만 부민의 국어 해득에 일대
붐을 일으키기로 되엿다. 국어를 잘 이해하지 못하는 부민을 위해 종
래 초등학교에서 약간 강습회 등을 열어 왓는데 이번 부의 계획으로
부내 일백삼십일 개 정에 각 정을 단위로 각 정 련맹(町聯盟)이 주최하
야 정민 국어강습회(町民 國語講習會)를 일제히 열도록 하려는 것이
다. 강습 기간은 삼개월 동안으로 하고 부내 국민학교 교실을 빌려 쓰
기로 하고 강사는 가급적 국민학교 교원들을 청탁하여 하루 두 시간
정도로 <u>일상생활에 필요한 간이한 국어로부터 교습시켜 이 비상시국에
처한 총동원 체제에 부민의 한 사람도 싸짐 업도록 하려는</u> 것이다. 준
비만 슷나면 칠월 중순부터라도 일제히 강습을 개시하려는 것이다.
(하략) ―'國民學校를 開放, 國語 講習會', 『매일신보』 1941.6.21.

ㄴ. 半島人의 皇國臣民化는 國語普及이 最大 問題이어서 總力聯盟에서
는 南總督의 三回에 걸친 重要 訓示를 體하야 今後 總力 運動의 重要
한 部門으로서 國語普及運動을 展開하기로 決定하고 六日에 開催된
第四十四回 總力聯盟 指導委員會에서 國語普及運動 要綱을 附議 決定
하고 今後 本 運動은 이 要綱에 依하야 活潑한 展開를 보게 되얏다.

國語普及運動 要綱

一. 趣旨 : 本 聯盟은 半島人으로 하야금 **케 한 皇國臣民됨의 信念을
**하고 一切의 生活에 國語를 常用시키기 위해서 모다 ***케 하고
쏘 日常 用語로서 이것을 常用케 하는 데 잇다.

二. 運動要目

(一) 國語常用에 對한 精神的 指導

  1. 皇國臣民으로서 國語를 全解케 할 것

  2. 日本精神의 體得上 國語常用이 **必要한 所以를 **케 할 것

  3. 大東亞 共榮의 中樞인 皇國臣民으로서 國語의 習得, 常用이 必須
    의 資格 要件됨을 自覺케 할 것

(二) 國語를 解得하는 者에 對한 方策(中略)

(三) 國語를 解得지 못하는 者에 對한 方策

  1. 國民學校에 講習所의 開設

  2. 各種 講習의 開催

  3. 國語教本의 配付

  4. '라디오'에 依한 講習

  5. 雜誌에 依한 講習

  6. 平易한 新聞의 發行

  7. 商會에서의 指導

  8. 兒童 生徒에 依한 一日一語 運動

(四) 文化 方面에 對한 方策(중략)

(五) 國語常用者에 對한 表彰 及 優先的 處遇

(六) 此를 官民이 協力하야 全鮮的으로 本 運動 展開에 對하야 協力하야 힘쓸 것

(七) 國語普及 年次 計劃을 樹立할 것 —'國語普及 常用 徹底, 具體的 要綱 決定, 指導委員會', 『매일신보』 1942.5.7.

    이 두 기사에서는 이 시기 총력연맹을 통한 일본어 보급의 목적이 무엇이었는지, 그리고 어떤 방식으로 진행되었는지를 잘 보여준다. 일본어 보급의 궁극적인 목적은 '비상 시국에 처한 총동원 체제'에서 인력 수탈을 전제로 한 것이며, 이를 뒷받침하는 이데올로기가 '황국신민화'였다. 보급 방법은 '요강'에 나타난 것처럼 국어 해득자와 국어 미해득자를 나누어 모든 방법을 다 동원하도록 하였으며, 관민 협력을 강조하고 이를 실행하기 위한 연차 계획까지 마련하도록 하였다. 이러한 인력 수탈은 지원병제나 징용제와 매우 밀접한 관련을 맺는다.

5.3. 징용령과 통합교육령

지원병제나 징병제 하에서의 일본어 보급 정책은 표면상으로 조선어를 부정하는 정책은 아니었다. 이 점은 제7차 조선 교육령 개정 당시의 조선어 교과에 대한 논란에서도 확인된다. 그러나 1942년 태평양 전쟁(일본인들은 '대동아 전쟁'이라고 불렀음) 발발 이후에는 사정이 급변하였다. 이 시기 일본어 보급은 '전면적 국어(일본어) 사용'을 표방하였으며, 이를 합리화하기 위해 기존의 '내선일체(內鮮一體)' 이데올로기를 강조하면서 '대동아어론(大東亞語論)'을 내세웠다. 다음은 이를 반영한다.

(41) 대동아어론과 대동아 공영권

ㄱ. (전략) 금년은 대동아전쟁의 한 고비가 넘어가는 해이다. 따라서 이 고비만 넘기면 금후 전쟁이 몇 해 계속되어도 관계치 안타. 그래서 이번 회의는 이 고개를 넘어가는 금년에 半島의 征戰體制를 확립하려는 것을 목표로 해서 열리엇든 만큼 시종 긴장하엿고 참 ** 각 도지사 모다 必勝의 기백이 言動에 역력히 나타낫섯다. (중략) 또 한가지는 大東亞公營圈의 盟主로서의 使命을 다하도록 半島 民衆으로 하여금 皇國臣民으로 련성식히지 안으면 안 된다는 것이다. 참된 皇民이 될려면 먼저 國語를 해득하지 안흐면 안 된다. 國語는 단순히 日本語가 아니다. 大東亞語이기 때문에 大東亞公營圈의 中樞이 되는 半島 民衆은 누구나 國語를 해득하여야 되는 것이다. 그래서 압흐로는 國語常用運動 또는 國語全解運動을 적극적으로 펼려고 한다. (하략) ─'國語는 大東亞語', 『매일신보』 1942.4.26.

ㄴ. 國語를 解得하지 못하는 것은 日本精神을 把握하는 데 가장 重要한 것이다. 國語는 國民의 思想 精神과 一體不離한 것이오 또 國語를 떠나서는 日本文化가 있을 수 업는 것이니, 半島 民衆이 內鮮一體의 眞意를 利害하야 牢固한 皇國臣民으로서의 信念을 確立하고 一切의 生

活에 國民意識을 뚜렷이 나타내랴면 아무래도 朝鮮 사람 全部가 國語를 解得하야 日常用語로 이것을 愛用하지 않으면 안 된다. 즉 國語의 普及이야말로 內鮮一體의 絶對的 條件이라고 생각된다. 더욱이 오늘날 半島 民衆이 大東亞共營圈 確立의 聖業翼替에 邁進하고 있는 이때 全鮮을 通하야 國語普及運動을 强力하게 展開하는 것이 緊要하다고 생각된다. 이런 意味에서 最近 國語普及運動이 活潑해져서 國民總力運動으로서 이를 推進하게 된 것이다. 勿論 從來에 있어서도 國語 獎勵 施設이 있어 相當한 成績을 내이고 있었지만 이번 運動은 從來의 遲遲한 國語普及으로는 滿足할 수가 없어서 國語全解運動이란 일홈을 特히 내세우고 한 사람도 빠짐이 없이 朝鮮 사람 全部에게 國語를 解得시키겠다는 것이다. (중략) 이와 같이 三十 餘年 동안이나 걸쳐서 겨우 朝鮮人 總數의 一割 五分밧게 國語가 普及되지 못한 形便이니 남어지 八割 八分이 다 國語를 解得하기에는 相當히 長久한 歲月을 要할 것이다. 그렇다. 오늘날 帝國이 大東亞 共營圈의 確立에 邁進하고 東亞의 中核體로써 널리 그 指導의 地位에 서게 된 때 內鮮一體가 되여 國家 總力戰의 一翼을 擔當할 半島 二千四百萬 民衆은 急速히 國語를 解得하야 이를 常用할 수 있게 되지 않으면 안 된다. 內鮮一體의 現段階에 비추어 國語의 普及을 過去 三十年間과 같이 遲遲하게 버려 둘 수는 없게 되였다. 支那事變, 大東亞戰爭 以來 支那 南洋 方面 等 의 國語普及 趨勢가 놀날 만한 點으로 보드래도 朝鮮에서는 中央 地方을 通하야 國語全解運動을 徹底히 展開하는 것이 焦眉의 緊要事라 아니 할 수 없다. (하략) ―重光兒鉉,[27] '國語普及運動의 趣意'(總督府 情報課), 『춘추』 1942.6.

이 두 자료에서 확인할 수 있듯이, 이 시기 일본어 보급을 합리화

---

27) 重光兒鉉은 신태현의 창씨명이다. 이 사람은 일제강점기 조선총독부의 정보과 직원으로 『매일신보』에 조선어와 관련된 기사를 몇 차례 연재하였다.

하는 이론으로 새롭게 제시된 것이 '대동아어론'이다. 이 논리는 일본이 대동아를 통합하여 공존공생하도록 하는 주체 세력이며, 따라서 일본어는 대동아어이므로 전 조선인이 배워야 한다는 것이다. 두 번째 기사는 이 시기 일본어 보급의 성격을 더 극명하게 드러낸다. 일제의 강점 이후 30년이 지났지만 일본어를 구사하는 사람이 1할에 미치지 못하는 상황에서 '내선일체', '대동아공영'을 위해 '국가총력전'의 차원에서 일본어 보급을 해야 한다는 논리이다.

그러나 이러한 논리는 '대동아 공영'을 위해 조선인이 동원되어야 한다는 논리에 불과하다. 왜냐하면 병력 자원이나 노동력 자원으로 조선인을 수탈해 가기 위해서는 '언어 문제'가 해결되지 않으면 안 되기 때문이다. 이러한 본질은 다음과 같은 자료에 잘 나타난다.

(42) 인력 자원 수탈과 일본어 보급

ㄱ. [기자] 징병제도가 실시된 만치 일년간 준비기간이 잇는데 이 동안 당국에서는 여러 가지로 징병의 만전을 기하야 주의를 하셨던 것은 물론이려니와 민간에서도 더욱이 청년들의 열성과 준비가 잇서야 할 것입니다. 그 중에도 국어보급 가튼 것은 병역에 잇서 가장 중대한 문제가 아닐 수 업슬 것입니다. 이런 것을 어써케 햇스면 더 효과적으로 잘할 수 잇슬는지 정보과장쎄서 말씀해 주십시오.
[정보과장] 물론 국어보급은 중대한 문제입니다. 비단 병역에 잇서 긴요할 쑨 아니라 일본인이 되기 위하여 국어를 해득하지 안허서는 안 될 줄 밋습니다. 그런데 좀더 ***의 일원됨으로서 국어보급에 힘쓰게 될 터이니까 아프로 그 효과를 ***할 듯합니다. 무엇보다도 각 개인이 자각자성하야 보급과 운동에 힘써 주지 안허서는 안 되겟습니다. ―'必要한 國語의 普及, 먼저 責務의 重大함을 自覺하라', 『매일신보』 1942.5.13.

ㄴ. 바다로 하늘로 쏘는 육지로 용맹무쌍한 황군은 신과 가티 작전을 쐬하고 용맹과감하게 분전하야 세계의 공적인 미영 양국을 두들겨 부시고 잇다. 이와 동시에 십이억 대동아 민족이 각기 공존공영할 대동아

공영권을 건설하는 성전은 무력전에 잇서서의 전선과 발을 맞춰 착착 진행되고 잇는 중이다. 이 째를 당하야 일억 총후의 사명은 다시 되푸리할 필요도 업시 자명한 만큼 총후의 진충봉공일 것이다. 그런데 우리 반도에는 국민의 중책을 담당하는 징병(徵兵) 제도가 실시케 된다는 역사적 발표가 잇슨지 얼마 안 되어 <u>적국 포로를 감시 식히고저 반도 청년을 군속으로 채용하기로 결정하고 그 지원자를 모집하는 중이다.</u> 반도의 감격은 절정에 달하얏다. 나라를 위함이라면 한 몸을 바치겟다는 순국의 지성에 불타고 잇다. 이가튼 감격 속에서 마지하게 되는 유월 팔일의 대 봉대일을 압두고 조선연맹에서는 육일 중에 이천사백만 애국반원이 실천해 나갈 실천사항 세 가지를 결정 발표하얏다. 대동아 공영권 의지로 적지 위에서 활동할 반도 민중은 일상생활을 국어화해야 한다. 그리고 농번기에는 전 가족이 들로 나가서 생산력 확충 운동에 정진하자. 이것이 곳 페하의 충성을 바치는 첩경이라고 전 민중에게 첩을 보내게 되엿는데 유월의 실천사항 내용은 다음과 갓다.

一. 國語生活의 徹底 : 국어를 모르는 사람은 하로 쌜리 국어를 배우자. 조곰이라도 아는 사람은 반드시 국어를 쓰자. 이러케서 우리의 생활을 국어화하자.

二. 全家 勤勞 (중략)

三. 常會의 勵行 (하략) ―'國語常用 全家 勤勞', 『매일신보』 1942.5.29.

이 두 기사는 1942년 징병제 실시 예고 후 일본어 보급이 갖는 의미를 실질적으로 드러낸 기사이다. 조선인 병력 수탈을 위한 징병제에서 시급히 해결되어야 할 문제는 '언어 문제'였다.

이러한 경향은 1943년 전시 동원 체제 하의 제9차 조선 교육령 개정으로 나타났다. 이른바 '통합교육령'으로 불리는 이 교육령은 징병제 실시에 따른 학생 동원을 목표로 한 교육령이었다. 이 교육령은 '중등학교령'과 '사범학교령'으로 구성되었는데, 중등학교령에서는 수업 연한을 단축하여 동원을 쉽게 하고자 하였으며, 사범학교령에서는 사범 교육을 전문학교 수준으로 높여 황국신민의 도를 실천하는 교사 양성에 박차를 가하도록 하고자 하였다. 이러한 입장에서 이 시기 일본어 보급은 단순한 운동이 아니라 강압적인 정책으로 추진되었으며, 정책 수행 과정에서도 '후생 사업(전사상자 원호 사업)' 또는 '근로 동원'과 연계하여 조직적으로 실시하였다. 특히 일본어를 구사하지 못하면 각종 불이익을 주기도 하였으며, 조선어 사용을 금지하기도 하였다.

6. 일본어 보급을 위한 교재 편찬

6.1. 일본어과 교과서[28]

조선총독부의 교과서 편찬은 강제 병합 직후부터 본격적으로 시작된다. 이처럼 병합과 동시에 교과서 통제를 할 수 있었던 이유는 통감시대부터 교육 침탈이 체계적으로 이루어졌기 때문이다. 특히 일본어 보급과 교과서 편찬은 식민 교육의 기반을 이루는 것으로 이를 실행하기 위해 동경제국교육회에서는 조선 교육부 주사위원회를 두었는데 이 위원회에서는 다음과 같은 '조선 교육 방침'을 결정하였다.

(43) 조선 교육 방침

第一. 教育勅語의 趣旨를 普悉케 ᄒ고 日本과 朝鮮間에ᄂ 從來로 特別ᄒ
    關係가 有ᄒ즉 兩國의 合倂은 當然ᄒ 運命됨을 了解케 ᄒ고 且 日本

---

28) 일제강점기 일본어과 교과서 편찬 실태에 관한 선행 연구로는 김순전(2009)이 있으나 사회 교육용 교재를 포함하지 않았으며, 일부 교재가 누락되기도 하였다. 이에 따라 허재영(2011)에서는 '한국학 주제별 연구 매뉴얼' 작성 프로그램에 의거하여, 조선총독부의 일본어 교재 발행에 대한 개괄적인 기술을 하였는데, 이 글은 일본어 보급 정책의 전모를 개괄하기 위해 이 프로그램에 포함된 내용의 일부를 다시 정리한 글이다.

의 臣民되야 文明혼 舞臺에 活躍케 홈에는 朝鮮人民의 發展上 莫大
혼 利益되는 希望을 與홀 事.
第二. 日本語의 普及으로써 急務를 作ᄒ야 此에 全力을 注홀지니 此를
　　　實行홀 方法은 左와 如홈.
　　一. 初等敎育에는 諺文漢文을 全廢ᄒ고 日本語를 用홀 事
　　二. 日本語 敎習學校에는 適當ᄒ 補助를 與홀 事
　　三. 師範學校를 增設ᄒ야 日本語에 熟達혼 敎員을 多數 養成홀 事
　　四. 各種學校 專門學校에셔도 日本文 敎科書를 用홈으로써 本則을 삼
　　　　을 事
　　五. 日本語로써 實用語를 삼을 事
　　六. 日本文으로 作혼 家庭書類를 普及홀 事
第三. 敎科書의 編纂은 特히 重大혼 者 인즉 總督이 直轄홀 機關을 設ᄒ
　　　야 此에 從케 홀 事

　이 방침은 강제 병합을 '당연한 운명'으로 수용하고 '일본의 신민'
이 되도록 하며, 이를 위해 '일본어 보급이 급무'라는 점을 인식하여
각급 학교에서 일본어 교습을 할 수 있도록 하고, 조선 총독의 직할
기관을 설치하여 교과서를 편찬하도록 하는 것을 주된 내용으로 하
고 있다. 곧 '조선 교육 방침'은 식민 시대 조선인 교육의 본질과 성
격을 집약하여 드러내는 셈이다.
　이러한 맥락에서 일제는 강제 병합과 동시에 교과서 개편부터 시
작하였다. 가장 먼저 실행된 교과서 정책은 통감시대에 편찬된 『보
통학교 학도용 일어독본』[29]을 개편하는 일이었다. 이 교과서는 통
감시대 학부에서 편찬한 것이지만 이미 식민 지배를 전제로 한 것이
었다. 그렇기 때문에 교과서 명칭을 『보통학교 학도용 국어독본』으

---

29) 이 교재는 일본의 오쿠라(大倉) 서점에서 발행한 것으로 현재 국립중앙도서관의 디지털
　　도서관에서 검색할 수 있다.

로 고치고, 강제 병합과 관련된 자구(字句)와 내용을 수정하여 발행하였다. 당시 수정된 내용은 다음과 같다.

(44) 『보통학교 학도용 국어독본』의 자구 정정 내용30)

ㄱ. 日語讀本 卷五 第十九課 韓半島

一. 第三節 原文을 左와 如히 訂正 敎授홀 事[訂正表 參照]
'この六つの大な島のほかに澤山の小な島ど朝鮮どを含せて日本どい
ふのです'(此訂正文中 五를 六이라 홈은 樺太의 南半을 加흔 故이오
朝鮮을 加흔 今回 大日本帝國 領土의 一部가 된 所以라)

二. 本課는 揷圖에 就ᄒ야 帝國 領土의 大體의 地形을 敎授홈을 目的으
로 홈이오 各部分의 名稱을 敎授홈을 目的으로 홈이 안이나, 現時에
在ᄒ야는 寧히 本課 第三節에 云흔 바 六つの大な島의 名稱[樺太, 北
海島, 本州 四國, 九州, 臺灣]을 敎授ᄒ고 宜 朝鮮에 對ᄒ야 內地라
稱홈은 北海島, 本州 四國, 九州 及 此에 附屬흔 夥多흔 島嶼를 包含
ᄒ는 事로 揷圖에 據ᄒ야 指示ᄒ야 內地의 觀念을 明確케 홀 事.

ㄴ. 日語讀本 卷五 第二十三課 稅關 本課 第二節의 敎授에 就ᄒ야는 左
記의 事項을 注意홀지니라.

一. 朝鮮은 日本에 合ᄒ얏슴으로써 本節 '外國'이라 云ᄒ는 中에는 日
本을 숨치 안이홀 事.

二. 朝鮮은 帝國의 一部로 되얏스나 當分間은 內地, 臺灣 及 樺太와 朝
鮮間에 出入ᄒ는 物品에 對ᄒ야는 從來의 稅率에 依ᄒ야 課稅ᄒ는
事

三. 朝鮮으로브터 內地, 臺灣 及 樺太에 出ᄒ는 物品을 移出品이라 ᄒ
고 內地, 臺灣 及 樺太로브터 朝鮮에 來ᄒ는 物品을 移入品이라 云

---

30) '교수상 주의 병 자구 정정표(敎授上 注意 幷 字句 訂正表)'는 1911년 2월 22일 내무부
장 우사미의 훈령으로 공포되었는데, 이 문건을 담은 별도의 정오표는 발견되지 않는다.
그러나 그 내용은 『매일신보』 1911년 2월 22일부터 3월 3일까지 7회에 걸쳐 연재된 바
있다.

ᄒᆞ며 前者에 課ᄒᆞᄂᆞᆫ 稅를 移出稅라 ᄒᆞ며 後者에 課ᄒᆞᄂᆞᆫ 稅를 移入稅
라 ᄒᆞ고 此兩者를 總稱ᄒᆞ야 移出入稅라 云ᄒᆞᄂᆞᆫ 事.

ㄷ. 日語讀本 卷七 第三課 本課의 末章에셔 左의 事項을 附加ᄒᆞ야 敎授
ᄒᆞᆯ지니라.

一. 本課의 述ᄒᆞᆫ 바 外에 明治 四十三年 八月 二十九日 倂合條約의 結
果로 朝鮮이 新히 日本의 一部로 된 事. 從ᄒᆞ야 本課의 揷圖에셔ᄂᆞᆫ
朝鮮半島도 黑色으로 ᄒᆞᆯ 事.

二. 臺灣, 北海道, 本州, 四國, 九州 及 此에 附屬ᄒᆞᆫ 夥多의 島嶼로 成ᄒᆞᆯ
事.

ㄹ. 日語讀本 卷八 第十五課 日露戰爭 本課ᄂᆞᆫ 同書 同卷 第一課 '天津條
約' 第四課 '日淸戰爭' 第五課 '隣國'과 聯絡 敎授ᄒᆞᆯ 敎材니 此等은 共
히 近世에 在ᄒᆞᆫ 日韓 兩國의 關係를 學徒에게 知케 ᄒᆞ기 爲ᄒᆞ야 最히
注意ᄒᆞ야 敎授ᄒᆞᆷ을 要ᄒᆞᆷ이라. 特히 本課의 本章에셔 左記의 趣旨를 附
加ᄒᆞ야 敎授ᄒᆞ되, 韓國倂合에 關ᄒᆞ야 學徒로 ᄒᆞ야곰 誤解를 抱ᄒᆞᆷ이 無
케 ᄒᆞᆯ지니라. 日本은 夙히 韓國을 扶助ᄒᆞᆷ으로써 國是로 ᄒᆞ야 曩에 韓
國과 同盟ᄒᆞ야 日淸, 日露의 二大 戰爭을 ᄒᆞ고 此로 因ᄒᆞ야 巨大ᄒᆞᆫ 生
命과 財産을 費ᄒᆞ고 二國의 安全과 東洋의 平和를 維持ᄒᆞᆯ 事에 努力ᄒᆞ
니라. 故로써 日露戰爭 後ᄂᆞᆫ 二國의 關係가 益益 親密케 되야, 韓國은
日本 保護下에 立ᄒᆞ야 施政의 改善을 圖ᄒᆞ니라. 然ᄒᆞ나 皇帝陛下의 勅
諭中에 云ᄒᆞ신 바와 如히 積弱이 成痼ᄒᆞ고 疲弊가 極度에 達ᄒᆞ야 容易
히 挽回를 施措ᄒᆞᆯ 望이 無ᄒᆞ야 方一 大革新을 要ᄒᆞᆷ이 瞭然ᄒᆞᆷ에 至ᄒᆞᆫ지
라. 於是에 前韓國皇帝陛下ᄂᆞᆫ 廓然히 自斷ᄒᆞ샤 韓國을 擧ᄒᆞ야 從前브
터 親信依仰ᄒᆞ시던 바의 大日本 天皇陛下ᄭᅴ 讓與ᄒᆞ샤 外로 東洋의 平
和를 掌固ᄒᆞ시고 內로 萬民의 幸福을 圖ᄒᆞ심으로써 最히 時宜에 適合
ᄒᆞᆫ 者로 ᄒᆞᆸ신지라. 天皇陛下ᄂᆞᆫ 親히 現時의 事態를 鑑ᄒᆞ샤 讓與를
受ᄒᆞ시고 終에 今日의 結果를 見ᄒᆞᆷ에 至ᄒᆞᆫ 事.

이처럼 강제 병합과 동시에 일부 자구만을 수정한 일본어 독본을

발행할 수 있었던 이유는 통감시대의 학정 잠식과 일본어 보급을 중시한 결과라고 할 수 있다. 그렇지만 이 교재는 강제 병합 전에 이루어진 교재라는 점에서 강제 병합 상황을 반영한 체계적인 일본어 교과서 개발 취지에 따라 1912년부터 '학도용'이라는 수식어를 제외한 『보통학교 국어독본』을 편찬하기에 이르렀다.31) 이러한 교재 편찬은 제1차 조선 교육령에 기반을 둔 것으로 1917년까지 조선총독부에서 편찬한 교재는 수신(8책), 국어독본(8책), 습자첩(4책), 조선어급한문독본(4책), 산술(교사용 4책, 학도용 4책), 이과(2책), 농업(2책), 창가(1책), 도화(4책), 조선역문 농업(1책), 조선역문 수신서(1책) 등 총 11종 46책32)에 이른다. 이 가운데 『조선어급한문독본』을 제외한 다른 교과서는 모두 일본어로 편찬한 교과서이며, 특히 주목할 만한 것은 『국어독본』이라는 명칭의 일본어과 교과서이다. 김순전 외(2009)에서 번역 소개된 바와 같이 이 교과서는 일본의 '국어 이데올로기'를 반영할 뿐 아니라 수신 교과서와 마찬가지로 '충량한 국민' 곧 '황국신민'을 양성하는 주된 교재라고 할 수 있다.

이와 같은 일본어 교과서 편찬 사업은 교육령에서 언급한 '시세(時勢)'에 따라 지속적으로 이루어졌는데 초등 교육용 교과서 편찬의 역사는 김순전 외(2009)에서 체계적으로 정리된 바 있다. 김순전 외(2009)에서는 초등용 일본어과 교과서 변천사를 5기로 나누어 표로 제시한 바 있는데 이 표를 바탕으로 초등용 교과서 변천사를 제시하면 다음과 같다.

---

31) 이 교재는 김순전 외(2009)에서 번역 소개된 바 있다.

32) 일반적으로 권(卷)은 책을 내용에 따라 구분하는 단위이며, 책(冊)은 제본 단위를 말한다. 일제강점기 이후의 교과서는 주로 학년이나 학기를 기준으로 1권 1책으로 개발되었으므로 이를 헤아리는 단위로 '권'과 '책'이 혼용될 수 있다. 그렇기 때문에 교과서 연구자들은 책이라는 단위보다 권이라는 단위를 쓸 때가 많다.

(45) 조선총독부의 초등용 일본어 독본 편찬 실태[33]

시기	초등학교 명	교과서 명칭	발행 연도	발행처	비고
1기 (1911~1920)	普通學校	訂正 普通學校 學徒用 國語讀本	1911~3 8권	조선총독부	
		普通學校 國語讀本	1912~1915 8권		
		改正 普通學校 國語讀本	1918 8권		
2기 (1923~1924)	普通學校	普通學校 國語讀本	1923~1924 12권	조선총독부 (9~12권은 문부성)	한문독본은 일본어과용임(5학년, 6학년용)
		普通學校 漢文讀本	1924 2권		
3기 (1929~1937)	普通學校	普通學校 國語讀本	1930~1935 12권	조선총독부	김순전 외(2009)에서는 1937년 國語讀本을 '개정 보통학교 국어독본'이라고 명명함.
		國語讀本	1937 12권		
		四年制 普通學校 國語讀本	1937 8권		
4기 (1939~1941)	小學校	初等國語讀本	1939~1941 6권	조선총독부	김순전 외(2009)에서는 전12권이 발행되었으며 1~6권은 총독부, 7~12권은 문부성 발행이라고 하였으나 책명은 다름.
		小學國語讀本	1939~1941 6권	문부성 저작, 조선총독부 발행	
5기 (1942~1944)	國民學校	ヨミカタ 1~2學年	1942 4권	조선총독부	
		初等國語 3~6學年	1942~1944 8권		

　　다소의 차이는 있으나 일제강점기 초등 일본어과 교과서는 대략 94책(김순전 외에서는 2기 한문독본과 3기 4년제를 포함하지 않았으므로 84책) 정도가 발견된다.[34] 총독부의 일본어 교과서 편찬 과정은 학교 급(보통학교, 고등보통학교) 및 교과과정(일본어나 조선어에 한문을 포함하는가 아니면 별도로 운영하는가)에 따라 다소의 차이가 발생한다. 앞의 표에 나타난 제2기『보통학교 한문독본』은 일본어로 토를 단 일본어 교과의 하나이다. 이는 제3차 조선 교육령기 교과과정 개편에서 보통

---

33) 이 표는 김순전 외(2009)를 바탕으로 일부 추가한 것임.

34) 이러한 교과서 편찬은 조선어과도 유사한데 허재영(2009ㄱ)에서는 '자구 정정본', '제1차 교육령기의 조선어급한문독본', '제3차 교육령기의 보통학교 조선어독본', 제4차 교육령기의 '보통학교 조선어독본', 제7차 교육령기의 '초등 조선어독본'의 5기로 나눈 바 있다.

학교의 경우 '조선어급한문'에서 '한문'을 독립시킨 것과 무관하지 않다. 달리 말해 제1차 조선 교육령기의 보통학교에서 '조선어'에 포함되었던 한문을 독립시켜 5학년~6학년에 해당하는 '일본어 한문과'를 둔 셈이다.[35]

고등보통학교와 여자고등보통학교를 대상으로 한 교과서 편찬도 유사한 흐름을 보인다. 다만 중등 교과서에서는 학부 편찬의 '자구정정본'이 존재하지 않으며 제7차 교육령 이후의 단선 학제 도입 이후 문부성 번각 교과서를 사용한 점이 특징이다. 이를 표로 나타내면 다음과 같다.

(46) 조선총독부의 중등 교과서 발행 실태

시기	대상 학교	교과서 명	발행 연도	발행처
1기 (1911~1918)	高等普通學校	高等國語讀本	1913~1917 8권	조선총독부
2기 (1923~1924)	高等普通學校	新編 高等國語讀本	1923~1924 10권	조선총독부
	女子高等普通學校	新編 女子高等國語讀本	1923~1925 8권	조선총독부
3기 (1929~1937)	高等普通學校	中等教育 國文讀本	1933~1937 12권	조선총독부
		中等教育 漢文讀本	1933~1937 4권	
	女子高等普通學校	中等教育 女子國文讀本	1933~1937 8권	
	男女 高等普通學校	中等教育 國文法 敎科書	1933 2권	
	實業補習學校	實業補習學校 國語讀本	1933 권수 미상	
4기 (1939~1941)	中學校. 高等女學校	中等國語(男子用)	1940년 이후의 교과서로 몇 권으로 편찬했는지는 충분히 확인하지 못한 상태임	조선총독부
		中等國語(女子用)		
		中等國文法(口語編)		
		中等國文法(實業學校用)		
		中等漢文		
5기 (1942~1944)	1943년 통합교육령 이후에는 4기의 교과서와 문부성 교과서를 사용한 것으로 보이며, 태평양 전쟁 이후의 전시 동원 체제 하에서 조선총독부가 교과서 개발을 하지 않았음.			

---

35) 제1차 조선 교육령기의 보통학교는 4년제였으나 제3차 조선 교육령기에는 6년제로 바뀌었다. 이에 따라 수업 연한이 다른 학제가 혼용되었는데, 이와 같은 혼란은 1943년 통합교육령이 나올 때까지 지속되었던 것으로 보인다.

초등 교육과는 달리 중등 교육용 일본어 교과서 편찬 실태는 아직까지 충분히 밝혀지지 않은 상태에 있다. 특히 4기의 교과서 발행 실태와 관련된 기록은 쉽게 찾을 수 없으며, 실물 확보도 충분하지 않은 상태에 있다. 또한 5기 이후에는 전시 동원 체제 하에서 조선 총독부의 교과서 편찬 작업도 쉽지 않았던 것으로 보인다. 다음은 이를 뒷받침한다.

(47) 교과서를 통일할 방침

今後 中等用은 全部 朝鮮서 編纂토록 : 교육 내용을 통일하야 황국신민 육성이라는 학제(學制) 개혁의 근본 정신을 살피고서 총독부 학무국에서는 명년 四月의 새학기부터는 교과서를 전부 통일하기로 방침을 정하엿다. 즉 사범학교 본과에서는 문부성에서 편찬한 것을 쓰고 심상과(尋常科)에서는 문부성 혹은 총독부에서 편집한 중에서 각 과목별로 한 가지를 정하야 쓰도록 되엿다. 그리고 조기강습과 생도가 쓸 것은 그 중 총독부에서 편찬하야 쓰게 할 터이다. (중략)

그런데 이가티 하는 것은 임시방편이다. 학제 개혁에 싸라 중등학교에서는 전부 국정교과서(國定敎科書)를 쓰게 되엿스므로 새 교수요목(敎授要目)이 결정되는 대로 총독부에서는 금후 조선 내 중등학교에서 쓸 교과서는 전부 총독부에서 편찬하야 쓰도록 하고 부득이한 것만 문부성 것을 쓰게 할 터인데 금명년 내에 이가튼 사업이 완성되기는 곤란하겟스므로 그 째싸지 임시로 해 나갈 것이다. ―『매일신보』 1943.7.25.

이 기사에서는 1943년 이후 중등학교의 교과서를 모두 총독부에서 편찬하기로 방침을 정하였으나 실제 이 사업이 금명년 내에 완성되기 곤란함을 밝혔다. 그 이유는 제9차 교육령이 전시 동원 체제에서 수업 연한을 단축하고 군사 교육을 강화하기 위한 사범학교령 개정에 초점을 맞춘 교육령이기 때문이었다.

6.2. 사회 교육용 일본어 교재

조선총독부의 일본어 보급 교재 개발은 학교 교육에 국한되지 않는다. 그 이유는 실질적인 식민 통치를 위해 사회 전반에 일본어를 보급해야 할 필요가 있었기 때문인데, 일본어 보급 정책은 시대별로 점진적이고 체계적으로 이루어져 왔다. 특히 '사회 교육'이라는 용어는 1920년대 전후에 등장하는 개념으로 그 중심지는 학교였다. 다음 자료를 참고해 보자.

(48) 사회 교육의 필요

(전략) 故로 될 수 잇는 대로 各人의 希望에 委하야 各人 天賦의 能力을 伸張케 하는 方針으로 相當 施設을 爲할 것은 極히 肝要한 事어니 卽 萬人에 對하야 <u>敎育을 受할 바의 機會를 均等히 提供한다는 方針을 執치</u> 안이하면 不可한 것이라. 然인대 所謂 學校인 敎育機關의 設置는 大抵 充分치 못한 事 多하고 且 <u>學校가 假令 充分하다 할지라도 個人의 境遇 上 或은 經濟上 其他의 理由에 依하야 學校에 入하기 難한 者도 多數이 니 其</u> 如何한 境遇로 하던지 學校의 敎育을 受치 못하는 人 又는 受得할 지라도 充分히 高等敎育을 受치 者가 殆히 世間의 大多數를 占하난 現況 이라. 此等 多數에 對하야 學校敎育은 殆히 何等의 恩惠를 與하기 不能 한 것이니 學校敎育 以外에 何等의 方法에 依하야 多數의 人이 向上慾을 滿足케 하야써 個人으로든지 國民으로던지 價値의 高한 者가 되게 하는 것이 國家의 繁榮上은 勿論이오 文化의 向上에 對하야도 極히 必要한 事 인대 더구나 朝鮮에 在하야는 敎育機關이 不充分하며 又 無敎育者가 大 多數를 占하고 文化의 惠澤이 普及치 못한 現狀이라. 從하야 世界의 大 勢를 理解치 못하고 <u>總督 政治의 悅服치 안는 者도 有ᄒ며 又 動輒裡裡의 流言蜚語에 迷惑되어 猜疑 不安 中에 漂迫ᄒ는 者도 有한 貌樣이니 此等 의 人에 對하야는 特히 敎化의 方法을 講치 안이하면 不可하며 又 朝鮮 內에 在한 內地人일지라도 新政治의 趣旨를 十分 理解치 못하는 所以로</u>

連連의 誤解를 朝鮮人에 對하야 生케 하는 者도 亦 不無하니 如斯한 人을 그대로 放置한다 함은 人道上으로 言하던지 又 國家 政策上으로 言하던지 決코 可喜할 者이 안인즉 此等의 人心지도 敎化하는 것은 朝鮮의 現狀에 照하야 最히 必要한 것임으로 思하노라.(하략) 朝鮮에서 社會敎育의 提唱되얏슴은 比較的 近年의 事에 屬홈으로 此 方面의 硏究도 不完全하고 又 實際 設備도 廖廖한지라. 多少間 可見할 者가 有할지라도 殆히 內地의 模倣에 不過하고 必히 其 全體가 朝鮮의 實情에 不適한 者가 多하도다. 現行되는 學校를 中心으로 한 社會敎化의 施設을 見하건대 <u>講演會라던지 展覽會 活動寫眞, 幻燈, 圖書의 閱覽, 印刷物의 配布와 如홈은 其 普通의 것이며</u> 大槪 地方에 在한 社會敎化의 事業은 殆히 學校를 中心으로 한 것이오 其他 在하야는 何等 可見할 者가 無하니 此等의 種種인 施設에 就하야 次에 自己의 意見 及 希望을 述코져 하노라.

◇社會 敎化 施設에 對한 希望 : 一. 民衆的일 事 (중략) 二. 時間과 場所와 人에게 適切할 事(중략) 三. 社會 敎化의 氣風을 作興할 事 (하략)
—學校를 中心으로 하는 社會敎化, 마스무라(松村) 학무과장 담,『매일신보』1921.12.2.~12.3.

이 논문은 1921년 당시의 학무과장이었던 마스무라가 쓴 논문의 일부이다. 이 글에 밝혔듯이 사회 교육의 표면적인 이유는 '교육 기회의 균등'을 위한 것이었지만 실질적으로는 총독 정치의 취지를 따르도록 하기 위함이었다. 이 논문에서는 사회 교육의 주최로 학교 교육을 강조하였으며, 사회 교육의 주된 방법으로 '강연회, 전람회, 사진 활동, 환등, 도서 열람, 인쇄물 배포' 등이 있음을 강조하였다.

이러한 흐름 속에서 일제강점기에는 각종 강연회와 강습회가 활성화되었고, 총독부나 각 시도군이 주최하는 각종 명목의 강습회에서는 '일본어'가 포함되었다. 특히 '시세'와 '민도'라는 이데올로기 하에서 시대별 강습회의 방향이 크게 변화하는데, 1910년대에는 일부 단체에서만 시도하던 강습회가 1930년대 이후에는 전국 단위로 확대되며, 1937년 이후의 지원병제와 1943년 이후의 징집제 아래에서는 '국어 상용', '국어 전해' 운동이 전면적으로 펼쳐진다.[36)

이러한 입장에서 조선총독부에서는 사회 교육용 일본어 보급 교재를 편찬하였는데 그 대표적인 경우가 『속수국어독본(速修國語讀本)』이다. 이 책은 조선총독부에서 독학용 일본어 학습서로 개발한 것이다. 초판은 1915년(대정4년) 1월 20일 발행하였으며, 1919년(대정8년) 7월 25일 증보 인쇄를 하였다. 이 책의 발행 목적은 '서언(緖言)'에 비교적 잘 나타나 있다. 그 내용은 다음과 같다.

(49) 『속수국어독본』'서언'

一, 本書ハ國語ヲ速修セシメムガ爲 ニ編纂シタルモノナリ.

一, 本書ハ獨習ノ便ヲ計リテ全部振假名ヲ施シ,又第一編ヨリ第四編マデハ朝鮮語ノ對譯ヲ附セリ.

一, 本書ノ假名遣ハ普通學校國語讀本ト全然同一トス.

　　但シ, 第五編ニハ文語體文章ヲ揭グ若干候文體ヲモ加ヘテ歷史的假名遣ヲ用ヒ,之ニ習熟セシムルノ便ヲ計レリ. サレドモ字音ノ振假名ノミハ表音的假名遣トセリ.

一, 本書第一編第二編第三編ハ片假名及ビ單語ヨリ始メテ, 秩序的ニ敎材ヲ提出シタルヲ以テ, 順次ニ學習スルヲ要スルモ,第四編會話又ハ第五編文章ハ何レモ日常生活ニ須要ナル事項ヲ蒐メタルモノナレバ, 必ズシモ順ヲ追フヲ要セズ, 國語夜學會等敎授時間ノ少キ所ニテハ, 適當ニ取捨選擇シテ敎フベシ.

一, 本書ニハ, 一般的ノ知識ヲ修得セシメムガ爲附錄トシテ參考トナルベキ諸種ノ事項ヲ記載シタリ.

---

36) 일제강점기 문맹 퇴치를 슬로건으로 한 일본어 보급 정책에 관한 선행 연구는 아직까지 찾기 어렵다. 이에 대해서는 별도의 논문을 준비 중이다.

이 책은 1915년에 편찬한 책이지만 일제강점기 사회 교육용 일본어 교재로서는 끈질긴 생명력을 보인 것으로 보이는데 그 이유는 1930년대에 이르기까지 지속적으로 판을 거듭하기 때문이다. 그밖에 총독부에서 사회 교육용 교재를 직접 편찬한 경우는 발견되지 않으나 『매일신보』의 일본어 보급 강습회 관련 기사를 참고할 경우 각종 교재가 시도군 또는 금융조합 등의 단위로 편찬·활용되었던 것으로 보인다. 이러한 흐름은 일제의 지배 말기로 갈수록 더욱 심해졌다. 다음은 이와 관련된 기사이다.

(50) 國語生活 普及 及 運動, 먼저 靑年層에 注力
(전략) 이 운동은 총력운동의 한 부분으로서 전개하되 편성에서 힘잇는 후원을 할 것은 물론이고 국어를 아는 것은 황국신민으로서 마쌍한 의무로서 보급에 힘쓰나 그러타고 해서 조선어를 배척하는 것은 안인 것으로 확인하고 방법으로는 전선 교원 국민학교에 국어강습회를 설치하야 지금 편집과에서 편찬하고 잇는 교과서를 사용하야 적극적 보급에 노력하되 남녀학년 총 칠백만 명을 위선 상대하여 보급에 힘쓰고 관공리를 비롯하야 은행, 회사, 공장 등의 단체 생활자는 모범을 보히는 의미에서 국어를 쓰기를 지도하기로 결정하엿다. ―『매일신보』 1942.5.3.

이처럼 일제 말기에 일본어 보급에 열을 올린 것은 징용이나 징집과 같은 물적 자원 수탈과 긴밀한 관계가 있다. 조선인 청년을 일본군으로 징집하여 전장에 투입하고 적국 포로를 감시하는 일을 맡기기 위해서는 일본어 보급이 그만큼 시급했기 때문이다.

7. 일본어 보급 정책의 결과

일제강점기 일본어 보급 정책은 1910년대 이후부터 지속적으로 추진되었다. 특히 1930년대에 이르러서는 공용 문서에서 조선어를 완전히 폐지하고, 40년대에 이르러서는 조선어 말살 정책을 강행하는 상황까지 이르게 되었다. 이러한 과정을 드러내는 자료가 '연도별 국어 해득자 수'에 대한 조사 보고이다.[37] 이러한 조사 보고는 1930년대까지는 해마다 이루어졌으며, 『관보』 및 『시정연보』 그 밖의 문서집에 게재하였다. 특히 김규창(1985)에 따르면 일제강점기 일어 보급 상황을 종합 정리해 보면 다음과 같은 표로 나타난다.

(43) 일어를 이해하는 조선인의 연도별 비교표

연도	총인구	이해자 수	비율(%)
1913년 말	15,169,923	92,261	0.61
1918년 말	16,697,012	303,907	4.81
1923년 말	17,446,913	712,267	5.08
1928년 말	18,667,334	1,290,241	6.91
1933년 말	20,205,591	1,578,121	7.81
1938년 말	21,950,716	2,717,807	12.38
1939년 말	22,098,310	3,069,032	13.89
1940년 말	22,954,563	3,573,338	15.57
1941년 말	23,913,063	3,972,094	16.61
1942년 말	25,525,409	5,089,214	19.94
1943년 말	25,827,208	5,722,448	22.15

이 표에 나타나는 연도별 일어 해득자의 증가는 조선어 억제 정책의 지표로 이해할 수 있다. 식민 지배 당국에서는 조선 민중의 언어를 조선어에서 일본어로 대체하기 위하여 다양한 방법을 동원하였는데, 그 성과가 점진적으로 나타남에 따라 조선어 억제 및 말살 정책을 수행할 수 있게 된 것이다. 그러한 과정은 공용 언어에서 조선어 사용 금지, 공교육에서의 조선어 사용 억제, 궁극적으로는 전체

---

37) 『조선총독부 관보』 1919.8.20.(제2108호), 1922.7.7.(제3272호) 참조.

조선인들을 대상으로 한 조선어 사용 금지를 의미하는 것으로 해석된다.

이와 같은 정책에서 눈여겨 볼 점은 1937년을 전후로 강압적이고 전면적인 일본어 보급 정책이 강행된다는 사실이다. 이는 공교육에서의 '조선어과 폐지'뿐만 아니라, 각종 일어 보급 관련 강연과 강습이 광범위하게 실시된 데서 확인할 수 있다. 특히 1939년 9월 30일 '국민징용령'의 발포, 1940년 2월 20일 '총동원 물자 사용 수용령' 등이 발포되면서부터는 공적인 경우는 물론 사적인 경우에도 일본어의 사용을 강요받았다. 이러한 차원에서 아사히 신문사[朝日新聞] 발행, 『國語普及の 第一段階』(大槻芳廣 著, 1938.10.28, 비매품)는 1938년 이후의 일어 보급 정책이 갖는 성격을 잘 드러내 준다. 다음은 이 책의 발간사 가운데 일부이다.

(44) 發刊の 辭
　國語文化を振興し, 皇國の 隆昌に 寄與せんとするは 本社創業以來の 方針です. 從つて. 大東亞の 各地に 行はれてをります 國語普及は 本社の 重大關心事でありまして, 如何なる 犧牲の 下に 於いても, その順調なる 發展を 促進すべく, 現に, 種種計劃し, かつ實踐しつ あるのであります.
　殊に, 朝鮮に 於ける, 國語普及は, その對象に, 二年後に 徵兵令 施行を 控えたる 靑年を 含み, その方法, その敎材, 共に 大いなる考慮を 要するものと 思はれます. よつて, 本社は 今春以來, この點に 貢獻すべく, 各地に 刊行されたる 敎本を 檢討し 來つたのでありますが, これ等敎本には, 國語普及の 眞義を 解せざるか, 或は, 醇正なる 國語の 姿を 傷つける 如きものさへ 發見されるに 至つたのであります. …(중략)…
　朝鮮は 國語普及に 關して, 旣に 三十餘年の 經驗を 有してをります. この經驗に 立つて 本書を 活用し, 或は檢討して, 更に 有效なる 資料が

公開されるに 至りますれば, これは 單に 朝鮮に 於ける 國語普及を 益
するに 止まらず, 大東亞全地域を 對象とする 國語普及にも 貢獻すると
ころ 大なるものがあると 信じます. …

(44)에서 확인할 수 있는 것처럼 일제강점기 일본어 보급 정책은
1910년대 이후로 30여 년간 꾸준히 실시되었으며, 그와 관련된 교재
도 여러 가지 형태로 개발되었다. 더욱이 이 교재는 1940년도부터
실시될 징병령 시행 대상자들을 포함하여 청년들을 가르치는 목적
을 갖고 있으며, 아울러 조선을 대상으로 실시한 일어 보급 정책이
아시아 각국의 다른 지역에 적용될 수 있도록 하는 것도 목적으로
삼고 있다. 이 책의 내용 구성은 다음과 같다.

(45)『國語普及 第一段階』의 내용
一, 國語普及の 意義　　　　　二, 國語普及と 國語觀
三, 國語普及の 目標
　（イ）文字の 取扱 範圍　　　（ロ）語彙の 取扱 範圍
四, 國語普及の 基礎

이 책에 따르면 일어 보급은 병합(강제침탈) 이후로 가장 중요한 정
책의 하나였으며, 이 시기에 이르러서는 황민화 촉진, 일본 정신의
소개 및 함양, 조선인 생활 향상 수단임을 내세우고, 국어력을 기르
기 위하여 목표를 설정하고 이를 단계별로 수행해 나가야 한다는 점
을 강조한다. 이를 통하여 궁극적으로 '내선일체'에 도달하는 것이
일어 보급의 목표였던 것이다. 결국 1940년대 이후의 일본어 보급
정책은 '내지인 동양(內地人 同樣)'을 슬로건으로 하여 "일본어를 사용
함으로써 일본인과 같은 모습이 되는 것"을 추구하도록 정책적으로
뒷받침하고자 하였다. 이러한 모습은 이토[伊藤光園](1940), 『內地人同
樣なれる 國語話方の秘訣』(四海公論社)과 같은 책에도 잘 나타난다.

책의 제목이 '내지인과 같은 모습이 되게 하는 국어 말하기 방법'이므로 이 책의 지향점이 무엇인지를 뚜렷이 짐작할 수 있다.

이러한 본질을 바탕으로 일제강점기 일본어 보급 정책의 특징을 다음과 같이 요약할 수 있다.

첫째, 일본어 보급 정책은 '동화 정책', '황민화 정책'의 핵심 정책이었다.

둘째, 일본어 보급 정책은 1910년 이전부터 1945년 말까지 지속적으로 추진되었다.

셋째, 일본어 보급 정책은 학교 교육, 사회 교육을 막론하고 전면적으로 실시되었다.

넷째, 일본어 보급 정책은 식민 지배 상황의 변화에 따라 변화하였으나 근본적으로는 병력이나 노동력 수탈과 밀접한 관계를 맺고 있었다.

다섯째, 일본어 보급 정책의 근본 목표는 조선인을 '내지인(일본인)'으로 만드는 데 있었다.

조선총독부의 조선어 교육 정책

1. 조선어 교육 정책의 의미

1.1. 조선어의 위상

식민 시대 언어 교육은 식민주의에 따른 언어관과 밀접한 관련을 맺는다. 루이 장 칼베(1974; 이병혁 편저, 1986)에서 '영토 확장을 위한 언어 이론' 또는 '민족 이론'을 바탕으로 한다. 이 논문에서는 식민화가 언어적으로 발현되는 모습을 다음과 같이 설명하였다.

(1) 식민주의 언어

ㄱ. 이름을 붙일 권리[명명권(命名權)] : 차별이 존재할 경우 이를 표현하는 언어가 나타나며, 식민 지배를 통해 원주민이 명명한 이름이 변질된다. 토착민의 언어가 경멸 또는 모멸의 언어로 변화한다.

ㄴ. 지배 언어와 피지배 언어[태동하는 식민주의] : 모든 식민적 침략이 군대와 행정 관료 집단, 뒤이어 상인 집단을 이식시킴으로써 구체화된

다. 경제적 상황의 결과 식민 권력과 가까운 사람들 또는 타협하는 무리들에 의해 지배 언어가 채택되고, 행정 체계가 지배 언어를 사용하면서부터(민중들은 알아듣지도 못하는 언어) 두 언어가 공존한다.

ㄷ. 언어 침식과 문화적 파괴[승리를 구가하는 식민주의] : 언어 분화의 첫 단계는 지배 언어와 피지배 언어의 수직적 관계로 나타나며, 두 번째 단계는 '지배'와 '피지배'뿐만 아니라 '도시'와 '농촌' 등의 지리적 차원에서도 나타난다. 지배 언어가 확산되면서 지배 언어를 습득한 상류 계층(두 언어 병용)에서는 피지배 언어를 포기하려는 경향(새로운 단일 언어)을 보이며, 피지배 언어만을 쓰던 도시 하류 계층(단일 언어 사용)은 점차 지배 언어를 획득하려는 경향을 보인다.

ㄹ. 언어 침식에 저항하는 세력들 : 완전한 성공을 거둔 언어 침식 단계는 지배 언어에 의해 피지배 언어가 결정적인 죽음을 맞는 단계이다. 그러나 식민 지배가 언제나 이 단계에 이르는 것은 아니다. 이 단계에 이른 피지배 언어가 고고학적 흔적만을 남기며 소멸할 수도 있고, 다언어 병용 상태로 남아 있을 수도 있다.

루이 장 칼베는 경제적 요소, 법적 구성 요소, 이데올로기적 요소를 중심으로 식민주의와 언어의 관계를 규명하고자 하였다. 이 이론은 일제강점기 일본어의 보급과 조선어 교육 정책을 분석하는 데도 좋은 틀이 될 수 있다. 이 시기 식민 정부의 언어 정책은 법적·행정상의 통용어인 일본어의 보급에 초점이 맞추어져 있었으며(이를 '국어'로 명명), 이에 따라 조선어는 불완전하거나 저급한 언어로 소멸되어야 할 언어로 인식되었다.[1] 이러한 인식을 잘 드러낸 글이 다음의

---

1) 식민 정부의 조선어에 대한 인식은 루이 장 칼베의 인식과는 다소 차이가 있다. 프랑스어와 알제리 어를 대상으로 한 루이 장 칼베의 설명은 지배 언어가 세속의 모든 영역을 차지하게 되면 피지배 언어(알제리 어)는 성스러운 영역(종교적 언어라는 미명하에 퇴행적 업무를 수행하도록 강요받는 언어)으로 밀려난다고 하였다. 그러나 일제강점기 식민 정부의 조선어에 대한 인식은 성스러운 영역으로의 퇴행보다 '소멸'을 강요하는 방향으로 진행된 경향이 있다.

사설이다.

(2) 식민 초기의 조선어관

一國內에 數種의 言語가 有흠은 用法 其他 各般의 施設上에 不少흔 不
便이 有흘 뿐 안이라 根本的으로 同熟을 缺ㅎ고 融合 同化의 作用에 支
障을 生ㅎ는 者ㅣ 不鮮ㅎ며 此와 同時에 其各個各個의 集合力 結束力의
薄弱흔 結果는 반다시 一國 集合의 上에 自然 影響됨이 莫大ㅎ도다. 故
로 我帝國과 如히 臺灣 及 朝鮮을 領有ㅎ야 旣其 帝國의 一部에 加흔 以
上에는 否라 國防線의 一大 障壁이라고 視흘 만흔 地에 置흔 以上 政治
及 産業 上의 方面 或은 敎育上의 力으로서 彼等에게 同化의 德을 與흠이
實로 今日의 急務ㅣ라. 但 其民族이 多ㅎ고 且 幾千年來의 言語를 一朝一
夕에 容易히 消滅키 難흠은 勿論이라 흘지라도 敎育上의 力 又는 社會上
의 力을 藉ㅎ야 帝國語를 普及케 ㅎ지 안이치 못흘지오 習熟케 ㅎ지 안
이치 못흘지니 卽 帝國語를 尊重케 ㅎ야 熱心誠意로 各般의 方面 各般의
機會를 利用ㅎ야 此를 普及케 ㅎ고 此를 習熟케 ㅎ는 時는 良貨가 惡貨
룰 驅逐케 흠과 如흔 或 一草가 一勢力이 有흔 草에 淘汰됨과 如흔 作用
의 下에서 朝鮮語는 漸次 其 勢力을 實ㅎ고 此에 代ㅎ야 日本語의 普及
應用이 되야 此의 勢力은 逐日 擴大ㅎ야 遠히 國語의 統一을 見흘지니 然
卽 眞正흔 國語의 統一 領土의 統一이 되고 日鮮一家의 實績이 眞正 現出
됨을 得흘지라. 吾人은 世의 爲政家 敎育家 實業家됨을 勿論ㅎ고 何者보
다도 國語의 尊重, 國語의 普及에 努力ㅎ기를 希望치 안이치 못ㅎ노니
苟히 國家의 結合을 鞏固히 ㅎ고 永久의 安康 統一을 欲ㅎ면 元來 國語
의 普及을 等閒에 附치 못흘 것이오 其 植民地의 統治 及 國民의 統一이
同化上에 根本的 勢力을 有흔 者는 此 國語外에 更無흘 것이라 主張ㅎ야
可能的 朝鮮 內의 大小 人民에게 國語 習熟의 必要흠을 覺知케 ㅎ고 多
方面으로 國語普及의 機關을 設ㅎ야 植民地의 統治 及 國民의 統一上에
與緊흔 第一領을 作치 안이치 못흘 것이라. ―『매일신보』1917.2.28.

이 사설은 '영토 확장 → 정치, 산업, 경제력에 따른 동화의 필요 → 일본어 보급에 따른 조선어의 소멸 → 국어(일본어)로의 통일'이라는 논리를 담고 있다. 이 사설에서는 '조선어=악화(惡貨)'라고 규정하고, 식민 통치 및 국민 통일을 위한 일본어 보급이 급선무라고 하였다. 다만 '기천 년래 언어가 일조일석에 용이히 소멸키 난함'과 마찬가지로 조선어도 하루아침에 소멸하게 할 수는 없으므로 완전한 동화에 이르기 전까지만 조선어가 유효한 가치를 갖는다는 것이다.

이러한 입장에서 조선어 교육 정책은 두 가지 관점에서 이루어졌다. 첫째는 영토나 국가 관념의 연장선에서 정치, 법률, 행정상의 공용어인 일본어(국어)에 종속된 언어라는 관점이다.[2] 다음 사설은 이를 증명한다.

(3) 국어의 지위에서 밀려난 언어

(전략) 我朝鮮人은 新附에 歸屬ᄒᆞᆫ지 日淺ᄒᆞ야 內地人으로 더부러 意見上 相違點에 不無ᄒᆞ고 習慣上 差異處가 不無홈은 勿論인즉 <u>第一 要點되는 國語를 不知ᄒᆞ고 엇지 同舟共濟相保의 密接情誼를 融通和解</u>ᄒᆞ리오. 故로 當局에서 行政上 急務가 莫先於國語普及이라 專力鼓動ᄒᆞ며 極 意獎勵홈은 一般了知ᄒᆞᄂᆞᆫ 바이어니와 其所以됨은 二가 有ᄒᆞ니 一은 日鮮人의 <u>情誼가 疏通ᄒᆞ야 速히 同化</u> 方面으로 燭爛同流코ᄌ 홈이오 一은 朝鮮人의 至願을 語悉ᄒᆞ야 <u>行政 事務에 障碍가 無</u>코ᄌ 홈이니

我朝鮮人은 此意를 克體ᄒᆞ면 寧히 一日不食이언뎡 不可一日無國語오 寧히 一夜不寢이언뎡 不可一日無國語니 何者오 一日一夜不食不寢으 難或精神筋力에 疲腦를 生ᄒᆞ나 大體는 猶自無傷이로딕 一日一夜라도 國語가 無ᄒᆞ면 着足擧手에 動軏狼狽리니 吾人 層乾舌涸의 勸告黎煩이 良有

  2) '국어'가 국가를 배경으로 하는 언어라는 사상은 근대 계몽기에도 자주 나타난다. 예를 들어 박태서(1907)의 '국어유지론(國語維持論)'(『야뢰』 제1호)에서는 "國語ㅣ 無ᄒᆞᆫ 國은 完全 獨立ᄒᆞᆫ 國이라 難稱", "所謂 文明支國은 皆有國語ᄒᆞ야 務講維持ᄒᆞ며 保護擴張ᄒᆞ야 世界語를 삼으랴고 相互競爭ᄒᆞ니"라고 하였다. 근대 계몽기 국어와 국문에 관한 논설은 하동호(1987), 허재영(2010)을 참고할 수 있다.

以也로다. (하략) —'국어 보급의 급무', 『매일신보』1913.11.2.

이 사설은 국어인 일본어가 행정 사무의 중심 언어이므로 일본어를 습득하지 않으면 농아자와 마찬가지가 된다는 내용을 담고 있다. 이러한 관점에서 조선어 교육은 언어 정책의 주된 관심사가 아니다. 둘째는 피지배 언어인 조선어는 일본어에 비하여 불완전하거나 열등한 언어라는 인식을 바탕으로 한다. 다음의 예를 살펴보자.

(4) 불완전한 언어

(전략) 朝鮮人은 朝鮮語로만 一生을 足히 須用홀지니 何必 勞心苦口ㅎ야 伊呂渡에 精力을 費ㅎ리오 ㅎ지만은 此는 井底小蛙의 局見이라 不必更 辯이로다. 譬컨딕 <u>朝鮮極地遐方의 人이 一朝에 京城에 入ㅎ야 其地方語를 使用ㅎ거던 京城人은 句讀를 莫解ㅎ야 遂히 其人의 所要事를 誤應ㅎ는 事도 有ㅎ니 同地同語도 猶如此致誤어든</u> 又況 內地人과 萬里不同風의 區域에 居住ㅎ다가 一朝會合ㅎ야 苟言語 阻隔이 有ㅎ면 엇지 情契信孚를 望ㅎ리오. 是則 人民도 亦國語普及이 今日 急先務됨을 覺悟實行홈이 可ㅎ도다. 最是肯肇되는 事는 我가 國土에 衣食ㅎ며 國籍에 記名ㅎ며 國役에 服勵ㅎ는 國民이 되야셔 一國에 通用ㅎ는 國語에 昧昧ㅎ면 엇지 文明 國民의 資格에 羞恥흔 事가 안이리오. (하략) —'국어 보급의 급무', 『매일신보』 1913.11.5.

이 사설은 일본어 보급을 주제로 하였지만, 조선 내부에서 조선어로 의사소통이 이루어지지 않는 상황을 강조한다. 조선어로도 의사소통이 이루어지지 않음을 고려할 때 한 나라에 통용되는 국어를 습득하여 국민의 자격을 얻어야 한다는 논리이다. 이러한 사상은 일제 강점기 어문 정책의 근간을 이루어 왔다.

이와 같은 흐름에서 조선어는 '협소한 언어'이며 '일본어는 통용어이자 동아시아의 공용어'가 되어야 한다고 주장한다.

(5) 국어의 보급과 국어관

세계에서 언어의 수는 몇 백 혹은 몇 천의 수가 있는 것으로 추측된다. 이들 다수의 언어에서 가장 널리 유포된 것은 영어로, 통용자(通用者)가 2언 3천만을 자랑한다. 그러나 이것은 금일(今日)의 상태이며 명일(明日)의 상태가 아니다. 이미 동아(東亞)로부터 체출(締出)되고 있으며, 그 국력(國力)의 실추(失墜)와 함께 감소되는 언어로 과거의 영향이 남아 있다.

이에 대해 국어(國語 : 일본어)는 일본 제국 1억의 <u>통용어로</u> 다시 만주에서도 사천만이 이것을 국어로 하며, 그 통용자가 점차 늘어나 영어에 버금가는 순위에 있다. 그러므로 금일에 있어서 그 증가가 비약적이며, 동아 각지에서 그 보급 기관이 설치되고, 신문지(新聞紙)에 전하는 바에 따르면 영미(英米)에서도 새로 일본어 연구가 발흥하고 있다. 대동아 전쟁에서 일본의 승리는 결정적이다. 결국 대동아의 정치, 경제, 문화 등은 일본을 중심으로 전개되며 국어가 <u>동아의 공용어가</u> 되는 것도 의심할 수 없는 사실이다. 즉 국어가 밝게 빛나는 발전적 언어라고 일컬을 수 있다.

이러한 국어의 지위를 보면, <u>협소(狹少)한 조선어의 세계</u>에서 국어를 보급하는 일은 그 생활을 넓히고 세계에 영위하게 하며, 그 행복을 증진하게 하고, 제국 국민으로 활보(闊步)하는 대도(大道)를 회득(會得)하게 하는 일이 된다.

국어의 발전을 결정하는 것은 우연한 일이 아니다. 제국의 오늘날 발전이 국체(國體)에서 유래하는 것과 마찬가지로 국어 발전의 유래도 오래되며 깊은 바가 있다. 세계적으로 문예 작품(文藝作品)이 빈곤하던 시대에도 만엽집(萬葉集)을 만들었고, 원씨물어(源氏物於)가 창조된 것은 국어의 우수성을 단적으로 보여주는 것으로 생각된다. 천차만별의 세계, 한없는 정서와 의사를 유감없이 표현하고 있는 만엽집과 복잡하기 그지없는 구상(構想)을 오백사 첩에 정연(整然)하고 우아하며 곱게 표현한 원씨물어를 접할 때마다 작가의 창조력에 감탄하게 되는 동시에 국어의 우수성을 생각하지 않을 수 없다. ―오오쓰기[大槻芳廣](1942),『국어 보급의 제일 단계』, 아사히 신문사. (글쓴이 번역)

이 글에서 확인할 수 있듯이 일제강점기의 언어 정책은 '국어=공용어(또는 통용어)'라는 전제 아래, 일본 제국 발전을 위한 일본어 보급을 목표로 하였다. 이 점에서 식민 시대의 언어관은 국력의 상징이자 제국 이데올로기의 실천 도구라는 관점을 취했으며, 따라서 조선어는 일본어에 종속되거나 소멸되어야 할 언어로 인식된 셈이다.

1.2. 조선어 교육의 본질

일제강점기 조선인을 대상으로 한 조선어 교육은 학교의 교과 교육과 문자 보급의 차원에서 이루어진 사회 교육의 차원으로 나누어 접근할 수 있다. 그러나 식민 정부의 차원에서 조선어인을 대상으로 한 조선어 교육 정책을 진지하게 모색해 본 적은 없는 것으로 보인다. 이러한 경향은 강제 병합 직전인 통감시대부터 나타난다. 이미 통감시대부터 일본어 보급을 위한 체계적인 작업이 진행되었으며, 학부 편찬의 일본문 교과서가 나타나기도 하였다.[3]

강제 병합 당시 조선인을 대상으로 한 조선어 교육은 '조선어 교과'에 국한하여 이루어졌다.[4] 이처럼 학교 교육이 일본어로 이루어지고 오직 조선어과만을 조선어로 할 수 있었던 데는 이데올로기적

---

[3] 통감시대의 어문 정책과 교과서 침탈 과정은 허재영(2010ㄹ)에서 기술한 바 있다. 통감부의 조선어 침탈 정책은 일본인 교사 고용, 일본문으로 된 교과서 편찬 등을 통하여 이루어졌다. 이에 따라 소학교용『이과서』가 일본문으로 편찬되었으며,『보통학교 학도용 국어독본』은 조선어로 편찬하였으나 발행을 일본에서 하였다.

[4] 이러한 입장에서 이 글에서는 학교 교육의 조선어 교과 교육만을 대상으로 한다. '문자보급' 또는 '문맹 퇴치'라는 이름으로 전개된 각종 운동에 대해서는 뒤에서 별도로 분석할 예정이다.

인 문제뿐만 아니라 현실적인 요인도 있었다. 왜냐하면 강제 병합 당시 조선의 학교 수가 많지 않았기 때문에 강압적인 방법으로 일본어 교육을 할지라도 제도 내에서의 저항이 크지 않았음을 의미한다. 이러한 사실은 다음과 같은 기사를 통해서도 확인할 수 있다.

(6) 당시의 학교 실태

ㄱ. 朝鮮人의 日語敎育은 近來 非常흔 好成績을 呈흐야 普通學校를 卒業 흔 者는 充分치 못흐나 日語를 大槪 引解흘 만치 발달 되엿고 且 고등 學校를 卒業흔 者에 至흐야는 뇌地人과 殆히 差異가 無히 日語가 熟達 흐야 昨今間은 朝鮮人이 日本人 學校에 入學흐는 者가 各地애 多有흐고 京城에서도 中等 以上 되는 朝鮮人은 許多히 일본인 中學교에 入學 흐야 일본인의 敎育을 授흐는 者가 不小흔지라. <u>朝鮮人 一同으로 흐야 곰 일본어를 普及케 흐야 朝鮮人의 公私立學교를 廢止흐고 일본인 學校와 合倂흠은 困難흐다 흐나 現時 狀況으로 觀흐면 中等 以上의 일본 及 朝鮮人의 學교 合倂은 亦不遠흐겟도다.</u> 盖 朝鮮人 兒童의 精神을 觀 흐건되 其 國情이 일본維신 前 閉鎖主義와 異흐야 往時브터 諸國과 交通이 頻繁흐얏는 故로 國語에 對흔 暗誦力이 優多흐야 뇌地人의 及흘 바 아니오 且 理解力에 至흐야는 뇌地人보다 劣흔즉 普通學교의 合倂 은 困難흐다 흘지나 中學교에 至흐야는 亦至難흘 事가 아니라고 <u>某 大 官이 說明흐더라.</u> —『매일신보』 1910.10.5.

ㄴ. (전략) 余가 實地로 巡視흔 普通學校는 義州 鎭南浦 平壤 黃州 開城 의 各學校에 不過흐나 差等 學校의 敎官 以下가 熱心 精勵흠은 已無可 論이오 曾往은 規律이 업고 쏘 生徒의 出入이 頻數흐던 學校等도 今日 에 至흐야는 規律이 整齊흐고 出入이 減少흐얏스니 這間 學校 當局者 의 苦心은 不言可想이로다. <u>各學生의 日本語는 盖 熟達흐야 四年生은 能히 余等의 講演도 了解흐며 쏘 相當히 日本語를 用흐는도다.</u> 然이나 <u>敎官을 除흔 外에는 다 朝鮮人의 訓導인즉 此等 訓導로 흐야곰 日本語 를 硏究케 흘 必要가 잇고</u> 生徒의 思想은 아즉 幼年者임으로써 確認키

는 難ᄒ나 大抵 堅實ᄒᆫ 模樣인ᄃᆡ 卒業 後를 據ᄒᆫ즉 爲先 着實ᄒᆫ 方面
으로 向ᄒᆞᄂᆞᆫ 狀態이오 ᄯᅩ 余가 到處에서 私立學校를 視察ᄒᆞ얏거니와
私立學校라 ᄒᆞ면 太半 宗敎學校이오 其他 宗敎에 無關ᄒᆞᆫ 學校도 잇셔
一般이 盛大ᄒᆞ나 其中에ᄂᆞᆫ 維持ᄒᆞ기가 困難ᄒᆞᆫ 者ㅣ 잇슴을 見ᄒᆞ얏노
라. 그러나 엇더ᄒᆞᆫ 種類의 學校를 不問ᄒᆞ고 皆 總督府의 敎育方針과
一致ᄒᆞ기로 盡力흠은 可喜ᄒᆞᆯ 現象이 안이리오. 平壤 開城 兩 地方에셔
ᄂᆞᆫ 余가 一場의 講話를 試ᄒᆞ얏ᄂᆞᆫᄃᆡ 席上에ᄂᆞᆫ 私立學校 敎員이 多數히
來會흠을 見ᄒᆞ얏고 다만 中學程度의 私立學校에셔ᄂᆞᆫ 適當ᄒᆞᆫ 敎科書가
업슴을 遺憾ᄒᆞᆫ즉 此를 普及케 ᄒᆞᆯ 必要가 잇고 其次ᄂᆞᆫ 余가 今回 巡視
中에 가쟝 愉快ᄒᆞ고 ᄯᅩ 幾何라도 將來 敎育上의 統一에 貢獻ᄒᆞᆯ 바가 잇
슬 줄로 信ᄒᆞᄂᆞᆫ 者ᄂᆞᆫ 平壤 開城 兩地에서 學校에 關係가 잇ᄂᆞᆫ 宣敎師와
會見ᄒᆞᆫ 一事ㅣ라. 平壤에셔ᄂᆞᆫ 松永 長官의 好意로써 베아더, 비야덴,
맙힛트 三氏 及 其他와 一堂에 集合ᄒᆞ야 茶를 喫ᄒᆞ면셔 談話를 交換ᄒᆞ
얏고 開城에셔ᄂᆞᆫ 尹致昊, 왓손, 고ㅣ리아, 밋스와구나 諸氏의 發起ᄒᆞᆫ
茶菓會의 招待를 受ᄒᆞ야 席上에서 相互의 意見을 開陳ᄒᆞᆯ 機會를 得ᄒᆞ
얏ᄂᆞᆫᄃᆡ 宣敎師 諸氏ᄂᆞᆫ 朝鮮人을 敎授ᄒᆞᆯ 敎科書의 選定에 困難ᄒᆞᆫ즉 學
務局에서 將來 此等의 方針을 確定ᄒᆞ면 通知ᄒᆞ기를 希望ᄒᆞᆫ다 흠으로써
余ᄂᆞᆫ 心力所及ᄃᆡ로 便利를 圖ᄒᆞ리라고 答ᄒᆞ얏거니와 元來 官公立學校
라던지 各種의 私立學校 假令 基督敎 學校라 ᄒᆞᆯ지라도 其 目的은 다
新附 國民을 敎育ᄒᆞ야 文明에 導ᄒᆞ고 其 幸福을 增進코져 흠인즉 셔로
携提ᄒᆞ야써 敎育의 統一을 圖흠이 가장 必要ᄒᆞᆯ 줄로 信ᄒᆞ노라. 然則
京城에셔도 不遠 懇話會를 開ᄒᆞ고 一般 敎育者와 會合ᄒᆞ야 相互의 意
志 疏通을 圖코져 ᄒᆞ며 ᄯᅩ 余의 私見으로ᄂᆞᆫ 商業이 繁華ᄒᆞᆫ 地方에 在
ᄒᆞ야ᄂᆞᆫ 極히 卑近ᄒᆞᆫ 商工業에 關ᄒᆞᆫ 敎育機關을 設흠이 必要ᄒᆞ다 云云.
―'關西 敎育 狀態―關屋 學務局長 談', 『매일신보』1910.12.18.

(6)에 제시한 자료는 강제 병합 직후 조선에서의 교육 상태에 관
한 기사이다. 두 기사에서 확인할 수 있듯이, 당시 교육 정책 입안자

들은 공교육에서 일본어를 교육 용어로 채택하더라도 큰 문제가 없는 것으로 판단하고 있다. (6ㄱ)에서는 당시의 상태에서 일본인 학교와 조선인 학교를 통폐합하는 것은 곤란하나 중등 이상의 학교에서는 통폐합이 멀지 않을 것으로 본다고 하였으며, (6ㄴ)에서는 세키야[關屋] 학무국장의 담화를 빌려 관서 지역의 공립학교에서 일본어로 교육이 가능함을 역설하고 있다. 비록 각종 사립학교가 있지만 이들 학교는 대부분 종교학교라고 치부하면서 선교사들이 적당한 교과서를 편찬하여 보급해 줄 것을 요청하고 있다고 하였다.

이처럼 병합 직후 학무 당국자가 일본어로 공교육이 가능하다고 인식한 데에는 당시의 학교 보급 상태와도 무관하지 않다. 참고로 강제 병합 직전 발행된 『한국시정연보(韓國施政年譜)』(1910.4.15.)에 따르면 1908년까지 설립된 관공립 보통학교의 수는 9개교이며, 각 지방의 공립 보통학교가 41개이다. 이러한 상태에서 공교육에서 일본어를 교육 용어로 정할지라도 큰 무리가 따르지 않을 수 있었을 것으로 보인다.5) 그렇기 때문에 교과로서의 조선어 교육은 단지 '조선인 사이의 의사소통을 원활하게 하는 것' 정도로 인식되었다. 다음은 당시 조선어과 교수의 본질을 나타낸 자료이다.

(7) 조선어급한문 교수의 요지

ㄱ. 朝鮮語及漢文은 普通의 言語, 文章을 理會ㅎ야 日常의 應對를 ㅎ며 用務를 辨ㅎᄂ 能을 得케 ㅎ고 兼ㅎ야 德性의 涵養에 資홈이 要旨로 홈(보통학교 규칙 제10조 제1항)

ㄴ. 朝鮮語는 現時 朝鮮人의 間に一般に使用せらる 思想交換의 方便なれば, 普通의 言語文章に熟達せしめて, 日常의 應對를 爲し, 能く用務를 辨ぜしむるを要す. ―朝鮮總督府(1913), 『敎育學敎科書』, 朝鮮總督府6)

---

5) 이러한 추측은 통감시대 국어(당시는 우리말과 글) 시간과 동일한 일본어 교수 시수 확보, 일본인 교사 고용, 일본문 교과서 편찬 등을 통해 보통학교(일부는 심상소학교) 학도가 일본어를 익히도록 가르쳐 온 사실을 근거로 한 것이다.

(7)의 요지는 일제강점기 조선어과 교육의 목표와 성격을 나타낸다. (7ㄱ)은 보통학교 규칙에서 설정한 교과 요지이며, (7ㄴ)은 이 요지를 구체적으로 풀이한 자료이다. 특히 (7ㄴ)은 '보통의 언어·문장'이 '현시 조선인 사이에 일반적으로 사용되는 사상 교환의 방편이 되는 언어·문장'임을 명시하고 있다. 달리 말해 조선어과 교육은 조선인의 의사소통과 일상의 응대, 용무를 처리하는 능력을 기르도록 하기 위해 설정된 것일 뿐, 일본어처럼 '국민정신', '지식'과 '덕성'을 강조하는 교과가 아님을 알 수 있다.

이처럼 일본어 중심의 공교육을 실시하는 과정에서 종속적으로 실행한 조선어과 교육은 학교의 수를 늘림에 따라 여러 가지 문제를 안게 되었다.[7] 왜냐하면 소수의 학생을 대상으로 한 일본어 교육이 현실적으로 원활하지 않았을 뿐만 아니라 강압적인 일본어 보급은 결과적으로 원활한 교육을 불가능하게 했기 때문이다. 이러한 사정은 제3차 조선 교육령 개정을 위한 '교육조사회'의 설치로 이어진다.

(8) 敎育令 改正에 對ᄒ야

今番에 朝鮮敎育令과 及 此에 附帶ᄒᆫ 法令 中에 改正된 것이 有ᄒᆫ 바 大抵 人文이 發達됨은 敎育이 進步되여야 홀 것이라. 故로 此府에셔ᄂᆞᆫ 倂合 以來로 敎育을 進展케 홈에 銳意 努力ᄒᆫ 바이라. 旣往 十年間에 經過ᄒᆫ 事跡을 回顧ᄒᆞ건ᄃᆡ 其 進步ᄒᆫ 成績이 昭然ᄒᆞ도다. 當初에 入學을 勸誘ᄒᆞᆫ 時에 或은 敎科書를 無料로 給與ᄒᆞ며 或 甚ᄒᆫ 것은 査食ᄭᅵ지도

---

6) 이 자료는 국립중앙도서관 디지털 박물관에서 확인할 수 있다. 국립중앙도서관 판본은 1920년판이나 김혜련 소장본의 초판과 동일한 내용이며 초판은 1913년에 간행되었다.

7) 학교 보급은 일제강점기 교육 정책 가운데 주된 의제의 하나였다. 1910~1920년대까지는 서당이나 사립학교를 통제하고 보통학교의 수를 늘리고자 하였으며 1920년대 말에는 서당에 보통학교 제도를 가미하여 학교 수를 늘리고자 하였다. 조선총독부에서는 각 시기별로, 1군 1교(1911년 당시), 3면 1교(1922년 당시), 1면 1교 정책을 점진적으로 추진하면서 공교육을 통한 식민 지배를 강화하고자 하였다.

供饌ᄒᆞ야오던 學務委員은 勿論 憲兵 巡査섇지라도 東奔西走ᄒᆞ야 獎勵ᄒᆞ
야 오던 事實을 回想ᄒᆞᆯ 時ᄂᆞᆫ 實로 今昔의 感이 有ᄒᆞ도다. 現今 一般民上
에 向學心이 膨脹ᄒᆞ야 其 氣勢가 日로 旺盛ᄒᆞᆷ은 邦家를 爲ᄒᆞ야 嘉喜ᄒᆞ
現像이며 또ᄂᆞᆫ 此를 益益히 助長ᄒᆞ야 一日이라도 早速히 內鮮人間에 敎
育이 差等이 無ᄒᆞᆷ에 到達되도록 新總督은 夙夜로 顧念이 己ᄒᆞᄂᆞᆫ 바ㅣ라.
總督은 客年에 新任ᄒᆞᆫ 以來로 速히 普通學校 其他 各學校를 增設ᄒᆞ며 또
ᄂᆞᆫ 輕重ᄒᆞᆫ 計를 入ᄒᆞ야 方在 實行中이며 此와 同時에 制度를 改正ᄒᆞᆷ에
對ᄒᆞ야도 着着 調査ᄒᆞ야 學務局에셔ᄂᆞᆫ 可謂 成案된 바이니 有ᄒᆞ나 然이
나 敎育의 事案이라 ᄒᆞᆷ은 所謂 百年之計라 末體가 至重ᄒᆞᆷ은 吾等 在官者
의 意見으로만 決ᄒᆞ면 時勢에 適合ᄒᆞ도록 ᄒᆞᆷ에 錯誤가 有ᄒᆞᆯ가 憂慮ᄒᆞ야
總督은 制度를 硏究케 ᄒᆞ기 爲ᄒᆞ야 敎育調査會를 新設ᄒᆞ고 朝野의 讀者
를 網羅ᄒᆞ야써 此等 審査케 ᄒᆞᆯ 터인 故로 不日間 設置될 줄로 思ᄒᆞ노라.
(하략) ―『매일신보』 1920.11.12.(柴田 學務局長 談)

학무국장 명의로 이루어진 이 담화에서는 강제 병합 이후 십 년간
의 교육 상황을 자찬하면서도 새로운 학제 도입을 위해 '교육조사
회'를 신설하였음을 밝히고 있다. 이 자료에서 확인할 수 있듯이 강
제 병합 직후의 교육은 헌병 순사까지 동원된 교육이었으며 일본인
과 조선인의 차별이 존재하는 제도를 운영하였다. 그 결과 3.1 독립
운동과 같은 민족적 저항에 부딪히게 되었으며, 이에 따라 새로운
통치 방향과 교육 정책을 모색하게 되었다.

'문화 정치'로 불린 사이토 총독 시대의 교육 방침은 학교 수와 수
업 연한을 늘리고, 관제를 바꾸어 조선인을 관리로 임명하며, 실업
교육을 강화하는 데 중점을 두었다. 이러한 경향은 다음 자료를 통
해 확인할 수 있다.

(9) 조선 교육령 개정 문제
朝鮮敎育令의 改正案이 總督府로부터 內閣에 回附된 以來 數個月에

拓植局 方面에셔는 植民地 敎育에 關한 劃一主義를 告知하야 議論이 만 엇슴으로 尙今것 解決치 못하얏더니 客月 初부터 齋藤總督과 水野 政務 總監이 前後 同上하야 此에 對한 詳細한 證明을 試하고 朝鮮의 實情과 朝鮮人의 意向을 充分히 紹介하야 單히 理論에 偏하야써 朝鮮 統治에 大 本을 誤치 안을 것을 力說흔 結果 拓植局에셔도 從來의 態度를 一掃하고 更히 愼重흔 調査 硏究를 經하야 總督府의 原案을 全部 是認하고 此를 法制局에 回附하야 目下 審議中인대 不遠에 樞密院에 諮問되야 發表되 리라는 東電을 接함에 至ㅎ얏도다. (중략) 何人이든지 具知하며 共認하 는 바와 如히 敎育問題는 單히 一國家에 取하야 無上의 大問題가 될 샏 아니라 凡人類의 稟生 以後로 第一 緊要한 것이 此에 過할 바ㅣ 更無할 지오 더욱이 某 其間을 世界의 文化로부터 落伍되얏든 朝鮮人에 至하야 一層 急務됨을 認하겟도다. 當初에 齋藤男爵이 總督에 就任하던 當時에 吾人은 朝鮮에 在하든 敎育의 過去와 現在를 擧하야 本欄에서 數日에 揭 하야 總督府에게 將來의 希望을 陳述한 바 잇섯스니 今에 그 內容의 要 點을 擧하건대 一. 朝鮮 固有의 文化를 尊重 培養할 것 二. 時代와 民度 에 適應한 敎育을 施할 것 三. 産業開發과 相俟하야 實用的 人物을 養成 할 것 四. 門戶를 洞開하야 可及的 日鮮共學으로써 根本的 融和를 期할 것이 是라. ―『매일신보』 1921.12.6.

이 사설에서는 조선 교육령 개정 배경을 '식민지 교육에 관한 획일 주의' 극복을 위한 것이라고 하였다. 이 획일주의는 강점 이후 진행되 어 온 '일본화 교육'을 의미하는 것이며, 언어나 문화적인 면에서도 일본어만을 중심으로 하는 교육을 의미하는 것으로 해석할 수 있다. 개정의 요점에서 제시한 '조선 고유의 문화를 존중할 것'에는 '조선 고유의 언어와 문자, 역사'를 포함하고 있다. 다음은 이를 증명한다.

(10) 朝鮮 敎育令 修正說에 就ㅎ야
(전략) 그 中에 가장 問題의 焦點이 되는 것이 卽 內鮮共學이란 것에 在

한 것은 明白하도다. 總督府의 原案에 의하면 初等 及 中等學校에 在하야는 共學을 此를 隨意로 하게 되고 實業學校와 專門學校와 밋 高等 程度의 學校로부터 비로소 共學을 認하라는 것인즉 現在에도 朝鮮에서 事實上 實行하는 것을 一層 明瞭히 規程하야써 今後에 據한 바 根本法規를 確立코자 홈에 反하야 樞密院側의 意見은 朝鮮이 併合에 依하야 旣히 帝國의 一部가 되고 朝鮮人이 이미 帝國을 組織하는 一分子가 되얏스며 朝鮮 統治의 方針도 또한 一視同仁主義 或 內地延長主義를 採하는 以上에 그 敎育도 반다시 日本과 同一한 制度下에 忠良한 帝國 臣民을 養成함으로써 그 出發點을 定치 아니치 못할지라. (중략) 現에 朝鮮은 併合됨에 僅히 十年을 出할 쑨임으로 諸般의 事情이 內地와 特殊하며 且 朝鮮에는 固有한 特殊의 言語文字와 歷史가 有하고 從하야 그 人情 風俗 文化가 相異함에 判然함이 잇슨즉 此 重大흔 事實을 無視하고 單히 理論에 拘泥하야써 劃一主義로 新舊 兒童을 共學케 홈은 實로 得策이 안인즉 如斯흔 意味에서 吾人은 總督府의 原案에 就하야 從前브터 贊成홈을 表ㅎ얏거니와 總督府의 原案에 贊成하는 것이 반다시 樞密院의 意見에 反對하는 것이 안인 것은 勿論이라. 彼一部의 論者는 往往 吾人과 根本的으로 相異한 見解를 有하고 世間에서도 此에 共鳴하는 者이 不無홈으로 吾人은 此 機會에 可及的 詳細흔 論評을 遂하야써 大方의 贊同을 請코져 하노라. ―『매일신보』 1922.1.15.

이 사설에 나타난 것처럼 이 시기 조선에서의 교육은 조선의 언어와 문화를 배제한 일본화 교육이 중심을 이루었다. '일시동인(一視同仁)'과 '내선 공학(內鮮共學)'으로 표현된 교육 정책은 강압적 일본화를 은폐하기 위한 교육 이데올로기를 의미하며, 이에 따른 부작용도 적지 않았을 것임은 틀림없다. 따라서 급진적 일본화를 의미하는 획일주의 대신 '조선의 언어와 문자, 역사'를 고려한 점진적 일본화가 필요하다는 인식에 이르게 된 것이다.

이처럼 일제강점기의 조선어 교육 정책은 시대 환경에 따라 변화하게 된다. 그러나 이 정책의 본질은 전면적 일본어 보급이 이루어지지 않은 상태에서 '조선의 특수한 사정상' 필요한 것일 뿐, 그 자체가 목적성을 띠지는 않는다. 이 점에서 일제강점기 조선어 교육의 본질은 '일본어에 종속된 언어 교육'이자 '일본화의 전단계에서 이루어지는 언어 교육', '식민지 피지배 언어에 대한 교육'으로서의 의미를 갖는다. 조선어 교육의 전개 과정을 살펴볼 때 앞의 사설에서 표현한 '조선 고유의 언어, 문자, 역사'는 조선 민중으로 하여금 동화 정책의 수용 가능성을 높이기 위한 방편을 의미하는 것일 뿐, 조선어와 조선 문자 또는 조선 역사의 독자성을 보장하는 교육을 의미하는 것은 아니었다. 이를 고려하여 일제강점기 조선어 교육의 역사적 전개 과정을 살펴보도록 한다.

ㄹ. 구교육령 시기의 조선어 교육 정책

2.1. 식민 교육과 '동화' 정책의 본질

강제 병합 직후 조선인을 대상으로 한 교육은 '동화(同化)'와 '교화(敎化)'를 슬로건으로 진행되었다. 식민 지배 권력의 동화 이데올로기는 '일본의 문명과 동화하여 생명 재산을 보전하고, 자유와 권리를 획득하며, 세계인과 동등해지는 혜택을 누리게 하는 일'로 포장되었으며, 이러한 혜택을 누리기 위해 구교육과 구사상을 일소해야 한다는 이데올로기가 등장하였다. 『매일신보』에 등장하는 '조선 교육 혁정론(朝鮮敎育 革正論)'이나 '선인교육(鮮人敎育)의 요지(要旨)', '선인동화(鮮人同化)'는 이 시기 동화를 목표로 한 식민교육 이데올로기의 성격을 잘 나타낸다.

(11) 조선 교육 혁정론8)

韓國 併合 以後로 殆히 七星霜에 垂코져 홈이 朝鮮人이 我 聖皇 統治의 下에셔 無偏無黨혼 一視同仁의 恩澤에 浴ᄒ야 日本人과 同化ᄒ고 上下가 共同一致ᄒ야 結合의 實을 擧ᄒᄂ 中에 在홈은 朝鮮總督府의 政治가 其宜를 得홈에 由홈이라 홀지라도 抑亦 聖天子의 稜威大德에 由치 안임이 無ᄒ니 吾人은 此点에 對ᄒ야 爲先 總督政治의 成功을 一言치 안임을 不得ᄒ노라.

雖然이나 韓國併合은 朝鮮에 對혼 政治 改革의 第一步에 不過ᄒ니 苟히 朝鮮의 政治가 改革된 以上에ᄂ 此와 同時에 朝鮮人의 生活的 狀態도 一變치 안이치 못홀 것이오 朝鮮人의 生活狀態가 一變ᄒᄂ 以上에ᄂ 其 思想精神도 亦 一變홀 것은 必至의 勢가 되지 안임을 不得홀지니 孔子ㅣ 不云乎아. 齊가 一變ᄒ면 魯에 至ᄒ고 魯가 一變ᄒ면 道에 至ᄒ리라 ᄒ니라. 朝鮮人은 倂合과 同時에 旣히 其 政治를 一變ᄒ얏스니 政治가 一變혼 以上에ᄂ 更히 一變ᄒ야 社會改善이 되고 再變ᄒ야 思想界의 改善이 될 것은 自然의 到着点이 되ᄂ 所以라.

吾人으로셔 今日 朝鮮의 社會的 狀態를 察ᄒ면 正是 新舊 思想 改善의 一代 過渡期라 謂치 안임을 不得홀지니 此를 當ᄒ야 朝鮮人으로셔 自覺치 안이ᄒ면 則 已어니와 苟히 朝鮮人으로셔 自覺ᄒ야 日本人과 共히 日

---

8) 이 시기 『매일신보』에서는 식민 교육 이데올로기를 홍보하는 교육 사설이 자주 실렸다. 특히 '조선 교육 혁정론'은 1917년 3월 27일부터 4월 8일까지 10회에 걸쳐 연재되었는데, '조선 교육 혁정의 과도기', '조선의 유교주의', '유교와 신학문', '유교주의와 일본 제국', '조선인의 일대 형감', '종교와 국민 교육', '조선 문화의 제일의', '실학 교육의 본의', '무신 조서(戊申詔書)와 실학 교육', '조선의 정신적 부활' 등을 제목으로 삼았다. 이들 통해 알 수 있듯이 식민 교육의 목표는 일본 문명과 동화하는 데 있으며, 그것은 '일시 동인의 은택'을 입는 것이라고 주장하였다. 특히 조선의 현 상황(낙후된 상황, 식민 상황)을 가져오게 한 요인은 구사상에서 비롯된 것이며, 이 사상은 실학과 거리가 먼 유교주의에서 비롯된 것이라는 논리를 전파하였다. 같은 유학을 수용했더라도 일본은 성리학의 폐단을 극복했지만 조선인은 성리학의 노예가 되어 실학 정신을 잃었다는 것이 이들의 논리였다. 이 사설에서는 유교뿐만 아니라 불교가 쇠멸하고, 새로 전래된 야소교도 국민 교육의 표준이 되지 못하므로, 실학 정신을 바탕으로 한 '제국 신민화'만이 조선을 혁정하는 길이라는 이데올로기를 역설하였다.

本의 文明과 同化ᄒ고 日本人과 共히 其 生命財産을 保全ᄒ고 日本人과 共히 自由 權利를 獲得ᄒ고 日本人과 共히 其步趣를 共同히 ᄒ며 其 態度를 一樣히 ᄒ고 日本人과 共히 世界 列國의 間에 立ᄒ며 進ᄒ야 其 品位 勢力 信用을 維持코져 ᄒ면 其 生活的 狀態의 改善과 同時에 思想精神의 向上的 進步를 期ᄒ고 日本人과 其 生活을 共同히 ᄒ고져 ᄒ면 今日에 맛당히 精神的으로 自覺치 안이치 못ᄒᆯ 것이오 日本的으로 自覺치 안이치 못ᄒᆯ 것이며 且 精神的으로 自覺ᄒ고 日本的으로 自覺코져 ᄒ면 朝鮮人으로 ᄒ야곰 其所嚮을 知케 ᄒ지 안치 못ᄒᆯ 것이오

朝鮮人으로 其所嚮을 知케 ᄒ고져 ᄒ면 爲主ᄒ야 朝鮮人의 思想精神을 支配ᄒ던 支那 形式的 文面의 宿弊를 打破ᄒ고 實用的 文明 實用的 學問의 眞意義를 呪唱ᄒ며 消化ᄒ야써 其 福利를 增進ᄒᄂ 事를 期치 안이치 못ᄒᆯ 것이오. (하략) ―'朝鮮敎育 革政의 過渡期',『매일신보』1917.3.27.

이 사설에서 빈번하게 등장하는 술어의 하나가 '과도기(過渡期)'라는 용어이다. 식민 교육 이데올로기는 식민 지배가 '구태(舊態)'와 '타락(墮落)한 국민성'을 벗어나 진정한 문명 진보를 가능하게 하는 '은택(恩澤)'이라는 궤변을 낳았으며, 조선의 현 상태는 '과도기'로 생활의 일변과 자치 자조를 완성하여 건전한 발달을 도모하기 위한 과도기라고 하였다.

'선인 교육의 요지'는 1918년 3월 26일부터 4월 2일까지『매일신보』에 연재(총 7회)된 사설이다. 이 사설에서 주목할 만한 것은 '조선시(朝鮮是)'라는 개념을 도입한 점이다. '조선시'란 '조선인 교육의 요지'를 의미하는 것으로, '조선인이 되기 위한 자격'을 의미한다. 다음을 살펴보자.

(12) 조선시(朝鮮是)

朝鮮의 目的이라는 것이 어느 國家나 어느 時代에나 關係 업ᄂ 抽象的의 것이 아니외다. 今日 及 今後에 我 朝鮮이 一國家의 資格을 維持케 ᄒ

ㅈ는 目的 即 內地 及 內地人과 同樣의 資格을 得케 ㅎㅈ는 目的이니 簡
短히 言ㅎ면 朝鮮是라 홈이 可홀가요. 即 此 朝鮮是를 腦髓에 銘刻ㅎ고
此 朝鮮是에 適合ㅎ며 此 朝鮮是를 扶植ㅎ는 能力, 資格이 有흔 朝鮮人을
養成ㅎ는 것이 朝鮮人 敎育에 從事ㅎ는 諸君의 任務라 홀 수 잇나이다.
然則 我 朝鮮의 朝鮮是라 홈은 무엇인고. 今에 更히 稀罕스럽게 말홀 것
업시 最近 十年來의 風潮가 諸君에게 向ㅎ야 充分히 說明ㅎ얏나이다. 一
言으로 弊ㅎ면 自作自活ㅎ야 實力을 養成홈이 我 朝鮮의 朝鮮是라. 鐵道
를 敷設ㅎ며 道路 橋梁을 修理ㅎ야 交通 運輸를 便케 홈도 此를 爲홈이오
植樹를 獎勵ㅎ며 農耕을 改良홈도 此를 爲홈이오 勤儉貯蓄을 勉勵홈도
此를 爲홈이오 商工業의 振興을 圖홈도 此를 爲홈이오 市國의 改正 衛生
의 設備도 此를 爲홈이오 朝鮮人 現在의 實情에 適合한 敎育機關을 先設
홈도 此를 爲홈이니 勿論 當局의 施設이오 新政의 方針이나 此가 朝鮮是
의 事實로 表現된 것이라 ㅎ겟소. 自作自活ㅎ야 實力을 養成흔다 홈은 二
事인 듯ㅎ나 其實은 一事인 줄 아시오. 自作自活이라 ㅎ면 旣히 實力을
養成ㅎ얏다 ㅎ야도 可ㅎ지 안이ㅎ니잇가. (하략) —『매일신보』1918.3.17.

이 사설에 나타난 '조선시'는 오늘날 '국시(國是)'라는 용어와 상통
하는 개념이다.[9] 국가의 이념과 정책 방향을 '국시'라고 하듯이 조
선에서의 중심 이념과 정책 방향을 '조선시'로 명명한 것이라고 할
수 있다. 그런데 이 사설에서 내세운 이데올로기는 '미발전(未發展)
상태의 조선'을 전제로 '산업 발전'과 '교육기관 설치'를 지향하도록
한 점이다. 여기서 주목할 것은 식민 지배자들이 내세운 지향점이
아니라 '조선의 현상태'에 관한 진단이다. 이들은 조선의 낙후가 조
선인의 민족성에서 기인하므로 이를 개선하지 않으면 안 된다고 역
설한다. 곧 조선의 병폐는 '의뢰심', '고식주의'에서 비롯되는 것이며,

---

9) 국시(國是)란 국민의 지지도가 높은 국가 이념이나 국가의 정책 방향을 의미한다. 이 점
에서 '조선시'는 일제강점기 국가적 차원에서 조선의 정책 방향을 의미하는 것으로 해
석할 수 있다.

'조선인은 원래 협동 관념이 결핍하다'고 진단한다.[10] 또한 이 사설은 조선에서의 교육은 '국체(國體)의 이익(利益)'을 우선시하는 '조선시'를 실현하는 것을 목표로 삼아야 한다고 주장하였다. 이를 고려할 때 이 시기 조선에서의 교육은 식민 지배를 자연스럽게 수용하고, 국가관념(이때의 국가는 본질적으로 일본 제국을 의미)을 바탕으로 한 자기희생적 인간을 양성하는 데 목표를 두었다고 할 수 있다.[11]

이러한 이데올로기는 식민 지배를 정당화하는 지식인들의 주된 논리로 작용하였다. 예를 들어 이노우에[井上圓了]의 담화 형식으로 발표된 '선인 동화(鮮人同化)'[12]는 동화 정책의 본질이 '내지 문명(內地文明)의 여택(餘澤)'이며, '교육만능주의(敎育萬能主義)'를 취하여 동화를 시급히 완성해야 한다는 논리를 담고 있다. 특히 교육 제도가 갖추어지지 않은 조선에서 시급히 교육 제도를 확충하고, '내지어(內地語 : 일본어)'를 학습하도록 해야 한다고 주장한다. '국어 보급(國語普及 : 일본어 보급)'은 동화의 제일 단계이며, 보통학교뿐만 아니라 서당에서도 내지어를 학습하도록 해야 한다고 주장한다. 특히 이 논설에서 주목할 것은 '민정인심(民情人心)'에 상응한 교육 제도를 운영해야 한다는 것인데, 이는 당시에 존재하던 조선인 차별을 정당화하는 논리의 하나라고 할 수 있다.

다음을 살펴보자.

---

10) 이 사설에서는 조선인은 무위도식하기를 좋아하여 부랑인이 많은데 계급 여하를 불문하고 '태타 방탕(怠惰放蕩)'하다고 주장한다. 이러한 상황에서 조선에서의 교육가는 '자활(自活)'을 제일로 삼아야 하며, 국가를 본위로 한 '국체 관념(國體觀念)'을 가질 수 있도록 하는 것이 '조선시'의 본질이라고 하였다.

11) 박붕배(1987)에서 제시한 '동화 교육', '우민화 교육', '노예 교육'은 결과적으로 '조선시'에서 제시한 교육의 특성을 요약한 개념이라고 할 수 있다.

12) 이 논설은 『매일신보』 1918년 3월 23일, 24일, 25일자에 걸쳐 연재되었다. 제목에서 알 수 있듯이 '조선인 동화'의 목적과 방법을 제시한 논설이다.

(13) 선인동화

(전략) 朝鮮의 高等學校나 大學이나 內地의 것과는 多少 其 內容를 異케 홀 必要가 起ᄒ리라. 何則고. 民情人心을 異케 혼 以上은 此에 適應혼 學制를 設置 안이면 안 되리라. 故로 小學校를 普通學校라 稱홈과 如히 高等學校는 朝鮮高等學校라 呼ᄒ고 朝鮮의 民情人心에 相應혼 組織 學科를 置ᄒ고 십다. 于先 鮮人으로는 語學의 天才를 有홈과 共히 技術의 天才가 有ᄒ다 ᄒ고 其外에 文學의 편은 從來에 儒教的 影響으로 大히 嗜好ᄒ는 風이 有혼지라. 依ᄒ야 大學을 設홀 것 갓흐면 其 天才와 嗜好에 依ᄒ야 工科大學, 醫科大學, 文科大學을 最初에 開設ᄒ고 십다. 高等學校도 工科 文科 二方面에 置重ᄒ얏스면 可홀 줄로 思ᄒ노라. (중략) 此 方法에 依ᄒ면 鮮人으로 ᄒ야곰 速히 同化 融和의 實績을 擧케 홈이 無疑ᄒ다. 于先 教育을 普說ᄒ야 國語의 普及을 計ᄒ야 彼我間의 人情을 疏通케 ᄒ고 且 此에 依ᄒ야 鮮人의 知見을 進ᄒ며 文明의 惠澤이 實로 感謝홈을 知케 ᄒ되 其 惠澤이 全然히 併合의 所賜됨을 感케 안이ᄒ면 안 되겟고 又 下에 廣히 普通教育을 獎勵홈에는 上에 向上 發展의 道를 設ᄒ야 小學 中學을 卒業ᄒ면 進ᄒ야 高等教育 大學教育에 就ᄒ는 道가 有홈을 知케 ᄒ는 必要上 自今 朝鮮大學을 開設ᄒ는 事를 豫告ᄒ야 두고 십다. 故로 今後의 朝鮮에셔 于先 第一 着手로 教育萬能主義를 取ᄒ겟다 홈은 余의 主唱ᄒ는 点이다. (하략) ―'鮮人同化―井上圓了 博士 談',『매일신보』1918.8.24./8.25.

이 논설에 나타난 '내지의 것과 이(異)'한 제도는 1911년에 공포된 '조선 교육령'(구교육령)에 따른 학제를 의미하는 것으로 풀이할 수 있다. 당시 조선인이 다니던 '보통학교―고등보통학교/여자고등보통학교'와 일본인이 다니던 '소학교―중학교/고등여학교'의 이원적 학제는 '민정인심'에 상응한 제도이므로 정당하다는 논리를 나타낸 셈이다.

이처럼 일제강점기 초기의 식민 교육 이데올로기는 궁극적으로 완전한 동화를 목표로 하였으며, 그 과정에서 과도기적 상황에서

'조선 상황'을 고려한 교육을 슬로건으로 삼았다. 엄밀히 말하면 이 조선 상황은 식민 지배를 정당화하기 위하여 조선의 병폐를 과장하는 논리였으며 이 병폐는 조선인의 부정적 민족성에서 기인하는 것으로 교육을 통하여 바꾸어야 할 과제라고 주장한 셈이다. 이는 곧 식민 지배의 정당화 논리이자 식민 교육 이데올로기가 '병합=동화=은택'이라는 등식을 본질로 하였음을 의미한다.[13]

2.2. 조선인 학교의 조선어과 교육

강제 병합 직후 조선에서의 교육 정책은 '조선인을 대상으로 한 교육'과 '거주 내지인을 대상으로 한 교육'으로 분리하여 실시하였다. 그 가운데 조선인 교육은 1911년 제정·공포된 '조선 교육령'(구교육령)을 근간으로 하였다. 이 교육령은 2장 부칙 30조로 구성되었으며, 그 가운데 제1장 강령은 식민 교육의 본질이 무엇인지를 잘 드러내 준다.

(14) 조선 교육령 제1장 강령

第一條 朝鮮의 朝鮮人 敎育은 本令에 依홈

第二條 敎育은 敎育에 關흔 勅語의 趣旨에 基礎ᄒ야 忠良한 國民을 養成
홈을 本義로 홈

---

13) 문정창(1966)에서는 이른바 '문화 정치' 이전의 교육 상황을 "철두철미한 문맹화 정책"이라고 규정하였다. 이 논문에서는 경성일보 기자였던 아베[阿部熏]의 『조선 통치의 해부』에 실린 "조선인은 교육할 필요가 없다. 북해도 아이누와 같이 압박하여 멸망시키면 족하다."(일인 순사) "너희들(조선인)은 시와 비를 가려서는 안 된다. 비록 잘못이 있다 하여도 일본인에게 머리를 숙이고 복종해야 한다."(일본인 교원)라는 말은 인용하면서 당시의 모든 교육이 '철두철미한 문맹화'를 목표로 한 것으로 설명하였다. 관점의 차이는 있을지라도 이 시기 조선인 교육의 특징이 '문맹화'에 있었음은 틀림없다. 다만 이 시기 교육의 목표 또는 요지가 문맹화보다는 '동화'를 목표로 하였으며, 이를 실행하기 위해 '국어(일본어) 보급'을 최우선 과제로 삼았으므로 '우민화', '복종화', '문맹화(일본어 구사도 충분하지 않으며 조선어를 학습할 기회도 거의 없는 상태)'가 이루어진 것이라고 할 수 있다.

第三條 敎育은 時勢와 及 民度에 適合케 홈을 期홈이 可홈

第四條 敎育은 大別ᄒ야 普通敎育, 實業敎育과 及 專門敎育으로 홈

第五條 普通敎育은 普通의 智識技能을 授ᄒ며, 特히 國民될 만ᄒ 性格을
涵養ᄒ야, 國語를 普及홈을 目的으로 홈

第六條 實業敎育은 農業, 商業, 工業 등에 關ᄒ는 智識 技能을 授홈을 目
的으로 홈

第七條 專門敎育은 高等의 學術 技藝를 授홈을 目的으로 홈

—『朝鮮總督府官報』 1911.9.2.(朝鮮譯文)

조선 교육령은 제1조에 규정한 바와 같이 '조선인 교육'을 대상으
로 한 법령이다. 이 교육령은 교육의 본질을 '충량한 국민 양성'에
두고 '시세와 민도'에 적합하게 교육을 실시하며, 이를 위해 '보통 교
육, 실업 교육, 전문 교육'의 세 분야의 제도를 두었다.

이 교육령에 따라 조선총독부령으로 조선인을 교육하는 각종학교
규칙을 제정·공포하였는데, 이 시기의 조선인 대상학교 규정 및 실
태는 다음과 같다.14)

(15) 구교육령에 따른 조선인 학교

단계	학교명	학제	관련 법규	실태(1912년)
보통 교육	普通學校	4년제(상황에 따라 1년 단축)	보통학교 규칙	관립 2, 공립 234, 사립 306개 교
	高等普通學校	4년, 사범과(관립 1년 이내), 교원속성과(관립 1년 이내)	고등보통학교 규칙	경성 전수학교, 경성고등보통학교, 평양고등보통학교 3교(사립 함흥고등보통학교)
	女子高等普通學校	3년, 기예과(3년 이내), 사범과(관립 1년)	여자고등보통학교 규칙	경성여자고등보통학교 1교(사립 숙명여자고등보통학교)
실업 교육	農業學校 商業學校 簡易實業學校	2~3년제	실업학교 규칙	농업학교 16, 상업학교 3개교, 간이실업학교 17

14) 이 표에 사용된 실태는 『朝鮮總督府 施政年譜(大正 元年)』(1914.3.25.)을 대상으로 하였음.

전문 교육	朝鮮總督府 農林學校	신학제 계통 외	조선총독부 농림학교 규칙	조선총독부 농림학교
	朝鮮總督府 工業傳習所	신학제 계통 외	조선총독부 공업전습소 규칙	조선총독부 공업전습소
	醫學 講習所	신학제 계통 외	의학 강습소 규칙	의학 강습소
기타	經學院	경학 강의, 문묘 제례	경학원 규칙	경학원
	私立學校	총독 인가 사항	사립학교 규칙	1700개교(감소 추세)
	鄕校, 書堂	학제 외	향교 재산 관리 규정	구 교육기관

　이 표에서 확인할 수 있듯이 구교육령의 학제는 '보통 교육', '실업 교육', '전문 교육'으로 나뉘어 있었으며, 보통 교육은 초등과 중등을 포함한 개념으로 사용되었다. 실업 교육은 농업과 상업을 중심으로 하였으며, 고등 학술 기예를 전수하는 농림학교, 공업 전습소, 의학 강습소를 총독부가 직접 관할하였다.15) 이밖에도 '조선총독부 토지 조사국원 양성소'(1911.5.30. 조선총독부령 제63호), '조선총독부 도자혜 의원 조산부 급 간호부 양성소'(1913.10.4. 조선총독부령 제94호) 등과 같은 양성소가 더 설립되기도 하였다.

　이들 학교 가운데 조선어 교과를 포함한 학교는 '보통 교육'에 해당하는 세 종의 학교와 일부 실업학교이다. 구교육령 제5조에서 보통 교육의 목적으로 '국어 보급'을 명시한 것은 보통 교육 이외의 학교에서는 '일본어 사용'을 당연시했기 때문이라고 할 수 있다. 이들 학교의 교과를 살펴보면 다음과 같다.

---

15) 구교육령의 '보통 교육'은 오늘날의 '초등 교육'과 '중등 교육'을 포함한 개념이며, '실업 교육'과 '전문 교육'은 현재의 중등 실업 교육에 해당하는 제도로 볼 수 있다. 이 점에서 강제 병합 직후의 학제에서는 고등 교육(오늘날의 전문대학 이상)이 존재하지 않는 셈 이다. '경학원'은 유림을 대상으로 한 별도의 기관이다.

(16) 각종 학교의 교과16)

학교명	주요 교과
보통학교	수신, 국어, <u>조선어 급 한문</u>, 산술, 이과, 창가, 체조, 도화, 수공, 재봉 급 수예, 농업 초보, 상업 초보
고등보통학교	수신, 국어, <u>조선어 급 한문</u>, 역사, 지리, 수학, 이과, 실업 급 법제 경제, 습자, 도화, 수공, 창가, 체조, 영어 14과목 : 실업은 농업과 상업, 영어는 수의과목, 사범과에 '교육' 가설(법제 경제, 기타 1~2과목 삭제), 교원 속성과
여자고등 보통학교	수신, 국어, <u>조선어 급 한문</u>, 역사, 지리, 산술, 이과, 가사, 습자, 도화, 재봉 급 수예, 음악, 체조 13과목, 사범과에 '교육' 가설(역사, 지리 삭제)
경성전수학교	조선인 남자에게 법률 경제에 관한 지식 전수 : 수신, 국어, 법학통론, 헌법 급 행정법, 민법, 상법, 형법, 민사 소송법, 형사 소송법, 국제 공법, 국제 사법, 경제, 실무 연습 급 체조 14과목
실업학교	실업과 관련된 과목, 수신, 국어, <u>조선어 급 한문</u>, 수학, 이과(필수), 지리, 도화, 체조(가설 과목)
조선총독부 농림학교	권업 모범장에 부설. 농림업에 필수로 하는 실무를 교습하는 기관임.(본과와 속성과로 나누어 설치 : 농작물 실습 과목으로 구성함)
조선총독부 공업전습소	공업과 관련된 기술 실습을 시행하는 기관 : 본과, 전공과, 실과로 구성함(염직, 도기, 주공, 단송, 세공, 목공 등의 공업 기술 관련 과목으로 구성)
의학 강습소	의과, 조산과, 간호부과로 나누어 설치함 : 종래 조선어로 통역 교습하던 것을 전연 국어로 교수함 [참고] 조산부과 : 수신, 해부 급 생리, 태생학, 소독법, 조산법, 육아법, 실습(수업연한 1년) 간호부과 : 수신, 국어, 산술, 해부 급 생리, 소독법, 간호법, 위생대의, 실습(수업 연한 1년) 속성 조산부과 : 수신, 해부 급 생리, 소독법, 조산법, 육아법, 실습(수업연한 5개월 이상)
토지조사국원 양성소	4~6월 내의 단기 양성 과정임 사무원 : 수신, 국어, 산술, 법제, 위생, 체조, 실습 기술원 : 수신, 국어, 물리, 수학, 측량, 제도, 법규, 위생, 체조, 실습
경학원	경학(經學)을 강구(講究)하여 풍교덕화(風教德化)를 비보(裨補)함을 목적으로 함. 경학 강의와 문묘 제사가 목적임.

이상과 같이 구교육령기의 각종 학교에서 조선어를 교과로 삼은 학교는 '보통학교, 고등보통학교, 여자고등보통학교, 실업학교'의 네 종이다. '경성전수학교, 조선총독부 농림학교, 조선총독부 공업전습

---

16) 각종 학교의 교과는 각종 학교 규칙과 『朝鮮總督府 施政年譜(大正 元年)』을 참고하여 작성함. 각종 학교 규칙은 자료집에 별도로 제시함.

소, 의학 강습소, 토지조사국 양성소' 등은 특수 분야의 전문 기술을 배우거나 실습을 위주로 하는 학교이므로 굳이 조선어를 교과로 삼지 않았으며, 경학원은 경학 강구를 목적으로 하였으므로 교과의 개념을 적용하지 않았다. 특히 각종 전문학교에서는 조선어를 교과목으로 두지 않았는데, 그 이유는 전문 기술 교육을 일본어로 행했기 때문이다. 이에 대해 시정연보에서는 다음과 같이 서술하고 있다.

(17) 일본어를 중심으로 한 전문 교육

(前略) 學科ハ 從來 朝鮮語ヲ 以テ 通譯敎授シ 來リシカ 講習所ニ 變更後ハ 全然 國語敎授ニ 改メタリ 其ノ爲當初ハ 頗ル 困難ヲ 感セシモ 爾後 國語科ノ 時間ヲ 增加シテ 熱心 敎授ニ 努メタル 結果 本年度ニ 於テハ 授業上 何等ノ 支障ナル 生徒ヲ 進步 頗ル 顯著ナルモノアルヲ 見ルニ 至レリ 生徒ハ 各道ヨリ 均一ニ 募集スルノ 目的ヲ 以テ (下略) ―『朝鮮總督府 施政年譜 大正 元年』第十七章 第百十九節 醫學講習所.

이를 참고할 때 조선인 교육에서 전문 교육은 조선어로 통역하여 진행하다가 법령을 개정하여 모두 일본어로 하도록 하였으며, 교수상 지장을 없애기 위해 일본어 시수를 늘렸음을 알 수 있다.

이와 같은 과정에서 구교육령기의 조선인을 대상으로 한 조선어과 교육의 성격을 짐작할 수 있다. 이 시기 조선어과 교육은 '보통교육'과 '실업 교육'만을 대상으로 하였으며, 이 또한 일본어 보급의 전 단계로서 '과도기적 성격'을 띠고 있음을 알 수 있다. 그렇기 때문에 식민 지배가 공고화될수록 조선어과 교육은 위축될 수밖에 없으며, 비록 보통 교육이나 실업 교육에서 조선어 교과를 교수할지라도 그 또한 일본어 교과의 종속 교과로 간주될 수밖에 없었다. 이러한 조선어 교과의 위상은 각급 학교 규칙에 명시된 '일본어' 교과와 '조선어' 교과의 요지를 통해서도 확인할 수 있다.

먼저 보통학교의 일본어와 조선어 교과의 요지를 비교해 보면 다음과 같다.

(18) 보통학교의 '일본어'와 '조선어' 교과의 요지

國語(日本語)	朝鮮語及漢文
國語는 普通의 言語, 文章을 敎ᄒ야 正確히 他人의 言語를 了解ᄒ고 自由히 思想을 發表ᄒ는 能을 得케 ᄒ며 生活上에 必須ᄒ 知識을 授ᄒ고 兼ᄒ야 德性의 涵養에 資홈을 要旨로 홈 國語는 假名부터 始作ᄒ야 普通의 口語를 授ᄒ고 차차 進ᄒ야는 平易ᄒ 文語에 及ᄒ며 其材料는 修身, 歷史, 地理, 理科, 實業과 其他生活上에 必須ᄒ 事項을 採ᄒ고 女兒를 爲ᄒ야는 特히 貞淑ᄒ 德을 養홈을 務홈이 可홈 國語를 授홈에는 讀法, 解釋, 會話, 暗誦, 書取, 作文及習字를 倂ᄒ야 課홈이 可홈 但 作文, 習字는 特히 敎授 時間을 區別ᄒ야 課홈을 得홈 讀法은 發音에 注意ᄒ야 抑揚 緩急이 其宜를 得홈을 要홈 解釋은 平易ᄒ 口語를 用ᄒ야 語義 文意를 明瞭케 홈이 可홈 會話는 讀本中의 文章이나 又는 事項에 因ᄒ야 此를 授ᄒ고 進ᄒ야는 日常 쓰는 事項에 對ᄒ야 對話를 ᄒ게 홈이 可홈 暗誦은 讀本中의 佳句, 格言, 韻文 等을 適宜로 選擇ᄒ야 此를 課홈이 可홈 書取는 讀本中의 文字, 文章 其他 兒童의 了解홈을 得홈 文字, 文章을 選ᄒ야 此를 課홈이 可홈 作文은 一般히 口語體로 ᄒ야 爲先 單句부터 始作ᄒ야 漸次 長篇에 及ᄒ야 書翰文을 倂課홈이 可홈 習字는 實用을 旨로 ᄒ야 假名及漢字를 練習케 홈이 可홈 漢字의 書體는 楷書, 行書의 二體로홈(普通學校 規則 第九條)	朝鮮語及漢文은 普通의 言語, 文章을 理會ᄒ야 日常의 應對를 ᄒ며 用務를 辨ᄒ는 能을 得케 ᄒ고 兼ᄒ야 德性의 涵養에 資홈이 要旨로 홈 朝鮮語及漢文은 諺文부터 始作ᄒ야 漢字가 交ᄒ 文章及平易ᄒ 漢文을 授ᄒ고 其材料는 國語에 準ᄒ야 選擇ᄒ며 特히 漢文은 德性의 涵養에 資ᄒ는 것을 取홈이 可홈 朝鮮語及漢文을 授홈에는 讀法, 解釋, 暗誦 書取 作文을 倂課홈이 可홈 朝鮮語及漢文을 授홈에는 常히 國語와 聯絡을 保ᄒ야 時로는 國語로 解釋케 홈이 有홈(普通學校 規則 第十條)

보통학교 규칙에 나타난 두 교과목의 요지는 뚜렷한 차이가 있다. 일본어 교과는 '타인의 언어를 이해하는 능력', '자유롭게 의사를 발표하는 능력'을 바탕으로 '생활상 필수한 지식을 교수하며', '덕성의 함양'을 목표로 한다. 이에 비해 조선어 교과는 '일상의 응대', '용무를 변별하는 능력', '덕성의 함양'을 목표로 한다. 더욱이 조선어 교과는 일본어 교과와 연락(聯絡)을 유지하여 일본어를 이해하도록 해야 한다고 하였다.

교육 내용에서도 조선어과는 일어과에 준하여 구성하였으며, 외

국어로서의 일본어를 국어로 삼도록 하였으므로 일본어 교과의 내
용을, '독법, 해석, 회화, 암송, 서취, 작문, 습자'로 구성한 데 비해 조
선어 교과는 '독법, 해석, 암송, 서취, 작문'으로 구성하였다. 조선어
교과에 회화가 들어 있지 않은 까닭은 일본어와는 달리 모국어이므
로 회화를 두지 않은 셈이다. 더욱이 조선어 교과에 '한자(漢字)'와
'한문(漢文)'을 포함하였으므로 실제 조선어 교육의 비중은 더 줄어
든 셈이며, 이때 사용하는 한자는 일본어 학습의 도구로 이용될 수
도 있었다.[17)]

다음으로 중등 정도의 보통 교육에 해당하는 '고등보통학교'와 '여
자고등보통학교'를 비교해 보자.

(19) 중등 정도 학교의 '일본어'와 '조선어' 교과의 요지

학교	國語(日本語)	朝鮮語及漢文
高等 普通學校	三 國語ᄂ 國民精神의 宿ᄒ 바ㅣ오 쏘 知識技能을 得케 홈에 缺치 못홀 것인즉 何敎科目에 對ᄒ야도 國語의 使用을 正確히 ᄒ고 其應用을 自在케 홈을 期홈이 可홈 (第十條) 國語ᄂ 普通의 言語, 文章을 了解ᄒ야 正確 쏘 自由로 思想을 發表ᄒᄂ 能을 得케 ᄒ며 兼ᄒ야 智德의 啓發에 資홈을 要旨로 홈 國語ᄂ 現代의 文章부터 漸次 近古의 國文에 及ᄒ야 其讀 法, 解釋을 敎ᄒ야 佳句, 格言, 韻文 等의 暗誦을 ᄒ게 ᄒ며 會話, 書取, 作文, 文法을 授홈이 可홈(第十三條)	朝鮮語及漢文은 普通의 言語, 文章을 理會ᄒ야 日 常의 用務를 辨ᄒᄂ 能을 得케 ᄒ며 兼ᄒ야 智德의 啓發에 資홈을 要旨로 홈 朝鮮語及漢文은 德敎에 資홀 文章을 選ᄒ야 此를 授홈이 可홈(第十四條)
女子高等 普通學校	二 國語ᄂ 國民精神의 宿ᄒ 바ㅣ오 쏘 知識技能을 得케 홈에 缺치 못홀 것인즉 何敎科目에 對ᄒ야도 國語의 使用을 正確히 ᄒ고 其應用을 自在케 홈을 期홈이 可홈 (第九條)	朝鮮語及漢文은 普通의 言語, 文章을 理會ᄒ야 日 常의 用務를 辨ᄒᄂ 能을 得케 ᄒ며 兼ᄒ야 智德의

---

17) 조선인이 일본어를 습득하는 과정에서 한자는 매우 중요한 역할을 하였다. 허재영(2010
ㅁ, 전정례 외 수록)에서 밝혔듯이, 근대 계몽기 국한문체는 일본인 이노우에[井上角五
郞]이 만들었다는 설이 유력하며(그는 후쿠자와유키치의 뜻을 받들어 국한문체를 창조
했다고 여러 차례 회고한 바 있음), 1909년 이후 『구한국 관보』의 광고문이나 강제 병합
직후의 각종 문서에서 '한글-한자-일본문' 병용체(일종의 부속 문체)가 다양하게 출현
하는 점 등을 고려할 때 국한문체를 통해 일본어를 습득하는 과정을 짐작할 수 있다. 곧
국한문체에서 한자의조선음을 익히고 다음 단계에서 한자의 일본음을 익힌 뒤, 한글로
표기된 토(조사나 어미)를 일본어로 교체하면 일본어로 이루어진 문장을 습득하게 된다.

　　고등보통학교와 여자고등보통학교의 일본어과는 '자유로운 이해'와 '사상 발표 능력'을 기반으로 '지식과 덕성을 계발'하게 하는 데 목표를 두었다. 보통학교와 다른 점은 '덕성 함양'에서 '지식과 덕성'이라는 두 가지 목표를 설정한 점과 문장의 수준을 높인 점이다. 이는 조선어급한문도 마찬가지라고 할 수 있다. 이처럼 목표를 넓히고 수준을 높인 것은 학습자의 학습 경험과 연령을 고려할 때 자연스러운 일이므로 '일본어' 교과와 '조선어' 교과의 위상이나 상관성의 변화를 의미하는 것은 아니다. 그밖에 '실업학교'에서도 조선어 교과를 두었으나 '실업학교 규칙'에는 교과의 요지가 구체적으로 밝혀져 있지 않다.

　　이처럼 교수 요지를 비교했을 때 조선어 교과는 전면적인 일본어 사용의 전 단계(과도기)로, 일본어 교과의 종속적인 지위를 갖고 있었음을 알 수 있다. 이러한 위상은 각급 학교의 매주 교수 시수를 통해서도 확인할 수 있는데, 이를 표로 나타내면 다음과 같다.

(20) 각급 학교의 일본어와 조선어 교과 교수 시수

학교	일본어 시수	조선어급한문 시수	전체 시수
보통학교(4년제)	10-10-10-10	6-6-5-5	26-26-27-27
고등보통학교(4년제)	8-8-7-7	4-4-3-3	30-30-30(32)-30(32) 괄호는 증가 가능 시수
여자고등보통학교 (3년제)	6-6-6	2-2-2	31-31-31
실업학교(2년제)	8-8	2-2	32-32

　　이 표에서 확인할 수 있듯이 각급 학교마다 다소의 차이는 있으나 일본어 시수에 비해 조선어 시수는 매우 적으며, 실업학교의 경우는

그 정도가 더 심하다. 이처럼 강제 병합 직후인 구교육령기의 조선인을 대상으로 한 조선어 교과 교육은 과도기적 교과이자 일본어에 종속된 교과로 운영되었다.

2.3. 조선어과 교과서 편찬과 의미

일제강점기 교과서 정책18)은 통감시대의 교과서 침탈 정책의 연장선에서 이루어졌다.19) 학부 내의 일본인 관리들은 교과서 편찬을 위해 일본인을 고용하였고, 교과용도서 검정 기준(1908.8.28.)을 제시하고, '교과용도서 조사 사업'을 진행하였다. 이러한 정책은 강제 병합을 전제로 한 것이었다. 강제 병합과 함께 조선에서의 교육은 일본어 보급을 급선무로 삼았으며, 특히 교과서 편찬을 중대한 사항으로 인식하여 '총독 직할 기관'을 설치하여 교과서 편찬과 보급을 담당하도록 하였다.

이러한 상황에서 가장 먼저 실시한 정책은 '강제 병합' 사실을 전제로 '통감시대의 교과서'를 개편하는 일이었다. 이에 따라 내무부장 우사미의 훈령으로 공포된 '교수상의 주의 병 자구 정정표(敎授上 注意 幷 字句訂定表)'가 공포되었다. 이 훈령은 다음과 같다.

(21) 敎授上 注意 幷 字句訂定表
    京鄕 各地의 私立學校에셔 不良ᄒ 敎科書를 改版訂正ᄒ야 施行케 홀 意로 內務部 長官 宇佐美勝夫 氏가 各道 長官에게 發訓 注意케 홈은 已 報ᄒ얏거니와 學務局에셔 舊學部 編纂 普通學校用 敎科書와 舊學部 檢 定 及 認可의 敎科用圖書에 關ᄒᄂ 敎授上의 注意 幷 字句訂正表를 左와 如히 製定頒布ᄒ얏더라.

---

18) 이에 대해서는 허재영(2009ㄱ)에서 밝힌 바 있다. 여기에서는 이 책의 제2장과 제3장을 수정·보완한다.

19) 이에 대해서는 허재영(2010ㄹ : 85~116)을 참고할 수 있다.

例言

一. 舊學部 編纂 及 檢定의 圖書ᄂᆞᆫ 勿論이어니와 舊學部로셔 使用 認可를 與ᄒᆞᆫ 圖書도 十分 其 內容을 審査ᄒᆞᆫ 者이라도 今回 朝鮮은 大日本帝國의 一部分이 된 故로 今後에 朝鮮에 在ᄒᆞᆫ 靑年 及 兒童의 學修ᄒᆞᆯ 敎科書ᄂᆞᆫ 其 內容이 頗히 不適當ᄒᆞᆫ 者ㅣ 有ᄒᆞᆷ에 至ᄒᆞᆫ지라. 然이나 今에 遽히 此等 多數ᄒᆞᆫ 圖書中 敎材의 不適當ᄒᆞᆫ 圖書ᄅᆞᆯ 修正 改版ᄒᆞᆷ은 容易ᄒᆞᆫ 事이 안임으로써, 先 此 右 圖書 中 敎材의 不適當ᄒᆞᆫ 者와 又ᄂᆞᆫ 語句의 適切치 못ᄒᆞᆫ 者에 就ᄒᆞ야 注意書 及 訂正表ᄅᆞᆯ 製ᄒᆞ야 敎授者의 參考에 資ᄒᆞ노니 官公私立을 不問ᄒᆞ고 何學校에셔던지 宜當히 此에 依據ᄒᆞ야 敎授ᄒᆞᆯ지라.

二. 敎授者ᄂᆞᆫ 注意書 中의 各 注意 事項을 熟讀ᄒᆞᆫ 後, 其 趣旨ᄅᆞᆯ 不誤ᄒᆞ도록 愼重히 敎授ᄒᆞᆯ지며 又 訂正表에 依ᄒᆞ야 學徒 各自의 敎科書ᄅᆞᆯ 適宜ᄒᆞᆫ 方法으로써 訂正 敎授ᄒᆞᆯ지라.

三. 舊學部編纂 普通學校用 敎科書에 對ᄒᆞᆫ 注意書에ᄂᆞᆫ 修身書. 日語讀本, 國語讀本 及 習字帖 中 不適當ᄒᆞᆫ 敎材에 就ᄒᆞ야 ——히 敎授上의 注意ᄅᆞᆯ 與ᄒᆞ고 舊學部 檢定 及 認可의 圖書에 對ᄒᆞᆫ 注意書에ᄂᆞᆫ 此等 圖書 中에 現ᄒᆞᆫ 不適當ᄒᆞᆫ 事項을 槪括 列擧ᄒᆞ야 一般的 注意ᄅᆞᆯ 與ᄒᆞᆯ 事로 ᄒᆞ노라.

四. 注意書 中에 與ᄒᆞᆫ 事項內 韓國倂合의 事實, 祝祭日에 關ᄒᆞᆫ 者, 新制度의 大要 等 爲先 敎授ᄒᆞᆷ을 要ᄒᆞᆷ으로 認ᄒᆞᄂᆞᆫ 者ᄂᆞᆫ 반다시 注意ᄅᆞᆯ 與ᄒᆞᆫ 當該課에 不限ᄒᆞ고 適宜ᄒᆞᆫ 時期에 繰上 又ᄂᆞᆫ 繰下ᄒᆞ야 敎授ᄒᆞᆷ도 無妨ᄒᆞ니라.

五. 字句 訂正表ᄂᆞᆫ 舊學部編纂 普通學校用 敎科書에만 就ᄒᆞ야 編製ᄒᆞᆫ 者이니, 圖畵臨本과 唱歌集 外ᄂᆞᆫ 擧皆 多少의 訂正을 施ᄒᆞᆯ지라. 然이나 其訂正의 範圍ᄂᆞᆫ 今回 時勢의 革新과 制度의 變更을 因ᄒᆞ야 當然히 改正을 要ᄒᆞᆯ 者에만 止ᄒᆞ고, 其他ᄂᆞᆫ 一切 他日 改訂 出版ᄒᆞᆯ 時ᄅᆞᆯ 俟ᄒᆞ노라.

六. 囊에 舊學部로셔 發ᄒᆞᆫ 通牒에 依ᄒᆞ야 從來의 日語ᄂᆞᆫ 國語로 ᄒᆞ고, 國語ᄂᆞᆫ 朝鮮語로 ᄒᆞ야 措處ᄒᆞᆯ 事로 定ᄒᆞ게 되얏슴으로 日語讀本, 國語讀

本과 如홍 名稱은 此를 改홍 必要가 有흥고 又 學部 檢定 及 認可의 圖
書 中 其 名稱에 '大韓' '本國' 等의 文字를 用흠은 不可흐다 흐나 如斯
흔 名稱上의 訂正은 今에 暫時 此를 寬假흐노라.

七. 附錄으로 祝祭略解를 添府홍에 就흐야 學校의 種類, 學年의 如何를
不問흐고 擧皆 適當흔 時期에셔 祝祭日에 關흔 一般 注意 及 要領을
教授홍지라. ―『매일신보』 1911.2.22.

이 훈령에서 '교수상의 주의'는 구학부 편찬의 교과서뿐만 아니라
각종 사립학교에서 사용하는 교과서를 모두 대상으로 하며, '자구
정오표'는 구학부 편찬의 교과서만을 대상으로 하고 있음을 확인할
수 있다. 이처럼 자구를 수정한 교과서는 제1차 교육령 이후의 교과
서가 출판되기 이전까지 임시방편용으로 사용되었음을 의미한다.
이 훈령에 포함된 교수상의 주의 및 자구 수정 내역은 다음과 같다.

(22) 교수상의 주의 및 자구 수정 내역[20]

교과서	수정 내역	비고
수신서	권1 제6과 '황실'(강의하지 말며 일본 황실 사항으로 대체)	조선어
일어독본	권5 제19과 한반도(정오표 참고 수정), 제23과 세관(일본을 외국이라 표현한 것 수정, 관세 명칭 수정) 권7 제3과 합병조약의 결과와 삽화 색채 변경 제8권 제15과 일로전쟁(전쟁의 취지 강화 교수)	일본어
국어독본	권1 제31과의 용어 수정(우리나라, 국기 등) 권3 제21과 개국기원절(일본제국 축제일로 대체), 제45과 한성 관련(대일본제국 수도는 동경으로 대체) 권4 제16과 건원절 (제국 축제일로 대체) 권5 제9과 정치의 기관(조선총독부 기관으로 대체) 권8 제17과 통감부(조선총독부의 조직 급 지방 제도로 대체)	조선어
습자첩	제11혈의 '융희', 제60혈의 '한성'(연습은 무방하나 합병 후의 연호와 수도를 함께 교수함)	조선어

---

20) '敎授上의 注意 幷 字句 正誤表'는 『매일신보』 1911년 2월 22일, 2월 23일, 2월 24일, 2월 25일, 2월 26일, 3월 1일, 3월 3일의 7회에 걸쳐 연재되었으며, 주요 내용은 '第一, 普通學校 敎科用圖書에 關한 敎授上의 注意'와 '第二, 舊學部 檢定 及 認可 敎科用圖書에 對한 敎授上의 注意'로 이루어져 있다.

이 자료를 통해 볼 때 자구 수정은 강제 병합의 결과를 반영하고
자 하는 의도에서 비롯된 것이지만, '교수상의 주의'를 고려할 때, 이
시기 교과서는 '황국신민화'를 가장 중요한 목표로 삼았음을 알 수
있다. 이는 다음의 기사를 통해서도 확인된다.

(23) 구학부 검정 급 인가 교과용도서에 대한 교수상의 주의

舊學部 檢定 及 認可 圖署는 其數 甚多흔 바 今般 韓國倂合의 結果
로 其 敎材 及 字句의 不適當홈에 至흔 者ㅣ 不少호나, 各種 各冊에 就
호야 敎授上 注意 及 字句의 訂正을 施홈은 殆히 煩瑣를 不堪홀 뿐더러
敎授者의 參考上 反히 不便흔 點이 多홀 줄로 愚흔 故로 今에 此種 圖
書 中에 顯著흔 不適當의 事項을 槪括 列擧호야 此에 對흔 一般的 注意
를 與홀 事로 흔지라. 故로 或 特殊흔 敎材에 對호야는 的確히 合箱되
지 안이호는 境遇가 往往히 有흔지라. 然이나 敎授者는 下揭 各事項에
關흔 注意를 熱讀호고 此에 準據호야 敎科書 中 不適當흔 記事 及 字句
를 訂正 敎疾호야써 敎授上 遺算이 無케 홈을 要홈이라. ─『매일신보』
1911.2.26.

교수상의 주의에서 제시한 '부적당한 사항'으로 정정해야 할 대상
은 다음과 같다.

(24) 교수상 주의 내용

번호	항목	내용
第一	皇室	一. 日韓倂合의 結果로 朝鮮人이 奉戴호는 皇室은 大日本 天皇陛下, 皇后陛下 及 皇室인 事 二. 歷史等 書中에 前韓國皇帝陛下에 對호야 '今上陛下'라는 敬稱을 用흔 者ㅣ 有호나 今日에는 全然 不適當흔즉 此를 使用홈이 不可흔 事 三. 歷史等 書中에 現在 天皇陛下에 關흔 記事 '日本國 天皇의셔는' 等으로 記호야 敬稱을 不用흔 者ㅣ 有호니 如斯흔 境遇에셔는 必 陛下라는 敬稱을 附加호야 '大日本天皇陛下의옵셔는'이라 홈과如히 訂正敎授홀 事 四. '本朝 又는 '我朝等 語를 用흔 諸書가 有호니 此는 總히 '李朝로 改홀 事

第二	國號	一. 歷史, 地理, 讀本 等 書에서 李朝 太祖] 業을 創 가 國號을 朝鮮이라 定 가고 附 가야 前皇帝 光武 元年에 至 가야 改稱 혼 事을 記혼 者] 多가나 如斯혼 事項을 敎授홀 境遇에는 該 國號는 明治 四拾三年 八月 二十九日 勅令 第三百八十號로써 廢止 하고 朝鮮이라 稱 하기로 定홀 事 二. 從來의 敎科書 中에는 '大韓帝國', '韓國', 又는 '我國', '本國' 等 名稱을 用혼 事] 頗多 가나 朝鮮은 旣히 大日本帝國의 一部됨으로써 此等 名稱을 適當히 訂正 敎授 홈이 緊要 하니 盖此種의 例는 殆히 枚擧키 不遑 홈으로써 左에 數例를 揭 하야 訂正의 標準을 示 하노니, 敎師는 此等을 參考 하야 適宜혼 措置를 行 할 ㄹ 要 하노라(擧例中에 訂正 字句는 括弧에 入 함) ―예시는 생략
第三	年號	歷史 等 書에 前 韓國皇室의 即位와 共히 隆熙라 開元혼 事를 記혼 者] 有 하니 如斯혼 事項을 敎授홀 境遇에는 舊韓國의 年號 隆熙는 隆熙四年 八月 二十九日로브터 以後는 明治의 年號를 用홈이 當然혼 事를 知케 홀지라
第四	祝祭日	一. 讀本 等 中에 開國紀元節 又는 乾元節에 關혼 敎材를 揭載혼 者] 有 하나 然이나 舊韓國 慶祝日은 旣히 廢止된 者인즉 自今으로 此等의 敎材는 敎授치 勿 하고 大日本帝國 國民으로 하야 當然히 帝國의 祝祭日을 遵守홀 事를 敎 하며 且 本書의 附錄으로는 祝祭日 略解에 依 하야 各祝祭日의 要領 을 敎授 홀지라. 二. 讀本 中에 舊韓國 國旗에 關혼 敎材를 揭혼 者] 有 하나 此亦 敎授치 말고 自今으로 宜히 日章旗로서 國旗로 知悉홀 事와 祝祭日 等에는 日章旗 를 建 하야 誠意를 表홈이 可홀 事를 敎홀지라.
第五	制度	舊韓國의 中央政府組織 及 地方行政制度를 揭載혼 圖書] 不少 하나 此敎材가 今日에 在 하야 敎授에 不可홈은 多言을 不待홀지라. 敎師는 宜히 明治 四十三年 九月 三十日 勅令 第三百五十四號 朝鮮總督府 官制, 勅令 第三百五十七號 朝鮮總督府 地方官制 等에 基 하야 簡明히 現時의 政治機關 一斑을 敎授홈이 可 하니 其大要는 學部編纂 普通學校用 敎科書에 關혼 注意 中 國語讀本 卷五 第九課 '政治의 機關에 就 하야 與혼 注意 各項(七 頁)을 參照홈을 要 하노라.
第六	歷史	歷史 地理 等 書中에 昔時 倭寇라 稱 하든 日本 邊民의 朝鮮侵略 蒙古 及 高麗의 日本 入寇 並 壬辰亂(文祿 慶長*의 役*)의 記事 等을 多少 記載혼 者] 有 하니 此等 敎材를 敎 할 時는 注意로써 홀지오 決코 誇張혼 言辭를 用 하거나 杜撰의 事項을 敎 하는 等事] 有키 不可홈은 勿論이어니와, 彼敎育 者의 種類와 學年에 應 하야 歷史 又는 地理의 敎授로 하야 必要가 不得已혼 範圍에 止홀지오, 徒히 內地人 朝鮮人 間의 感情을 害홈에 不過홈과 如혼 事項은 此를 敎授홈을 避홀지며 其他 例 如 壬辰亂의 義士를 假 하야 義勇을 說 하는 類는 他例로써 此에 代홀지오 又 往往 地理書 中 壬辰亂 等의 遺跡과 如혼 者에 就 하야는 寧히 其他 現在의 交通 産業 等에 關혼 事項을 說紋홈에 用力 하는 等 恒常 敎授上의 注意홈을 怠홈이 不可홀지라.

이상의 주의 사항에 덧붙여 '제국의 축제일'을 상세히 설명하고 있는데, 축제일을 자세히 부가하는 의미는 조선인의 '황국신민화'를 전제로 한 것이라고 할 수 있다. 달리 말해 일제강점기의 교육에서

간과할 수 없는 것은 식민 지배의 주체로서 '일본 제국'이 존재하며, 제국의 핵심 세력 또는 주된 이데올로기는 '일본 왕실(대일본제국 = 천황)'이 자리하고 있다는 사실이다.

이러한 차원에서 식민 초기의 교과서 정책은 강제 병합의 결과를 반영하여 교육할 매체로 삼고, 조선총독부의 전면적인 교과서 통제를 바탕으로 교육 내용을 통제하고자 하는 입장을 반영한다. 이러한 차원에서 '교과용도서 검정 규정'이 수정되었다.21) 이 규정은 주요 내용은 다음과 같다.

(25) 朝鮮總督府令 第百十二號, 敎科用圖書 檢定 規程, 1912.6.1.
第一條 敎科用圖書의 檢定은 普通學校, 高等普通學校, 女子高等普通學校, 實業學校 又는 私立學校의 生徒用 又는 敎師用圖書에 適홈을 認定ᄒᆞᄂᆞᆫ 것으로 홈. 前項 <u>敎師用圖書라 홈은 敎授홀 事項, 敎授上 注意及應用에 關ᄒᆞᄂᆞᆫ 事項 等을 記載ᄒᆞᆫ 圖書 又는 生徒에게 示홈을 目的으로 ᄒᆞᄂᆞᆫ 掛圖類ᄅᆞᆯ 謂홈.</u>

第二條 敎科用圖書의 發行者는 其圖書의 檢定을 朝鮮總督에게 申請홈을 得홈. 前項의 請願者가 朝鮮內에 住所ᄅᆞᆯ 有치 아니ᄒᆞᆫ 째는 檢定에 關ᄒᆞᄂᆞᆫ 一切 事項을 代理케 ᄒᆞ기 爲ᄒᆞᄋᆞ 朝鮮內에 住所ᄅᆞᆯ 有ᄒᆞᆫ 者에게 就ᄒᆞᄋᆞ 代理人을 定홈이 可홈 但 此 境遇에ᄂᆞᆫ 檢定 願書에 委任狀 謄本을 添ᄒᆞᄋᆞ 提出홈이 可홈. (중략)

第十三條 朝鮮總督이 必要로 認ᄒᆞᄂᆞᆫ 째는 檢定ᄒᆞᆫ 圖書의 修正을 命홈이 有홈.

第十四條 左의 各號의 一에 該當ᄒᆞᆫ 째는 朝鮮總督은 圖書의 檢定을 取消

---

21) 근대식 학제가 도입된 시점부터 통감시대까지의 학제는 '각급 학교령'(칙령), '학교 규칙'(학부령)에 근거하였다. 그러나 강제 병합 이후에는 각급 학교령을 '조선 교육령'(칙령)으로 통합하고 이를 실행하기 위한 '각급 학교 규칙'(조선총독부령)을 발포하였다. 이처럼 강제 병합 직후에는 강점 사실을 반영해야 할 필요성뿐만 아니라 법령 체계의 변화에 따라 각종 제도와 규정을 수정하였다. 1912년 6월 1일 발포된 '교과용도서 검정 규정'(조선총독부령 제112호)도 통감시대의 규정을 수정한 것이라고 볼 수 있다.

홈이 有홈.

(一. ~ 三은 검정 업무 관련 사항)

四. 其 內容이 敎科用에 不適當케 된 째. (이하 생략)

이 규정에 따라 1915년 12월을 기준으로 조선총독부에서 개발하여 각학교에 사용하도록 한 교과서는 보통학교 수준의 14종, 구편찬 교과용도서 4종, 고등보통학교 수준의 9종, 농업학교 교과용도서 18종, 교수용지도(地圖) 및 참고서 4종이 보급되었으며, 검정 교과서로는 17종, 인가용 도서 일본어 6종, 조선어 2종, 한문 35종, 심리 2종, 논리 1종, 지리 4종, 지도 1종, 천문 1종, 산술 25종, 대수 12종, 기하 14종, 삼각 4종, 박물 2종, 동물 12종, 식물 13종, 물리 10종, 화학 9종, 이과 4종, 생리 4종, 생리위생 5종, 광물 5종, 법제경제 3종, 상업 9종, 부기 11종, 도화 17종, 수공 5종, 영어 9종, 야소교서 35종, 불교서 11종이 통용될 수 있었다. 반면 휘문의숙의 『고등소학독본』을 비롯하여 76종이 검정 무효 판정을 받았는데, 이들 교과서는 대부분 '수신용'이거나 '조선어', '역사', '지리'서였다.[22]

이처럼 조선총독부에서는 교과용도서 검정 기준을 적용하여 각 학교의 교과서를 통제하는 한편 이를 대체할 교과서 개발에 본격적으로 착수하였다. 이 시기 교과서 개발 과정에 대해서는 당시 조선 총독부 학무국 편집과장이었던 오다(小田省吾)가 서술한 '조선의 교과서'에 잘 나타난다.[23] 이 기사를 중심으로 당시의 교과서 편찬 실태를 살펴볼 수 있다.

---

22) 이에 대해서는 한국교과서재단(2001)의 '敎科用圖書 一覽'(大正四年 十二月 改訂 第九版)을 참고할 수 있음.

23) 이 기사는 『매일신보』 1917년 6월 23일부터 7월 11일까지 15회로 나뉘어 연재되었음.

(26) 朝鮮의 敎科書(一) 編纂事業의 槪要

　朝鮮總督府의 敎科書 編纂 事業은 明治 四十四年 八月 朝鮮敎育令의 發布와 其次 同年 十月 普通學校, 高等普通學校, 女子高等普通學校規則의 制定에 依ᄒ야 學制 及 各學校 敎科課程의 確定됨을 依ᄒ야 着手ᄒ 것인ᄃᆡ 近時에 其步武를 大進ᄒ야 本年度에 普通學校 敎科用圖書의 殆히 全部를 出版ᄒ고 玆에 第一期를 劃코저 홈에 至ᄒ얏슴으로써 聯히 該 事業의 槪要를 記述코저 ᄒ노라. 又 朝鮮에 在ᄒ 內地人 子弟를 敎育ᄒ 小學校의 敎科用圖書ᄂᆞᆫ 全然 內地와 ᄀᆞ치 文部省 著作의 國定敎科書를 使用ᄒ나 聯히 內地와 事情이 不同홈으로써 若干 本部에셔 編纂 使用케 ᄒ 者ㅣ 不無홈으로 爲主ᄒ야 朝鮮人 敎育의 諸學校에 使用ᄒ 敎科用圖書에 對ᄒ야 說述ᄒ고 小學校用 敎科書에 對ᄒ야ᄂᆞᆫ 此를 倂記홀 ᄲᅮᆫ이라.
　—『매일신보』 1917.6.22.

　이 기사를 통하여 확인할 수 있는 사항은 조선의 교과서 편찬이 '학교 규칙'에 근거하여, 1917년까지 제1기 사업이 완성되었다는 사실이다. 또한 이 시기 교과서 정책은 일본인(내지인)과 조선인을 구분하여, 일본인의 경우는 문부성 저작 교과서를 사용하고 조선인은 조선총독부 교과서를 사용하도록 했음을 확인할 수 있다. 이어서 그는 조선총독부의 교과서 정책이 1911년 임시 정오표를 배부하고 구학부 교과서를 서둘러 정정 출판하였으며, 1912년 초부터 신편찬 교과서 출판 작업을 진행했음을 밝히고 있다. 이에 대한 진술은 다음과 같다.

(27) 一. 普通學校 敎科用圖書(其一)

　普通學校用 敎科書의 編纂은 일즉 舊韓國政府 學部에셔도 此를 企劃ᄒ 事가 有ᄒ니 此ᄂᆞᆫ 明治 三十九年에 普通學校가 비로소 開設됨이 三土忠進 氏를 學政 參與官으로 囑託ᄒ고 同學校에 使用홀 敎科書 編纂에 當케 홈이 그 嚆矢라. 該事業은 極히 急速ᄒ게 進陟되야 明治 四十一年에 至ᄒ야ᄂᆞᆫ 普通 各敎科目에 對ᄒ 敎科書를 出版ᄒ야 當時 存在ᄒ 約 十校의 公立普通學

校에셔 使用케 ᄒᆞᄂᆞᆫ 外에 從來 私立學校에셔 使用ᄒᆞ던 不完全ᄒᆞᆫ 敎科書ᄂᆞᆫ 漸次 政府 編纂의 者와 代케 ᄒᆞᄂᆞᆫ 方針을 取ᄒᆞ얏도다. 然이나 此時에 韓國 은 오히려 我國 保護河에 獨立의 體面을 存ᄒᆞ얏ᄉᆞᆷ으로써 該敎科書의 內容 은 我 國定敎科書를 效嚬ᄒᆞ야 韓國王室에 關ᄒᆞᆫ 事項을 含ᄒᆞᆷ이 不少ᄒᆞ얏고

次에 明治 四十三年 八月 二十九日 日韓倂合이 發表됨이 半島ᄂᆞᆫ 我國 領土의 一部가 되야 半嶋 住民은 擧皆 陛下의 赤子가 되얏ᄉᆞᆷ으로 右 學 部編纂 敎科書ᄂᆞᆫ 其 內容이 甚히 不適當ᄒᆞᆫ 者 되고 其他 學部에셔 檢定 又ᄂᆞᆫ 認可를 與ᄒᆞᆫ 圖書도 皆 時勢에 不適ᄒᆞ게 되얏도다. 然이나 卒然히 此等 多數의 圖書를 修正 改版ᄒᆞᆷ은 容易ᄒᆞᆫ 事가 안이오 又 新學制ᄂᆞᆫ 倂 合과 共히 制定되지 안이ᄒᆞ야 倂合의 當初ᄂᆞᆫ 各學校의 敎科科程 等을 如 何히 制定ᄒᆞᆯ가 ᄒᆞᆷ은 아즉 未知時期임으로써 곳 敎科書 編纂 事業에 着手 ᄒᆞᆷ을 不得ᄒᆞ고 又 假令 着手ᄒᆞ야도 一朝一夕에 此를 完了 出版ᄒᆞᄂᆞᆫ 運에 至키 難ᄒᆞᆷ이 明白ᄒᆞ도다. 故로 爲先 一時機宜의 處置로 "舊學部編纂 普 通學校 敎科書 幷 舊學部 檢定 及 認可의 敎科用圖書에 關ᄒᆞᆫ 敎授上의 注意 幷 字句 訂正表"라ᄂᆞᆫ 冊子를 印刷ᄒᆞ야 當時에 存在ᄒᆞᆫ 百與의 官公 立學校 幷 二千數百의 私立學校에 此를 配布ᄒᆞ고 此에 依ᄒᆞ야 當時 諸學 校에 使用ᄒᆞ던 各種 敎科書 中 不適當ᄒᆞᆫ 敎材 字句를 訂正ᄒᆞ며 又ᄂᆞᆫ 必 要ᄒᆞᆫ 事項을 敷衍케 ᄒᆞ야써 敎授上 遺憾이 無케 ᄒᆞᆷ을 期ᄒᆞᄂᆞᆫ 同時에 一 面으로 舊學部에셔 編纂ᄒᆞᆫ 敎科書의 訂正 出版을 急速히 完了ᄒᆞ고 明治 四十四年度의 星初브터 該訂正本을 使用케 ᄒᆞ야써 新編纂 敎科書의 出 版을 見ᄒᆞ기ᄭᅡ지 過渡期의 敎授에 支障이 無케 ᄒᆞ얏도다.

然이나 右 訂正敎科書ᄂᆞᆫ 僅히 目下의 時勢에 不適當ᄒᆞᆫ 敎科語句를 修 正ᄒᆞ고 若干 必要ᄒᆞᆫ 事項을 加ᄒᆞᆷ에 不過ᄒᆞ얏ᄉᆞᆷ으로써 現今의 時勢에 適 應ᄒᆞᆯ 敎科書를 編纂ᄒᆞᆷ은 急務 中의 急務에 屬ᄒᆞᆫ지라 如是而 明治 四十四 年 五月에 至ᄒᆞ야 編修官 幷 編修書記의 仕命이 有ᄒᆞ얏스나 玆에 最히 重要ᄒᆞᆫ 問題ᄂᆞᆫ 國語假名附並 諺文假名附에 關ᄒᆞᆫ 事項이라 敎科書 編纂 에 着手ᄒᆞᆷ을 當ᄒᆞ야 爲先 第一에 該問題를 解決ᄒᆞᆯ 必要가 有ᄒᆞ얏도다.
—『매일신보』 1917.6.21.

이 기사에서는 강제 병합 직후 '정오표'를 책자로 인쇄했다는 사실과 1912년 5월에 신교과서 편찬을 위한 편수관 및 편수 서기를 임명했다는 사실을 확인할 수 있다. 이 책자는 현재까지 발굴하지 못한 상태이지만, 앞에서 기술하였듯이 『매일신보』에 주요 내용이 기사화된 상태이며, 아쉽게도 당시 임명된 편수관과 편수 서기가 누구였는지를 확인할 수는 없다.

정정본 교과서는 구교육령이 공포되기 이전에 발행되었다. 이 교과서는 통감시대 학부에서 편찬한 것을 '조선총독부'가 정정하여 발행한 것으로 『수신서』(정정본은 조선어로 발행하였음) 4책, 『보통학교 학도용 국어 독본』(통감시대 '일본어 독본'을 정정) 8책, 『보통학교 학도용 조선어 독본』(통감시대 '국어 독본'을 정정) 8책이 있다. 이 가운데 『조선어 독본』의 정정 사항은 다음과 같다.

(28) 보통학교 학도용 조선어 독본의 정정 사항[24]

권수	학부 편찬(1907)		정정본(1910)
1권	字母, 第一課~第四十五課, 國文綴字		미확인
2권	第一課 童子 一 第三課 四時 第五課 牛와 馬 第七課 賴者 二 第九課 園圃 第十一課 我家 二 第十三課 葉書와 封函 第十五課 晝夜 第十七課 停車場 第十九課 太陽曆 第二十一課 水 第二十三課 母心	第二課 童子 二 第四課 鷄 第六課 賴者 一 第八課 家 第十課 我家 一 第十二課 馬 第十四課 郵便局 第十六課 汽車 第十八課 慈心 만흔 犬 第二十課 山上眺望 第二十二課 米와 麥 第二十四課 我鄕	1. 第十九課에 紀元節을 추가하여 모두 26과로 편제하였으며, 제14~25과의 배열 순서가 바뀜 2. '뎌'를 '져', '아름다온'을 '아름다운'으로 수정한 부분이 있음 3. 제13과에서는 '아국과 일본국'이라는 표현을 '아제국내'로 바꿈 4. 제16과 '기차'에서는 삽화를 첨가하고, 제23과 '모습'에서는 우는 아이의 모습을 다른 삽화로 교체함
3권	第一課 草木生長	第二課 桃花	1. 제3과 영조대왕 인덕, 제18과

---

24) 학부 편찬(1907)은 1977년 아세아문화사에서 영인한 '개화기 교과서 총서'에 들어 있으며, 정정본은 강진호·허재영(2010)에 들어 있다. 현재 학부 편찬(1907)의 제7권과 정정본 1권이 발굴되지 않은 상태이다. 정정 내용은 허재영(2010 : 128~145)에서 자세히 풀이한 바 있다.

	내용	비고
	第三課 英祖大王 仁德　第四課 空氣 第五課 鳥類　第六課 時計 第七課 有事探聞　第八課 訓練功效 第九課 順序　第十課 竹筍生長 第十一課 蝙蝠　第十二課 蝙蝠話 第十三課 蓮花　第十四課 海濱 第十五課 蚌鷸之爭　第十六課 職業 第十七課 汽車窓　第十八課 開國紀元節 第十九課 牝鷄 及 家鴨　第二十課 鯨 第二十一課 正直之利　第二十二課 洪水 第二十三課 洪水寒喧	개국기원절을 삭제 2. 제18과 대신 제20과에 천장절을 추가함 3. 제11과 편복, 제12과 편복화를 한 단원으로 묶음 4. 제3과 기차발착, 제4과 병자위문, 제5과 병자회사, 제6과 해저, 제7과 의복을 추가함
4권	第一課 正直之利　第二課 洪水 第三課 洪水寒喧　第四課 韓國地勢 第五課 韓國海岸　第六課 運動會의 請邀 第七課 運動會 一　第八課 運動會 二 第九課 雁　第十課 水鳥 第十一課 材木　第十二課 植物의 功效 第十三課 文德大勝　第十四課 我國의 北境 第十五課 漢城　第十六課 乾元節 第十七課 新鮮흔 空氣　第十八課 公園 第十九課 石炭과 石油　第二十課 平壤 第二十一課 玉姬의 慈善 第二十二課 金績命의 歎息	1. 제1과 ~ 제3과는 1907년판에는 권3에 있었으나 1909년판에는 권4에 편제하였음. 2. 제4과, 제5과, 제14과의 '아국' 대신 '조선'으로 정정 3. 제13과 문덕대승, 제22과 김적명의 탄식을 삭제함
5권	第一課 古代 朝鮮　第二課 象의 重量 第三課 五大江　第四課 皮膚의 養生 第五課 氣候　第六課 紙鳶과 핑이 第七課 三韓　第八課 他人의 惡事 第九課 政治의 機關 第十課 母親에게 寫眞을 送呈홈 第十一課 同答書　第十二課 三國의 始起 第十三課 蜜蜂　第十四課 驟雨 第十五課 平安道　第十六課 蠶 第十七課 養蠶　第十八課 咸鏡道 第十九課 時計　第二十課 麻 第二十一課 廢物利用　第二十二課 支那의 關係 第二十三課 井蛙의 所見	1. 조선총독부 정정본에서는 제1과 고대 조선, 제7과 삼한, 제12과 삼국의 시기가 삭제됨 2. 제9과 '정치의 기관'은 '조선총독부 급 소속관서'로 대체됨 3. 제12과 평안도, 제18과 함경도는 '남북도'로 서술함.
6권	第一課 明君의 英斷　第二課 三國과 日本 第三課 軍艦　第四課 燈火 第五課 江原道　第六課 無益흔 勞心 第七課 蝶　第八課 牛 第九課 孔子와 孟子　第十課 儒敎와 佛敎 第十一課 俚語　第十二課 黃海道 第十三課 鐵의 談話 一　第十四課 鐵의 談話 二 第十五課 鐵歌　第十六課 京畿道 第十七課 隋唐의 來侵	1. 조선총독부 정정본에서는 역사 관련 단원인 제1과(세종대왕 관련), 제2과, 제10과, 제17과, 제24과가 삭제됨 2. 지리 관련 단원은 '충청도', '전라도'를 남북도로 변경 서술함

	第十八課 林檎을 贈與ᄒᆞᄂᆞᆫ 書札	
	第十九課 同答書　　　第二十課 忠淸道	
	第二十一課 水의 蒸發　第二十二課 雨露	
	第二十三課 雨	
	第二十四課 百濟, 高句麗의 衰亾	
	第二十五課 全羅道　　　第二十六課 鹽과 砂糖	
7권	〈학부 편찬본은 미발굴 상태임〉	
	第一課 讀書法　　　　第二課 一村의 模範	
	第三課 淡水와 鹹水　　第四課 慶尙南北道 一	
	第五課 慶尙南北道 二　第六課 工夫ᄒᆞ고 놀세	
	第七課 虎　　　　　　　第八課 農家의 兼業	
	第九課 重要物産　　　　第十課 書籍을 請借ᄒᆞᆷ	
	第十一課 同答書　　　　第十二課 移秧	
	第十三課 種痘　　　　　第十四課 제너 一	
	第十五課 제너 二　　　　第十六課 學問歌	
	第十七課 交通機關　　　第十八課 禁酒	
	第十九課 俚語　　　　　第二十課 梟眼	
8권	第一課 美術 工藝의 發達	1. 조선총독부 정정본에서는 제1과 '미술공예의 발달', 제7과 '학술의 성쇠', 제13과 '고려가 망함', 제17과 '통감부'가 삭제됨 2. 제2과 '청국'은 '지나'로 수정함
	第二課 漂衣　　　　　　第三課 淸國	
	第四課 滿洲　　　　　　第五課 與姉妹書	
	第六課 勸業模範場　　　第七課 學術의 盛衰	
	第八課 俚諺　　　　　　第九課 박테리아	
	第十課 地球上의 人種　第十一課 種子의 選擇	
	第十二課 善友　　　　　第十三課 高麗가 亾ᄒᆞᆷ	
	第十四課 會社	
	第十五課 友人의 慈親喪을 弔慰ᄒᆞᆷ	
	第十六課 同答書　　　　第十七課 統監府	
	第十八課 害蟲　　　　　第十九課 益蟲	
	第二十課 郊外 散步를 勸誘ᄒᆞᆷ	
	第二十一課 同答書　　　第二十二課 陸地의 海洋	
	第二十三課 世界의 强國	

이처럼 정정 내용은 '식민 지배 사실과 일치하지 않는 것', '자주 독립이나 국권 의식을 담고 있는 것' 등이라고 할 수 있다.

구교육령 발포 이후에는 각종 교과서 편찬 정책이 체계적으로 이루어졌다. 이에 따라 정정본 조선문 『수신서』를 일본어로 발행하고, 정정본을 대신할 『보통학교 국어독본』과 『보통학교 조선어급한문독본』을 편찬하였다. 이 과정에서 중요하게 대두된 문제가 철자법이었다. 일본어의 경우 '국어가나 문제(國語假名問題)'가 있었으며 조선어의 경우 '조선어 철자법 문제(諺文假名附 問題)'가 있었다. 당시 교과서 편찬에서는 일본어의 경우 문부성 내 '국어조사회'에서 조사한 결과를 기준으로 삼았으며, 조선어의 경우는 언문 철자법 조사위원회[25]를 설치하여 표기법의 통일을 기하고자 하였다. 이러한 기준을 토대로 교과서 편찬 지침을 마련하고 본격적인 편찬 작업에 착수하였는데, 이 때 적용된 편찬 방침은 다음과 같다.

(29) 普通學校 敎科用圖書(其三)

第三 敎科書 一般 方針 以上 國語 並 諺文의 假名附法을 決定홈과 共히 普通學校 敎科書에 關흔 一般 方針을 定ㅎ야써 編纂의 根據로 홈. 左에 其 主要 條項을 示ㅎ건딕

一. 普通學校 敎科書는 <u>朝鮮敎育令 並 普通學校規則에 根據</u>ㅎ야 編纂 홀 事.

二. 普通學校 敎科書는 <u>朝鮮語及漢文讀本을 除흔 外에는 總히 國語로 記述</u>홀 事. 但 一層 國語가 普及되기신지 私立學校 生徒用에 充ㅎ기 爲ㅎ야 修身書, 農業書 等 特種에 限ㅎ야 別로히 朝鮮譯文을 作홈.

三. 內容은 敎科目이 異홈을 從ㅎ야 各各 特色을 有홀 것은 勿論이나 <u>直接 國民性 養成에 關係가 有흔 敎科目에 在ㅎ야는 最히 左의 諸點</u>을 爲主홀 事.

(1) 朝鮮은 內地 臺灣 等과 同樣으로 我國家의 一部인 事를 明白히 知得케 홀 事

(2) 我帝國은 萬世一系의 天皇이 此를 統治ㅎ시는 바를 知케 홀 事

(3) 我國이 今日과 如히 國力의 發展됨과 並히 朝鮮人이 大日本帝國 臣民으로 外로는 世界 一等國의 人民과 肩을 比ㅎ고 內로는 幸 福인 生活을 營홈을 得홈은 全혀 皇室의 恩澤에 由홈임을 印象

---

25) 이에 따라 1912년 〈보통학교용 언문 철자법〉이 제정되었다. 이 자료는 고영근·김민수·하동호 편(1977)의 『역대문법대계』 3-15(탑출판사)에 수록되어 있다.

케 ᄒ며 各其 本分을 守ᄒ야 皇室을 尊ᄒ며 國家에 盡忠홀 道를 知케 홀 事

(4) 實用 勤勉을 爲主ᄒ야 空理空論을 避케 홀 事

四. 普通學校 教科目 中 別로히 地理 歷史科에 本邦 歷史 地理의 一斑을 授ᄒ며 朝鮮語及漢文讀本 教科 中에 朝鮮 地理의 槪要를 置ᄒ기로 홈.

五. 記述은 國語讀 卷七, 八에 幾分 文語를 揭ᄒ 外에 算術, 理科, 農業 等도 總히 日語로 홀 事.

六. 文章은 아모조록 平易叮嚀ᄒ게 理解키 易ᄒ며 常히 好感으로써 此를 運케 ᄒ며 又 徒히 筆記補足의 弊가 無케 할 事.

七. 分量은 相當 學年의 文部省 著作 國定敎科書에 比ᄒ야 稍히 多케 ᄒ며 又 各課에 반다시 練習問題를 附ᄒ야셔 練習 應用에 置重케 홀 事.

八. 旣히 前述홈과 如히 朝鮮에 在ᄒ 諸學校 敎師ᄂ 僅少의 內地人을 除ᄒ 外에 大多數가 皆朝鮮人 敎師이라. 敎育者될 만ᄒ 學識 經驗이 少ᄒ고 國語에 能ᄒ며 本邦의 事情에 通ᄒᄂ 者가 少홈으로 常히 此等 朝鮮人 敎師로 ᄒ야곰 敎授上 相當 效果를 擧케 ᄒ도록 留意홀 事.

九. 各卷首에 緖言을 附ᄒ야 編纂의 要旨 取扱上의 注意를 記홈과 共히 卷末에 附錄을 附ᄒ야 生徒의 自學에 便케 홀 事.

十. 表紙 並 揷畵의 意匠에 注意ᄒ야 書冊 其者에 趣味가 有케 ᄒ야 此를 尊重히 ᄒ며 且 愛好ᄒᄂ 念이 有케 홀 事.

十一. 用紙ᄂ 印刷上 又 使用 保存上 障害가 無ᄒ 程度로 홀지나 製本은 充分히 注意홀지며 定價ᄂ 可及的 低廉케 홀 事(現在 出版의 普通學校 敎科書 定價ᄂ 生徒用 敎師用 共히 各冊 金六錢이라). ―『매일신보』 1917.6.23.

여기에 나타난 편찬 방침에서 주목할 만한 사항은 '조선어급한문독본'을 제외한 모든 교과서는 일본어(국어)로 편찬하며, 내용은 '국민성 함양과 관련된 것'을 가장 중시한다는 점이다. 이는 조선 교육령과 각 학교 규칙이 지향하는 바와 다르지 않다. 이 시기 편찬된 조선어과 교과서는 다음과 같다.

(30) **구교육령기 조선어과 교과서**

ㄱ. 보통학교 조선어급한문 교과[26]

책명	편찬 및 발행	인쇄	단원수	발행 연월일
普通學校朝鮮語及漢文 讀本 卷一	朝鮮總督府	朝鮮總督府 總務局 印刷所	84	1915.3.15.
普通學校朝鮮語及漢文 讀本 卷二			60	1915.3.15.
普通學校朝鮮語及漢文 讀本 卷三			50	1917.3.10.
普通學校朝鮮語及漢文 讀本 卷四			58	1918.3.15.
普通學校朝鮮語及漢文 讀本 卷五			56	1918.3.25.
普通學校朝鮮語及漢文 讀本 卷六			64	1921.3.23.

ㄴ. 고등보통학교용 조선어급한문 교과

책명	편찬 및 발행	인쇄	단원수	발행 연월일
高等朝鮮語及漢文讀本 卷一	朝鮮總督府	朝鮮總督府 總務局 印刷所	73	1913.3.15.
高等朝鮮語及漢文讀本 卷二			92	1913.3.15.
高等朝鮮語及漢文讀本 卷三			61	1913.6.15.
高等朝鮮語及漢文讀本 卷四			55	1913.10.15.

여기서 주목할 점은 구교육령기 조선어 교과서의 특징이다. 박붕배(1987 : 335)에서는 이 시기 보통학교 조선어과 교과서의 특징을 다

---

26) 박붕배(1987, 2003)에서는 권6이 제시되어 있지 않으나 강진호·허재영(2010)에서는 이 자료를 수록하였다. 허재영(2009ㄱ : 84)에서도 권6을 제시하지 않았는데, 자료가 추가로 발견되었으므로 권6을 포함하여 표를 수정한다.

음과 같이 정리한 바 있다.

(31) 보통학교 조선어급한문독본의 특징

ㄱ. 日帝가 朝鮮總督府를 설치하고 朝鮮敎育令을 공포(1911)한 후 완전히 일제의 손으로 편찬된 교재로, 國語 아닌 外國語敎科로 엮어진 교과서이다.

ㄴ. '오, 요, 소'體와 '냐, 다'體 문장으로 되었으며, 國漢混用文體로 되었다.

ㄷ. 단원마다 練習問題가 설정되어 있으며, 上段을 설정하여 新出文字 및 漢字가 表出되어 있다.

ㄹ. 흑백 삽화가 있으며 국문 단원과 한문 단원이 1.5 : 1의 비율로 배열되어 있다.

ㅁ. 全5卷 體制로 학년당 單券體制의 冊으로 되었다.

이 특징 가운데 단원 구성 방식이다. 이 교과서는 국한문 혼용을 중심으로 한 조선어 단원과 한문에 토를 단 한문 단원이 나누어져 있다. 이러한 구성 방식을 취하게 된 이유를 오다[小田省吾]는 다음과 같이 진술하고 있다.

(32) 조선의 교과서[27]

朝鮮語, 漢文 等은 舊時代의 普通學校에서는 二 敎科目으로 處理ᄒ얏스나 現行 普通學校規則이 制定됨에 當ᄒ야 朝鮮의 現狀에 鑑ᄒ야 右附者(?)를 繼續ᄒᆯ 必要를 認ᄒᄂ 同時에 合倂ᄒ야 一敎科目으로 홈. 盖 兩者의 關係가 最密ᄒ야 如此히 홈이 便利ᄒ다 認홈이라. 於是에 敎科書도 同一主義로 編成ᄒ고 朝鮮語 敎材 漢文 敎材를 同一卷 冊中에 適當히 排列ᄒ고 相依相助ᄒ야 學修에 便케 ᄒ도록 ᄒ며 就中 特히 玆에 一言ᄒᆯ 것은 諺文에 對ᄒ 것이라.

---

27) 『매일신보』 1917.6.29.

抑 諺文은 朝鮮 特有의 表音文字로 此를 各種의 語를 自由로 表示홈을 得홈은 極히 便利ᄒ나 其 結合의 方法이 多端ᄒ고 其表홀 語ᄂ 亦 無弊홈으로써 此를 兒童에 敎홈에 當ᄒ야 國語의 五十音을 範語로 홈에 比ᄒ면 同一의 談이 아니라. 然ᄒ나 可成的 國語와 同一 方法에 依ᄒ야 敎授ᄒ기 必要를 認ᄒ고 玆에 一種의 方法을 案出ᄒ야 範語法에 依ᄒ야 直觀的으로 敎授홈을 得케 홈. 盖此 朝鮮語와 漢文과의 敎材를 同一卷 冊中에 收ᄒᄂ 同時에 從來의 方法에 一新機軸를 出ᄒ 것으로 國語讀本과 並行ᄒ야 朝鮮 特有의 敎科書라 謂홀 만ᄒ니 今回 讀本 編纂上의 主點을 擧컨딕 左와 如홈.

一. 諺文 假名 用法은 世間 慣用 이것이 區區홈으로 本府 制定 普通學校諺文假名用法에 依ᄒ야 記ᄒ고 可成的 實際의 發音과 一致케 ᄒ야 其用語를 正히 홈.

二. 朝鮮語ᄂ 諺文 綴字로브터 始ᄒ야 單文을 敎ᄒ고 次에 文章에 及ᄒ며 文章도 卷一은 全部 口語文으로 ᄒ고 卷二로브터 文語를 主로 홈.

三. 漢文은 最히 普通 簡易漢字로브터 始ᄒ야 單語 單文으로브터 文章에 進홈.

四. 朝鮮語 漢文이 其敎材ᄂ 國語와 同樣으로 國民性을 涵養ᄒᄂ 點에 置重ᄒ고 又 道德을 敎ᄒ며 常識을 富케 ᄒ며 普通의 事物을 辨케 홈에 意를 用ᄒ야 選擇ᄒ고 殊히 朝鮮語 敎材ᄂ 第三學年 以上에 朝鮮 地理의 一斑을 授ᄒ고 漢文 敎材에ᄂ 아모조록 敎訓될 만ᄒ 것을 取홈.

五. 漢文 敎材ᄂ 間或 抽象的에 陷키 易홈으로 아모조록 具體的 材料를 選ᄒ야 小學, 論語, 孟子 等으로브터 取ᄒ 것도 有ᄒ나 又 愼思錄 先哲叢憲과 如ᄒ 日本의 漢籍에셔 取ᄒ 것도 有ᄒ며 富士山, 中江藤樹와 如ᄒ 我國의 事物 史傳도 加ᄒ고, 又 朝鮮에셔ᄂ 漢文에 句讀를 施치 안이ᄒ나 其代에 '吐'를 附ᄒ게 ᄒ니 此가 無ᄒ면 學修가 甚히 困難ᄒ야 時或 敎授를 誤히 홈으로 同 讀本 中의 漢文 敎材에ᄂ

모다 '吐'를 附ᄒ고 又 其文章의 典據를 示ᄒ니라.

이 글에 나타난 것처럼 조선어과 교과서 편찬에서 '한문과'의 처리 방식에 변화를 보이게 된 이유는 두 가지 관점에서 찾아볼 수 있다. 첫째는 근대계몽기 이후 널리 번진 국한문체의 사용 상황[28]과 관련된 것이다. 근대계몽기 이후 일제강점기까지의 문자 생활이 국한문체를 중심으로 전개되었음을 고려할 때, 조선어과 교육에서도 한문을 포함해야 할지 여부는 매우 중요한 과제가 되지 않을 수 없었다. 둘째는 일본문과 조선문의 문자상의 유사성을 매개하는 문자가 한자였다는 점에서 '한문'을 조선어과에 묶어 처리하는 것이 효율적이라는 판단이 작용했을 것으로 보인다. 이러한 맥락에서 『고등조선어급한문독본』의 체제도 이해할 수 있다. 이 교과서의 특징은 '범례'에 잘 나타나 있다.

(33) 『고등조선어급한문독본』 범례

一. 本書專爲高等普通學校及其他同程度諸學校之朝鮮語及漢文科敎科用編纂之.

一. 本書收錄敎材, 須以漢文爲主而朝鮮文則畧加若干篇.

一. 漢文敎材, 約有三別. 經史子集中 擇其著要者, 一也. 內外古今雜書中採錄其爲敎訓爲文範爲話料者, 二也. 係今新撰者, 三也. 而間加詩歌, 鼓發生徒意趣, 使之樂學.

---

[28] 근대계몽기 문자 생활에서 국한문체의 발생, 국문위본의 천명 등의 문제는 연구자들 사이에서도 많은 논란이 벌어진다. 『매일신보』 1938.5.3.에서 스스로 밝혔듯이, 국한문체는 이노우에(井上角五朗)가 창작한 문체라는 설이 일제강점기에 널리 퍼져 있었으나 이를 부정하는 사람들도 많이 있다. 또한 한문의 위상에 대해서도 국문자의 일부로 받아들여야 한다는 견해와 이를 배제해야 한다는 견해가 근대계몽기 이후 끊임없는 논쟁의 대상이 되어 왔다. 이와 같은 국문 논쟁에 대해서는 하동호(1986), 『국문론집성』(역대문법대계 3-10, 17)을 참고할 수 있다. 또한 연구자는 '일제강점기 어문 정책과 어문 생활'에 대한 별도의 연구 프로젝트를 수행하면서 이 분야에 대한 종합적인 정리를 수행하고 있으므로, 이에 대한 자세한 서술은 프로젝트 결과물로 밝힐 예정이다.

一. 朝鮮文教材, 多取其涉於朝鮮實業者, 又譯本書中 漢文教材及高等國語
　讀本教材等若干篇. 此等譯文, 須與原文對校, 可作飜譯教授之資料, 以
　補其不足, 亦可.

一. 漢文教材, 有照騰原書全文者, 有節錄者, 又或有刪修者. 各於篇尾, 記
　入原書名. 而全文則只曰某書, 以別之, 俾便考核.

一. 漢文句讀法, 全據朝鮮口訣, 酌加內地慣例, 用圖生徒誦讀之便.

一. 原文撰人及篇中所著人小傳, 與夫章句中難解處畧註, 竝載諸讀欄, 以
　供參照.

　大正二年 三月

　범례에 따르면 이 교과서는 고등보통학교 및 이에 해당하는 정도
의 학교 '조선어급한문과' 교과서로 편찬되었으며, 수록 교재는 '한
문을 주로 하고 조선문을 약간 가미한 정도'이다. 한문 교재의 편찬
원칙은 경사자집류, 내외고금잡서, 계금신찬류의 세 종류이며, 조선
문 교재는 조선의 실업과 관련된 것, 고등국어(일본어)독본 교재에서
번역한 것 등이다. 책의 편제 방식은 한문 교재의 경우 원문을 그대
로 실은 것, 원문을 일부 삭제하고 고쳐 실은 것으로 나눌 수 있으
며, 각 편의 끝에는 원서의 이름을 표기하였다. 한문 독법은 조선의
구결법과 일본의 관례를 따른다고 하였는데, 이는 생도가 쉽게 암송
하도록 하기 위한 것이라고 밝혔다. 이에 대해 오다 편집과장은 이
교과서의 편찬 과정에 대해 다음과 같이 진술한 바 있다.

(34) 高等朝鮮語及漢文讀本[29]

　本書도 國民性 涵養의 資質될 者를 選擇ᄒ 것은 言을 不要ᄒ지라. 特
히 朝鮮語教材에 農業 其他 總督府의 奬勵事項에 關係 잇ᄂ 者를 多取ᄒ
고 漢文 教材ᄂ 經典 諸子 其他 內外의 諸文集 等으로브터 教訓될 者 模

---

29)『매일신보』1917.7.4.

範될 者 等을 採擇ᄒ얏스나 就中 力을 致혼 것은 從來 朝鮮人의 親密혼 漢籍 中에서 實利實功을 說ᄒ며 又ᄂ 産業奬勵에 補益잇ᄂ 材料를 選擇 ᄒ야써 古聖賢의 說혼 바 亦結로 空理空論에 不在혼 것을 具體的으로 示 혼 者니 此ᄂ 內地 中等程度 漢文 敎科書의 多혼 美文을 主로 홈과 稍趣 旨를 異히 혼 所以라.

이 글에서 확인할 수 있듯이, 이 교과서의 조선어 관련 자료는 '국 민성 함양의 자질이 될 자'를 기본으로 하고, '농업을 비롯하여 총독 부의 장려 사항과 관련이 있는 것'을 중심 교재로 삼았다. 철저한 한 문 중심의 교과서이면서도 조선어의 경우 '실업'과 '총독부 장려 사 항'을 고려한 교과서이므로, 식민 통치의 이데올로기를 극명하게 반 영한 교과서라고 할 수 있다.

3. 신교육령과 조선어 교육 정책

3.1. 문화정치(文化政治)와 내선 공학(內鮮共學) 이데올로기

3.1 독립운동 직후 사이토 마코토[齋藤實]가 부임(1919년 8월 12일)하 면서 제일 먼저 착수한 작업은 관제 개편이었다. 그는 관제 개혁안 을 공포한 뒤 다음과 같은 훈시를 남겼는데 이 훈시에서 강조한 개 념이 '문화'였다.

(35) 총독 훈시

(전략) 今上 陛下의 優詔에 示ᄒ심과 如히 日韓倂合의 本旨에 基ᄒ야 一 視同仁으로 各히 其所를 得ᄒ고 其生에 聯ᄒ야 体明의 澤을 享케 ᄒ기 爲ᄒ야 時에 應ᄒ야 宜를 制ᄒ고 施政의 便에 資케 홈에 在ᄒ며 即 總督 은 文武官의 何者이던지 任用홈을 得ᄒᄂ 道를 啓ᄒ고 更히 <u>憲兵에 依ᄒ</u>

ᄂᆞᆫ 警察制度에 代ᄒᆞ기를 普通警察官에 依ᄒᆞᄂᆞᆫ 警察制度로써 尙히 制度
에 改正을 爲ᄒᆞ야 一般 官吏 敎員 等의 制服 帶劍을 廢止ᄒᆞ며 朝鮮의 任
用待遇 等에 考慮를 加코저 ᄒᆞ노라. 要之컨대 文化的 制度의 革新에 依
ᄒᆞ야 鮮人을 誘導 操撕ᄒᆞ야써 其 幸福利益을 增進ᄒᆞ고 將來 文化의 發達
과 民力의 充實에 應ᄒᆞ야 政治上 社會上의 待遇에도 內地人과 同一의 取
扱을 爲ᄒᆞᆯ 究枏의 目的을 達코ᄌᆞ 庶幾ᄒᆞᆷ에 不外ᄒᆞ도다. (하략) ―『매일신
보』1919.9.4.

사이토의 훈시에서 주목할 것은 '헌병 경찰 제도'를 '일반 경찰 제
도'로 전환하며, '선인과 내지인'을 동일하게 취급하는 '문화적 제도'
를 강구한다는 것이다. 이것이 이른바 '문화 정치'인데, 이를 실현하
기 위한 방편으로 제2차 조선 교육령을 개정하였다. 이 교육령은 구
교육령의 일부 조항을 개정한 것으로 보통학교의 수업 연한을 4년
에서 6년으로 늘리고, '이과'와 '체조' 과목을 가설하며, 6년제 보통
학교에 '지리', '역사'를 가설한 것이 주요 변경 사항이다. 이 교육령
개정에 대해 당시 학무국장은 다음과 같이 진술하였다.

(36) 敎育令 改正에 對ᄒᆞ야―柴田 學務局長 談(제2차 조선 교육령)
今番에 朝鮮敎育令과 及 此에 附帶ᄒᆞᆫ 法令 中에 改正된 것이 有ᄒᆞᆫ 바
大抵 人文이 發達됨은 敎育이 進步되여야 ᄒᆞᆯ 것이라. 故로 此府에셔ᄂᆞᆫ
倂合 以來로 敎育을 進展케 ᄒᆞᆷ에 銳意 努力ᄒᆞᆫ 바이라. (中略) 末體가 至
重ᄒᆞᆷ은 吾等 在官者의 意見으로만 決ᄒᆞ면 時勢에 適合ᄒᆞ도록 ᄒᆞᆷ에 錯誤
가 有ᄒᆞᆫ가 憂慮ᄒᆞ야 總督은 制度를 硏究케 ᄒᆞ기 爲ᄒᆞ야 敎育調査會를 新
設ᄒᆞ고 朝野의 讀者를 網羅ᄒᆞ야써 此等 審査케 ᄒᆞᆯ 터인 故로 不日間 設
置될 줄로 思ᄒᆞ노라.
然而 普通敎育은 所謂 國民敎育의 根本이라. 其 施設를 改善ᄒᆞᆷ을 一日
이라도 圓滿ᄒᆞ기 急ᄒᆞᆫ 事項이 有ᄒᆞᆫ 故로 特히 敎育調査會에 付託치 안이
ᄒᆞ고 今番에 改正될 바이니 其 改正된 要項은

一. 年來 普通學校의 修業年限은 四年을 大則으로 ᄒ던바를 今番에 六
年으로 ᄒ고 地方의 狀況을 從ᄒ야 五年이나 ᄯᆞᄂᆞ 四年으로 흠을 得
ᄒ게 된 事

二. 從來 普通學校의 敎科目은 必須科目이 修身, 國語, 朝鮮語及漢文,
算術섇이단 것을 今番에 理科, 體操, **를 添加흔 事

三. 修業年限이 六年으로 되ᄂᆞ 普通學校ᄂᆞ 地理, 歷史를 新加흔 事

四. 高等普通學校의 卒業生을 爲ᄒ야 三個年 以內의 補習科를 新設흠
을 得ᄒ게 된 事 等이니라. (下略) —『매일신보』1920.11.12.

이 교육령은 사이토의 통치 방침인 '문화 정치', '내선인 동일 취
급' 이데올로기를 실현하고자 일부 조항을 개정한 교육령이다. 이에
따라 각종 교육 기관 확장과 조선인 특별 임용, 내선 공학의 이데올
로기가 확립되기 시작하였다.[30]

교육 기관 확장은 '고등', '중등', '초등'에 걸쳐 모두 추진되었는데
고등 교육 기관은 민립 대학 설립 운동을 무마하는 차원에서 '대학
설립'(후에 경성제국대학의 기반이 됨) 정책으로 이어졌다. 중등 교육 기
관은 '보습과'를 특설함으로써 수업 연한을 연장하고 고등학교(일본
인 학교)와 고등보통학교(조선인 학교)를 통합한 제도를 계획하였다. 또
한 경성과 신의주에 고등학교를 신설하여 기존의 5개교에서 7개교
로 운영할 방침을 천명하였다. 초등 교육에서는 삼면일교(三面一校)
의 원칙[31]을 천명하고, 각종 서당(書堂)을 개량하여 보통 교육 기관
의 기능을 담당하도록 유도하였다. 특히 서당 개량은 기존의 서당이
'교육 내용'이나 '위생상' 보통 교육 기관으로 적합하지 않으므로,

---

30) 제2차 조선 교육령 개정은 전면적인 개정이 아니었으므로 일부 개정 뒤에도 교육령 개
정을 지속하였다. 그 결과는 1922년 2월 4일에 제3차 조선 교육령(이른바 신교육령) 개
정으로 이어진다.

31) 조선의 보통학교는 강점 직후 실시된 '일군일교(一郡一校) → 육면일교(六面一校)'를 거
쳐 1920년대 초에 이르러 '삼면일교주의(三面一校主義)'로 나타난다. 앞의 기사에 따르
면 제2차 조선 교육령 개정기에는 대략 4면 1교의 상태였다고 한다.

'교사(敎師)', '교과서(敎科書)', '시설(施設)'을 개량해야 한다는 논리를 바탕으로 하였다.[32] 이러한 논리는 결과적으로 교육 기관을 확충함으로써 조선의 모든 교육을 통제 대상으로 삼고자 한 논리라고 할 수 있다.

조선인 특별 임용은 관제를 개정하여 지방청에서 조선인을 임용할 수 있도록 한 제도이다. 이 제도를 실시한 표면상의 이유는 '내선인을 동일하게 취급'하는 것이었지만 실제로는 식민 통치에 필요한 사무를 조선인에게 맡김으로써 통치의 정당성을 확보하고 부일 세력을 확보하며, 악화된 민족 감정을 달래고자 한 의도가 담겨 있다.[33]

내선 공학의 이데올로기는 구교육령의 근간을 바꾸어야 하는 이데올로기였다. 왜냐하면 구교육령은 '조선인 교육'을 목적으로 하는 교육령이었으므로, 일본인 거주자는 원칙적으로 이 법령의 적용을 받지 않았다. 따라서 '내선 공학'이 이루어지려면 일본인 거주자와 조선인을 모두 대상으로 하는 교육령 개정이 필요하지 않을 수 없었다. 이에 따라 제3차 조선 교육령 개정(신교육령)이 이루어졌다. 이 교육령은 1922년 2월 6일 발포되었으며 제1조에서 "朝鮮에 在ᄒ 敎育은 本令에 依홈"이라고 하여, 조선인과 일본인 거주자를 구분하지 않고 모두 이 교육령에 근거할 수 있도록 하였다. 이 교육령 개정의 배경과 취지는 총독의 유고(諭告)와 정무총감의 담화를 통해 확인할 수 있다.

(37) 총독 유고와 정무총감 담화

ㄱ. 朝鮮敎育令 施行 以來로 星霜을 閱홈이 旣히 十有餘年이라. 此間 社

---

32) 예를 들어 '물재(勿齋)'의 '鄕村의 書堂改良問題(『매일신보』 1921.1.14./1.19.)와 파주 공조 훈도였던 성낙영(成落榮)의 '書堂 改良에 對ᄒ야('매일신보』 1921.1.18.)는 이 시기 서당 통제 논리를 담은 대표적인 논설이다.

33) 『매일신보』 1921년 2월 16일의 사설에 따르면 강점 직후 조선인 관리 임용은 '고등관, 도지사, 도참여관, 군수' 등에서만 인정되었는데(이는 식민 통치에 기여한 대가로 임용된 경우임), 관제 개정으로 학무국이나 시학관에 조선인을 임용할 수 있도록 하였다.

會의 進步와 民力의 伸展이 極著ᄒ야 殆히 朝鮮 往時의 面目을 一新ᄒ
觀이 有ᄒ다 予는 就任之初에 當ᄒ야 爲先 社會文化의 根帶될 敎育의
刷新에 對ᄒ야 宣明ᄒ는 바가 有ᄒ고 爾來 敎育制度의 改正을 企ᄒ야
著著히 各般의 調査를 行ᄒ고 又 臨時敎育調査委員會를 設ᄒ야 朝野
有識의 士에게 諮ᄒ는 바 有之러니 今回 遂히 朝鮮敎育令의 公布를 見
ᄒ에 至ᄒ니라.

抑 從來의 朝鮮敎育令은 其當時의 世態와 民度에 鑑ᄒ고 簡易ᄒ야
實用을 主로ᄒ는 施設을 ᄒ는 趣旨에 出ᄒ 것인즉 能히 社會의 實情에
適合ᄒ며 文運의 隆昌에 寄與ᄒ이 不尠ᄒ엿슴은 世人의 齊히 認ᄒ는
바이로다. 然이ᄂ 時勢의 推移는 徒히 舊株를 守ᄒ이 不許ᄒ니 必也
此에 應ᄒ야 適當ᄒ 改正을 行ᄒ야 益益 制度를 整ᄒ며 施設을 完케
ᄒ지 아니치 못ᄒ 것임은 言을 不竢ᄒ지라. 是 今回에 新히 師範敎育
及 大學敎育을 加ᄒ고 且 普通敎育 實業敎育 竝히 專門敎育의 程度를
進ᄒ야 內鮮共通의 精神에 基ᄒ고 又 子弟의 特別ᄒ 事情에 應ᄒ야 適
當히 學習케 할 途를 開ᄒ니라. (하략) ―『조선총독부 관보』 1922.2.6.

ㄴ. 今般에 朝鮮敎育令이 發布되야 今日 朝鮮의 敎育은 內地와 同一한
制度에 依하야 施設됨에 至ᄒ 것은 新學制上에 日新 紀元을 開ᄒ 것이
니 實로 慶祝에 不堪하는 바이라. 從來의 敎育令은 倂合 后 즉시 制定
되야 朝鮮에 在한 其 當時의 民度에 顧하야 簡易하고 且 實用에 適함
을 指導ᄒ 것인바 善히 實情에 **하고 又 심의 進步를 調成한 事가 實
노 不堪하도다. (중략) 新敎育制度는 一視同仁의 聖旨에 依하야 差別
撤廢를 期하야 內地와 同一한 制度에 依함을 主義로 한 結果 舊令은
單히 朝鮮人에 對한 學制이얏섯스나 新令에 在하야는 朝鮮內의 敎育
의 人種的 區別을 設치 아니하고 此 一法令에 統合하게 될 것이라. 다
만 朝鮮에 在ᄒ 民族은 現狀으로는 其 日常生活에 國語를 使用하는 者
와 不然한 者가 有ᄒ고 其 風俗 習慣 等에 事하야도 亦 不動ᄒ 者가 有
ᄒ으로 普通敎育에 對하야 全然 同一ᄒ 制度를 抱하고 又 主義로 共學
混合 敎育을 實行ᄒ은 適當치 아니한 事情이 有ᄒ 故로 普通敎育에 際

하야 國語를 常用하는 者는 小學校, 中學校 又는 高等女學校에 國語를 常用치 아니하는 者는 普通學校, 高等普通學校 又는 女子高等普通學校에 入學홈을 本體로 하고 다만 特別혼 事情이 有혼 境遇에 在ᄒ야만 交互로 入學홈을 得하게 한 것이다. (下略) ―敎育의 根本方針 水野 政務總監 談, 『매일신보』 1922.3.2.

유고와 담화에서는 신교육령이 '내선 공학'의 이데올로기에 기반을 두고 있으며, 이는 '시세와 민도'로 표현되는 당시의 식민 통치 상황을 반영한 것임을 확인할 수 있다. 유고에 나타나듯이 개정의 주요 내용은 '사범 교육', '대학 교육', '보통 교육', '실업 교육', '전문 교육'을 모두 포괄하고 있다. 특히 정무총감 담화에서는 '朝鮮에 在혼 民族은 現狀으로는 其 日常生活에 國語를 使用ᄒ는 者와 不然혼 者가 有'함은 전제로 '보통 교육'에서 동일 제도를주의(主義)로 하고 실제로는 공학 혼합 교육(共學 混合敎育)을 실시하는 것이 마땅하지 않으므로 '국어를 상용하는 자'와 '상용하지 않는 자'로 나누어 교육하는 제도를 취하게 되었다고 설명하였다. 이에 대해 신교육령에서는 다음과 같이 규정하고 있다.

(38) 신교육령

第一條 朝鮮에 在혼 敎育은 本令에 依홈

第二條 國語를 常用ᄒ는 者의 普通敎育은 小學校令, 中學校令 及 高等女學校令에 依홈 但 此等의 勅令中 文部大臣의 職務는 朝鮮總督이 此를 行홈

前項의 境遇에 在ᄒ야 朝鮮特殊의 事情에 依ᄒ야 特例를 設ᄒ는 必要가 有혼 者에 對ᄒ야는 朝鮮總督이 別段의 定을홈을 得홈 (하략) ―『朝鮮總督府 官報』 1922.2.6. 號外

이 규정을 살펴보면 '조선의 모든 교육'은 이 교육령에 따르도록

하였지만, '국어를 상용하는 자'를 위한 교육은 '소학교령', '중학교령', '고등여학교령'(이들 법령은 문부대신 관할임)에 근거를 두고 그 업무를 조선 총독이 대행하도록 하였으므로, 일본의 제도를 일부 변용하여 운영한 셈이다. 이를 고려할 때 신교육령은 '국어를 상용하지 않는 자'를 중심 대상으로 한 법령이라고 볼 수 있다.

3.2. 일본어 비상용자의 조선어과 교육

신교육령에서는 일본어를 상용하지 않는 자의 보통 교육, 실업 교육, 전문 교육, 사범 교육에 관하여 다음과 같이 규정하고 있다.

(39) 신교육령의 각급 학교 요지

학교 급		규정
普通教育	普通學校	普通學校는 兒童의 身體의 發達에 留意하야 此에 德育을 施하고 生活에 必須한 普通의 知識技能을 授하야 國民될 性格을 涵養하고 國語를 習得케 홈을 目的으로 홈(제4조)
	高等普通學校	高等普通學校는 男學生의 身體의 發達에 留意하야 此에 德育을 施하고 生活에 有用한 普通의 知識技能을 授하야 國民될 性格을 養成하고 國語에 熟達케 홈을 目的으로 홈(제6조)
	女子高等普通學校	女子高等普通學校는 女生徒의 身體의 發達 及 婦德의 涵養에 留意하야 此에 德育을 施하고 生活에 有用한 普通의 知識技能을 授하야 國民될 性格을 養成하고 國語에 熟達케 홈을 目的으로 홈(제8조)
實業教育		實業教育은 實業學校令에 依홈 但 同令 中 文部大臣의 職務는 朝鮮總督이 此를 行홈. 實業學校의 設立 及 教科書에 關하야는 朝鮮總督이 定하는 바에 依홈(제11조)
專門教育		專門教育은 專門學校令에, 大學教育 及 其豫備教育은 大學令에 依홈 但 此等의 勅令 中 文部大臣의 職務는 朝鮮總督이 此를 行홈 專門學校의 設立 及 大學豫科의 教員의 資格에 關하야는 朝鮮總督이 定하는 바에 依홈(제12조)
師範教育		師範教育을 하는 學校는 師範學校로 홈 師範學校는 特히 德性의 涵養에 努하고 小學校 教員될 者 及 普通學校 教員될 者를 養成홈을 目的으로 홈(제12조)

교육령에서 규정한 바와 같이 일본어 비상용자를 대상으로 한 학

교는 '보통학교', '고등보통학교', '여자고등보통학교', '실업학교', '전
문학교', '사범학교'이다. 이 가운데 '실업 교육'과 '전문 교육'은 '실
업 교육령'과 '전문 교육령'에 따르도록 하였으므로 일본어 상용자를
대상으로 한 교육과 큰 차이가 없다. 그러나 보통 교육과 사범 교육
에서는 식민 정책 수행과 매우 밀접한 관련이 있으며, 식민 교육의
핵심 이데올로기였던 일본어 보급 정책과도 밀접한 관련을 맺는다.
이는 신교육령에 따라 발포된 각종 학교의 규칙을 통해 확인할 수
있다. 이들 규칙에는 각종 학교의 교과목과 교수상 '주의할 점'이 규
정되어 있다.

(40) 각종 학교 규칙의 교과목 및 교수상 주의할 점

학교명	교과목	교수상의 주의할 점
普通學校	普通學校의 敎科目은 修身, 國語, 朝鮮語, 算術, 日本歷史, 地理, 理科, 圖畫, 唱歌, 體操로 ᄒᆞ고 女兒를 爲ᄒᆞ야는 裁縫을 加홈. 土地의 情況에 依ᄒᆞ야 前項 敎科目 外에 手工을 加ᄒᆞ며 又는 隨意科目 或은 選擇科目으로 農業, 商業, 漢文 中 一科目 或은 數科目을 加홈을 得홈. 修業年限을 四年으로 ᄒᆞᆫ 時는 前二項의 敎科目 中 日本歷史 及 地理는 此를 闕ᄒᆞ며 또 農業, 商業 及 漢文은 此를 加홈을 不得홈 (제7조)	一. 國民된 性格을 涵養ᄒᆞ며 國語를 習得케 홈은 어늬 敎科目에셔던지 恒常 此에 深히 留意홈을 要홈. 二. 善良ᄒᆞᆫ 風俗을 尊重ᄒᆞ며 兒童의 德性을 涵養ᄒᆞ야 醇良을 人格의 陶冶를 圖ᄒᆞ며 進ᄒᆞ야 社會에 奉仕ᄒᆞ는 念을 厚히 ᄒᆞ며 同胞相助ᄒᆞ는 美風을 養홈을 期ᄒᆞ되 어늬 敎科目에셔던지 此에 深히 留意홈을 要홈. 三. 知識技能은 恒常 生活에 必須ᄒᆞᆫ 事項을 選ᄒᆞ야 此를 敎授ᄒᆞ되 反復練習ᄒᆞ야 應用自在케 홈을 務홈이 可홈.(中略)六. 各 敎科目의 敎授ᄂᆞᆫ 其 目的 及 方法을 誤홈이 업시 互相聯絡ᄒᆞ야 補益케 홈을 要홈(제8조)
高等普通學校	高等普通學校의 學科目은 修身, 國語及漢文, 朝鮮語及漢文, 外國語, 歷史, 地理, 數學, 博物, 物理及化學, 法制及經濟, 實業, 圖畫, 唱歌, 體操로 홈. 外國語는 英語, 獨語 又는 佛語로 홈. 法制及經濟, 實業, 唱歌는 當分間 此를 闕홈을 得홈. 實業은 隨意科目으로 홈을 得홈(제7조)	高等普通學校에서는 敎授上 特히 左의 事項에 注意홈이 可홈. 一. 國民된 性格을 涵養ᄒᆞ며 國語에 熟達케 홈은 어늬 學科目에셔던지 恒常 此에 深히 留意홈을 要홈. 二. 善良ᄒᆞᆫ 風俗을 尊重ᄒᆞ며 生徒의 德性을 涵養ᄒᆞ야 醇良을 人格을 陶冶ᄒᆞ며 進ᄒᆞ야 社會에 奉仕ᄒᆞ는 念을 厚히 ᄒᆞ고 同胞相助ᄒᆞ는 美風을 養홈을 期ᄒᆞ되 어늬 學科目에셔던지 恒常 此에 深히 留意홈을 要홈.

			(中略) 五. 各學科目의 敎授는 其目的 及 方法을 誤홈이 업시 互相聯絡ᄒ야 補益케 홈을 要홈.(제8조)
女子高等 普通學校		女子高等普通學校의 學科目은 修身, 國語, 朝鮮語, 外國語, 歷史, 地理, 數學, 理科, 圖畵, 家事, 裁縫, 音樂, 體操로 홈. 外國語는 英語 又는 佛語로 홈. 外國語는 此를 闕ᄒ거나 又는 隨意科目으로 홈을 得홈 圖畵, 音樂의 一科目 又는 二科目은 朝鮮總督의 認可를 受ᄒ야 此를 闕홈을 得홈 土地의 情況에 依ᄒ야 第一項의 學科目 外에 漢文, 敎育, 法制及經濟, 手藝 又는 實業을 加ᄒ고 其他 朝鮮總督의 認可를 受ᄒ야 必要한 學科目을 加홈을 得홈 生徒의 特別한 事情에 依ᄒ야 學習키 不能한 學科目은 此를 其生徒에 課치 아니홈을 得홈(제7조)	女子高等普通學校에서는 敎授上 特히 左의 事項에 注意홈이 可홈. 一. 國民된 性格을 涵養ᄒ며 國語에 熟達케 홈은 어늬 學科目에셔던지 恒常 此에 深히 留意홈을 要홈. 二. 善良한 風俗을 尊重ᄒ며 生徒의 德性을 涵養ᄒ야 醇良한 人格을 陶冶ᄒ고 特히 貞淑ᄒ야 同情에 富ᄒ며 勤儉을 尙ᄒ는 志操를 厚히 ᄒ며 進ᄒ야 同胞相睦ᄒ는 美風을 養홈을 期ᄒ되 어늬 學科目에셔던지 恒常 此에 深히 留意홈을 要홈 (中略) 四. 生徒의 身體를 健全히 發達케 홈을 期ᄒ되 어늬 學科目에셔던지 其敎授는 生徒의 心身發達의 程度에 副케 홈을 要홈. 五. 各學科目의 敎授는 其目的 及 方法을 誤홈이 업시 互相聯絡ᄒ야 補益케 홈을 要홈.(제8조)
師範學校	普 通 科	普通科 男生徒에게 課홀 學科目은 修身, 敎育, 國語及漢文, 英語, 歷史, 地理, 數學, 博物, 物理及化學, 圖畵, 實業, 音樂, 體操로 홈 前項 學科目 外예 第一部에 在ᄒ야는 朝鮮語, 第二部에 在ᄒ야는 國語를 常用ᄒ는 者를 爲ᄒ야 朝鮮語, 國語를 常用ᄒ지 아니ᄒ는 者를 爲ᄒ야는 朝鮮語及漢文을 加홈(제6조) 普通科 女生徒에게 課홀 學科目은 修身, 敎育, 國語, 朝鮮語, 英語, 歷史, 地理, 數學, 理科, 圖畵, 手工, 家事, 裁縫, 音樂, 體操로 홈 英語는 此를 闕ᄒ며 又는 隨意科目으로 홈을 得홈(제7조)	師範學校에서는 特히 左의 事項에 注意ᄒ야 生徒를 敎養홈이 可홈. 一. 國民道德의 特質을 明瞭히 ᄒ며 國民된 志操를 鞏固케 홈을 務홈이 可홈. 二. 恒常 德性의 涵養ᄒ야 醇良한 人格을 陶冶ᄒ며 師表될 品格을 具케 ᄒ며 進ᄒ야 社會에 奉仕ᄒ는 念을 厚히 ᄒ며 同胞相睦ᄒ는 美風을 養홈에 務홈이 可홈. 女生徒에 在ᄒ야는 特히 貞淑ᄒ고 同情에 富ᄒ며 勤儉을 尙ᄒ는 志操를 養홈을 要홈. 三. 國語의 使用을 正確히 ᄒ며 其應用을 自在케 홈을 期ᄒ며 恒常 此를 熟達케 홈에 留意홈을 要홈. 四. 知識技能은 生徒의 將來生活上 適切한 事項 竝 將來 修學의 根基될 事項을 選ᄒ야 此를 敎授ᄒ며 스스로 學識을 進ᄒ며 技能을 硏究ᄒ는 習慣을 養홈을 務홈이 可홈. 五. 어늬 學科目에셔던지 小學校 又는
	演 習 科	演習科의 男生徒에게 課홀 學科目은 修身, 敎育, 國語及漢文, 歷史, 地理, 數學, 博物, 物理及化學, 法制及經濟, 圖畵, 手工, 音樂, 體操로 홈 前項 學科目 外에 第一部에 在ᄒ야는 朝鮮語, 第二部에 在ᄒ야는 國語를 常用ᄒ는 者를 爲ᄒ야 朝鮮語, 國語를	

	常用치 아니ᄒ는 者를 爲ᄒ야 朝鮮語及漢文을 加홈(제29조) 演習科의 女生徒에게 課홀 學科目은 修身, 教育, 歷史, 地理, 數學, 博物, 物理及化學, 圖畵, 手工, 裁縫, 音樂, 體操로 홈 前項 學科目 外에 第一部에 在ᄒ야는 國語及漢文, 朝鮮語, 第二部에 在ᄒ야는 國語를 常用ᄒ는 者를 爲ᄒ야 國語及漢文, 朝鮮語, 國語를 常用치 아니ᄒ는 者를 爲ᄒ야는 國語, 朝鮮語及漢文을 加홈(제30조)	普通學校 各教科目의 教授에 必要ᄒ 知識技能을 得케 ᄒ며 此의 教授方法을 會得케 홈을 務홈이 可홈 六 男女의 別은 毋論이며 生徒의 境遇及 特性에 留意ᄒ야 各 適當ᄒ 教育을 施홈을 務홈이 可홈 七 身體를 强健케 홈을 期호되 恒常 體育 及 衛生上에 留意홈을 要홈 八 各部 各學科 及 各學科目의 教授는 其 目的 及 方法을 誤홈이 업시 互相聯絡ᄒ야 補益케 홈을 要홈(제5조)
特科	特科의 男生徒에게 課홀 學科目은 修身, 教育, 國語, 歷史, 地理, 數學, 理科, 圖畵, 手工, 音樂, 體操로 홈 前項 學科目 外에 第一部에 在ᄒ야는 朝鮮語, 第二部에 在ᄒ야는 國語를 常用ᄒ는 者를 爲ᄒ야 朝鮮語, 國語를 常用치 아니ᄒ는 者를 爲ᄒ야는 朝鮮語及漢文을 加홈(제45조) 特科의 女生徒에게 課홀 學科目은 修身, 教育, 國語, 歷史, 地理, 數學, 理科及家事, 圖畵, 手工, 裁縫, 音樂, 體操로 홈 前項 學科目 外에 第一部에 在ᄒ야는 朝鮮語, 第二部에 在ᄒ야는 國語를 常用ᄒ는 者를 爲ᄒ야 朝鮮語, 國語를 常用치 아니ᄒ는 者를 爲ᄒ야는 朝鮮語及漢文을 加홈(제46조)	

이 표에서 확인할 수 있듯이, 신교육령에 따른 각종 학교 규칙의 교과목과 교수상의 주의 사항을 고려하면 보통학교의 언어 문제는 '국어 습득'에 있었고, '고등보통학교'와 '여자고등보통학교'는 '국어 숙달'에 있었다. 사범학교는 교원 양성 기관이었으므로 '국어의 정확한 사용과 응용'을 목표로 하였다. 이처럼 내선 공학의 이데올로기를 펼치면서도 일본어 비상용자의 학교 제도를 운영한 것은 식민 정책자들의 표현대로 '시세와 민도'에 부응하도록[34] 하기 위함이었을

---

34) 일제강점기 각종 법령에서는 '土地의 情況에 依ᄒ여'라거나 '時勢와 民度에 應ᄒ여'라는 표현이 자주 등장한다. 이러한 표현은 각종 법령을 공포하면서 현실적으로 이 법령을

뿐, 조선의 고유한 가치와 자주성을 인정하고자 한 것은 아니었다. 그렇기 때문에 이 시기 각종 학교의 조선어과 교육은 수업 시수나 교육 내용에서 전 시대보다 더 위축된 모습을 보이기도 한다. 다음은 각급 학교의 일본어와 조선어 교수 시수를 비교한 표이다.

(41) 각급 학교의 일본어와 조선어 시수 비교

학교명			국어(일본어)	조선어	전체 시수	구교육령기와의 비교
普通學校 (6년제)			10-12-12-12-9-9 [총 64]	4-4-3-3-3-3 [총 20]	23-25-27-29(30)-29(30)-29(30) [총 162(여165)]	두 교과의 시수가 구교육령기 40 : 22에서 64 : 20으로 변화함(조선어 교과 시수 급감)
高等普通學校 (5년제)			8-8-6-5-5 [총 32]	3-3-2-2-2 [총 12]	32-32-32-32-32[총 160]	두 교과의 시수가 26 : 14에서 32 : 12로 변화함(조선어 교과 시수 급감)
女子高等普通學校 (5년제)			6-6-6-5-5 [총 28]	3-3-3-2-2 [총 13]	30-30-30-30-30 [총 150]	두 교과의 시수가 18 : 6에서 28 : 13으로 변화함
師範學校	普通科 : 男은 5년제, 女는 4년제, 괄호는 이부제	男	8-8-6-5-5 [총 34]	2(3)-2(3)-2(3)-2(3)-2(3) [총 10(15)]	31(32)-31(32)-33(34)-33(34)-33(34) [총 158(163)]	구교육령기의 사범 교육은 고등보통학교의 사범과에 한하였으므로 비교하기 어려움
		女	6-6-5-5 [총 22]	2(3)-2(3)-2(3)-2(3)[총 8(12)]	31(32)-31(32)-33(34)-33(34) [총 128(132)]	
	演習科 (1년)	男	3	2	34(36)	
		女	3	1(4)	34(36)	
	特科 (3년~2년)	男	7-6-6 [총 19]	2(3)-2(3)-2(3) [총 6(9)]	32(33)-32(33)-32(33)[총 96(99)]	
		女	7-6-6 [총 19]	2(3)-2(3)-2(3) [총 6(9)]	32(34)-33(34)-33(34)[총 98(101)]	

이 표에 나타난 것처럼 신교육령기의 '내선 공학' 이데올로기는 '일본어 보급'의 강화를 의미하는 것이었다. 이러한 차원에서 당시의 조선어과 교육은 일본어 교과에 비해 절대적으로 약화되었으며, 교

시행하기 어렵거나 법령의 취지가 선언적(宣言的)일 경우에 쓴 표현이다. 곧 법령의 의도와 표현이 일치하지 않을 경우에도 이러한 표현을 자주 사용하였다.

과의 위상도 일본어과의 종속적인 관계에 있었다.

3.3. 신교육령기의 교과서 편찬과 의미

신교육령기의 학제 변화는 교과서 정책에도 변화를 가져왔다. 수업 연한이 늘어나면서 『보통학교 조선어급한문독본(普通學校 朝鮮語及 漢文讀本)』권6을 편찬하였으며, 1922년에는 '교과서 조사 위원회'를 설치하였다. 1922년 발행된 『朝鮮總督府施政年譜(大正10年度)』를 참 고하면 1921년 임시교육조사위원회를 설치하여 제2차 회의를 진행 하고 이 위원회의 활동과 함께 '교과서조사위원회'를 설치하였음을 알 수 있다. 임시교육조사위원회의 활동은 주로 학제 및 교과목과 관련된 것이었으며, 교과서조사위원회의 활동 사항은 교과서 편찬 지침 마련에 있었다. 교과서조사위원회의 조직과 활동에 대한 기록 을 살펴보면 다음과 같다.

(42) **教科書調査委員會**

組織：本府ハ 臨時教育調査委員會ノ 組織ト 共ニ 大正九年十一月 教科
書調査委員會ヲ 新設シ 教育制度ノ 確立ト 同時ニ 教科用圖書ニ 關
スル 重要ナル 事項ヲ 調査審議スルコトト爲シタリ 同會ハ <u>政務總
監ヲ 委員長トシ 内地及朝鮮ニ 於ケル 教育ニ 關シ 學識經驗アル
内鮮人ヲ</u> 以テ 委員ト 爲ス.

第一回 委員會：同委員會ハ 大正十年 一月 既ニ 其ノ第一回 會議ヲ 開
催シタリ 其ノ 際 當局ハ 曩ニ 本府ニ 於テ 普通學校 高等普通學校
實業學校 等ノ 教科用圖書 編纂 以來 各種 相當ノ 年月ヲ 閲シテ 現
下ノ 事情ニ 適切ナラサルモノアルヲ 認メ 教育制度ノ 革新ヲ 前提
トシラ <u>教科用圖書ノ 編纂ニ 關スル 審議案ヲ 提出シ</u> 委員會ハ 之
ニ 對シテ 愼重審議ヲ 重ネタル 後 大左要ノ 答申ヲ 爲シタリ.

一. 教科用 國語 假名遣 諺文綴字法 國文 朝鮮文ノ 倂記 及 朝鮮譯文

ノ 作成 等ニ 關シテハ 別ニ 委員ヲ 設ケテ 調査スルコト.

二. 敎科用圖書ノ 材料ハ 一層 生徒ノ 性情趣味ニ 適スルモノヲ 選フ
コト.

三. 修身書ハ 實踐躬行ノ 奬勵ヲ 旨トスルコト.

朝鮮文 綴字法ノ調査 : (이하 생략) ─朝鮮總督府『施政年譜』大正十
年版

위의 보고서에 나타났듯이, 교육 제도 혁신을 위한 '임시교육조사
위원회'의 설치와 함께 조직된 '교과서조사위원회'는 정무총감을 위
원장으로, 일본인과 조선인 가운데 교육 경험이 있는 사람들로 조직
된 위원회35)였다. 이 위원회의 주요 임무는 '교과용도서 편찬 관련
심의안'을 제출하는 것이었는데, 제1회 회의 결과 '사용 문자 문제'
(일본 가나 문자, 조선어철자법), 교과서 편찬에 사용할 재료 수집(교과서
내용 편제), 수신서의 적합한 자료 선정과 관련된 안을 제출하였다.
특히 1920년 이후 연장된 학년의 교과서 개발은 시급한 문제로 인식
되었는데, 이에 대해 다음과 같은 기사를 참고할 수 있다.

(43) 新敎育令과 敎科書

朝鮮新敎育令이 發布된 後 普通學校 實業學校 等 各種學校의 改正規
則이 發布되얏스며 高等普通學校 專門學校 大學 豫科 等의 各規程이 發
布될 것은 勿論인대 此等 各種學校의 敎科用圖書에 關ᄒ야ᄂ 專門學校
以上은 內鮮이 全然 共學制度인 故로 文部省 檢定의 相當한 程度의 敎科

---

35) 이 시기 교과서조사위원회에 참여한 사람들의 인적 사항에 대해서는 아직까지 알려진
바 없다. 그러나 위원회 조직 기준에서 밝혔듯이, 조선인 가운데도 일부 참여자가 있었
을 것으로 보이며, 교과서 재료 선정 문제에 대한 논의 결과는 1922년 이후 개발된 〈조
선어독본〉의 성격 변화에도 영향을 주었을 것으로 보인다. 참고로 고등보통학교용 조선
어독본의 경우 1913년 발행본인 『고등조선어급한문독본』은 한문의 비중이 매우 높으나,
1924년 편찬된 『신편고등조선어급한문독본』은 '조선어의 부'와 '한문지부'를 나누어 대
등한 비중으로 편찬하였음을 확인할 수 있다.

書 使用홀 터이나 初等 及 中等敎育에 在ᄒ야ᄂ 朝鮮 特殊의 科程이 有
ᄒ야 其 敎科書ᄂ 自然 改正치 안이ᄒ면 不可ᄒ게 되ᄂ 바 今回 改正된
普通學校規程을 見ᄒ면 敎科用圖書ᄂ 總督府의 編纂ᄒ 것을 主로 使用
ᄒ며 其他ᄂ 文部省 制定 國定敎科書를 使用하ᄂ 規定이라. 國定敎科書
에ᄂ 朝鮮語, 漢文 等이 無한 故로 此ᄂ 新히 總督府에 編纂하여써 敎授
ᄒ게 될 터이오 其 現今ᄭ지 使用한 普通學校 敎科用圖書ᄂ 四年制 時代
에 編纂ᄒ 것인 故로 五年 六年級에 敎授홀 敎科書ᄂ 無ᄒ 바 目下 新令
에 依하여 此의 全部를 改正홈을 時日의 關係上 到底히 不能한 故로 當
分間 舊來에 使用하던 것을 用하고 今後 改正ᄒ 規程에 依하야 敎科書의
編纂에 從하리라ᄂ대 此ᄂ 大正 十二年度에ᄂ 完了되야 新敎科로써 敎授
홈에 至하리라더라. ―『매일신보』 1922.2.1.

이처럼 수업 연한 연장, 교육 방침의 변화 등과 관련하여 교과서
개정 및 편찬 필요성이 제기되었으며, 교과서조사위원회의 보고서
를 바탕으로 1924년 말까지 극히 일부의 교과서를 제외하고는 대부
분의 교과서를 개정 편찬한 것으로 알려져 있다.36)

제3차 교육령기 조선어과 교과서 편찬은 6년제 보통학교를 기준
으로 이루어졌다.37) 이 교과서의 편찬 과정은 자세히 알려져 있지
않으나, 1920년 9월 설치된 '교과서조사위원회' 및 '언문 철자법 조
사회'의 활동과 깊은 관련을 맺고 있었을 것으로 보인다. 교과서조
사위원회는 교과용 도서와 관계된 중요 사항을 조사·심의하는 것을
목적으로 신설되었으며, 위원장은 정무총감으로 하고, 위원은 일본
인과 조선인 가운데 교육 관계 종사자들로 임명하였다.38) 이 위원회

---

36) 이에 대해서는 조선총독부(1924), 『朝鮮總督府施政年譜』(大正13年度) 第24節 '敎科用圖
書'를 참고할 수 있다.
37) 제3차 교육령기의 조선어과 교과서에 대한 분석은 허재영(2009)에서 시도한 바 있다. 여
기서는 허재영(2009 : 94~97, 130~138)을 수정·보완하였다.

의 제1차 회의는 1921년 10월에 개최되었으며 교육 제도의 혁신(제2
차 교육령)을 전제로 보통학교, 고등보통학교, 실업학교 등의 교과용
도서 편찬과 관련하여 시대에 적응할 수 있도록 중요 사항을 조사하
고 심의하였다. 그 이후 1922년 별도의 심의회를 개최하였는데, 이
때 심의 내용은 다음과 같다.

(44) 1922년 교과서조사위원회 심의 사항
一. 教科書用 國語假名遣・諺文綴字法・國文朝鮮文ノ併記 及 朝鮮譯文ノ
    作成 等ニ關シテハ別ニ 委員ヲ 設ケテ 調査スルコト
二. 教科用圖書ノ 材料ハ 一層 生徒ノ 性情 趣味ニ 適スルモノヲ 選フコ
    ト
三. 修身書ハ 實踐躬行ノ 勸奬ヲ 旨トスルコト (下略)
─『朝鮮總督府 施政年譜 大正 十二年』, 朝鮮印刷株式會社

위의 심의 항목 가운데 제1항에 따라 일본인과 조선인 조선어학
자 가운데 10여 명을 위원으로 선정하여 보통학교용 언문철자법 조
사위원회를 조직하고, 1921년 3월부터 심의를 시작하였다. 흥미로운
점은 이 때 조사위원회의 인적 구성은 비밀에 붙였던 것으로 보이는
데, 후에 밝혀진 바에 의하면 오쿠라(小倉進平), 가네자와(金澤庄三郎),
후지나미(藤波義貞, 조선총독부 통역관), 다나카(田中德太郎, 통역관) 등의
일본인과 어윤적(魚允迪, 中樞院副參義), 현헌(玄櫶, 朝鮮總督府 視學官), 신
기덕(申基德, 京畿道 視學官), 지석영(池錫永), 현헌(玄櫽, 中樞院 囑託), 유
필근(柳苾根, 元 東京外國語學校 教師), 최두선(崔斗善, 中央學校校長), 권덕
규(權悳奎, 徽文高普教員) 등의 조선인이 참여하였다.39)

38) 이에 대해서는 朝鮮總督府(1925), 『朝鮮總督府施政年譜 大正十二年度』, 朝鮮印刷株式會
    社, 153~154쪽을 참고할 수 있다.
39) 철자법 조사위원 구성에 대해서는 김민수 외(1977), 『역대문법대계』(3-16)의 해제를 참
    고할 수 있다. 이 해제에는 오쿠라 신페이가 들어 있지 않으나, 오쿠라(1921.3.20.), 후지

이 때 참여한 조선인 조사위원은 교과서 편찬에도 중요한 역할을 하였을 것으로 짐작되는데, 이는 제1차 교육령기의 『보통학교조선 어급한문독본』에 비하여 제3차 교육령기의 『보통학교조선어독본』 의 편제와 내용 구성에 큰 변화가 있기 때문이다. 제3차 교육령기의 초등교육용 교과서는 다음과 같다.

(45) 제3차 교육령기 보통학교 조선어과 교과서

책명	편찬 및 발행	인쇄	단원수	발행 연월일
普通學校朝鮮語讀本 卷一	朝鮮總督府	朝鮮書籍印刷 株式會社	62	1923.03.20.
普通學校朝鮮語讀本 卷二			29	1923.02.03.
普通學校朝鮮語讀本 卷三			27	1924.01.15.
普通學校朝鮮語讀本 卷四			25	1924.01.20.
普通學校朝鮮語讀本 卷五			26	1924.01.31.
普通學校朝鮮語讀本 卷六			27	1924.02.20.

제3차 교육령기의 교과서는 보통학교 규칙 제7조에서 '조선어급한 문'을 '조선어'로 개칭하였으므로, 이에 맞게 '조선어'만으로 구성하 였다. 한문과가 수의과목이나 선택과목으로 설정되었던 까닭[40]에 조 선어와는 별도의 한문 교과서가 개발되기도 하였는데, 제5학년용과 제6학년용 두 권이 편찬되었다.[41] 이처럼 '조선어급한문'을 '조선어'

나미(1921.3.22.), 현헌(1921.3.21.), 유필근(1921.3.26.)은 『매일신보』에 조사위원 참여자 로서 철자법 개정 의견을 논문으로 발표한 바 있으므로 조사위원의 구성은 해제에 제시 된 숫자보다 더 많았을 것으로 보인다. 이 철자법 공포는 오다 편집과장이 맡았다.

40) 제3차 교육령기의 보통학교 교과목에서 '한문'은 수의과목, 또는 선택과목으로 간주되 었으며 4년제 보통학교에서는 한문 교과목을 추가할 수 없었다. 고등과의 경우에도 수 의과목이나 선택과목으로 간주되었으며, '토지의 정황(각 지역의 특성)'에 따라 추가할 수 있는 과목으로 설정되었다.

41) 『보통학교 한문독본(普通學校漢文讀本)』 제5학년용은 1923년 12월 17일 번각 발행되었 으며, 조선서적인쇄주식회사에서 인쇄를 하였다. 이 교과서는 73과로 편제되었으며 한 문 원문에 언문 토를 부가하였다. 제6학년용은 1923년 12월 22일 번각 발행되었으며 모 두 67과에 언문 토가 부가된 교과서이다.

로 변경하게 된 이유는 교과서조사위원회에서 심의한 제2항과 밀접한 관련을 맺는 것으로 보인다. 왜냐하면 이 시기 '국어(일본어)급한문' 교과목이나 '조선어급한문' 교과목의 '한문'의 교육 내용은 한자 어휘에 국한된 것이 아니라 '한문 학습'을 목표로 한 것이기 때문이다. 이점에서 언한문체(諺漢文體)의 한자 학습과 '한문' 사이에는 괴리감이 존재할 수밖에 없었을 것으로 보이며, 이는 일본어 보급에도 도움이 되지 않았으므로 교과목명에서 '한문'을 떼어내게 된 것이다.[42]

제3차 교육령기의 보통학교 조선어독본의 특징은 권두의 서언이 사라지고, 띄어쓰기를 적용한 점이라고 할 수 있다. 띄어쓰기에서는 조사를 띄어 쓰고, 어미는 붙여 쓰는 방식을 취했는데, 이 때 결정된 '개정철자법'에 띄어쓰기 항목이 없었음에도 불구하고 이를 반영하게 된 이유는 알 수 없다.[43]

이 교과서의 내용은 교훈적인 것(40과), 생활과 밀접한 관련을 맺는 것(31과), 자연을 감상하는 것(15과), 실업과 관련된 것(15과), 지리 관련 단원(8과), 조선의 인물이나 역사와 관련된 것(6과) 등의 분포를 보인다. 이는 전 시대의 교과서에 비해 이른바 '문화정치'의 색채를

---

42) 일제강점기 일본어과나 조선어과에서 한문의 위상에 대한 논의는 이루어진 바 없다. 그러나 1930년대에 이르러 '한자 제한 여부' 문제가 집중적으로 제기된 점을 고려할 때, 한문 학습의 부담은 그 이전부터 논의되었을 것으로 보인다. 특히 '생도의 성정과 취미에 적합하도록'이라는 표현은 학습 능률과 관련된 진술이라고 풀이할 수 있으므로, 교과목의 변경이나 교과서 개발의 준거로 작용했을 가능성이 높다. 달리 말해 학습 능률을 떨어뜨리는 '한문'을 별도의 교과목으로 설정하고 이를 수의과목이나 선택과목으로 지정함으로써, 일본어 학습과 조선어 학습의 능률을 높이고자 하였을 것이라는 뜻이다.

43) 띄어쓰기에 대한 인식은 1897년 『독립신문』 창간호 논설에서 본격적으로 제기되었지만, 규정으로 확립된 것은 1933년 '한글마춤법통일안'에 이르러서이다. 조선총독부의 언문 철자법에서는 이 규정이 들어 있지 않은데, 교과서에서 이를 반영한 것은 학습자의 독해 능률과 관련이 있었기 때문으로 보인다. 참고로 1910년대의 잡지인 『학지광』에는 일부 필자의 글에 띄어쓰기가 적용되었고, 1920년대에 이르러서는 띄어쓰기가 적용된 문헌의 분포가 훨씬 넓어진다. 특히 고등보통학교 교재에서는 띄어쓰기를 적용하지 않았는데, 보통학교 교재에서만 띄어쓰기를 적용한 점은 아동의 문식 능력을 고려했기 때문으로 보인다.

강화한 것이라고 할 수 있지만, 조선의 역사와 지리는 대부분 식민
통치 이데올로기와 직접적인 관련을 맺고 있으므로, 교과서에서 식
민 지배이데올로기를 탈색하였다고 보기는 어렵다.

제3차 교육령기 중등용 조선어과 교과서는 남자용과 여자용을 구
분하여 편찬하였다. 이처럼 남녀를 구분한 까닭은 제3차 교육령기의
학제에서 고등보통학교와 여자고등보통학교의 구분을 철저히 했기
때문으로 보인다. 남자용 교과서는『신편고등조선어급한문독본』으
로 명명하여 모두 5권으로 편찬하였다.

(46) 제3차 교육령기 고등보통학교용 조선어과 교과서

책명	편찬 및 발행	인쇄	단원수	발행 연월일
新編高等朝鮮語及漢文讀本 卷一	朝鮮總督府	朝鮮書籍印刷 株式會社	91	1924.02.20.
新編高等朝鮮語及漢文讀本 卷二			61	1924.02.05.
新編高等朝鮮語及漢文讀本 卷三			50	1924.04.05.
新編高等朝鮮語及漢文讀本 卷四			51	1924.12.28.
新編高等朝鮮語及漢文讀本 卷五			47	1926.03.31.

이 교과서의 편찬에 관여한 사람들에 대한 정확한 정보는 찾기 어
려우나, 책의 성격에 대해서는 '서언'을 둠으로써, 용도와 편찬 방식
을 짐작할 수 있게 한다.

(47) 서언

一. 本書는 高等普通學校 朝鮮語及漢文科 敎科書로 編纂한 者이다.

二. 本書는 全部를 五卷으로 하고 第一學年으로부터 第五學年까지 各學
年에 一卷式 配當한 者이다.

三. 本書는 敎授上 便宜를 圖하기 爲하야 朝鮮語와 漢文의 兩部에 分하
야 編纂한 者이라.

四. 朝鮮語의 諺文綴字法은 普通學校用諺文綴字法과 同一하게 하니라.

五. 漢文은 生徒의 初學하는 者로 標準을 삼아, 平易한 材料로부터 始하
고 漸次 程度를 高케 하니라.

六. 漢文은 卷三까지만 吐를 懸하고 卷四 以後는 此를 懸치 아니하니라.

大正 十二年 十一月

서언에 밝힌 것처럼, 이 교과서는 조선어부와 한문부를 나누었으
며, 개정된 언문 철자법을 반영하여 편찬하였다. 조선어와 한문의
비중은 다음과 같다.

(48) 신편고등조선어독본의 조선어 비중

권수	조선어		한문		계	
	단원수	비중(%)	단원수	비중(%)	단원수	비중(%)
권1	21	23.08	70	76.02	91	100.00
권2	19	31.15	42	68.85	61	100.00
권3	19	38.00	31	62.00	50	100.00
권4	17	33.33	34	66.67	51	100.00
권5	17	36.17	30	63.83	47	100.00
계	93	31.00	207	69.00	300	100.00

이 교과서에서 조선어의 비중이 31%로 늘어난 것은 3.1 독립 투
쟁의 결과 실시된 소위 '문화정치'와 관련이 있을 것으로 짐작된
다.44) 그러나 이 교과서 편찬 과정에서 조선어과의 특징을 고려한
흔적은 보이지 않는다. 이는 이른바 '문화정치'의 시기일지라도 조선
총독부의 교과서 편찬 정책은 일본어 보급 정책과 관련된 일본어(국
어) 독본 편찬에 치중되었기 때문으로 보인다.45) 따라서 조선어의

---

44) 박붕배(1987 : 338)에서는 "3.1 독립 만세 운동 직후에 편찬된 교과서이어서 단원 내용이
상당히 한국적인 것이 많이 들어 있다"라고 진술한 바 있다.

45) 이 점에서 당시의 편집과장이었던 오다(小田省吾)의 회고는 당시의 교과서 정책을 이해
하는 데 좋은 자료가 된다. 오다(1924)는 '朝鮮の教育に就て'(朝鮮總督府(1924.6.)『朝鮮』
第110號)에서 "先つ四年制の普通學校に用ひる教科書を急速に拵へ、五年六年にも必要

비중이 높아졌다고 할지라도 실제 조선어 교육이 활발해졌다는 증거로 삼을 수는 없다.

제3차 교육령기에는 구교육령과는 달리 여자고등보통학교용 조선어과 교과서를 편찬한 점이 특징이다. 이처럼 남녀를 구분하여 교과서를 편찬한 까닭은 고등보통학교와 고등보통학교 교육의 차이를 반영하고자 했기 때문으로 보인다. 일제강점기의 남녀 중등교육의 차이점은 각급 학교 규정에 나타나 있다.

(49) 고등보통학교와 여자고등보통학교 교육의 주의점 비교

教育令	高等普通學校	女子高等普通學校
제1차 (1911)	第十條 高等普通學校에셔ᄂᆞᆫ 敎授上에 左의 事項에 注意홈이 可홈 一 生徒의 常識을 養ᄒᆞ야 忠良ᄒᆞ고 勤勉ᄒᆞᆫ 國民을 養成홈은 高等普通學校의 主要ᄒᆞᆫ 目的인즉 何敎科目에 對ᄒᆞ야도 常히 此에 留意ᄒᆞ야 敎授홈을 要홈 二 常히 秩序를 重히 녀겨 規律을 守ᄒᆞᄂᆞᆫ 氣風을 養成홈은 敎育上 重要ᄒᆞᆫ 事인즉 何敎科目에 對ᄒᆞ야도 常히 此에 留意ᄒᆞ야 敎授홈을 要홈 三 國語ᄂᆞᆫ 國民精神의 宿ᄒᆞᆫ 바ㅣ오 또 知識 技能을 得케 홈에 缺치 못홀 것인즉 何敎科目에 對ᄒᆞ야도 國語의 使用을 正確히 ᄒᆞ고 其應用을 自在케 홈을 期홈이 可홈 四 知識技能은 生活上에 適切ᄒᆞᆫ 事項을 選ᄒᆞ야 授ᄒᆞ고 徒히 多識多能을 求ᄒᆞ야 散漫ᄒᆞᆫ 弊에 陷치 아니홈을 務홈이 可홈 五 敎授ᄂᆞᆫ 其目的及方法을 誤치 아니ᄒᆞ고 互相聯絡ᄒᆞ야 補益케 홈을 要홈 六 敎授ᄂᆞᆫ 常히 其方法에 注意ᄒᆞ야 徒히 暗誦, 記憶에 偏치 아니ᄒᆞ고 推理, 考察 ᄒᆞᄂᆞᆫ 能을 得케 홈을 要홈	第九條 女子高等普通學校에셔ᄂᆞᆫ 敎授上에 左의 事項에 注意홈이 可홈 一 靜淑ᄒᆞ고 勤儉ᄒᆞᆫ 女子를 養成홈은 女學校의 主要ᄒᆞᆫ 目的이오니 아모 敎科目에 就ᄒᆞ야도 常히 此에 留意ᄒᆞᆫ 敎授홈을 要홈 二 國語ᄂᆞᆫ 國民精神의 宿ᄒᆞᆫ 바ㅣ오 또 知識 技能을 得케 홈에 缺치 못홀 것인즉 何敎科目에 對ᄒᆞ야도 國語의 使用을 正確히 ᄒᆞ고 其應用을 自在케 홈을 期홈이 可홈 三 知識技能은 生活上에 適切ᄒᆞᆫ 事項을 選ᄒᆞ야 授ᄒᆞ며 徒然히 高尙迂遠에 馳ᄒᆞ고 輕佻浮華ᄒᆞᆫ 風을 馴致홈이 不可홈 四 敎授ᄂᆞᆫ 其目的及方法을 誤치 아니ᄒᆞ고 互相聯絡ᄒᆞ야 補益케 홈을 要홈 五 敎授ᄂᆞᆫ 常히 其方法에 注意ᄒᆞ야 徒然히 暗誦ᄒᆞ기에 偏치 아니ᄒᆞ고 考察홀 能을 得케 홈을 要홈

なる新敎科書も出版しましたが, 國語讀本の如きは急を要せぬ, 故現在に於ては國定敎科書を使用して居る次第であります. 高等普通學校 又は 女子高等普通學校に於きましても同樣でありまして… (下略)"라고 하여 교과서 편찬에서 보통학교 및 국어(일본어) 독본을 우선하는 정책을 취하고 있음을 알 수 있다.

제3차 (1922)	第八條 高等普通學校에셔는 敎授上 特히 左의 事項에 注意홈이 可홈. 一. 國民된 性格을 涵養ᄒ며 國語에 熟達케 홈은 어늬 學科目에셔던지 恒常 此에 深히 留意홈을 要홈. 二. 善良ᄒ 風俗을 尊重ᄒ며 生徒의 德性을 涵養ᄒ야 醇良ᄒ 人格을 陶冶ᄒ며 <u>進ᄒ야 社會에 奉仕ᄒ는 念을 厚히</u> ᄒ고 同胞輯睦ᄒ는 美風을 養홈을 期ᄒ되 어늬 學科目에셔던지 恒常 此에 深히 留意홈을 要홈. 三. 知識技能은 生徒의 將來生活上 適切ᄒ 事項을 選ᄒ야 此를 敎授ᄒ고 또 可成的 個人의 特性에 留意홈을 要홈. 四. 生徒의 身體를 健全히 發達케 홈을 期ᄒ되 어늬 學科目에셔던지 其敎授는 生徒의 心身發達의 程度에 副케 홈을 要홈. 五. 各學科目의 敎授는 其目的 及 方法을 誤홈이 업시 互相聯絡ᄒ야 補益케 홈을 要홈.	第八條 女子高等普通學校에셔는 敎授上 特히 左의 事項에 注意홈이 可홈. 一. 國民된 性格을 涵養ᄒ며 國語에 熟達케 홈은 어늬 學科目에셔던지 恒常 此에 深히 留意홈을 要홈. 二. 善良ᄒ 風俗을 尊重ᄒ며 生徒의 德性을 涵養ᄒ야 醇良ᄒ 人格을 陶冶ᄒ고 <u>特히 貞淑</u>ᄒ야 同情에 富ᄒ며 <u>勤儉을 尙ᄒ는 志操를 厚히</u> ᄒ며 進ᄒ야 同胞輯睦ᄒ는 美風을 養홈을 期ᄒ되 恒常 此에 深히 留意홈을 要홈. 三. 知識技能은 生徒의 將來生活上 適切ᄒ 事項을 選ᄒ야 此를 敎授ᄒ고 또 可成的 個人의 特性에 留意홈을 要홈. 四. 生徒의 身體를 健全히 發達케 홈을 期ᄒ되 어늬 學科目에셔던지 其敎授는 生徒의 心身發達의 程度에 副케 홈을 要홈. 五. 各學科目의 敎授는 其目的 及 方法을 誤홈이 업시 互相聯絡ᄒ야 補益케 홈을 要홈.

일제강점기 여자 교육에서는 남자와는 달리 '정숙', '근검'을 강조하였다. 특히 제3차 교육령기에는 두 항목에 '지조'를 추가함으로써, 남자와는 달리 여자만이 갖추어야 할 덕목이 존재함으로 강조하고자 하였다. 이러한 이데올로기는 교과서 개발에도 반영되었는데, 제3차 교육령기의 여자고등보통학교용 조선어과 교과서 편찬은 다음과 같이 이루어졌다.

(50) 여자고등조선어독본[46)]

책명	편찬 및 발행	인쇄	단원수	발행 연월일
女子高等朝鮮語讀本 卷一	朝鮮總督府	朝鮮書籍印刷株式會社	28	1926.11.28. (1923.2.15)
女子高等朝鮮語讀本 卷二			26	1928.11.28. (1923.3.)
女子高等朝鮮語讀本 卷三			25	(1924.3.23.)
女子高等朝鮮語讀本 卷四			24	1924.3.31. (1925.3.31.)

이 교과서는 고등보통학교에서 '조선어'와 '한문'을 한 권으로 편찬한 것과는 달리, '조선어'만을 대상으로 하였다. 권두에 '서언'이 있고, 상단에는 주석이 들어 있다. 권두의 서언은 다음과 같다.

(51) 여자고등조선어독본 서언

一. 本書는 女子高等普通學校 朝鮮語科 敎科書로 編纂한 者이라.

二. 本書는 全部를 四卷으로 하고 第一學年으로부터 第四學年까지, 各學年에 一卷식 配當한 者이라.

三. 本書는 京城에서 行用하는 言語로 標準을 삼고, 諺文의 綴法은 本府에서 定한 바를 依하야, 純全한 朝鮮語에 對하야는 發音式을 採用하야, 쟈댜를 자, 져뎌를 저, 죠됴를 조, 쥬듀를 주, 챠탸를 차, 쳐텨를 처, 쵸툐를 초, 츄튜를 추, 샤를 사, 셔를 서, 쇼를 소, 슈를 수로 書하고, 中聲 •는 使用치 아니하며 又 分明히 漢字로 成한 語音은 本來의 諺文을 使用하니, 生徒로 하야금 恒常 此에 準據케 할지니라. 大正 十一年 十一月

이 진술을 바탕으로 할 때, 이 교과서는 학년 당 한 권씩으로 편찬되었으며, 1922년의 개정 언문 철자법을 반영한 교과서이다. 이 교과서의 내용상 특징은 고등보통학교용과는 달리 여자 교육의 특성으로 내세운 '정숙', '근검', '지조'와 관련된 단원이 많이 포함되어 있다는 점이다.

이처럼 신교육령기의 조선어과 교과서는 전면적 일본어 보급이 이루어지지 않은 상태에서 일본어 교과의 종속 교과로서 식민 이데올로기를 교육하는 도구로 편찬되었다.

---

46) 이 교과서의 발행연월일은 박붕배(1987 : 337, 2003)을 참고하였다. 그러나 실제 이 교과서의 발행 연도는 1925년이다. 한국교과서연구재단(2001 : 285)에서는 1925년(大正14年) 조선총독부 편찬 교과용도서 일람표를 수록한 바 있는데, 이 표에 따르면 『女子高等朝鮮語讀本』卷一, 二, 三, 四는 모두 1925년에 출판이 완료된 것으로 나타난다.

Ⅱ. 치안 유지법과 제4차 교육령 개정

4.1. 정치 상황과 실업 교육 이데올로기

'내선 공학'을 목표로 한 신교육령은 1922년부터 1938년 제7차 조선 교육령(개정교육령)에 이르기까지 조선 교육의 기반을 이루었다. 그러나 이 교육령은 1929년 일부 개정이 되었는데, 이 개정에 이르기까지는 정치 상황의 변동과 '실업 교육 강화'라는 우민화 이데올로기가 깔려 있다.

먼저 주목할 만한 사실은 '치안 유지법'의 공포이다. 이 법은 1925년 1월 28일 공포되었는데, 그 주요 내용은 다음과 같다.

(52) 치안 유지법

第一條 國體를 否認 又는 不法으로써 議會制度 及 裁判所 徵兵, 私有財産, 納稅의 制度를 破壞할 目的으로써 結社를 組織하고 又는 此에 加入한 者는 七年 以下의 懲役 又는 禁錮에 處함.

第二條 前條의 目的으로서 多數 集合하야 其 事實의 實行을 協議한 者는 七年 以下의 懲役 又는 禁錮에 處함.

第三條 第一條 及 第二條의 目的으로써 他人에게 違法行爲를 敎唆한 者는 七年 以下의 懲役 又는 禁錮에 處함.

第四條 第一條 第二條의 目的으로써 金品의 授受를 行한 者는 五年 以下의 懲役 又는 禁錮에 處함.

第五條 本法 施行 區域 外에서 爲한 罪에 對하야도 本法을 適用함.

第六條 本法에 記載한 犯人으로 아즉 發見치 아니한 以前에 自首한 者에 對하야는 刑의 量定에 減免할 事 有함. ―『매일신보』 1925.1.30.

치안 유지법은 사상의 자유를 통제하기 위해 만든 법으로, 일본과 조선 어느 곳이나 적용되는 법이었다. 일제가 이 법을 제정하게 된 이유는 1920년대 초반부터 만연하기 시작한 사회주의 사상과 밀접한 관련이 있다.[47] 특히 식민지 조선에서는 '민족주의'뿐만 아니라 '사회주의', '공산주의', '무정부주의' 등의 다양한 사상이 존재했고, 학생들을 중심으로 이러한 사상이 퍼져나가기 시작했다. 다음은 이러한 경향을 보여주는 기사이다.

(53) 1920년대의 사상 변화

ㄱ. (전략) 換言하면 <u>現代 靑年의 氣風은 緩急의 取捨와 先後의 量度의 無히 徒히 强剛을 事로 하는 傾向이 有하고 其 思想은 確立할 處에 確立치 못하고 進就할 處에 進就치 못하고 徒히 四街의 路頭에서 彷徨하야 右로 傾하고 左로도 趨하리만치 一定한 方向과 一定한 徑路가 無함과 如한 傾向이 有한 것이로다.</u> 그리고 彼等은 可否를 擇할 만한 智가 無하고 善惡을 辨할 만한 識見이 無하야 徒히 <u>現代的 歐米 風潮에만 感染되야 그 流行의 菌이 內部에 深入함과 同時에 舊代의 道德 觀念을 根本으로써 此를 破壞코져 ㅎ야 一行一動과 一事一件를 모다 西洋의 儀式과 西洋의 習俗을 模倣하려 하는</u> 者 等임으로 其 行動은 奇怪한 行動이 多하며 思想에는 危險한 思想이 多한 것이니 此가 決코 國民을 爲하야 慶賀할 것이 아니며 又는 國家를 爲하야 慶賀할 것이 아니오 차라리 靑年의 前途를 爲하야 憤然히 大息치 아니함을 不得하겟도다. (하략) 一靑年 思想의 先導, 『매일신보』 1923.12.8.

ㄴ. 現下 各有無階級의 間에셔 가장 憂慮하는 問題로 又는 一日이라도

---

47) 일제강점기 좌익운동에 대해서는 문정창(1966 : 403~408)에서 비교적 자세히 정리한 바 있다. 이 논문에 따르면 1920년대 장도빈, 오상근, 장덕수가 중심이 된 '조선 청년연합회'를 필두로 학생 사회주의 단체가 조직되었고, 1922년 서울 청년회, 1927년 신간회의 활동이 중심을 이루었다. 특히 신간회는 상해, 러시아, 북만주까지 활동 영역을 넓혔으며, 이 과정에서 일본 공산당과도 연계하여 활동한 것으로 나타난다. 이들 사회주의 단체는 민족주의 단체와도 연합하여 "조선 역사를 가르치라. 조선어 시간을 증가하라. 학생의 인격을 존중하라"는 등의 내용으로 학생운동을 전개하였다.

速히 其 歸趣와 安定을 得치 아니하면 아니될 것은 卽 思想問題이다. 今日의 思想界는 全혀 混亂을 極하야 往往 過激思想에 傾하는 風이 有함과 如함은 此가 다만 思想界의 動亂뿐에 限함이 아니오 經濟界의 疲弊에 交替하야 此가 經濟界의 搖亂을 誘發하고 此로 因하야 社會組織의 根本問題에까지 浸潤되고 延하야 社會 全體의 各 方面에까지 紛擾의 源泉을 作하는 것이라 하야도 過言이 아닐 것이다. 卽 社會主義, 共産主義, 露國의 無政府主義 等 各各 其間에 相異한 點은 有하나 如何間 從來의 思潮와는 全然 相反되는 것임으로 從來의 國家와 社會組織 制度를 根底로부터 顚覆하려는 傾向이 有한 것은 此가 歷然한 것이다. 그리고 此가 地方 農村에까지 流入되야 玆에 地主 小作人間의 爭議를 惹起함에 至하얏나니 如斯히 小作爭議를 見하게 된 것은 此가 全혀 思想의 惡化에 依한 것임이 아니며 又는 農村의 不振이라는 經濟問題가 交錯한 까닭이다. 그리고 又 商業 方面에는 勞動者와 資本家의 紛爭이 起함에 至하얏나니 所謂 勞動運動 資本家 否定運動이 起하야 動*怠業 同盟罷業 等으로써 資本家를 威脅하야 生産의 能力을 阻害하며 實業界의 不振을 益益 激成케 함에 至하얏스며 此가 更에 進하야 各 階級의 爭鬪로 되며 否定으로 되야 遂히 階級打破主義로 進하얏나니 此와 如한 傾向은 今日에 發達된 것은 아니오 此에까지 及하게 된 것은 相當한 時日의 經過가 有한 것임으로써 此를 急히 改革하며 又는 急히 方向을 轉換케 하기는 此가 容易한 事가 아니다. (下略) —國民思想의 先導策, 『매일신보』 1924.4.7.

ㄷ. 現在 二三個 朝鮮文 新聞에 依하야 朝鮮에 對한 思想界의 輪廓을 捕捉해 보고자 한다. 그런대 遺憾되는 것은 朝鮮에 在한 未練한 彼 時代의 懊惱되는 것과 動搖되는 것이 日本의 그것과 共通되는 것이 적지 안이함이다. 我等은 此 傾向에 對하야는 一切로 不健全하다든가 惡化라 하는 것은 此를 避하고저 하는 바이다. 그러나 我等은 그들이 너무나 實生活을 無視하고 社會的 又 政治的의 進步와 改善에 對하야 民衆의 참된 要求를 無視하고 單히 空疎한 思索에 依하야 享樂的 言論으로

滿足을 追求함에 對해서는 頗히 遺憾이라고 할 外에는 他道가 無하다. 日本에 在한 急進思想의 基調는 蔽一言하고 唯物主義이다. 卽 社會 組織의 改造를 唯物史觀에 立脚하야 그 必然性을 高調함에 잇다. 彼等 의 思想的 基調는 如斯히 科學的임에 不拘하고 그 手段에 在하야는 頗 히 非科學的 態度를 暴露한다. (下略) —朝鮮 思想界 一瞥, 『매일신보』 1925.1.26.

식민 통치가 강화되면서 조선에서는 각종 저항운동이 나타났다. 3.1 독립운동과 같은 전국적인 규모의 저항운동을 비롯하여, 상당수 의 학교에서 '동맹 휴학 사건(同盟休學事件)'이 일어났으며, 소작 쟁의 (小作爭議)가 빈번히 발생하였다. 엄밀히 말해 맹휴나 소작쟁의의 원 인은 식민 통치의 모순이 가져온 당연한 결과였다. 상당수의 맹휴는 '학교 운영', '교사의 자질', '체벌'과 같은 학교 내적인 요인에 의해 발생했으며, 소작쟁의는 일본인 지주의 수탈을 견뎌낼 수 없는 소작 인들의 생존권 투쟁의 하나였다.[48] 더욱이 1920년대 도입된 사회주 의, 무정부주의, 유물사상 등은 각종 저항의 이데올로기로 작용하였 으므로, 일제의 입장에서는 이러한 사상 통제의 필요성이 급증하였 다. 이에 대한 방편으로 '치안 유지법'을 제정·공포하게 된 것이다.

치안 유지법은 사상 통제를 위한 우민화로 이어진다. 각종 저항운 동은 치안 유지법에서 규정한 '국체 부인', 불법으로 '의회 제도와 재 판소, 징병, 사유재산, 납세 제도'를 파괴하려는 사상에서 비롯되었 으며, 이러한 사상은 급진적이고 비과학적이라는 것이다. 따라서 위 험한 비과학적 사상을 선도하기 위해서는 '과학 사상'을 전파해야

---

48) 맹휴 사건이나 소작쟁의에 대해서는 별도의 연구가 필요하다. 다만 『매일신보』에 상시적 으로 보도된 맹휴 사건을 종합해 보면, 이 시기 동맹 휴학의 근본 원인은 독단적인 학교 운영, 자질이 없는 교사에 대한 학생들의 저항(이때의 교사는 대부분 일본인이었으며, 이들은 철저한 사범 교육을 받지 않은 상태에서 교사로 임용되었음), 과도한 체벌에 대한 저항의 성격을 띠었다. 소작쟁의도 토지 수탈의 결과 나타난 자연스러운 현상이었다.

한다는 논리를 내세웠다. 이러한 입장에서 각종 과학 관련 행사를 주도했으며,49) 실업 교육과 관련된 제도의 개선을 도모하였다. 이 점에서 다음은 1926년 전후 조선 통치의 방침을 가장 잘 요약한 자료라고 할 수 있다.

(54) 統治의 二大 目標

朝鮮統治의 目標를 何에 留할가 함에 對하야 靜思하면 <u>一面으로는 民衆의 生活 安定</u>을 圖할 事 即 今日의 經濟狀態를 發展 向上식히어 貧弱한 多數 民衆에 豊富한 衣食住를 與하야 經濟的으로 恩惠로운 生活을 식힐 일은 統治上 最低限度의 要求이다. 此에는 敎育家 殊히 初等敎育者가 將來의 國民될 學校 兒童의 生活에 必要한 所謂 生活敎育을 授하야 *要한즉 此를 根本 要件으로 삼아 敎育하여야 할 것이다. 學務 當局에서도 如斯한 見地로부터 初等學校에 實科敎育의 振興을 圖하고자 實業科目을 設하고 <u>實業思想과 智識을</u> 初等敎育界에 高潮케 하고 更히 進하야 中等學校에도 此를 擴張하야 實業思想의 涵養을 强調하고자 努力 中이다. 今夏 敎職員의 休暇를 利用하야 實業에 關한 現地 講習會를 開催한 것도 此 趣旨 目的의 促進에 不過한 것이다. 그러나 敎育 目標 乃至 統治 目標는 單히 生活의 安定을 與하야 最小限度의 要求에 應하야 民衆으로 하야금 滿足케 할 것이 안이요 <u>國民的 信仰의 安定을 圖하지</u> 안으면 안 된다. <u>現在 朝鮮 民衆은 國民的 一大 煩悶을 抱하고 잇다.</u> 即 눈을 감고 盲目的으로 日本 統治下에 滿足할가. 我은 朝鮮 民族은 民族으로서 何時까지든지 進할가 하는 岐路에 立하야 煩悶한다. 此 朝鮮 民族의 煩悶을 解決함에는 國民的 信仰을 涵養함이 統治의 第二 目標인 줄을 確信한다. 即 生活이 安定되어도 國民的 信仰이 安定되지 안으면 統治는 跛足的(파족적)임을 免치 못할 것이다. 그럼으로 此를 解決하는 것이 朝鮮에 잇는 現在 及 將來에 在한 <u>國民敎育의 要諦</u>이다. 敎育者로서 希望하는 바는 모든

---

49) 이러한 정책의 하나로 1926년 '과학관'을 창설하였고(1926.2.2.), 실업 학과를 강화하거나 실업 교과서를 개발하도록 하였다.

學校敎育의 目標와 모든 學科 敎授의 目標를 二大 目標에 合致식히지 안으면 안 된다. 此 目標에 背馳되는 敎育을 하는 時는 此는 生命을 失한 敎育이니 排斥하지 안을 수 업다. 産業敎育을 高揚하기 爲하야는 第二段의 目標 卽 物質的 目標쑨 아니라 精神的 目標를 忘却하면 안 된다. 民族의 觀念을 擴張하야 小民族 觀念에 執着하면 안 된다. 朝鮮人 間에 提唱하는 朝鮮의 半萬年 歷史는 苦痛의 輪回歷史이다. 恒常 南北 協力에 顚倒하야 壓迫에 屬하면서 겨우 生命 財産을 保持하여 왓다. 이것이 朝鮮의 半萬年 歷史인즉 玆에 一大 覺醒하야 國民的 信仰을 確立하지 안으면 半萬年의 苦惱에서 離脫할 수 업다. (下略) ―統治의 二大 目標, 平井 學務課長『매일신보』 1926.8.28.

이 기사에서 확인할 수 있듯이 당시의 통치 목표는 '민중 생활 안정'과 '국민적 신앙의 함양'에 있었다. '실학사상' 또는 '과학사상'으로 표현된 이데올로기는 식민 통치의 모순을 은폐하기 위한 '실업 교육론'을 의미하는 것이며, '국민적 신앙' 이데올로기는 급진주의로 표현된 각종 사상뿐만 아니라 '민족주의'를 배격하고 일제의 식민 통치에 순응하는 정신을 의미한다. 이러한 이데올로기는 전통적 가족주의나 사회주의 사상 등은 개성을 존중하는 사상이 아니므로 가족주의를 배격하고 '개성 존중=적성 개발=직업 교육'이 이루어져야 한다고 주장한다. 다음은 이를 잘 보여준다.

(55) 個性에 適合한 敎育
　人의 父母되는 者는 누구나 그 子弟의 敎育에 對하야 가장 充實히 指導할 일이오 가장 周到한 方法을 選擇하야 그 子弟의 榮達을 期할 것은 勿論이다. 或은 一生을 子女의 幸福을 爲하야 至極히 하는 事도 많다. 모든 것이 그 至情에서 出하는 바이다. 그곳에 感想이 넘치는 父母는 私情을 늣기지 안을 수 업다. 그러나 昔日의 朝鮮에서는 長久한 歲月間 父母 乃至 祖先 中心의 家族主義 下에서 子弟의 者는 반듯이 一動一靜이라도 父

母의 命하는 바에는 어절 수 업섯다. 그리하야 그 子弟되는 者는 個性에 適當 與否는 莫論하고 所謂 父祖의 榮을 繼承치 안을 수 업섯다. 이런 傳統的 先入主가 今日의 父母의 犧牲에도 常存하야 子弟의 敎育에 或으 錯誤가 有함을 發見하기 難치 안이하다.

더구나 校門을 나서면 즉시 冷冷한 實社會에서 그날그날의 生活을 爲하야 職業을 求치 안이치 못할 刻薄한 世上에서는 더욱이 그 子弟의 榮達! 否라. 生涯를 좀 더 富强케 하기 爲하야 그 個性에 的當한 敎育을 施케 함이 무엇보다도 肝要한 事이라 하겟다. 그 個性에 適合한 事이면 敎育이나 差等을 勿論하고 가장 成功하기가 容易할 것이다.

그러나 朝鮮人의 處地는 職業에 對하야는 더욱 暗澹하다. 大學 專門 中等 乃至 普通學校를 卒業하는 者가 年年히 多數에 上하지만은 그를 收用하야 消和할 곳이 너무나 寂寞하다. 그러한 處地에 잇서서 適性敎育도 所用이 업다고 아조 斷念하는 者가 업지 안이하다. 그러나 이는 一 消極的 觀察에 不過한 것이다. 그러하면 그러할사록 個性에 適當한 敎育을 그 子弟에게 施하야 漸進的으로 이러한 弊害를 減絶지 아니치 못할 것이다. (下略) —『매일신보』 1927.3.17.

이러한 배경에서 제4차 조선 교육령의 개정[50]이 이루어졌다. 이 교육령은 이른바 '공민교육'과 '실용주의'를 강화하는 내용을 부가하였다. 이에 따라 보통학교에서 가설 과목인 실업 과목을 '직업과'로 개칭하여 필수 과목으로 하였으며, 사범학교 '특과'를 심상과로 개칭하여 5년제로 하였다.[51] 이러한 개정의 취지에 따라 각종 실업 교과서 편찬이 이루어졌으며, 공민교육 이데올로기에 따른 교과서 개정이 이루어졌다.

---

50) 1929년 4월 19일 공포된 이 개정안은 실업 교육을 '직업 교육'으로 개칭하고, 사범 교육을 강화하며, 보통학교 규칙에서 '공민교육'을 강화하는 내용으로 구성되었다.

51) 제4차 조선 교육령 개정 취지는 松浦 學務局長 담화로 이루어진 '朝鮮 實情에 適合한 師範敎育의 改善'이라는 기사에서 확인할 수 있다(매일신보』 1929.4.23.).

4.2. 조선어 교과서의 개정

제4차 조선 교육령은 신교육령을 근본적으로 개정한 것은 아니다. 그렇지만 공민교육 강화 방침에 따라 일본어과 교과서와 조선어과 교과서의 개정 작업이 이루어졌다.[52] 교과서 개정 작업은 실업 교육 이데올로기가 강화된 1928년부터 시작되었는데, 이를 위해 교과서 조사 위원회를 설치하였다. 이 위원회의 활동은 다음 기사를 통해 확인할 수 있다.

(56) 敎育改善의 基本으로 爲先 敎科書를 改訂
　　普通敎育의 根本方針을 樹立=敎科書調査委員會 開催
　　向者 發表한 普通敎育 擴充의 大計劃에 作한 臨時敎科書調査委員會는 實로 朝鮮敎育의 根本方針을 樹立코자 하는 一大 計劃으로써 旣者 그 委員이 임명되엇을 뿐으로 그 尙 政務의 多端으로 因하야 卽 그 第一回의 會議를 開催치 못하얏든 同 調査委員會는 昨 三日 午前 九時부터 總督府 第一會議室에서 山梨 總督 臨席, 委員長 池上 政務總監 執裁下에 李學務局長, 福士 學務課長, 松間夙大總長(?), 小田, 兒島, 高木, 小倉 等 城大敎授, 加藤梧 高場長, 寺內 朝鮮軍參謀長, 赤木 師範學校長, 有買 殖銀**, 韓相龍, 鄭萬朝, 中村 科學館長, 加藤 京城中學校長, 高本 女高普校長, 嚴柱益, 橫山*松 普校長, 大山日出 小學校校長, 等 諮問委員 及 稻垣 編輯課長 以外 四 視學官의 幹事가 列席한 後 開催하얏는대 開會 山梨 總督의 祝辭, 池上 委員長의 祝辭가 잇슨 後 卽時 密事에 入하야 別項과 갓흔 議案에 對하야 愼重 密議가 잇슨 後 同 午後 三時에 閉하얏다더라(寫眞은 第一會議室에서)
◇ 調査議案
第一號 密案 普通學校 敎科用圖書 編纂에 關한 一般 方針

---

52) 이 시기 교과서 편찬은 허재영(2009 : 57~60, 101~110, 139~144)을 수정·보완하였다.

甲. 組織 及 樣態

一. 敎科用圖書는 朝鮮語讀本을 給한 外에 總히 國語를 用할 事

二. 敎科用圖書의 程度는 國定敎科用圖書에 準할 事

三. 假名使用은 貳學年에는 表音的假名으로 하고 學年에 從하야 漸次 歷史的假名으로 할 事

四. 前項의 表音的假名은 臨時 國語調査會 調査한 것에 依할 事

五. 諺文綴字法은 新히 本府에서 改訂한 것에 依할 事

六. 敎科用圖書에는 總히 口語體를 用할 事. 但 高學年用 國語讀本 及 朝鮮語讀本에는 文語體를 加할 事

七. 低學年에는 片假名의 使用을 만히 하고 學年의 進行에 從하야 漸次 平假名의 使用을 多케 할 事

八. 敎科用圖書 相互의 連絡 統一에 對하야 一層 留意할 事

乙. 內容

一. 勅語와 詔書의 趣旨를 徹底케 함에 對하야 一層 留意할 事

二. 皇室 及 國家에 關한 事項에 對 하야 一層 留意할 事

三. 日韓合倂의 精神을 理解케 하고 內鮮融和의 實을 專키 爲하야 이에 關聯한 事項에 對하야 一層 留意할 事

四. 朝鮮의 實情에 鑑하야 勤勞好感, 興*治*, 職業尊重 及 自立自營의 精神을 涵養함에 緊切한 資料를 增加할 事

五. 東洋備傳에 胚胎한 朝鮮의 良風美俗을 振作하기에 緊切한 資料를 增加할 事

六. 朝鮮에 잇는 家庭 及 社會의 風習을 改善함에 適切한 資料를 增加할 事

七. 社會共同生活에 適合한 品性의 陶冶에 必要한 資料를 增加할 事

八. 責任을 重히 하야 實踐躬行을 勸奬함에 適切한 資料에 留意할 事

九. 實際生活에 適切한 敎育을 完全케 하기 위하야 特히 朝鮮의 日常生活에 關한 資料를 增加할 事

十. 轉*證激의 性情을 誘發할 念慮가 잇는 資料는 이를 힘써 避하는

同時에 質實**한 性格의 陶冶에 適切한 資料를 增加할 事

十一. 朝鮮의 實情에 鑑하야 農村 文化의 發達을 促할 資料를 增加할 事

第二號 密案 普通學校用 修身敎科書 編纂에 關한 方針

一. 修身敎科書의 資料 選擇 及 排列의 標準에 對하야는 勅語와 詔書에 宜示된 聖旨를 骨子로 하고 其 記述에 關하야 特히 留意할 事

二. 道德, 智識의 發達에 止하는 避하야 至善에 對한 信念 及 善用 實際의 誌操를 確固케 함에 適切한 資料의 選擇에 留意할 事

三. 當時에 잇서서도 實踐道義를 主하야 非當時에 處할 道德을 的當히 加할 事

四. 東洋 敎學의 嘉言 其他 內外의 適切한 ** 等을 的當히 加할 事

五. 例話 寓話 等은 內鮮의 것을 主로 하고 就中 朝鮮의 것에 留意할 事

六. 實業道德의 發達에 留할 敎材의 選擇에 留意할 事

七. 低學年에는 他律的 修養에 資하는 것을 主로 하고 學年의 進行에 從하야 漸次 自律的 修養을 勸奬하기에 適切한 것을 主로 하야 選擇할 事

八. 消極的 禁止的 例話 及 抑鬱 等을 될 수 잇는 대로 避할 事

九. 作法에 關한 事項을 的當히 加할 事

第三號 密案 普通學校用 國語讀本 及 朝鮮語讀本 編纂에 關한 方針

甲 國語讀本

一. 我國 特有의 文學的 趣味를 發하야 心情을 高昧케 함에 適切한 資料 選擇에 留意할 事

二. 特히 他 敎科目과의 連絡을 密接히 하야 常議 器成에 適切한 資料 選擇에 留意할 事

三. 旣實의 傳記 等으로 (助養)에 (稗益)할 資料를 選擇에 留意할 事

四. 內鮮融和의 趣旨에 依하야 特히 善良한 內鮮의 風俗 習慣에 關한 資料를 增加할 事

五. 儒弱한 性情을 執致할 慮가 有한 文學的 資料를 排除할 事

六. 組織에 關하야서는 처음에는 揷畵에 依하야 話方의 練習을 하고

相當 單語를 習得케 한 後 漸次 文字 單語 及 文章에 及할 事

七. 文體는 散文을 主로 하야 平易하고 格調高雅한 韻文 及 日用에 必要한 書簡文을 加할 事

八. 文語文은 現代文을 主로 하고 高等科에 在하야는 平易한 近代文을 加할 境遇도 有할 事

九. 漢字를 整理하야 認定 國語讀本에 準케할 事

十. 敎材의 記述을 一層 平易케 하는 同時에 分量을 相當히 增加할 事

乙 朝鮮語讀本

一. 朝鮮語讀本에 蒐集할 資料 及 組織 等은 國語讀本에 準할 事

二. 國語讀本과의 聯絡을 聚하야 相互補益케 하도록 努力할 事

三. 基礎가 될 諺文은 처음 二年間에 敎授하도록 組織할 事

四. 口語文에는 常體 及 敬體도 加할 事

五. 雅頌의 漢字에는 詩文과 註를 附할 事

第四號 密案 普通學校用 歷史 及 地理 敎科書 編纂에 關한 案

甲. 歷史

一. 我 國體와 國家 觀念과를 明信케 할 資料에 對하야 特히 留意할 事

二. 我 建國으로 現代에 至하기까지에 重要한 事歷을 留意할 事

三. 朝鮮에 關한 事歷을 增加하야 特히 內鮮融和에 必要한 資料의 選擇에 留意할 事

四. 日韓併合의 大旨를 會得케 함에 必要한 事歷은 稍히 詳細히 記述할 事

五. 國史의 大要을 知得케 함에 必要한 諸外國의 事歷을 適當히 加할 事

乙. 地理

一. 我 國勢의 大要를 理解케 하는 同時, 愛國心을 養成하고 産業을 開發함에 必要한 資料에 對하야는 特히 留意할 事

二. 本邦地理의 大要를 知케 함에 緊切한 資料를 蒐錄함에는 勿論 特히 朝鮮에 關한 資料를 多케 할 事

三. 記述의 態度는 認定 地理 敎科書에 準할지나 産業, 交通, 都會 等

內地 相互의 關係에 密接한 資料의 選擇에 對하야는 特히 留意하는 同時에 不然한 것에 對하야는 簡略히 할 事

四. 諸外國의 地理에 關하야는 我國勢의 大要를 知케 함에 必要한 資料를 主로 前項에 準하야 記述할 事. ―『매일신보』 1928.8.4.

위의 자료에 나타난 것처럼, 교과서 조사 위원회의 주요 심의안은 '보통학교 교과용도서 편찬에 관한 일반 방침', '수신과', '일본어(국어)과와 조선어과', '역사, 지리과'에 관한 것들이었다. 이들 교과는 교과서 이데올로기가 강하게 드러나는 교과라는 점에서 '일시동인 (一視同仁)', '내선융화(內鮮融和)' 등의 지배이데올로기와 밀접한 관련을 맺는 것으로 보인다. 특히 '일시동인'의 관점에서 '조선의 특수한 사정' 또는 '조선에 적합한' 교과서 개발을 표방한 점도 특징이라고 할 수 있다.53) 이러한 사정은 다음 자료에 잘 나타나 있다.

(57) 교과서 편찬과 조선 관련 내용

ㄱ. 改訂된 敎科書에 朝鮮歷史도 編入―현재 교과서보다 만히 편입 : 朝鮮內의 各學校에서 使用하는 敎科書 改訂은 總督府 學務課에서 最大 速力으로 그 事務를 振搻 中인데 이를 딸아서 일어나는 問題로 當局에 셔는 이에 苦悶하고저 매우 努力하는 터인데 그 中에도 歷史를 敎授함에 隨하야 現在 普通學校와 高等普通學校에서 使用하는 歷史 敎科書는 文部省에서 發行한 小學校 敎科書와 또는 文部省에서 檢定한 敎科書를 基本으로 하야 이에 朝鮮 關係의 事項을 極히 少涉으로 編入한 것인데 이는 元來 內地人 子弟에게 使用하라고 發行한 것임으로 이번에 朝鮮에서 使用할 目的으로 그 敎科書를 改訂 印刷하는 때에 朝鮮의

---

53) 제4차 조선 교육령 개정 이후 조선어과 교과서를 개편한 데에는 이 시기 학생운동과도 무관하지 않은 것으로 보인다. 예를 들어 1927년 경성 제일고보생들의 맹휴(『동아일보』 1927.1.7.), 1928년 10월 대구고보생들의 반제 동맹 조직(1928.10.16.) 등에서 "조선 역사를 가르치라, 조선어 시간을 증가하라, 학생의 인격을 존중하라"는 슬로건과 요구서가 제출되기도 하였다.

歷史를 比較的으로 만히 編入하는 同時에 日韓併合의 趣旨를 充分히 置匠케 하며 合併 前의 朝鮮과 合併 後의 朝鮮을 對照하야 一般 民衆의 生活이 얼마나 安定되며 裕福해진 것을 明確히 쌔닷게 하리라 한다. 그리고 歷史 教科書에 明治天皇을 바로하야 歷代 天皇의 排尊影을 挿入함은 此를 要함으로서 或 그 御威屈을 毀흘 넘려도 업지 안이함으로 教科書 속에는 挿入하지 안코서 掛圖로만 할는지도 모른다 한다. —『매일신보』 1928.10.6.

ㄴ. 諺文綴字法 改正과 教育行政의 新紀元 — 문명 혁혁산 조선 문제 제씨의 名文을 教材에 採錄 : 諺文綴字法改正과 쏘 普通學校 教科書(第一學年用) 의 教材를 아동심리에 적합하도록 情操를 知覺하야 개정한 總督府 學務局에서는 漸次 漢文 글자를 제한하는 동시에 쏘 朝鮮語讀本에 대하여서도 普校 第一學年用으로부터 第六學年用까지의 教科書와 밋 高等普通學校의 教科書까지 전부를 시대에 적합하도록 개정하고저 목하 게획을 진행하는 중에 잇다. 이것은 아즉 學務當局의 腹案쑨으로 세간에 발표할 시기에까지는 이르지 안헛다. 하나 들리는 바에 의하면 보통학교나 쏘는 고등보통학교의 朝鮮語讀本 教科書가 그 文章에 잇서서나 쏘는 其他에 잇서 현대 朝鮮에 적합하지 못한 것이 만흘 쑨 아니라 그 教材 採擇에 잇서서도 엇던 一個人의 意見만으로 된 것이 잇슴으로 지금에 불만족한 점이 만히 발견되야 저번 諺文綴字法을 개정하랴 할 쎄 委員會를 열고 그 의견을 따라서 한 것과 마찬가지로 이번에는 朝鮮文壇의 重論들을 網羅하야 그들의 의견을 들어가지고 그들의 文章을 朝鮮語讀本에 採錄하야 시대에 적합한 教科書를 만들랴는 것이다. 그 時間에 잇서서는 금년 안으로 될지 혹은 명년안으로 될지 아즉은 알 수 업스나 엇재ㅅ든 속히 실현하랴는 모양인데 朝鮮文士의 글들을 教科書에 採錄한다는 것은 朝鮮의 文壇이 成立된 이후 실로 처음되는 일이오 쏘 教育行政에 잇서서도 一新紀元이라 아니할 수 업다. 그리하야 이것이 實現되는 날에는 初等學校와 쏘는 中學校의 朝鮮語 教授가 가장 時代에 符合되어 큰 효과를 나타내게 될 것이다. —『매일신

보』1930.2.17.

위의 두 기사에서 확인할 수 있는 사항은 역사 교과서에 조선 관련 내용을 많이 포함한다는 점과 조선어 교과서54)에 조선 사람의 글을 교재로 수록한다는 점이다. 특히 조선어과의 교재 선택 기준에서 '조선 문사의 글을 교과서에 채록'한다는 입장은 광복 이후 조선어학회의 교과서 편찬 사업과 연관지어 볼 때에도 매우 중요한 의미를 지닌다. 왜냐하면 이 시기 발행된 조선총독부(1933)『중등교육 조선어급한문독본』과 조선어학회(1946)의『중등국어교본』은 내용면에서 상당한 일치도55)를 보이기 때문이다.

이처럼 조선 사정을 강조한 교과서 편찬은 다른 과목에도 유사하게 적용된 것으로 보이는데 다음 자료를 참고할 수 있다.

(58) 朝鮮 事情을 多分으로 敎科書 改正 今春 完成 -전체가 페지수가 늘고 정가도 약간 증액- 公民課 讀本도 새로히 出現

총독부 학무국서는 수년 전 우리 보통학교와 고등보통학교 교과서를

---

54) 이 시기 조선어 교과서는 일본어(국어), 수신서에 비해 늦게 편찬되었는데, 그 이유는 '언문 철자법' 수정 작업이 끝나지 않은 상태였기 때문이다. 제3차 언문 철자법 개정 작업은 1928년부터 시작되어 1930년 2월에 완료되었다.

55) 이 문제에 대해서는 별도의 연구가 필요하다. 이는 두 교과서의 편찬 배경, 편찬자 등에 대한 종합적인 검토가 선행되어야 적절한 연구가 이루어질 수 있다. 이 점에서 1930년대 학무국에서 교과서 편찬에 관여했던 사람들의 행적을 살펴보는 일이 필요하다. 참고로 김윤경(1933) '최근의 한글 운동'(『동광』제40호)에 따르면 조선어연구회에서 〈신편조선어급한문독본 개편 요망건〉(1929년)을 조선총독부 편집과에 제출하였고, 중등학교 조선어교원회에서 〈여자고등조선어독본 개편 요망건〉(1929)을 제출하였으며, 소화3년(1928년) 초 학무국에서는 시학관 현온, 편집과의 다토리(田島). 이원규 제씨로 하여금 재래의 보통학교 독본을 개정할 기초안을 만들게 하였다는 기록이 남아 있다. 이때 참여자는 경성사범학교 교사 심의린, 제2고보 교사 박영무, 경성 수송동 보통학교 훈도 박승두, 경성 진명여자고등보통학교 교사 이세정 등이다. 이들은 기초안에 대한 의견을 듣고 원안을 만든 사람으로 알려져 있다.

통일하기 위하야 그 편찬에 착수하야 매년 개정교과서(改正敎科書)를 점진적으로 반영하야 왓섯는데 금년으로 그 전부를 완성하게 되얏다. 즉 신학년부터 출현하게 될 개정교과서는

◇ 四년제 보통학교용으로는 국어독본 권칠, 수신서 권사, 리과서의 네가지요, 육년제 보통학교용으로는 수신서 권육, 국어독본 권9, 조선어독본 권5, 지리부도의 네가지요, 고등보통학교용으로는 국어독본 권9, 조선어독본 권2 두가지이요, 여자고등보통학교용으로는 국어독본 권5 한가지인데, 이외에 지난 소화 4년에 중등정도의 교과서에 과하야 오든 법제경제과를 업새고 국민적으로 실시한

◇ 공민과(公民科)에는 여태까지 일정한 교과서가 업는 바 이번 남자 공민교과서와 여자 공민교과서를 제정하게 되어 목하 인쇄 중으로 이것도 신학년부터 채용하기로 되엇다. 그리고 전긔 개정 교과서 중 특색을 가진 것으로는 고등보통학교 조선어독본 권2로 대부분 조선인 문사의 손으로 된 논문, 기행문, 소설문을 재료로 편찬한 것으로 그만큼 조선 정서를 다분으로 집어 너흔 것이다. 그리고 지리부도(地理附圖)는 전부를 화려한 색판(色版)으로 하는 외에 외국지도를 종래보다 상세히 나타내게 하얏는데 이 째문에 페이지 수도 만허저서 정가는 종래보다 삼 사 전이 빗사게 될 것 갓다 한다. ―『매일신보』 1934.2.2.

이처럼 조선적인 것을 강조한 데에는 몇 가지 이유가 있었던 것으로 보인다. 가장 큰 이유는 치안 유지법 이후 조선에서의 사상 통제가 어느 정도 효과를 거두고 있었고, 또 이를 무마하는 차원에서 '조선적인 것'을 강조할 필요가 있었기 때문으로 보인다. 총독부 학무국은 학생들의 정치운동을 억압하고 시학관을 증원하여 사상 통제를 해 나가면서,56) 한편으로서는 직업 교육을 실용 교육이라고 강조

---

56) 시학관 증원은 기존에 없던 전임(傳任) 시학관과 각도 시학관, 경성, 경성, 평양, 대구, 부산 등의 주요 도시 시학관을 둠으로써 기존의 교육 기관 통제보다 훨씬 강화된 형태로 나타난다(『매일신보』 1929.3.14.). 또한 학생운동에 엄벌주의를 채택하여 치안 유지

하였다. 이러한 배경에서 조선어과 교과서 편찬이 이루어졌다.

제4차 교육령기의 조선어과 교과서 개발은 '시세의 진운(進運)과 조선의 사정(事情)'을 감안하여 일대 개정을 해야 한다는 취지 아래 진행되었다.[57] 이 교과서 개정 작업은 1928년부터 시작되었으나 조선어과의 경우는 언문 철자법 개정 작업이 완료되지 않아 1930년에 이르러 권1이 편찬되었다. 이 과정에 대해 『매일신보』에서는 다음과 같이 보도하였다.

(59) 제4차 교육령기 조선어과 교과서 개발 과정

ㄱ. 저번부터 開催 中이든 <u>舊時敎科書 改訂 調査委員會를 終了하고</u> 稻垣
    ** 課長은 今回의 方針에 關하여 다음과 같이 말하더라. 委員會의 決
    意에 基하야 編纂은 着手할 터인데 이번에 着手하는 것은 普通學校用
    修身, 國語, 地理, 歷史 이 四種으로 修身의 一二學年用 二冊은 昭和 四
    年 四月 新學期부터 使用할 수 잇도록 更抄하자는 希望이요 同 一二學
    年用의 國語讀本 四冊과 五學年用의 地理 歷史는 昭和 五年度부터 使
    用하도록 하라는 豫定인데 此等의 原稿가 完成되면 調査委員에게 審
    議를 바드라 하며 <u>朝鮮語讀本은 綴字法의 改訂부터 시작하지 안이하</u>
    <u>면 眞實한 改訂으 될 수 업슴으로 몬저 綴字法 改訂부터 實行코자 그</u>
    <u>調査委員會를 組織하라 하여 目下 그 人選 中이라 한다.</u> 그리고 이번
    調査委員會에 根據치 안이한 것으로 算術, 理科 農業補習學校用 修身,
    算術, 高等普通學校用의 修身, 國語, 朝鮮語讀本 等이 잇스나 此等은
    更히 編纂 方針을 樹立하야 가지고 委員會에 諮問만 하라 하더라. —『

법을 적용하도록 하였다(『매일신보』 1930.1.18.).

57) 이에 대해 朝鮮總督府(1930), 『朝鮮總督府施政年譜(昭和七年)』(朝鮮印刷株式會社)에서
    는 "昭和三年二 時勢ノ進運卜朝鮮ノ實情トニ鑑シ從來ノ敎科書二對シ一大改訂ヲ加フル
    ノ切要ナルヲ認メ同年八月臨時敎科書調査委員會ヲ設ケテ改訂二關スル主義綱領ヲ審議
    シ之二基キテ目下各種敎科書全般二涉リテ銳意改訂編纂ヲ急ギツツアリ."라고 기술한
    바 있다. 당시 교과서조사위원회의 심의 내용은 『매일신보』 1928.8.28(앞 장에서 서술
    함) 참고.

매일신보』 1928.8.10.

ㄴ. 情緒觀念을 高調하애 普校 敎科書를 改訂─朝鮮語讀本에는 改正諺
文綴字法 使用─新學期부터 一齊 使用 : 今春 新學期부터 普通學校 第
一學年用 敎科書 修身, 國語, 朝鮮語讀本 等을 一齊히 改訂하기로 되
엿다. 改訂의 趣旨는 從來의 敎科書들은 兒童 心理에 適合하다고 할
수 업는, 너머 乾燥無味한 感이 업지 안헛고 쏘 그 中에서도 修身 敎科
書 가튼 것들은 專門學生이나 大學生 等에 잇서서 適當하다고 할만할
만한 것도 잇섯슴으로 이번에는 敎材 一切를 改正하야 兒童 心理와 쏘
는 兒童의 實生活에 適應하도록 情調 注意를 高調하야 만든 것이며 쏘
朝鮮語讀本에 잇서서는 改正된 諺文綴字法을 使用하엿다. 그것은 表
音式 諺文 使用法과 쏘는 終聲 通用의 大部分을 認한 것인데 이 改正
綴字法 朝鮮語讀本에 對하야는 四月 一日 新學期부터 使用하게 될는
지 아니하게 될는지는 아즉 未定이나 十分 使用하게 될 모양 가트며
쏘 修身 國語讀本에 對하야는 新學期부터 全朝鮮에 一齊히 使用하기
로 決定되엿다. ─『매일신보』 1930.2.5.

이 두 기사에 나타난 바와 같이 이 교과서 개발 과정은 언문 철자
법 개정과 밀접한 관련이 있으며, '정서관념 강조'를 취지로 내세웠
다는 점이다. 특히 조선총독부의 제3차 철자법 개정 작업은 조선인
중등교원들의 청원에서 비롯된 것이라고 하는데, 이에 대해 김윤경
(1933)에서는 다음과 같이 진술하고 있다.

(60) 언문 철자법 개정과 교과서 편찬 청원

最近의 한글 운동─朝鮮文字의 歷史的 考察(九) : (전략) 敎育界에 對한
한글 運動도 決코 微弱하지 아니하얏습니다. 朝鮮語學者는 大槪 다 私立
學校 敎員들이엇는 故로 비록 學務當局에서는 아무 改正이 없이 無法한
因襲的 綴法으로 放任하여 두엇다 할지라도 그들은 다 自己의 研究를 應
用하여 敎授하여 오는 것입니다. 그리하여 옳다고 본 研究는 이를 實行

도 하고 巡廻講演 또는 講習으로 宣傳도 하여 온 것입니다. 그러하나 敎科書는 如前히 明治 四十五年(西曆 一九一二) 四月에 總督府에서 規定한 綴字法 그대로 잇기 때문에 不便이 莫甚하엿습니다. 그리하여 己巳年(西曆 一九二九) 二月初에 京城內 中等漢文及朝鮮語敎員會에서 『新編朝鮮語及漢文讀本改編要望件』이란 長書를 總督府 編輯課에 提出하고 그 改定을 交涉하엿습니다. 또한 그 다음해(庚午) 六月 二十八日에는 女子中等學校 朝鮮語敎員會에서도 『女子高等朝鮮語讀本改編要望件』을 決議하여 가지고 市內 中等學校長 會議를 通하여 男女中等學校 朝鮮語敎員會의 決議案을 가지고 다시 學務當局에 請願한 일이 잇습니다. ―『매일신보』 1930.2.5.

김윤경(1933)에 나타난 바와 같이 중등학교의 조선어 교과서 개편 작업은 '중등한문급조선어 교원회'와 '여자중등학교 조선어교원회'라는 단체의 '개편 요망건'과 밀접한 관련을 맺고 있었던 것으로 보인다. 이에 따라 당시 학무국에서는 보통학교용 '조선어독본'을 개정할 기초안을 만들도록 하였는데, 이에 대해 김윤경(1933)에서는 다음과 같이 진술하고 있다.

(61) 보통학교용 '조선어독본' 개정 기초안

　이와 같은 各方面의 한글 運動은 마침내 社會 各方面의 注意를 이끌게 되어 置之度外하고 放任하던 總督府에서도 이에 어떠한 歸決을 짓지 않으면 아니되게 되엇습니다. 그리하여 昭和三年(西曆 一九二八) 九月 初에 學務局에서는 視學官 玄櫶, 編輯課의 田島, 李元圭 諸氏로 하여금 在來의 普通學校 讀本을 改訂할 基礎案을 만들게 하고 그 뒤 다시 京城師範學校 敎師 沈宜麟, 第二高等普通學校 敎師 朴永斌, 京城壽松洞普通學校 訓導 朴勝斗, 京城進明女子高等普通學校 敎師 李世楨 諸氏를 모아 그 基礎案에 對한 意見을 들어 그 意見대로 原案을 만들게 하엿습니다. 그리하고 다시 民間의 權威 잇는 學者들을 모아 審議委員會를 組織하여 그

原案을 다시 討議하게 하엿고 그 決議대로 採用하기로 하엿습니다. 그리하여 그 다음해(昭和四年 西曆 一九二九) 五月 二十二日에 다음과 같이 民間學者를 섞은 審議委員을 發表하엿습니다.

西村眞太郎(總督府 通譯官), 張志暎(朝鮮日報社 地方部長), 李完應(朝鮮語研究會長), 李世楨(進明女子高等普通學校 教員), 小倉進平(京城帝國大學 教授), 高橋亨(右同), 田中德太郎(總督府 通譯官), 藤波義貫(右同), 權悳奎(中央高等普通學校 教員), 鄭烈模(中東學校 教員), 崔鉉培(延喜專門學校 教授), 金尙會(每日申報 編輯局長), 申明均(朝鮮教育協會 理事), 沈宜麟(京城師範學校 附屬 普通學校 訓導)

이 委員會에서는 여러 번 모이어 討議한 結果 同年(西曆 一九二九) 六月에야 確定하게 되엇습니다. 그리하여 그 이듬해(昭和 五年 西曆 一九三〇) 二月에 다음과 같이 新綴字法을 發表하여 그해 四月부터 普通學校 第一學年 教科書를 그대로 改定하여 쓰기 시작하엿습니다. ―김윤경(1933), 앞의 글에 이어짐.

이 글에 나타난 것처럼, 이 시기 교과서 개정 작업은 중등교육을 담당했던 조선인 교육 단체와 깊은 관련을 맺고 있다. 이에 대해『매일신보』에서는 다음과 같이 보도한 바 있다.

(62) 朝漢讀本 改編 不遠―教材를 方今 蒐集

경발한 이상과 찬란한 문채로―實施는 明春 新學期:總督府 學務局 編修課에서는 高等普通學校 新撰 朝鮮語及漢文讀本에 對하야 中等學校 漢文敎科書로부터 그 敎科書 內容에 잇서서 여러 가지 결점과 쏘는 잘못된 것이 만흐니 다시 編纂하여 달라고 要請(旣報)한 것을 긔회로 그 敎科書 전부를 改正하기로 되엿다. 본린 그 敎科書는 大正 十三年版으로 改正한지가 자못 오래되엿슴으로 그러지 아녀도 改正하랴고 하엿는대 定屬價格으로 中等敎員들로부터 그와 가튼 要請도 잇섯슴으로 곳 개정 實施를 착수하기로 된 것이다. 그러하야 목하 同 編修課에서 새로운 敎材

를 多方面으로 蒐集하는 중으로 이것이 상당히 모히면 본지에 긔보한 바와 가티 朝鮮文壇의 **들과 中等學校 漢文敎師 쏘는 기타 各方面에 잇는 斯界의 權威者들을 網羅하야 改正委員會를 組織하여가지고 심사하여 가지고 實施에 착수하리라는데 實施 時期에 對하여는 編修課에서 아즉 明言을 避하나 적어도 明春 新學期부터는 새로된 敎科書를 使用하게될 모양 갓다. 그러하야 개정되는 讀本은 종래에 비하여 優發한 理想과 燦爛한 文彩를 만히 너허 面目이 一新하리라 한다.

◇ 正誤表 만드러 各校에 配付－고쳐가며 가리키도록. <u>稻垣 編輯課長 談</u> 작보 = 中等學校 漢文 先生들로부터 新撰高等朝鮮語及漢文讀本의 缺點과 쏘는 錯誤를 들어 改編을 要望하는 데 대하야 總督府 學務局 稻垣 編輯課長은 다음과 가티 말한다. "그 중에는 意見의 相違도 잇스나 쏘는 缺點도 잇고 쏘 錯誤된 것도 사실 업지 안습니다. 그 讀本은 大正 十三年版으로 그러치 아너도 너머 오래된 것으로 改正하려고 하야 이미 敎材 蒐集에 착수까지 하엿습니다. 그러나 改正 前에 잇서서도 잘못된 것을 그대로 가르치라는 수는 업스니 우선 正誤表를 만들어 各學校에 配付하야 잘못된 것은 바로 가르치도록 하겟습니다." 云 ―『매일신보』 1930.2.28.

이 기사에 따르면 이 시기 조선인 교원 단체에 건의안에 포함된 내용은 중등학교 조선어독본의 문제점이 중심을 이루었을 것으로 보인다. 그러나 이 안의 핵심 내용에는 '언문 철자법'의 문제점이 들어 있었을 것으로 짐작되며, 이에 따라 총독부 학무국에서는 언문 철자법 개정이 이루어진 뒤 보통학교용『조선어독본』을 발행하였다. 이에 대해『매일신보』에서는 다음과 같이 보도하였다.

(63) **諺文綴字法 改正案 中樞院서도 多數 贊成**

작십이일 수요회 석상에서－이로서 問題는 解決 : 諺文綴字法 改正案에 對하야 中樞院會 일부의 반대의견이 잇섯슴으로 그것을 同 水曜會 會議에 부치어 저번 水曜會 석상에서 일주일 동안 고려할 여유를 달라하야

연긔를 하엿섯다 함은 긔보한 바이어니와 십이일(水曜日) 오후 한시부터 中樞院 會議室에서 또 다시 會議를 개최하고 약 삼십여인이 출석한 가운데 總督府로부터 兒玉 政務總監을 비롯하야 今村 內務局長과 또 學務局長으로부터 稻垣 編輯課長 이하 玄 視學官 李 編修官 李源圭 氏의 警務局으로부터 西村 氏 等도 렬석하야 회의를 진행하엿섯는데 魚允迪 氏 等 석상에서 반대의견을 말하는 사람도 잇섯고 또는 일부 修正說을 주창하는 사람도 잇섯스나 동 긔간까지 서로 質疑 應答을 게속한 결과 改正의 要旨가 時勢의 進運에 싸라 그와 가치 改正치 안을 수 업다는 것 또는 普通學校 兒童들이 배호기 간편하도록 그 부담을 경감하라는 데 잇다는 것을 잘 량해하고 나종에는 原案 贊成論이 다수하여지어 兒玉 摠監으로부터 "그러면 여러분의 다수 의견이 원안을 찬성하는 것으로 看做하겟다." 고 말한 후 네시경에 페회하엿다 한다. 그리하야 이로써 문제는 해결될 모양이다.

◇ 新學期부터 改正을 實施－조선어독본 데일권서부터－改正內容은 如斯 : 별항과 갓치 中樞院側으로부터도 대체 찬성하는 뜻을 어더슴으로 學務局에서는 이번 사월 신학기로 보통학교 제일학년 朝鮮語讀本에서부터 改正綴字法을 실시하게 되엇는대 同 編輯課에서는 이믜 이 일이 잇기 전부터 改正綴字法에 의한 교과서를 작성하고저 原稿까지 만들어 인쇄에 부친 뒤이엇섯슴으로 인제는 校正만 보면 되게 되엿다. 개정하는 것은 一. 併書 二. 終聲通用 三. 表音式 등 세 가지가 가장 중요한 것으로 우선 朝鮮語讀本 第一卷에 나올 개정 언문 글자는 單終聲 여덜 字와 併書열 音字 모다 스물 일곱 자로 곳 'ㄲ, ㅃ, ㄸ, ㅉ' 等으로 개정되는 것이다. 그리고 또 漢字 表音이 모다 달라지어 간편한 表音式으로 되는 것이오 또 二重 **과 其他에 잇서서는 명년에 이학년용부터 개정하게 되엿다.

◇ 印刷冊數는 十餘萬卷 : 별항 사실에 대하야 稻垣 編輯課長은 말하되, "諺文綴字法 改正 敎科書(朝鮮語讀本 第一卷)는 이미 原稿가 작성되어 印刷所에 올린 중이니 이제 校正만 보면 그만임니다. 冊數는 약 십사오만 卷 가량 될 듯하고 定價는 장차 印刷소와 議論하야 決定하지 안흐면

아니되겟습니다" 云

◇ 漢文字數도 制限－학동들의 부담을 경감하랴고 : 그리고 편집과에서
는 보통학교 아동들의 부담을 경감하려는 쥬지 아리 신학기에 일학년 교
과서부터 諺文 외에 漢字도 제한하야 될 수 잇는대로 어려운 자는 아니
쓰도록 하엿다. 현재 <u>보통학교 朝鮮語讀本 뎨일권으로부터 뎨륙권까지
잇는 漢文 글자 총수는 모다 一千九百字인대 文部省에서 制定한 常用漢
字가 모다 一千二百字임에도 불구하고</u> 그와 가치 만흔 것은 보통학교 아
동들의 부담을 너머 과중케하는 것이라 하야 이것도 금년부터 비롯하야
漸進的으로 감케 하랴는 방침이라 한다. ―『매일신보』 1930.2.14.

이 기사에서 확인할 수 있듯이, 철자법 개정 작업과 교과서 편찬
은 교과서에 쓰일 규범을 정하는 데 중요한 의미를 지녔다. 이 과정
에서 제4차 교육령기의 조선어과 교과서 편찬 작업에는 앞선 시기
보다 조선인의 참여가 더 활발했던 것으로 보이는데, 이에 대해 『매
일신보』에서는 다음과 같이 보도하고 있다.

(64) 諺文綴字法 改正과 敎育行政의 新紀元

　문명 혁혁산 조선 문제 제씨의 名文을 敎材에 採錄 : 諺文綴字法改正
과 또 普通學校 敎科書(第一學年用) 의 敎材를 아동심리에 적합하도록
情操를 知覺하야 개정한 <u>總督府 學務局에서는 漸次 漢文 글자를 제한하
는 동시에 또 朝鮮語讀本에 대하여서도 普校 第一學年用으로부터 第六
學年用까지의 敎科書와 밋 高等普通學校의 敎科書까지 전부를 시대에
적합하도록 개정하고저</u> 목하 계획을 진행하는 중에 잇다. 이것은 아즉
學務當局의 腹案쑨으로 세간에 발표할 시기에까지는 이르지 안헛다. 하
나 들리는 바에 의하면 <u>보통학교나 쏘는 고등보통학교의 朝鮮語讀本 敎
科書가 그 文章에 잇서서나 쏘는 其他에 잇서 현대 朝鮮에 적합하지 못
한 것이 만흘 쑨 아니라 그 敎材 採擇에 잇서서도 엇던 一個人의 意見만
으로 된 것이 잇슴으로</u> 지금에 불만족한 점이 만히 발견되야 저번 諺文

綴字法을 개정하랴 할 째 委員會를 열고 그 의견을 따라서 한 것과 마찬가지로 이번에는 朝鮮文壇의 重論들을 網羅하야 그들의 의견을 들어가지고 그들의 文章을 朝鮮語讀本에 採錄하야 시대에 적합한 敎科書를 만들랴는 것이다. 그 時間에 잇서서는 금년 안으로 될지 혹은 명년안으로 될지 아즉은 알 수 업스나 엇재ㅅ든 속히 실현하랴는 모양인데 朝鮮文士의 글들을 敎科書에 採錄한다는 것은 朝鮮의 文壇이 成立된 이후 실로 처음되는 일이오 또 敎育行政에 잇서서도 一新紀元이라 아니할 수 업다. 그리하야 이것이 實現되는 날에는 初等學校와 쏘는 中學校의 朝鮮語 敎授가 가장 時代에 符合되어 큰 효과를 나타내게 될 것이다.

◇ 材料의 採擇과 實施期 未定－아즉 구톄화하지 안엇다. 學務局 李源圭 氏 談 : 이에 대하야 學務局 編輯課 李源圭 氏는 말하되, "나 個人의 意見으로는 그 필요를 늣긴지 오래됏습니다. 그러나 아즉까지 실현 못 된 것이 유감이며 쏘 朝鮮語敎科書로 말하면 그것이 대개 個人의 의견으로 된 것임으로 첫재 敎科에 잇서서도 不滿足한 점이 만습니다. 學校의 敎科書 갓튼 것은 실로 重大한 것이니 이것을 個人의 의견만 가지고 할 것은 아니오 아모조록 多數한 사람의 意見을 綜合하야 가장 신중히 하지 안흐면 안 될 줄로 암니다. 그리고 또 文章에 잇서서도 朝鮮語讀本의 그 것과 현재 류행하는 것을 대조하여 보면 서로 부합하지 안는 것이 만흠으로 거긔에도 폐해를 안정하고 아모쏘록 敎科書의 文章을 時代에 符合하도록 개정해 보랴는 것임니다. 그러하야 文壇에 상당한 일홈잇는 諸氏를 망라하야 긔왕 그들의 발표한 글중에서 적당한 것만을 採錄할런지 쏘는 敎材로서 적당하도록 새로히 그들의 글을 바다 採擇할런지 여긔에 대하야는 아즉 고려중이오 또 時期에 잇서서도 금년 안에 될런지 혹은 명년중에 될런지 알 수 업습니다. 쏘 그쑨만 아니라 가령 아릭서는 이것의 필요를 절실히 인정하고 실현한다고 하되 우에서 이를 허락하지 안흐면 될 수 업는 일이니 아즉 實施에 대하여는 무어라고 말슴할 수가 업습니다." 云

◇ 實現의 急速을 懇切히 希望－자긔로서는 대찬성이다. = 六堂 崔南

善 氏 談 : 별항 사실에 대하야 六堂 崔南善 氏를 자택으로 訪하고 意見을 무르니 다음과 갓치 말한다. "벌서 그랫서야 하는 일입니다. 나로서는 大贊成이며 또 현재 文壇에 잇서 몃 사람만을 뽑아 그들의 글을 教材로 한다 하면 가장 理想的으로 될 줄로 밋습니다. 그러나 아즉 文體의 整頓과 用語의 沈*이 잘 되어 잇지 못한 관게로 처음에는 다소 곤란할 것이나 해 나가노라면 모다 잘 될 줄로 압니다. 그러치만 내가 여긔에 한가지 생각하는 것은 文壇의 몃사람이 힘을 써서 조흔 글을 써놋는다 하면 현재 學務局에 잇서 능히 그들을 잘 採擇하고 또는 리상적으로 按定하여 노흘만한 사람이 잇는가 하는 것이 疑問입니다. 그러나 모든 것이 처음에 잘되기는 어려우닛가 이것도 하여 나가는 가운데 원만히 될 줄로 밋습니다. 엇잿든 매우 조흔 일이니 속히 실현되기만 바라겟습니다." —『매일신보』 1930.2.17.

이 기사에 나타난 바와 같이, 이 시기 보통학교용 『조선어독본』은 '좀더 조선적인 것'을 지향함으로써 조선인의 참여 폭이 넓어졌고, 학습자의 부담을 줄이기 위하여 한자를 제한하였으며, 문예의 비중을 높인 교과서였다. 이때 개발된 교과서는 다음과 같다.

(65) 제4차 교육령기 보통학교용 조선어과 교과서 발행 상황

책명	편찬 및 발행	인쇄	단원수	발행 연월일
朝鮮語讀本 卷一			54	1930.3.30.
朝鮮語讀本 卷二			38	1931.3.28.
朝鮮語讀本 卷三	朝鮮總督府	朝鮮書籍印刷株式會社	27	1932.2.20.
朝鮮語讀本 卷四			28	1933.1.25.
朝鮮語讀本 卷五			21	1934.3.25.
朝鮮語讀本 卷六			22	1935.3.31.

이 교과서에서는 띄어쓰기가 적용되기는 하였지만 일관성을 보이지는 않는다. 한자의 사용이 줄어들었으며, 권두의 서언도 없다. 이

에 대해 박붕배(1987 : 336)에서는 "교재로서는 아주 간단하며, 문장도 토막글로 문장 학습에도 도움이 안 되며, 매우 무성의하게 편찬된 책"이라고 평가한 바 있다. 앞선 교재보다 분량이 줄어들었으며, 난이도가 매우 약한 편인데, 이는 이 시기 조선어과 교육의 실태를 반영하는 것이라고 할 수 있다.[58]

초등교육용과 마찬가지로 제4차 교육령기의 중등용 조선어과 교과서는 '좀더 조선적인 것'을 지향하는 가운데 편찬되었다. 『매일신보』 1930년 2월 17일 기사와 같이, '조선 문단의 중론을 모아 조선 문사의 글들을 채록'한다는 원칙 아래 조선적인 것을 담고자 하였다. 김윤경(1933)에서 밝힌 바와 같이, 이 시기 조선어 교과서 편찬에는 '중등조선어교원회'의 활동과 직접적인 관련을 맺고 있다. 그 결과 좀더 조선적인 것을 지향한다는 원칙이 표명된 것으로 보인다. 이에 대해 『매일신보』에서는 다음과 같이 보도한 바 있다.

(66) 朝鮮 事情을 多分으로 教科書 改正 今春 完成

: 전체가 페지수가 늘고 정가도 약간 증액―公民課 讀本도 새로히 出現

총독부 학무국서는 수년 전 우리 보통학교와 고등보통학교 교과서를 통일하기 위하야 그 편찬에 착수하야 매년 개정교과서(改正教科書)를 점진적으로 반영하야 왓섯는데 금년으로 그 전부를 완성하게 되얏다. 즉 신학년부터 출현하게 될 개정교과서는

◇ 四년제 보통학교용으로는 국어독본 권칠, 수신서 권사, 리과서의 네가지요, 육년제 보통학교용으로는 수신서 권육, 국어독본 권9, 조선어독본 권5, 지리부도의 네가지요, 고등보통학교용으로는 국어독본 권9,

---

58) 이 교과서의 편찬 취의서에 따르면, 당시의 교재 선택과 배열 원칙은 일본어(국어)독본에 준거하도록 하는 조항만을 두었을 뿐, 조선어과 교과서로서의 특징을 고려한 흔적은 보이지 않는다. 이에 대해서는 조선총독부(1930), 『보통학교 조선어독본 권일 편찬취의서』(역대문법대계 3-17에 수록됨)를 참고할 수 있다.

조선어독본 권2 두가지이요, 여자고등보통학교용으로는 국어독본 권5 한가지인데, 이외에 지난 소화 4년에 중등정도의 교과서에 과하야 오든 법제경제과를 업새고 국민적으로 실시한

◇ 공민과(公民科)에는 여태까지 일정한 교과서가 업는 바 이번 남자 공민교과서와 여자 공민교과서를 제정하게 되어 목하 인쇄 중으로 이것도 신학년부터 채용하기로 되엇다. 그리고 전긔 개정 교과서 중 특색을 가진 것으로는 고등보통학교 조선어독본 권2로 대부분 조선인 문사의 손으로 된 논문, 기행문, 소설문을 재료로 편찬한 것으로 그만큼 조선 정서를 다분으로 집어 너흔 것이다. 그리고 지리부도(地理附圖)는 전부를 화려한 색판(色版)으로 하는 외에 외국지도를 종래보다 상세히 나타내게 하얏는데 이 째문에 페이지 수도 만허저서 정가는 종래보다 삼 사 전이 빗사게 될 것 갓다 한다.

◇ 農民讀本의 統一 敎授 : 경긔도에서 보급 작년 여름 조선의 최초로 경긔도에서 발행한 농민독본(農民讀本)은 타도에도 상당히 보급되어 임의 총책수 칠만 오천부가 매진되엿스며 속속 수용 신입이 잇서 중쇄 중인데 본도에서는 그 독본의 교수자로 하여금 각과 내용의 주안점을 일치하도록 하기 위하여 이번에 경긔도 농민독본 보급에 대하여 이를 발행하여 도내 각 관공서와 학교 금융조합과 각 진흥회에 무상으로 배부하기로 외엿다. 쏘는 이를 희망하는 자에게는 룡산한강통 인쇄소(龍山漢江通印刷所)에서 유상으로 배부할 터이라 한다. ―『매일신보』 1934.2.2.

이 자료에 따르면 이 시기 중등용 교과서는 일본어(국어)의 경우는 남녀를 구분하여 편찬하였으나, 조선어과의 경우는 남녀의 구분이 없이 『중등교육 조선어급한문독본』으로 편찬하였다. 이처럼 남녀를 구분하지 않은 까닭은 남녀 교육의 차이를 인정하지 않았기 때문이 아니라, 조선어과를 중시하지 않았기 때문이라고 할 수 있다. 왜냐하면 이 시기 교육령 및 각급 학교 규정에서 교과목에 대한 개정은

없었기 때문이다. 특히 1929년 개정된 제4차 교육령은 '체험주의'라는 명목 아래 '공민교육'과 '실업 교육'을 강화하는 교육령이었으며, 남녀 중등학교를 하나의 수준으로 묶어 생산 교육에 치중하도록 하는 데 중점을 두었음을 알 수 있다.[59] 이러한 흐름에서 편찬된 중등 조선어과 교과서는 다음과 같다.

(67) 제4차 교육령기 중등 조선어과 교과서

책명	편찬 및 발행	인쇄	단원수	발행 연월일
中等敎育 朝鮮語及漢文讀本 卷一	朝鮮總督府	朝鮮書籍印刷 株式會社	76(38)	1933.1.28.
中等敎育 朝鮮語及漢文讀本 卷二			54(28)	1933.12.12.
中等敎育 朝鮮語及漢文讀本 卷三			46(23)	1935.3.28.
中等敎育 朝鮮語及漢文讀本 卷四			52(27)	1936.2.25.
中等敎育 朝鮮語及漢文讀本 卷五			36(20)	1937.1.28.

(단원수 괄호 안은 조선어부의 단원)

단원의 수를 고려할 때 전체 264과 가운데 조선어 단원이 136과를 차지한다는 점에서 조선어의 비중(51.52%)이 높아진 교과서이다. 교과서의 서두에는 서언이 들어 있으며, 조선어부와 한문부를 나누어 편찬한 점은 앞선 시기의 『신편조선어급한문독본』과 같은 체제이다. 서언은 다음과 같다.

---

59) 『매일신보』 1930년 10월 30일 기사에서는 '중등교육개선'이라는 이름 아래 이 시기 교육이 '공민과 설치' 및 '체험주의 교육'을 지향하고 있다는 내용을 확인할 수 있다. 이는 제4차 교육령이 공민교육(황민화 교육), 실업 교육(생산교육) 등을 지향하고 있음을 의미한다.

(68) 『중등교육 조선어급한문독본』 서언

一. 本書는 주장으로 高等普通學校 朝鮮語及漢文科의 敎授에 充用키 爲하야 編纂한 것이라.

二. 本書는 全部를 五卷으로 하야 各學年에 一卷식을 配當하다.

三. 本書는 敎授上 便宜를 圖키 爲하야 朝鮮語와 漢文의 兩部에 分하야 編纂한 것이라.

四. 諺文綴字法은 昭和五年 二月에 改正한 諺文綴字法에 據하다.

五. 漢文은 音訓, 熟字로부터 短文, 文章의 順序로 하다.

六. 漢文의 懸吐는 低學年에는 仔細히 하고 學年이 높아짐을 딸아 簡略히 하다.

七. 難字句, 固有名詞, 引用句 中 特히 必要하다고 認定한 것은 上欄에 摘出하야 略解하다.　　　　昭和八年 三月

이 교과서에 실린 조선어부의 내용은 개인의 인격 수양을 강조하는 교훈적인 자료(23과), 자연 예찬의 자료(18과), 명승지나 유적지와 관련된 기행문(18과), 일상생활 관련 자료(13과), 문학 관련 자료(13과) 등의 순서로 나타난다. 또한 경제생활이나 실업 관련 자료(12과), 사회생활 관련 자료(10과), 조선의 역사와 관련된 자료(8과), 과학과 관련된 자료(8과), 조선어의 역사 또는 언어 이론을 소개한 자료(5과), 예술이나 문화 등을 소개한 자료(4과) 등도 포함하고 있어서, 이전의 교과서와는 내용상 많은 차이를 보인다. 텍스트의 문종을 고려할 때에도 논설문(37과), 설명문(27과)의 비중이 높아졌으며, 23편의 시가 실려 있는 점도 특징이라고 할 수 있다. 또한 앞선 시기의 『신편고등조선어급한문독본』에서 내려받은 단원이 거의 없는 점도 특징이다.[60]

---

60) 일부 단원은 단원명을 달리하여 유사한 내용을 담고 있으나, 구체적으로 같은 내용을 서술한 단원은 2개 과에 불과한 실정이다.

5. 개정교육령 이후의 조선어 교육 정책

5.1. 식민 통치 상황과 이데올로기 변화

일제의 만주 침략 이후 본격화된 조선의 '병참기지화 정책'은 사상 통제 장치의 강화, '각급 학교의 군사 교육 강화', '공존공영(共存共榮)'을 슬로건으로 한 각종 경제 통제 및 자력갱생운동의 전개 등으로 나타났다.

사상 통제는 병참 기지화가 강화되면서 학생운동을 탄압하고, 민족정신을 박멸하는 방향으로 전개되었다. 그 가운데 하나가 '치안유지법'의 개정이다. 이 법은 '국체를 변혁할 것을 목적으로 하여 결사를 조직한 자, 결사의 역원(役員) 또는 지도자의 임무에 종사한 자'를 처벌하기 위한 법이었는데, 기존의 법령보다 처벌을 대폭 강화하였다. 이처럼 치안 유지법을 개정하게 된 배경에는 1930년대 전후 각종 사회주의 단체나 학생운동이 격렬했기 때문으로 보인다. 특히 동맹휴학이나 격문 배포 등의 학생저항운동에 대해 '풍기 문란' 또는 '시험 기피 현상'으로 폄훼하기도 하고,[61] 개인의 이익보다는 국가 사회를 우선시해야 한다는 이데올로기를 주입하기도 하였다. 이러한 관점에서 다음 사설은 이 시기 사상 통제의 주된 흐름을 보여준다.

(69) 學問의 自由

學者가 眞理를 探究함에 臨하야는 다만 그 學的 良心에만 依하야 精進할 쑨이어서 敢히 世俗에 媚하고 權勢에 阿할 必要는 無한 것이오 또 如斯함에 依하야 비롯오 眞理의 本體가 證明되고 人類의 進步가 可期되어

---

61) 『매일신보』 1931년 6월 26일의 '學風의 頹廢', 1933년 3월 24일의 '學生界의 風紀 問題'는 이러한 이데올로기를 잘 나타낸다.

文化의 向上에 **되는 것이다. (中略) 그러나 學者도 社會組織의 一員이오 國民 中 一人이다. 社會人으로서는 社會 規約을 嚴守할 義務가 有하고 國民으로서는 國家 制度에 服從할 責任이 有한 것이다. 學的 良心에 의한 眞理의 探究는 어데까지 自由라 할지나 그를 爲하야 社會人으로서의 義務와 國民으로서의 責任을 回避함은 許치 못하게 되는 것이다. 學識과 主張의 是非黑白은 結局 時間의 經過가 判定할 바이어서 輕輕히 이를 排擊하고 排斥할 것이 아니라 할 것이나 社會에서 公序를 **하고 國家의 統制를 無視하는 擧措에 對하야는 맛당히 社會로서의 制裁와 國家로서의 制御를 加해야 할 것이다. (下略) ―『매일신보』 1933.5.23.

사상 통제는 '국가주의'나 '풍기 단속'이라는 명분 아래 다양하게 전개되었다. 각종 서적뿐만 아니라 레코드에 대한 검열도 강화되었는데 다음은 이에 대한 기사이다.

(70) 歪曲한 娛樂을 是正―레코드 面目 一新

전 조선 五백여 사업자에 의하야 일개년 간 반포되는 百여만 매의 '레코―드' 중에는 치안상 쏘는 풍속상 방임할 수 업는 자가 만히 잇서 이를 취체키 위하야 작년 五월 '레코―드' 취체 규칙이 제정 반포되어 일반 출판물과 가티 검열 취체가 개시되자 예긔한 바와 가티 불온 불량한 '레코―드'가 계속 발견되어 작년 말까지 약 일개월 간 치안과 풍속을 방해하는 것으로 인정되어 영성처분에 부친 자가 실로 四十四 종 七천여 매의 다수에 달하얏다. 이로서 정곡(歪曲)된 대중오락(大衆誤落)을 시정(是正)하야 가정적 문화 긔관으로서의 사명을 완전하게 하야 다대한 효과를 엇게 되엇는 바 이에 대하야 청수(淸水) 도서과장은 다음과 가티 말한다.

영업자 중에는 취체 규측 시행령 당초에는 그 수속의 번잡에 대하야 비란하는 자도 잇섯스나 취체의 정신을 점차 량해함에 싸라 최근은 업자 측에서 자발적으로 '레코―드'의 내용을 검토한 후 미리 작제하고 혹은 제작 전에 당국의 심의를 구하는 등 다대한 주의를 하게 되엇슴은 깃분 일이다. 쏘 반사회성(反社會性)을 띄운 '레코―드'는 대중의 수요하에 불구하고 수이입(輸移入)을 조지(阻止)하고 혹은 이미 수이입된 것은 당국에 제출하야 검열을 밧게하야 '레코―드'의 명성과 그 사명을 완전하게 하도록 노력하얏는 바 '레코―드'의 내용은 날을 싸라 개선되어 금일에 잇서서는 불온불량한 레코―드는 거의 그 자최를 감초게 되어 규측 시행 전의 상태와 비교하면 그 면목이 일신되엇는데 작년 중에 처분한 '레코 ―드'의 내용을 조사하여 보면 국어취입(國語吹入)은 치안이 三종, 풍속이 六종으로 합게 九종이오, 조선어 취입(朝鮮語吹入)은 치안이 十九종, 풍속이 十三종으로 합게 삼십이종이엇스며 로서아어 취입(露西亞語 吹入)은 치안이 三종이엇는데 이들 중에 치안방해로 처분된 자는 혹은 비상시국에 자극되어 정당재벌(政黨財閥)을 공격한 자도 잇고, 혹은 五·一五 사건의 피고를 상휼(賞恤)함과 가튼 내용을 가진 자도 잇고, 민족의식(民族意識)을 선동하고 쏘는 현제도(現制度)에 저주(咀呪)의 생각을 이르키게 하는 과격한 내용을 가진 자도 잇고 혹은 '쏘베트' 聯邦으로부터 수입된 三종의 '레코―드'와 가티 공산주의 사상 선전을 위하야 제작된 것도 잇섯다. 쏘 풍속괴란의 혐의로 처분된 자는 수치혐오(羞恥嫌惡)의 생각을 이르키게 하는 남녀관게의 내용을 취입한 것으로 가정오락으로 보아 절대로 허용할 수 업는 것들쑨이엇다. ―『매일신보』 1934.2.2.

이 기사는 이 시기 발매되는 레코드가 백만여 매에 이르며, 그 가운데 44종 7천 매의 레코드를 치안과 풍속 취체 방침에 따라 검열·폐기했음을 밝히고 있다. 이때 치안과 풍속은 구체적으로 민족의식을 선동하고, 현 제도를 저주하는 생각을 일으키게 하는 내용, 공산주의 사상을 선전하는 내용, 수치혐오의 생각을 일으키게 하는 내용, 남녀 관계의 내용 등을 의미한다.

이와 같은 사상 통제는 '국가주의' 또는 '국체명징'의 이데올로기를 바탕으로 한다. 특히 병참기지로 전락한 조선 사회를 병영 사회로 만들기 위한 각종 장치가 도입되었는데, 그 가운데 하나가 학생

군사 교육 문제였다. 이러한 경향은 1933년 이후 강화된다. 다음은
이를 잘 보여준다.

(71) 高普의 軍事訓鍊

兵役義務가 無한 者에게 軍事訓鍊을 試함은 一見 無意味한 듯하며 또
事實 如斯한 見解에 對하야 從來 高等普校에는 軍事訓鍊을 實施치 아니
한 바이엇섯다. 그러나 是는 甚大한 誤謬이며 錯覺이다. 如何히 兵役義務
가 無하다 할지라도 國民된 義務와 權利가 無한 바는 아니다. 國民된 以
上 반듯이 國防에 對한 責任이 有하고 또 유사의 추에 至하야는 *身*에
赴할 覺悟와 決心이 有하여야 할 것이며 또 國民敎育의 根本精神이 반듯
이 此에 在한 바일 것이다.

敎育의 根本精神은 贅言할 必要도 無히 敎育勅語이다. 그리하야 此 根
本精神의 發揮는 다만 下級의 憂할 쑨이오 또 軍事敎鍊은 實로 此 根本
精神을 一層 涵養하고 發揮케 하는 者일 것이다. 高普에 軍事敎鍊을 施
할 必要가 無하다 함은 다만 高普 被敎育者에 對하야 國民으로서의 處遇
를 加할 必要가 無하다는 意味일 쑨 不置라. 敎育 根本 精神을 忘却하고
敎育 勅語의 高揚을 怠하는 所措라고 謂할 바가 아닐가. 高普 被敎育者
에 對하야는 얼마나 侮辱의 大한 바이며 또 國家에 對하야는 얼마나 不
忠의 甚한 바라 할 것이냐.

軍事敎鍊의 根本義는 再言할 바도 無히 五個條의 敎育勅諭일 것이다.
卽 忠誠, 禮儀, 信義, 武勇, 質素의 五德을 涵養하고 發揮케 하기 爲한 軍
事敎鍊일 것이다. (下略) ─『매일신보』 1933.10.30.

1925년부터 제기된 학생 군사 훈련은 1934년 6월에 이르러 모든
중등학교(중학교와 고등보통학교)까지 확대 실시되었다. 이 군사 훈련
의 이데올로기는 '충성, 예의, 신의, 무용, 질소'의 5덕으로 포장된 군
국주의 국민 양성을 의미하는 것이었다.

공존공영(共存共榮)의 이데올로기도 사상 통제의 이데올로기와 크

게 다르지 않다. 다만 이 이데올로기는 병참기지로 전락한 조선의 경제 사정을 은폐하고, 민족 감정을 회유하고자 하는 성격을 띤다. 특히 각종 수탈의 결과 피폐해진 농촌 문제는 식민 통치에도 걸림돌이 되었다. 소작쟁의를 비롯한 각종 소요 사태를 무마하기 위한 차원에서 총독부는 '소작법'을 공포하고(1934년 1월 20일), '모범 농촌 건설'(1930년대 초), '자력갱생운동 전개'(1932년 국민갱생위원회 조직) 등의 정책을 실시한다.62)

국가주의나 공존공영 이데올로기는 1936년 미나미[南次郎]의 부임 이후 더욱 강화된다. 미나미는 부임 이후 '국민 도덕'과 '국체 개념'을 강조하는 유고를 발표하고, '선만(鮮滿) 의존의 심화는 조선 자체의 복지'이며 '조선 농어촌 진흥은 반도 시정의 근간'이라는 시정 방침을 천명한다. 이러한 유고와 통치 방침은 중일 전쟁을 준비하면서 식민지 조선을 침략의 전초 기지 또는 병영화하기 위한 방향 설정을 의미한다. 이 시기에는 '불온 문서 취체령'(1936.8.9.), '사상범 보호 감찰 제도 실시'(1936.12.12.) 등과 같이 조선인에 대한 전면적 통제가 진행되었고, '국가와 황실에 대한 국민 예법'(1937.3.11.)을 제정하고 신사 참배를 강요하며, 각종 국방 헌납63)을 강요하였다.

이러한 배경에서 '내선 완전 공학(內鮮 完全 共學)'을 슬로건으로 하는 제7차 조선 교육령 개정이 이루어졌다. 다음은 이 교육령 개정의 배경을 나타낸 자료이다.

---

62) 이에 대해서는 기초 조사와 함께 좀 더 체계적인 연구가 필요할 것으로 보인다. 특히 1930년대의 농촌 문제는 조선총독부로서도 더 이상 방치할 수 없는 상태에 이르렀던 것으로 보이는데, 식민 정부는 이 시기까지 식민 통치의 결과로 농촌이 급속히 발전하였으나 근본적으로 농촌의 피폐는 '근대화의 산물'이자 '조선인의 자립 정신 부족'의 결과로 발생한 것이므로 '자력갱생운동'을 전개해야 한다는 논리를 펼쳤다. 이를 위해 '모범 농촌'을 건설하고, '농촌 지도자' 또는 '청년 지도자'를 양성하여 식민 상태의 농촌 정책을 선전하는 도구로 활용하고자 하였다.

63) 국방 헌납은 중일 전쟁 이후 친일파에 의해 진행된 것으로 이른바 '애국기 헌납'이라고 하였다. 애국기 헌납은 친일파 조중헌을 중심으로 진행되었는데 1937년 4월에는 이들이 모여 '조선국방협회'라는 단체를 조직하기도 하였다.

(72) 內鮮 完全 共學을 目標로 學制의 全面的 大改革

本府 學務局에서는 朝鮮教育令을 改正하야 學制 全般에 亘한 一大 改革을 斷行하는 同時에 多年 懸案이든 內鮮人共學 問題도 此를 機會로 實質的으로 實施하려고 方今 其 準備를 하고 잇다.

學制의 改革에 對하야는 이미 南 總督은 今般 東上 中 大谷 拓相과 會見하야 小學校, 普通學校, 中學校, 高等普通學校 等 內鮮人 別에 依한 學校 名稱의 差別을 撤廢하야 統一할 것. 또 中等學校 以上의 學校에 잇서서는 完全한 共學 實施 等의 問題에 對하야 協議한 結果 完全히 意見의 合致를 보게 되야 남은 問題는 現行 教育令의 改正에 잇다. 現 教育令(勅令)은 大正 十一年에 一次 改正을 한 後 이미 十五年을 經過하엿는데 內外 時勢의 推移와 朝鮮 統治 二四 半世紀에 臨하야 學制도 一大 飛躍的 發展을 企圖함이 時宜에 適한 일이라 하야 此 勅令을 改正하야 學制의 改正을 斷行하게 되얏다. 其 改正 可看 內容은 大概 左와 如한 事項으로 今後 學務局에서 充分한 調査 研究를 하야 ** 年中에 實施할 模樣이다.
—『매일신보』 1937.7.2.

이 자료에 나타난 '내선 완전 공학'은 이른바 '내선일체(內鮮一體)'을 의미하는 것이다. 내선일체의 이데올로기는 강점 직후부터 나타났지만, 1937년 이후에는 황국신민 이데올로기와 결합하여 경제적, 인적 수탈을 합리화하는 이데올로기로 작용하였다. 특히 지원병제는 조선인에게도 '병역 의무(兵役義務)'를 부과하기 위한 전 단계의 조치였는데, 궁극적으로 징병제를 실시하기 위해서는 교육 제도의 변혁을 꾀하지 않을 수 없었다. 이러한 배경에서 제7차 조선 교육령(개정교육령)이 나타난다. 이 교육령은 모든 조선인을 일본인화하기 위한 '의무교육'을 전제로 한 교육령이다.64) 달리 말해 모든 조선인

---

64) 이에 대해 『매일신보』에서는 '義務教育制의 前進 體形, 劃期的 半島 教學 大刷新'(1938. 2.24.), '全日本 一億 同胞의 歡喜'(1938.3.5.)라는 제목의 특집 기사를 내었다.

이 일본의 황국신민이 되어 일본인으로서의 모든 의무(특히 '병역'과 '납세')를 부담해야 한다는 의미를 담고 있다. 곧 의무교육 이데올로 기는, "'의무교육 실시'는 '일시동인(一視同仁)의 특혜에 따라 완전한 황국신민의 지위를 부여하는 것'이므로 '일본인으로서의 자긍심'을 갖는 동시에 '일본인'으로서의 의무를 담당해야 한다."는 지배 이데 올로기를 의미한다.

5.2. 단선 학제에 따른 조선어과 교육

제7차 조선 교육령(개정교육령)은 '내선 완전 공학' 이데올로기에 따 른 단선 학제를 취한 점이 특징이다. 이 교육령의 전문은 다음과 같다.

(73) 개정교육령(칙령 제103호)

第一條 朝鮮에서의 敎育은 本令에 依함

第二條 普通敎育은 小學校令 中學校令 及 高等女學校令에 依함. 但 此等 의 勅令 中 文部大臣의 職務는 朝鮮總督이 此를 行함. 前項의 境遇 에 잇서서 朝鮮의 特殊事情에 依하야 特例를 設置할 必要가 잇는 것 에 對하야는 朝鮮總督이 別로 定함을 得함.

第三條 實業敎育은 實業學校令에 依함. 但 實業補習敎育에 對하야는 朝 鮮總督府의 所定에 依함. 實業學校令 中 文部大臣의 職務는 朝鮮總 督이 此를 行함. 實業學校의 設立 及 敎科에 對하야는 朝鮮總督府의 所定에 依함.

第四條 專門敎育은 專門學校令, 大學敎育 及 其豫備敎育은 大學令에 依 함. 但 此等의 勅令 中 文部大臣의 職務는 朝鮮總督이 此를 行함. 專 門學校의 設立 及 大學 豫備敎員의 資格에 對하야는 朝鮮總督府의 所定에 依함.

第五條 師範敎育을 하는 學校를 師範學校로 함. 師範學校는 特히 特性의 涵養에 效力하고 小學校 敎員인 者를 養成함을 目的으로 함.

第六條 師範教育의 就業 年限은 七年으로 하고 普通科 五年 演習科 二年
　　　으로 함. 但 女子는 就業年限을 六年으로 하고 普通科는 一年을 短
　　　縮함.

第七條 師範學校 普通科에 入學함을 得하는 者는 尋常小學校를 卒業한
　　　者 又는 朝鮮總督府의 所定에 依하야 此의 同等 以上의 學力이 잇다
　　　고 認定되는 者로 함. 演習科에 入學할 수 잇는 者는 普通科를 終了
　　　한 者 中學校나 쏘는 修業年限 四年 以上의 高等女學校를 卒業한 者
　　　又는 朝鮮總督府의 定한 바에 依하야 이와 同等 以上의 學力이 잇다
　　　고 認定되는 者로 함.

第八條 師範學校에 特別한 事情이 잇는 境遇에는 尋常科를 두고 又는 尋
　　　常科만 둘 수 잇슴.

第九條 尋常科의 就業年限은 五年으로 함. 但 女子에 잇서서는 此를 四
　　　年으로 함. 尋常科에 入學할 수 잇는 者는 尋常小學校를 卒業한 者
　　　又는 朝鮮總督府의 所定에 依하야 이와 同等 以上의 學力이 잇다고
　　　認定된 者로 함.

第十條 特別한 事情이 잇는 境遇에는 演習科는 尋常科만을 둠. 師範學校
　　　에 此를 둘 수 잇슴.

第十一條 師範學校에 硏究科 又는 講習科를 둘 수 잇슴. 但 硏究科는 尋
　　　常科만을 두고 師範學校에는 此를 둘 수 업슴. 硏究科 及 講習科의
　　　入學年限 及 入學 資格에 對하야는 朝鮮總督府의 所定에 依함.

第十二條 師範學校에 附屬 小學校를 置하야 特別 事情이 잇는 境遇에는
　　　公立小學校로서 附屬小學校에 代用함을 得함.

第十三條 師範學校는 官立 又는 公立으로 함. 公立師範學校는 道에 限하
　　　야 此를 設立함을 得함.

第十四條 師範學校의 敎科書 編成 設備 授業料 等에 關하야는 朝鮮總督
　　　府의 所定에 依함.

第十五條 公立師範學校의 設立 及 廢止는 朝鮮總督府의 認可를 受함.

第十六條 本令에 規程하는 것을 除하는 外 私立學校 特殊敎育을 하는 學

校 其他의 教育施設에 關하야는 朝鮮總督府의 所定에 依함. [附則
省略] —『매일신보』 1938.2.23.[65]

이 교육령은 신교육령 이후 제4차~제6차 조선 교육령 개정 내용
을 바탕으로, '보통 교육', '실업 교육', '전문 교육', '사범 교육'의 체
계로 구성하였다. 특히 신교육령 체계와는 달리 '국어를 상용하지
않는 자'의 개념이 사라졌으며, 조선에서의 모든 교육을 단선 학제
로 운영하고자 하였다. 이에 따라 각종 학교의 규칙이 개정되었는데
주된 특징은 '황국신민'과 '내선일체'를 명기하고, '국어교육(일본어)
의 철저', '국민적 자각'을 강조하여 모든 교과가 이에 부합되게 교육
하도록 하고자 한 것이다.[66] 이에 따라 각종 학교의 교과목에도 변
화가 일어났는데, 이를 표로 나타내면 다음과 같다.

(74) 개정교육령 체제의 교과목 변화

학교명	교과목
小學校	尋常小學校ノ 教科目ハ 修身, 國語, 算術, 國史, 地理, 理科, 職業, 圖畵, 唱歌, 體操トシ 女兒ノ 爲ニハ 裁縫ヲ 加フ 前項ノ 教科目ノ外 朝鮮語ヲ 加フルコトヲ 得 朝鮮語ハ 之ヲ 隨意科目ト 爲スコトヲ 得(제13조)
中學校	中學校ノ 學科目ハ 修身, 公民科, 國語漢文, 歷史, 地理, 外國語, 數學, 理科, 實業, 圖畵, 音樂, 體操トス 前項 學科目ノ外 朝鮮語ヲ 加フルコトヲ 得 外國語ハ 支那語, 獨語, 佛語, 又ハ 英語トス 朝鮮語ハ 之ヲ 隨意科目ト 爲スコトヲ 得 (제10조)
高等女學校	高等女學校ノ 學科目ハ 修身, 公民科, 敎育, 國語, 歷史, 地理, 外國語, 數學, 理科, 實業, 圖畵, 家事, 裁縫, 音樂, 體操トス 外國語ハ 支那語, 獨語, 佛語, 又ハ 英語トス 外國語ハ 之ヲ 缺キ 又ハ 隨意科目ト 爲スザル

---

65) 이 교육령은 1938년 3월 4일 『조선총독부 관보』에서 공식으로 공포되었다. 관보에서는
일본문으로 발포하였으나, 『매일신보』에서는 그 이전에 국한문으로 번역하여 소개한 바
있다. 여기서는 『매일신보』의 번역 자료를 실었다.

66) 이에 대해서는 앞 장(일본어 보급 정책)에서 서술한 바 있다. 『매일신보』 1938년 3월 17
일자 보도 내용 참고.

			土地ノ 情況ニ 依リ 第一項ノ 學科目ノ 外 <u>朝鮮語 又ハ 手藝ヲ</u> 加ヘ 其ノ他 朝鮮總督ノ 認可ヲ 受ケ 必要ナル 學科目ヲ 加フルコトヲ 得 前項ノ 學科目ハ 之ヲ 隨意科目 又ハ 選擇科目ト 爲スコトヲ 得 生徒ノ 特別ノ 事情ニ 依リ 學習スルコト 能ハザル 學科目ハ 之ヲ 其ノ 生徒ニ 課セザルコトヲ 得(11조)

師範學校	普通科	男	修身, <u>公民科</u>, 國語漢文, <u>朝鮮語</u>, 歷史, 地理, 外國語, 數學, 理科, 職業, 圖畵, 手工, 音樂, 體操トス 外國語ハ <u>支那語</u>, 獨語, 佛語, 又ハ 英語トス(제6조)
		女	修身, <u>公民科</u>, 教育, <u>國語漢文, 朝鮮語</u>, 歷史, 地理, 外國語, 數學, 理科, 職業, 圖畵, 手工, 家事, 裁縫, 音樂, 體操トス 外國語ハ <u>支那語</u>, 獨語, 佛語, 又ハ 英語トス 外國語ハ 之ヲ 缺キ 又ハ 隨意科目ト 爲スコトヲ 得(제7조)
	演習科	男	修身, 公民科, 教育, <u>國語漢文, 朝鮮語</u>, 歷史, 地理, 數學, 理科, 職業, 圖畵, 手工, 音樂, 體操トス(제27조)
		女	修身, 公民科, 教育, <u>國語漢文, 朝鮮語</u>, 歷史, 地理, 數學, 理科, 職業, 圖畵, 手工, 家事, 裁縫, 音樂, 體操トス (제28조)
	尋常科	南	修身, 公民科, 教育, <u>國語漢文, 朝鮮語</u>, 歷史, 地理, 數學, 理科, 職業, 圖畵, 手工, 音樂, 體操トス (學校長 認定下 科目 增加 規定 中略)(제41조)
		女	修身, 公民科, 教育, <u>國語, 朝鮮語</u>, 歷史, 地理, 數學, 理科, 職業, 圖畵, 手工, 家事, 裁縫, 音樂, 體操トス (제42조)

　개정교육령의 각종 학교 규칙에 따르면 이 시기 언어 관련 교과에는 중요한 변화가 나타난다. ‘조선어’교과는 ‘수의과목’으로 바뀌었고, ‘외국어’ 교과에서 ‘영어’의 비중이 ‘지나어, 독어, 불어’보다 약화되었다. 이처럼 교과간의 위상이 전면적으로 바뀌게 된 이유는 당시의 정치적 상황에 맞물려 식민 통치의 방침이 변화했기 때문이다. 특히 조선어 교과의 위상 변화는 ‘내선일체’를 강제하기 위해 당연히 취한 조치라고 할 수 있다. 그러나 ‘영어’ 교과의 위상 변화는 중일 전쟁 이후 영미와 일본의 적대적 관계가 반영된 데 따른 결과라고 할 수 있으며,[67] 중국어를 강조하게 된 이유는 대륙 침략 과정에 따른 중국 지배의 필요성에서 비롯된 것이라고 할 수 있다.

　앞의 일본어 보급 정책에서도 살핀 바와 같이 이 시기의 조선어과 교육은 명목상 존재할 뿐이었다.『매일신보』1938년3월 23일의 기사

---

67) 정치 권력과 언어 교과의 위상 변화에 대해서는 별도의 연구를 진행 중에 있음.

와 같이, 일본어가 일반적으로 보급된 대도시의 학교에서는 조선어
를 가르칠 필요가 없다고 하였으며, 작은 지방 도시는 어쩔 수 없이
가르치기는 하지만 3학년까지만 가르치고, 그것도 적당히 취급해도
무방하다고 하였다. 이를 고려할 때 1938년 단선학제 이후의 조선어
과 교육은 명목상으로만 존재한 셈이다. 이 점은 1941년 '국민학교
령'이 적용된 이후에도 마찬가지이다. '국민학교 규정' 제1조의 교과
목에서는 '조선어'를 가설 과목으로 인정하였으나 실제 이를 교육한
학교가 있었는지를 확인하기는 어렵다. 이 규정은 다음과 같다.

(75) 國民學校 規程(1941.3.31.)의 教科目

第一條 國民學校ノ 教科ハ 國民科, 理數科, 體鍊科, 藝能科 及 職業科ト
　　ス
　　國民科ハ 之ヲ 分チテ 修身, 國語, 國史及地理ノ 科目トス
　　理數科ハ 之ヲ 分チテ 算數及理科ノ 科目トス
　　體鍊科ハ 之ヲ 分チテ 體操及武道ノ 科目トス
　　藝能科ハ 之ヲ 分チテ 音樂, 習字, 圖畫及工作ノ 科目トシ 女兒ニ 付
　　　テハ 家事及裁縫 ノ 科目ヲ 加フ
　　職業科ハ 之ヲ 分チテ 農業, 工業, 商業 又ハ 水産ノ 科目トス
　　<u>前五項ニ 揭タル 科目ノ 外 朝鮮語ヲ 設ケ 及 高等科ニ 於テハ 外國語</u>
　　　<u>其ノ 他 必要ナル 科目ヲ 設クルコトヲ 得</u>
　　前項ニ 依リ 設クル 科目ハ 之ヲ 隨意科目ト 爲スコトヲ 得(下略)
　　—『朝鮮總督府 官報』 1941.3.31.

　　이처럼 '국민학교'의 교과목에서 '조선어'를 '외국어'와 마찬가지
로 가설 과목으로 둔 것은 '일본어 보급'을 강조하기 위한 방편이었
으며, 결과적으로 식민지 조선에서의 조선어의 지위가 '방언'이 아닌
'외국어' 또는 '소멸되어야 할 언어'로 격하되었음을 의미한다. 더욱
이 1943년의 통합교육령에 따른 '중학교 규칙', '고등여학교 규칙',

'사범학교 규칙'에서는 조선어 교과가 아예 자취를 감춘다.

5.3. 조선어과 교과서

개정교육령 이후의 조선어 교과는 '수의교과'를 거쳐 교육 대상에
서 제외되는 수순을 밟았다. 그렇기 때문에 개정교육령 이후에는 조
선어 교과를 위한 교과서 개발도 큰 관심의 대상이 되지 않았다. 당
시의 학교 실정을 고려할 때 지방의 소수 학교에서 수의과목으로 조
선어를 가르쳤기 때문에 이에 필요한 교과서를 개발하였다. 이러한
상황은 다음 자료를 통해 확인할 수 있다.

(76) 朝鮮語 敎授의 限界
－三會議서 明白히 指示 : 대도시와 소도시 구별하야 방침 확립 : 漸進的
으로 全廢할 方針
　　조선교육을 개정하야 내선인 교육을 통일하며 동시에 내선인 공학을
할 수 잇게 한 획긔적 학제 개혁은 사월 일일부터 실시하게 되엿는데 이
에 세상의 주목을 쓰른 학제 개혁 후의 소학교와 중학교와 고등여학교에
서의 조선어 과목 교수 문제는 지난 십오일에 공포한 각학교 규정에 의
하야 전부 수의과목(隨意科目)으로 되야 학교장은 도지사의 인가를 마터
가지고 조선어를 가설(加設) 과목으로 교수할 수 잇게 되엿다. 그러나 규
정상에는 전반적으로 수의과목으로 되어 잇슴으로 조선어 과목의 교수
를 어쩌케 할 것인가 함은 중대한 문제로 되어 왓섯다. 그런데 학무국에
서는 이 문제에 대하야 일전에 열리엇든 내무부장 회의, 도 학무과장 시
학관 회의, 각 중등학교장 회의에서 '조선어 과목' 교수 문제를 다음과
가티 명백히 지시하엿스며, 쏘 각 도에 정식으로 통첩을 하엿다 한다.
　一. 소학교(종래의 보통학교)에 잇서서는 규정에 잇는 대로 교수할 것
　一. 중학교와 고등여학교(종래의 남녀 고등보통학교)에 잇서서는 대도
　　　회지 학교 즉 경성(京城) 평양(平壤) 부산(釜山) 대구(大邱) 등 가

티 국어가 일반적으로 보급된 큰 도회지 학교는 조선어과목을 전면 가르칠 필요가 업다.

一. 그러나 지방의 적은 도시에 잇는 학교로서 일반적으로 국어가 보급되지 아니한 학교에서는 사정에 싸라 각 학년을 통하야 一 二 三학년 정도까지 교수하거나 각도에서 이것은 적당히 취급하여도 무방하다.

一. 조선어과목의 교수 여부는 각 학교장이 적당히 긔안하야 학측 개정의 명을 도지사에게 신청하는 형식으로 도지사 전긔 표준에 의하야 결정한다.

그리고 각 학교의 조선어 교수 시간은 이번에 각 학교 규정의 개정안에 의하야 다음과 가티 종래보다는 모다 교수시간을 감하엿다. 즉 신구 규측에 잇서 한주일간의 교수시간을 비교하여 보면 다음과 갓다. (중략)

이와 가티 결국은 각 도지사는 학무국의 지시 방침에 의하야 대도회지 남녀 중학교에서는 조선어를 교수하지 안코 지방 소도시에 잇는 학교에서만은 전학년을 쏘는 일부 학년에서 가르칠 수가 잇게 된 것인데 점진적으로 전폐할 것은 명백하게 되엿다. ―『매일신보』 1938.3.23.

이러한 사정을 감안하여 편찬된 제4차 교육령기의 조선어과 교과서는 초등용 권1과 권2뿐이다. 이 교과서 편찬은 '간이학교용'과 동일하게 취급되었는데, 편찬 취의서를 간이학교용으로 발행하였기 때문이다.[68]

이 교과서의 특징은 중일전쟁 이후 지속된 전시상황 아래에서 '국체명징', '내선일체', '황국신민'의 이데올로기가 교과서의 형식과 내용에 모두 반영된 점이라고 할 수 있다. 먼저 형식적인 면에서 표지의 색부터 전시상황을 반영하고 있는데, 이를 '시국색(단청색)'이라고

---

68) 이 교과서의 편찬 취의서는 『初等朝鮮語讀本 全(簡易學校用) 編纂趣意書』(朝鮮總督府, 1939.6.22.)로 발행되었다.

불렀다. 이에 대해 『매일신보』에서는 다음과 같이 보도한 바 있다.

(77) 時局色으로 곱게 丹青－中小學 教科書 統制 = 삼십 種目 改纂 新學期
부터 使用

　총독부에서는 작년 삼월 조선 교육령(朝鮮敎育令)을 개정하고 종래의
교육방침에 형식과 내용을 전면 쓰더고쳐 가지고 교육쇄신의 첫출발로
서 중학교와 소학교의 일음을 통일하엿거니와 이번에는 다시 중학교와
소학 교과서(敎科書)를 대부분 개정하고 쏘는 새로 발간하야 참된 황국
신민을 길러내어 사회의 중격칭이 되는 청년교육에 새로운 교육내용을
갖추게 되엇다.

　이번에 개정 혹은 신간된 서적은 전부 설혼가지로 이중에 종래에 잇든
것을 폐지하고 전연 새로 만든 것은 열네 가지 종래에 잇든 것을 약간 고
쳐가지고 개정(改正)한 것은 열여섯 가지 그리고 소중학교 별로 보면 초
등학교용이 十三권 중학교용 六권 교사용이 十一권인대 교육령 개정에
의하야 교수과목과 교수내용이 변경되엇기 째문에 이가치 만흔 교과서가
개정 신간된 것이며 특별히 각종 교과서에는 병참기지 조선의 특수성과
쏘는 총후 반도의 애국운동과 시국색을 만히 집어너허 교과서를 통해서
도 더욱 시국인식에 철저하게 하얏다. 그리고 소학교 교과서에 잇서서는
눈과 귀와 입으로 모든 과목을 소화할 수 잇을 만큼 여러 가지로 편집을
하야 종래에 보지 못하든 명랑하고도 탐탁한 교과서를 만들엇드며 더욱
소학교 교과서는 화려한 색채를 만히 집어너허 책의 내용을 읽어서 아는
것보다는 얼른 보아서 알도록 거림(그림) 가튼 것도 만히 집어 넛는데 제
일 특색 잇는 것은 일학년용 국어독본, 창가책, 수공책 등이라고 한다.

　이번에 이가티 삼십종을 개정하고 신간하기까지에는 일년의 세월이
걸렷고 그동안 각 교과서별로 조직되엇든 편집위원회가 열린 후로는 무
려 수백회에 이르럿든 만큼 내용과 형식을 개정하고 새로 만드는데 범연
치 안은 로력이 들엇다고 한다. 그리고 이번 신 교과서의 개정에 싸라서
는 오는 二十일까지에 전부 인쇄와 제본이 끝날 터이며 신학기까지에는

문제 업시 새책을 사용하도록 준비를 하고 잇고 말성만흔 책갑에 대하야
는 학부형들의 부담을 생각하야 종전과 가튼 정가를 밧도록 하얏다고 한
다. 이제 이번 신학기부터 사용할 내용이 일신해진 교과서 삼십종을 구
별해 보면 다음과 갓다. (하략) ―『매일신보』 1939.3.17.

이 교과서의 편찬 취의는『초등조선어독본 전(간이학교용) 편찬취
의서(初等朝鮮語讀本 全(簡易學校用) 編纂趣意書)』에 잘 나타나 있다.[69]
편찬 취의서에 따르면 이 교과서는 소학교의 매주 조선어 수업 시수
가 감소하고, 실제 4학년 이상에서는 조선어를 교수하는 경우가 없
기 때문에, 이에 적합한 간결한 교과서를 보급해야 할 필요에 맞추
어 편찬한 것이라고 하였다. 편찬의 근본 취지는 소학교 규정에 제
시된 '내선일체, 동포집목의 미풍을 양성'하고 '황국신민이 되고자
하는 신념'을 함양하기 위한 것으로, 이를 구현하기 위해 다음과 같
은 자료를 사용하기로 하였다.

(78) 편찬 취의서의 교재(교육재료)
一. 語句(我が御父樣)
二. 語句(我が御父樣)
三. 短文(赤坊を呼ぶ)
四. 單語表(가나다라마바사아 行の字で終聲を含まないものからなつた
   語, 蜘蛛, 雁, 蝶蝶, 橋, 大根, 硯, 牛, 悉, 狐)
五. 單語表(자차카타파하 行の字及び既習の他行の字で終聲を含まないも
   のからなつた語, 鼈, 笊, 巾著, 蠟燭, 鼻, 兜, 葱, 笛ホ)
六. 諺文半切表(單初聲と單中聲とに依つて構成されたもの)

---

69) 일제강점기의 교과서 편찬은 교과서 조사위원회(또는 심의위원회)를 조직하고, 이 위원
회의 활동 결과를 토대로 편찬 취의서를 작성한 뒤, 이에 따라 이루어졌다. 현재 편찬
취의서에 대한 기초 자료 조사가 충분히 이루어지지 않은 상태이며, 이에 대한 분석도
이루어지지 않았다. 다만 몇 종의 취의서만 발굴된 상태인데, 개정교육령 이후의 조선어
독본 편찬 취의서는 1939년 6월 25일 발행된 이 책뿐이다.

七．短文(學校からの歸路)

八．短文(兩親に對する朝，登校，歸宅，晩の挨察)

九．單語表(單終聲 ㄱ ㄴ ㄷ ㄹ ㅁ ㅂ ㅅ ㅇを含まないものからなつた語，墨，手，馬，虎，鉅，鎌，筆，鐵砲，ハシアリ)

十．諺文表(諺文半切表と單終聲 ㄱ ㄴ ㄹ ㅁ ㅂ ㅅ ㅇとに依つて構成されたもの)

十一．欲長の犬

十二．我が犬

十三．諺文表(單初聲と重中聲 ㅐ ㅔ ㅓ ㅢとに依つて構成されたもの)

十四．蟻ときりぎりす

十五．諺文表(單初聲と重中聲 ㅘ ㅝ ㅙ ㅞとに依つて構成されたもの)

十六．稻の一生

十七．單語表(까，따，빠，싸，짜 行の字と既習の字からなつた語，鵲，稚，鑿，苺)

十八．諺文表(重初聲と單中聲，重初聲と重中聲の一部とに依つて構成されたもの)

十九．我が國旗

二十．陸軍兵志願者訓練所生徒の家

二十一．短文表(單終聲 ㄷ ㅅ ㅊ ㅌ ㅍを含む字からなつた語を使用したも)

二十二．諺文表(單終聲 ㄷ ㅅ ㅊ ㅌ ㅍ を含むもの)

二十三．御正月の皇軍慰問袋

二十四．我が家

二十五．國防獻金

二十六．短文表(重終聲 ㄲ ㄳ，ㄵ，ㄺ，ㄻ，ㄽ，ㄿ，ㅄを含む字からなつた語を使用したもの)

二十七．諺文表(重終聲 ㄲ ㄳ，ㄵ，ㄺ，ㄻ，ㄽ，ㄿ，ㅄを含むもの)

二十八. 諺文表(我が軍用飛行機)

　이 교과서의 편찬 취지에서 확인할 수 있듯이, 『초등조선어독본』
에는 '황국신민의 도'를 강조한 군국주의 이데올로기가 중심을 이루
었다. 이에 따라 개발된 교과서는 두 권으로 권1은 32과, 권2는 19과
로 이루어졌다. 이 교과서는 내용뿐만 아니라 체제 면에서도 간편한
읽기 자료를 모아 놓은 수준에 불과하다.[70] 교과서의 내용을 살펴볼
때에도 군국주의적인 색채가 매우 강하다. 다음을 참고할 수 있다.

(79) 초등조선어독본의 군국주의 색채
ㄱ. 권1의 군국주의

과	내용
25	전쟁, 비행기 헌납
27	국기 달기, 군인 위문
30	닭 기르기, 납세
32	일본 비행기의 위용

ㄴ. 권2의 군국주의

과	내용
1	일장기(히노마루, 사용일, 의미하는 바)
2	사방의 의미와 천황폐하에 대한 공경
9	애국일(진흥회관에서 국기를 달고, 국가를 부르고, 천황폐하의 만세를 부름)
13	명치절
19	군인 지원을 한 오빠에게 일본어(국어)로 편지쓰기

　권1은 모두 32과로 이루어져 있고, 권2는 19과로 이루어져 있다.

---

70) 허재영(2009ㄱ)에서는 권1을 찾지 못한 상태에서 편찬 취의서만을 대상으로 분석을 하
　였으나 강진호·허재영(2010)에 포함하여 제시하였다. 또한 이 교과서에 대한 '교사용'도
　개발되었으므로(교사용은 지도서에 해당하는 교재로, 일본문으로 이루어짐) 이를 포함
　하였다.

이 가운데 어휘나 문장 학습 단원을 제외하면 대부분의 내용은 군국주의와 관련된 내용을 담고 있다. 또한 『간이조선어독본』은 단권으로 이루어져 있으며, 『초등조선어독본』에 수록된 군국주의 단원을 모두 담고 있다.

이처럼 개정교육령 이후의 조선어과 교육은 명목상으로 '가설 과목' 또는 '수의 과목'으로 존재했지만 실제로는 교육의 대상에서 제외되었으며, 일부 존재하던 지방 학교의 조선어 교과도 소학교 1~2학년 정도에 그친 셈이었다. 그나마 조선어과 교육의 내용은 군국주의 이데올로기를 홍보하는 수단에 불과하였다.

6. 일제강점기 조선어의 위상

일제강점기 조선인을 대상으로 한 조선어과 교육은 식민 지배자들의 피지배 언어관을 반영한 교육이라고 할 수 있다. 이 시기의 어문 정책은 '일본어 보급'에 초점을 맞추었으며, 조선어는 일본어의 종속 언어 또는 '지방 언어'에 불과하였다. 일제강점기라는 시대에 따라, 또는 식민 시기 정치나 경제 상태에 따라 다소의 차이는 있을지라도 조선어는 '국어(일본어) 보급' 또는 '국어 통일'에 걸림돌이 되는 언어일 뿐이었다. 그렇기 때문에 각종 교육령에서 조선어과 교육을 완전히 부정하지 않았다고 할지라도 조선어 교과는 일본어의 종속 교과로 다루어지거나 점차 교과 교육의 범주에서 밀려났다. 이 과정을 정리하면 다음과 같다.

	시대	특징	교육령	조선어과 교과서
제1기 (구교육령기)	1910~1919	[무단통치] -동화 정책으로서의 조선어 교육	조선 교육령	-정정본 -보통학교 조선어급한문독본(6권), 고등조선어급한문독본(4권)

제2기 (신교육령기)	1920~1925	[문화 정치] －내선 공동 교육	신교육령	－보통학교 조선어독본(6권) －신편고등조선어급한문독본(5권) －여자 중등조선어독본(4권)
	1926~1937	[병참기지화] －실업 교육 강화 －조선어 교과서 개편	제4차 조선 교육령 개정	－조선어독본(6권) －중등교육 조선어급한문독본(5권)
제3기	1938~1943	[내선일체, 국체명징] －조선어 교육의 위축기(조선어과를 수의과로 돌림)	개정 교육령	－초등조선어독본(2권) －간이학교 조선어독본(단권)
	1943 이후	조선어 교육의 소멸기	통합 교육령	해당 사항 없음 : 법령에서 조선어 교과 언급이 없음

이러한 흐름을 고려할 때 일제강점기 조선인을 대상으로 한 조선어 정책은 '어문 사상 일체관'에 바탕을 둔 '일본어 보급 정책'의 실행 정도에 따라 '지방어', '국어(일본어) 통일' 이전의 '과도기 언어'로 간주되었으며, 궁극적으로 경제적 또는 인적 자원 수탈을 위해 '일본어 보급 정책'을 강화하면서 더 이상 유의미한 가치를 갖지 않는 정책으로 변화하였음을 확인할 수 있다.

일본인을 대상으로 한 조선어 정책

1. 식민 지배와 조선어 습득

일제강점기 일본인을 대상으로 한 조선어 정책은 식민 지배의 실질적인 필요에 의해 제기되었다. 달리 말해 일본인 관료나 경제인들이 조선어를 구사하게 함으로써 식민지 조선에서의 정치·경제 활동을 원활하게 하고, 이를 바탕으로 식민 지배를 공고화하기 위한 방책이었다.

일제의 식민 정책은 통감시대부터 본격적으로 추진되었다. 식민 정책은 자국민을 식민지에 이식(移植)함으로써 정치적, 경제적 수탈을 하기 위한 정책이라고 할 수 있다. 다음 자료는 통감시대의 식민 정책이 어떻게 진행되었는지를 보여준다.

(1) 殖民 計劃

去 十一日 朝鮮 日日新聞의 對韓 移民經營을 論ㅎᆫ 槪意가 如左ㅎ니 政府計劃은 盛히 韓國에 農民을 利殖ᄒᆯ 方針이니 韓國은 商業國이 아니

오 農業國에 適當흠을 知흠이라 商業 移民은 無望훈 故로 我國은 農業 移民으로 以ㅎ야 方針을 슴으니 全韓 面積 八萬二千方里인덕 一方里에 平均 人口 二百人 假量을 我國 每方里 三百十七人에 甚히 僅少ㅎ니 移民 을 入홀 地積이 莫大훈지라. (中略) 韓人이 경作ㅎ야 天然沃土를 믿든 所 謂 有地도 其價格이 低廉훈 거슨 我方人이 夢想에도 不及ㅎ얏든 事實이 라 故로 韓에 對ㅎ야 農民移住를 장勸흠은 實로 我 方針에 得要훈 것이 로다 韓國政府는 外人의게 土地 所有權을 不許ㅎ니 此點은 一時 我 移民 의 非不是多少 躊躇이나 實則 毫無差悶이로다 其 土地의 附屬훈 從來의 賣買證劵을 添ㅎ야 現所有主로 ㅎ야곰 賣却ㅎ는 證劵을 與ㅎ게 ㅎ면 所 有權은 忽然히 我 移民에게 轉屬홀지니 裁判所나 行政廳이나 警察署이 나 其所有權에 對ㅎ야 異議를 不扶홀 거시오 其 經過는 現下 今日에 實 情으로 推知홀지니 我移民의게 資本을 貸與ㅎ고 其 返還을 受키 不能훈 者는 殆히 無價와 如히 其抵當地를 受取ㅎ야 現今 安全히 所有홀 것이 明白ㅎ도다 加之我政府에셔는 農民 利殖의 方針을 立훈 後에 韓國 統監 府는 不遠에 韓廷을 忠告ㅎ야 土地所有權을 與케 흠이 指掌과 如ㅎ리로 다(中略) 我 對韓 移民 經營은 政府에셔 最 注心皿훈 비오 我 移民希望者 之數도 亦甚 夥多云ㅎ니 解雪時期를 不待ㅎ고 早先着手를 可以得見이라 ㅎ얏더라 —『대한매일신보』1906.1.18./1.19./1.21.

이 자료에서는 한국 정부의 '외국인 토지 소유권 불허' 방침을 피 하여 일본인이 토지를 소유할 수 있는 방안을 제시하고 있다. 비록 법적으로 토지 소유를 못하게 한다 할지라도 재판소, 행정청, 경찰 서 등을 통해 안전한 소유가 가능해질 것이라는 뜻이다.

식민 정책의 수행 과정에서 일본인에게 필요한 것은 크게 두 가지 였다. 하나는 조선인을 일본인으로 동화시키고자 하는 정책이며, 다 른 하나는 완전한 동화에 이르기까지 실질적으로 조선인을 지배하 기 위한 정책이었다. 그렇기 때문에 일본인을 대상으로 한 조선어 정책은 필연적일 수밖에 없었다.

이 점에서 일본인의 조선어에 대한 관심이 어떻게 변화해 왔는지를 살펴볼 필요가 있다. 야마다[山田寬人](2004 : 21~40)의 『植民地 朝鮮における 朝鮮語獎勵政策』(不二出版)에서는 메이지 정부의 출현과 함께 조선 침략(일본인들의 표현대로라면 '진출(進出)')을 위해 '한어학소(韓語學所 : 기존의 한어사를 폐지하고 대신 설립한 기관)', '초량관어학소(草梁館語學所 : 1873)', '동경외국어학교(東京外國語學校 : 1880년 조선어학과 설치)'를 설치하여 조선어(이 시기에는 '한어(韓語)')를 가르치도록 하였으며 이와 함께 외무성에서 '해외 파견 유학생'을 보낸 과정이 서술되어 있다. 특히 해외 파견 유학생은 수업연한 3년의 관비로 운영되었는데, 최초의 유학생은 다카시마[高島吾八], 마에마[前間恭作], 사이토[齋藤彦次郎] 등 3인이었다. 이들은 후에 조선의 식민 지배에 여러 가지로 관여하였던 인물들이다.

야마다(2004)에 따르면 일본인들의 한국 지배에 대한 관심이 고조된 1894년 이후(일본인들은 '일청전쟁'이라고 표현함)에는 '동경고등상업학교'의 제2외국어에 조선어를 추가하여 '영, 불, 독, 러, 서반아어, 청어, 조선어'의 일곱 과목을 가르쳤다고 하며, 1896년에는 구마모토현[熊本縣]에서 조선어 유학생을 파견하기도 하였다고 한다. 1905년 이후(일본인들은 '일로전쟁'으로 표현)에는 실질적인 식민 지배가 이루어지는 시기였으므로 조선어에 대한 관심이 더 높아졌는데, 야마구치[山口], 나가사키[長崎] 등의 상업학교, 동양협회 전문학교 등에서 조선어를 가르쳤으며, 동양협회 전문학교는 경성 분교를 설치하기도 하였다(1909).[1]

---

1) 야마다(2004)에서는 동양협회 전문학교 경성 분교의 운영 실태에 대하여 자세히 설명하고 있다. 이에 따르면 1907년부터 1919년까지 분교 졸업생은 모두 304명이며, 초대 교장은 카스라[桂太郎]으로 초대 통감이었던 이토 히로부미의 계획에 따라 만들어진 것이라고 한다. 당시 교원 및 담당 교과목에 대해서도 상세한 표로 제시하고 있는데 김동완(1907년, 한어), 이장회(1908, 한어), 박승조·시미즈[淸水元太郎](1909 한어), 아유카이[鮎貝房之進](1909 한국사정, 한국문법), 오일상(1911년 이후, 조선어) 등의 이름이 나타난다.

강제 병합 이전의 조선어 정책은 일차적으로 제2외국어로서의 '조선어' 정책과 관련을 맺는다. 이 정책은 식민 지배라는 정치·경제적 동기를 바탕으로 하였다. 그렇기 때문에 실업학교(상업학교)나 외국어 학교를 중심으로 조선어를 제2외국어의 하나로 가르치거나 그것을 강화하여 조선어학과나 학부를 두는 형태를 취한다. 통감시대 이후에는 단순한 경제적 동기뿐만 아니라 실질적인 식민 지배를 염두에 둔 체계적인 조선어 연구도 나타난다. 오쿠라[小倉進平, 1920 : 45~50]에서는 강제 병합 이전 일본인에 의해 저술된 조선어 연구서(또는 학습서)가 8종이 있었음을 소개한 바 있는데, 『교린수지(출판 연도 미상, 交隣須知)』(雨森芳洲), 『일한통화(日韓通話)』(1883, 國分國夫), 『교정 교린수지(校訂 交隣須知)』(1894, 前間恭作 藤波義貫 共訂), 『독학 한어대성(獨學 韓語大成)』(1895, 伊藤伊吉), 『한어통(韓語通)』(1909, 前間恭作), 『한어문전(韓語文典)』(1909, 高橋亨), 『한어연구법(韓語研究法)』(1909, 藥師寺知郎)이 그것이다. 오쿠라(1920)는 '조선어학사'의 차원에서 문법 연구와 관련된 저술을 소개한 것이지만, 이 시기의 문법 연구는 어학 학습과 밀접한 관련을 맺고 있으므로 이들 8종의 한국어 관련 연구서는 학습서를 대용한 것이라고 볼 수 있다.2)

이와 같은 상황에서 강제 병합 이후 '경찰', '행정', '교육' 등의 제반 분야에서 조선인을 직접 통치하는 사람들의 '조선어 사용 능력'이 필요하게 되었다.3) 특히 경찰 업무나 교육 업무를 담당하는 일본

---

2) 이밖에도 호세코[寶迫繁勝](1880)의 『한어입문(韓語入門)』, 『일한선린통화(日韓善隣通話)』, 시마이[島井浩](1902)의 『실용한어학(實用韓語學)』, 한국인으로 추정되는 안영중(安永中, 1906)의 『한어(韓語)』가 더 있다. 이에 대해서는 허재영(2004) 자료집을 참고할 수 있음.

3) 이 점은 야마다(2004 : 132)에서도 밝힌 바 있다. 이 책에서는 일본인의 조선어 학습을 주제로 한 연구 가운데 가장 두드러진 것으로는 가지이[梶井陟](1980)의 『朝鮮語を考える』(龍溪書舍)에서 일본인의 조선어 학습 이유를 '치자의 입장으로부터 피치자의 심리와 사정을 파악하게 하는 수단', '통치 정책의 철저를 기할 필요성을 충족하기 위하여', '통치를 효과적으로 행하기 위하여', '지배를 원활하게 하기 위하여'라고 밝힌 점을 토대

관료나 토지 조사 사업, 금융업 등에 종사하는 일본인들에게 조선어를 사용하는 능력은 매우 시급한 문제로 간주되었다. 이러한 차원에서 일본인을 대상으로 한 조선어 정책이 실행되기 시작하였다.

2. 식민 지배 초기의 조선어 정책

2.1. 조선어 정책의 필요성

강점 이후 조선에서의 모든 교육은 일본인의 손으로 이루어졌다. 조선인을 대상으로 하는 '조선 교육령'이나 '보통 교육 기관 운영'이 모두 일본인에 의해 이루어졌으며, 이에 따라 일본인 교직원과 교사가 임용되었다. 이러한 배경에서 일본어를 구사하지 못하는 조선인을 가르치고 통치하기 위해서는 조선어 능력이 필요하였다. 이를 뒷받침하기 위해 각종 강습회를 개최하였는데, '보통학교 교감 강습회'나 '부군서기 강습회' 등이 있다. 먼저 교감 강습회를 살펴보자.

(2) 普通學校 敎監 講習會[4)]

公立普通學校ハ 本年各道ニ 亙リ 百三十四校ヲ 増設シ 既設ノ 分ヲ 合シテ 二百拾四校ヲ 見ルニ 至レリ 此等 新設學校ニ 要スル 內地人 敎監ノ 任用ハ 當局ニ 於テ 周到ナル 注意ヲ 用ヒ 此ニ 漸ク 其 採用ヲ 終リ 右 敎監ヲ 京城ニ 召集シテ 敎監 講習會ヲ 開催シタリ 盖シ 朝鮮敎育ニ 對スル 當局ノ 注意ヲ 與ヘ 併セテ 之ニ 要スル 智識ノ 槪念ヲ 與フルノ 必要アルヲ 以テナリ (下略) ―『朝鮮總督府 官報』1911.9.14.

로 경찰관을 대상으로 한 조선어 정책을 고찰하였다.

4) '교감(敎監)'은 학교 관리인을 의미함.

조선총독부에서는 학교 관리인 임용에서 내지인(일본인)을 임용하고 이들을 경성에 소집하여 당국의 주의 사항과 필요한 지식을 전수하고자 강습회를 개최하였다. 이 강습회는 8월 7일부터 8월 26일까지 시케야[關屋] 학무국장 주도로 열렸는데, 강습의 주요 내용은 '보통학교의 교육 방침'과 '사립학교 및 서당에 대한 정책' 등을 포함하였다. 특히 각 학교의 교감(教監)에 대한 요구 사항을 다섯 가지로 제시하였는데, 첫째는 생도 교양으로 교육 칙어에 따라 충량한 국민을 양성하도록 하는 데 최선을 다할 것, 둘째는 부하 교원에 대한 교양으로 조선인 훈도를 금일의 수요에 따라 속성으로 양성하되 이들의 학력과 경험이 부족하므로 학력을 보충하고 지도할 것, 셋째는 민심 지도로 환등회, 강화회, 학예회 등을 개최하여 당국의 시정 정신을 알릴 것, 넷째는 국어의 보급으로 학교 내외에서 많은 노력을 할 것, 다섯째는 교감으로서의 각오로 항상 품성 수양과 학식 습득에 주의하여 성의 성심을 다할 것 등이다. 이러한 요구 사항을 실천하기 위해서는 '조선어'를 사용할 수 있어야 함을 강조하고 있는데, 이를 소개하면 다음과 같다.

(3) 教監ノ 覺悟

教監諸君ノ 覺悟ハ 前來 述ヘ 來リタル 所ニ 於テ 自ラ 明ナルヘシ 之ヲ 要スルニ 諸君ハ 普通學校ノ 主腦ニシテ 普通敎育 消長ノ 關スル 所ナリ 從テ 諸君ハ 常ニ 品性ノ 修養ト 學識ノ 收得トニ 注意シ 誠意 誠心 朝鮮敎育ノ 爲メ 力ヲ 致サムコトヲ 要ス. 諸君ノ 從事スル 職務ハ 言フ 迄モナク 朝鮮人ノ 敎育ナリ 故ニ 朝鮮語ニ 通スルハ 最モ 必要トスル 所ニシテ 啻ニ 生徒ノ 敎育 訓練上 必要ナルノミナラス 附近 人民トノ 意思ノ 疏通上 缺ク 可カラサルコトニ 屬ス (下略) ―『朝鮮總督府 官報』1911.9.14.

이 보도에 나타난 것처럼 일본인 교감(教監)은 조선인 교육을 담당하는 사람으로 조선어에 통달하는 것이 가장 급한 일로 인식되었다. 생도의 교육과 훈련, 부근 인민과의 의사소통상 조선어를 숙달하지 않으면 안 되었으므로, 이에 대한 대책으로 강습회에서는 조선어 시간을 대폭 늘리지 않을 수 없었다. 이 강습회의 교수 내용과 교수 시수는 다음과 같다.

(4) 교감 강습회의 교과목, 교수 시수, 강사명

과정	강습 과목	시수	강사
講習科目	教育法規ノ 大要	1	朝鮮總督府 書記官 弓削幸太郎
	朝鮮教育ノ沿革及現狀	2	同 視學官 石田新太郎
	教科書取扱方	6	同 事務官 小田省吾
	國語敎授法	15	同 編修官 立柄敎俊/ 官立 漢城師範學校 敎授 山口喜一朗
	朝鮮 歷史	5	朝鮮總督府 中學校 敎諭 廣田直三郎
	朝鮮 地理	5	朝鮮總督府 囑託 上田駿一郎
	朝鮮語	38	官立漢城外國語學校 敎授 玄檍/同 李完應/官立漢城師範學校 敎授 朴宗烈/同 金夏鼎
課外 講演	朝鮮 金融 機關, 朝鮮 事情, 衛生 講話, 朝鮮 農業, 朝鮮 林業, 朝鮮 地方 制度, 朝鮮 警察制度, 國語 敎授上ノ注意及希望, 朝鮮田舍 生活, 敎育 實驗談 (講師名 省略)		

이처럼 강습회에서 다른 교과목에 비해 조선어의 비중을 많이 둔 이유는 식민 통치에 필요한 의사소통 능력을 강화하기 위한 것이었다. 이에 대해 이 기사에서는 다음과 같이 서술하고 있다.

(5) 조선어의 비중

(전략) 終リニ 臨ムテ 今回ノ 講習會ニ 於テ 朝鮮語ヲ 多ク 課シタル 所以ヲ 一言セム 人動モスレハ 今日 朝鮮語ヲ 學フカ 如キハ 愚ノ 極ナリ 宜シク 彼等ヲシテ 國語ヲ 學ハシムヘシトイフモノアリ 敎育ノ 能ハ 單ニ 智識ヲ 授ク (下略) ─『朝鮮總督府 官報』 1911.9.14.

부군 서기(府郡書記) 강습회도 마찬가지이다. 이 강습회는 1911년 8월 28일부터 9월 26일까지 내지인 부군 서기 중 사무관에 종사하는 자 100명과, 총독부의 각 부현 지사의 추천에 따른 278명을 대상으로 '지방 행정 사무에 관한 능력'과 '조선어 강습'을 위해 추진하였다. 이 강습회에서는 정무총감과 우사미 내무장관의 훈시가 있었는데, 내무장관의 훈시 가운데 조선어 강습의 이유가 밝혀져 있다.

(6) 우사미[宇佐美] 내무장관 훈시

(前略) 由來內地人官吏ヲ 朝鮮ニ採用スルヤ, 直チニ 內地ニ 於ケル 方針ニ 依リテ … 今回 講習會ハ 三十日ノ 長キニ 互リテ 諸君ノ勞ヲ 請フ 次第テアルカ, <u>其ノ 講習科目ハ 何レモ 赴任ノ上 實地執務上 是非心得サルヘカラサルトコロノ事柄ニシテ 執務ノ實際的資料テアル</u>, 故諸君ハ 十分研究ヲ 遂ク… <u>特ニ 講習期間ノ 多クヲ 朝鮮語ニ 充テタル 點ハ 多少當局者考慮ノ結果テアル</u>, 人アリ曰ク 朝鮮ハ旣ハ 日本ノ領土テアツテ 普通學校ニ 於テモ 國語ノ敎授ニ 多大ノ時間ヲ 割キ 一般朝鮮人民モ 國語ニ通セムコトヲ 焦慮シ 居ルノ (下略) ―『朝鮮總督府 官報』1911.10.

이 강습회에서도 다른 강습회와 마찬가지로 조선어 강습 시간이 절대적인 비중을 차지하였다. 예를 들어 내무부의 강습 과목으로는 '지방 제도(18 : 괄호 안의 숫자는 강습 시간)', '학무(4)', '위생(2)', '토목(3)', '토지증명(10)', '조선어·조선문(76)'으로 조선어 시간이 절대적이었다.

이 시기 강습회는 조선총독부 관보 게재 사항이었다. 이에 따라 관보에는 1912년부터 1914년까지의 각종 강습회 관련 자료를 게재하였는데, 그 가운데 조선어 교육의 의미를 뚜렷이 밝힌 자료가 '공립보통학교장 강습회'이다. 이 강습회는 1912년 4월 1일부터 4월 30일까지 346개교의 공립 보통학교장을 대상으로 한 것으로, 야마가타

[山縣] 정무총감의 '고사(告辭)'와 우사미 내무장관의 '훈시(訓示)'를 담고 있다. 특히 우사미의 훈시는 이 시기 '조선인 교육의 목적'이 무엇이었으며, 각 학교장들이 '조선어 연구'를 해야 하는 이유가 무엇이었는지 분명히 밝히고 있다.

(7) 公立普通學校長 講習會

宇佐美 長官 訓示 要領

(前略) 朝鮮人 教育ノ 目的ハ 固ヨリ 內地人 教育ト 異ル 所ナク 均シク 教育ニ 關スル 勅語ノ 御旨趣ニ 依リ 忠良ナル 國民ヲ 育成スルニ 在リ 由來教育ノ 事タル 國運ノ 消長 民生ノ 休戚ニ 關シ 其ノ 關係 極メテ 重大ナル …(中略)…

一. 時勢民度ヲ 顧ミヨ：朝鮮ノ 教育上 時勢 民度ヲ 顧ミルノ 必要ナルハ 法令ノ 明示スル 所ニ (中略) 朝鮮 時勢 民度 如何ハ 本官 此ニ 之ヲ 詳細スルノ 遑ナキモ 朝鮮ハ 多年 惡政ノ 結果 農業 衰ヘ 商工 廢レ 人民ハ 空理ヲ 談シ 虛榮ヲ 尊ヒ 勤儉 地ヲ 排ヒ 安逸俗ヲ 爲セリ (中略)

七. 朝鮮語ノ 研究：諸子ニ 對シ 特ニ 奮勵ヲ 望ムハ 朝鮮語ノ 研究ナリ 諸子カ 從事スル 教育ハ 啻ニ 兒童ヲシテ 讀ミ方, 書キ方ヲ 能クセシムルニアラス 要ハ 忠良ナル 臣民ノ 育成ニアリ 卽チ 人ヲ 造リ 人ヲ 化スルニアリ 此ノ 目的ヲ 達セムニハ 教育者 自ラ 朝鮮語ヲ 解シ 亦 能ク 之ヲ 談シ 以テ 兒童ノ 性格ヲ 知リ 父兄ト 意思ヲ 疏通スルニアラスムハ 到底 成效ヲ 期シ 難カルヘシ 本講習會カ 最モ 多クノ 時日ヲ 朝鮮語ノ 講習ニ 割ク 所以ハ 盖シ 深ク 用意ノ 存スルヲ 以テ 諸子ハ 之ヨリ 後トハ 雖十分 朝鮮語ノ 研究ニ 力メ 速ニ 之ヲ 自由ニ 運用シ 至ラムコトヲ 望ム. (下略) ―『朝鮮總督府 官報』1912.5.18.

우사미의 훈시에서는 이 시기 조선이 '악정의 결과'로 각종 산업이 피폐하며 허영을 존중하고 근검을 배척하며 안일한 풍속에 젖어 있는 상황이라고 규정하여 조선의 '시세(時勢)'와 '민도(民度)'를 부정적으로 언급하고, 강습회에서 많은 시간을 조선어 강습에 할당한 것은 교육자가 조선어를 이해하여 아동의 성격을 알고 부형과 의사소통을 할 수 있도록 하기 위해서임을 분명히 하였다. 결국 이 시기 조선어 강습은 식민 교육을 위한 수단으로 이루어진 셈이다. 그렇기 때문에 이 시기 조선인 교육을 대상으로 한 강습회와는 달리 '공립 소학교 교원'이나 '실업학교 교원'을 대상으로 한 강습회에서는 조선어를 포함하지 않았다. 또한 1913년 이후의 강습회에서는 공립 보통학교 교원이나 부군 서기를 대상으로 한 강습회에서도 조선어 시간을 할당하지 않았는데,5) 이는 강점 직후 보조적 의사소통 수단으로 인정했던 조선어를 전면적으로 부정하고자 했기 때문으로 보인다.6)

이와 같은 맥락에서 조선총독부에서는 『조선어법급회화서(朝鮮語法及會話書)와 같은 교재를 편찬하기도 하였다. 이 교재는 1917년 조선총독부에서 조선어 회화 능력 향상을 목적으로 편찬한 것으로, 제1편은 어법, 제2편은 회화 급 문례로 구성되었으며, 일본인을 대상으로 한 조선어 교육서의 전형적인 모습을 띠고 있는 교재이다. 책의 머리말에 해당하는 '예언(例言)'에서는 "조선어의 기초 지식을 가르치고, 이를 응용할 수 있는 방법을 찾는 것"이 이 책의 저술 의도임을 밝히고 있으며, 부록으로 조선어와 일본어 한자를 대역하고, 〈천자문〉과 〈보통학교용 언문 철자법〉을 수록하였다.

---

5) 관보에 게재된 강습회는 여기에 소개한 것 이외에도 '공립 보통학교장 강습회'(1912.8.24.), '공립 소학교 교원 하기 강습회'(1912.9.3.), '도부군 서기 강습회'(1912.9.20.), '공립 보통학교 내지인 교원 하기 강습회'(1913.8.7. 이 강습회는 1918년까지 매년 여름에 정기적으로 열렸음), '공립 소학교 교원 하계 강습회'(1913.10.6.), '부군 서기 강습회'(1914.1.10.), '실업학교 교원 강습회'(1914.9.18.) 등이 더 나타난다. 이 가운데 일본인 학생을 가르치는 '공립 소학교 교원'이나 '실업학교 교원'을 대상으로 한 강습회에서는 조선어 강습 시간을 두지 않았다.

6) 이러한 경향은 『수신서』 편찬 태도와도 일치한다. 강점 직후 병합 사실을 반영한 정정판 교과서를 펴낼 때 '수신서'와 '조선어독본'은 조선어로 펴냈으나 구교육령이 실시된 이후에는 조선어판 '수신서'를 발행하지 않았다.

2.2. 조선어 시험 규정

조선총독부에서는 강점 직후 실질적으로 조선인을 교육하거나 조선인을 대상으로 행정 업무를 담당해야 하는 일본인 교육자, 관리를 대상으로 한 조선어 강습을 실시하였다. 이는 조선어를 '보조적 의사소통 수단'으로 인식했기 때문으로 보인다. 그러나 정치나 치안유지를 위한 경찰 업무 등에서는 조선어를 사용하지 않았다. 그렇기때문에 강점 초기 실질적으로 조선인을 통치하는 데에는 어려움이따랐던 것으로 보인다. 특히 강점 초기 일본어 해득자가 0.5%에 불과한 현실에서 일본어만으로 식민지의 교육과 행정을 모두 처리하기에는 여러 가지 문제가 발생하였다.

이와 같은 문제를 해결하기 위해서는 '일본어 보급 정책'뿐만 아니라 '일본인을 대상으로 한 조선어 정책'도 필요하게 되었다. 이러한 차원에서 등장한 것이 '조선어 시험 규정'이다. 이 훈령은 1918년 6월 28일 조선총독부 훈령 제34호로 발포되었다.[7] 이 시험의 일차적인 대상은 '교원'이었다. 다음은 이 시험 실시 과정과 관련된 관보의 기사이다.

(8) 일본인을 대상으로 한 조선어 시험 규정

朝鮮人 敎育ニ 從事スル 內地人ニシテ 朝鮮語ニ 通セサレハ 生徒ノ 個性ヲ 知悉シ 之ニ 對シテ 適切ナル 敎育方法ヲ 講シ 部下敎員ノ 言行ヲ 審ニシテ 學校訓育ノ 根柢ヲ 固ウスルニ 於テ 遺憾 少ナカラサルノ ミナラス 父兄姉ニ 接シ 其ノ 意向ヲ 察シ 心情ヲ 明ニシ 以テ 學校ト 家庭トノ 連絡ヲ 圖リ 徹底セル 敎育ヲ 施シ 更ニ 進ンテ 鄕黨ヲ 指導

---

7) 야마다(2004)에서는 조선어 장려 시험이 1919년 3.1 독립운동의 결과로 통치 방침이 바뀌면서 나타난 것으로 해석하고 있으나, 이는 사실과 다르다. 왜냐하면 '조선어 시험 규정'은 3.1 독립운동 이전인 1918년 6월 28일 조선총독부 훈령 제34호로 발포되었기 때문이다.

誘掖シテ 社會敎化ノ 實ヲ 擧クルニ 隔靴搔癢ノ 憾アルヲ 免レス.

此ヲ 以テ 夙ニ 朝鮮語ノ 學習ヲ 奬勵シ 尙機ニ 臨ミ 時ニ 應シテ 屢 研鑽攻究ヲ 促シ 來リタルモ 未タ 其ノ 成績ノ 顯著ナルモノアルヲ 見サルハ 甚タ 遺憾トスル 所ナリ 因テ 大正 九年 一月 一日ヨリ 左記 內地人 敎員 朝鮮語 試驗 規則ニ 依リ 朝鮮人 敎育ニ 從事スル 內地人 敎員ニ 對シ 朝鮮語ノ 試驗ヲ 行ヒ 以テ 其ノ 學習 成績ヲ 考査シ 之ヲ 考科ノ 參考トシ 益之カ 學習ヲ 奬勵セムトス 道長官, 官立學校長ハ 宜シク 此ノ 方針ヲ 體シ 部下 敎員ヲ 督勵シテ 朝鮮語ノ 學習ニ 努メシメ 以テ 所期ノ 目的ヲ 達成セムコトヲ 期スヘシ. 大正 七年 六月 一日 朝鮮總督 伯爵 長谷川好道 —『朝鮮總督府 官報』1918.6.28.

이 기사에 따르면 조선어 시험은 일본인 교원을 대상으로 하였으며, 실시 목적은 조선어 학습 장려의 결과를 평가하여 고과에 반영하기 위한 것이었다. 이처럼 교원을 대상으로 한 이유는 조선인 교육에서 조선어의 필요성이 그만큼 컸기 때문으로 볼 수 있다. 이 규칙은 다음과 같다.

(9) 內地人 敎員 朝鮮語 試驗 規則

第一條 內地人ニシテ 朝鮮人 敎育ニ 從事スル 敎員ノ 朝鮮語 學習ノ 成績ヲ 考査スル 爲 本規則ニ 依リ 朝鮮語ノ 試驗ヲ 行フ

第二條 試驗ヲ 分チテ 第一次試驗 及 第二次試驗トス
第一次試驗ニ 合格シタル 者ニ 非サレハ 第二次試驗ヲ 受タルコトヲ 得ス

第三條 試驗ハ 內地人 敎員 朝鮮語試驗委員 之ヲ 行フ
委員中 委員長 一人ヲ 置キ 試驗ニ 關スル 事務ヲ 掌理セシム
委員長 及 委員ハ 朝鮮總督府 及 所屬 官署長ノ 官吏 中ヨリ 之ヲ 命ス

第四條 試驗ハ 每年 十二月 之ヲ 行フ 但シ 必要アル 場合ニハ 臨時 之ヲ 行フコトアルヘシ

試驗ノ 期日 及 場所ハ 朝鮮總督府 官報ヲ 以テ 之ヲ 公告ス

第五條 試驗ヲ 受ケムトスル 者ハ 試驗委員長ニ 屆出ツヘシ 但シ 朝鮮
　　　 官公立學校ニ 現ニ在職セサル 者ハ 履歷書ヲ 添附スルコトヲ 要ス

第六條 試驗ノ 科目ハ 第一次試驗ニ 在リテハ 會話, 飜譯, 書取, 第二次
　　　 試驗ニ 在リテハ 會話, 飜譯, 作文 及 書取, 讀方トシ 其ノ 程度 凡ソ
　　　 左ノ 如シ

　　第一次試驗

　　一. 會話 近易ノ 日用會話

　　二. 飜譯 近易ノ 口語鮮文ノ國譯, 近易ノ口語國文ノ鮮譯

　　三. 書取 近易ノ口語文

　　第二次試驗

　　一. 會話 普通ノ日用會話

　　二. 飜譯 普通ノ鮮文國譯 及 國文鮮譯

　　三. 作文 及 書取 普通ノ口語 又ハ 文語文

　　四. 讀方 普通ノ漢字 諺文 混淆文 又ハ 文語文

第七條 五年 以上 朝鮮人 敎育ニ 從事シ 朝鮮語ニ 熟達セル 者ニシテ 道
　　　 長官ノ 推擧シタル 者ハ 試驗委員ノ 銓衡ヲ 經テ 前條ノ 第一次 及
　　　 第二次試驗ニ 合格シタルモノト 認ムルコトアルヘシ

第八條 試驗ニ 合格シタル 者 及 前條ニ 依リ 認定シタル 者ニハ 證明書
　　　 ヲ 附與ス

　　　 試驗ニ 合格シタル 者 及 前條ニ 依リ 認定シタル 者ノ 氏名ハ 朝鮮
　　　 總督府 官報ヲ 以テ 之ヲ 公告ス

이 규칙의 특징은 제1차 시험과 제2차 시험으로 구분했다는 점과
5년 이상 조선인 교육에 종사하여 조선어에 숙달한 것으로 인정되
는 자에게는 일정한 절차에 의해 자격증을 주었다는 사실이다. 이
점에서 이 시험의 근본 목적은 오로지 조선인과의 의사소통에 있었
음을 알 수 있으며, 일본인 교원으로서 식민 교육의 목표인 '충량한

국민 육성'을 구현하기 위한 조선어 능력 배양에 있었음을 확인할
수 있다.

2.3. 일본인 학교에서의 조선어과 교육

강제 병합 직후 일본인을 대상으로 한 교육은 '조선 교육령'을 적
용을 받지 않았다. 이 시기 일본인을 대상으로 한 교육은 '내지(內地
: 일본 본토)'의 교육 제도를 답습하면서 조선에서의 특수한 사정을
고려한 제도로 운영하였다. 이를 위해 칙령 제39호 ~ 제41호로 된
'조선 공립 소학교', '조선 공립 고등여학교', '조선 공립 실업 전수학
교' 관제를 공포하고, 이에 따른 학교 규칙을 제정하였다. 이들 학교
는 거류민단이나 학교 조합에 의해 설립되었으며, 설치 및 폐지는
모두 조선 총독의 인가 사항으로 하였다.[8]

일본인을 위한 학교는 강제 병합과 함께 급증하였다. 이에 대해
『조선총독부 시정연보 대정 이년(朝鮮總督府 施政年譜 大正 二年)』 제15
장에서는 다음과 같이 기술하고 있다.

(10) 1913년 당시 조선에서의 내지인 교육

內地人 教育 現在ノ制度ハ 前年二 於テ 整備セラレタルモノニシテ 朝
鮮ノ實狀二 鑑ミテ 所要ノ變更ヲ 加ヘタリト 雖 修業年限 教科編制 等
教育ノ 內容二 關シテハ 大體二 於テ 內地ノ 學制ヲ 踏襲スルコト 從前

---

8) 이에 대해서는 『朝鮮總督府 施政年譜 大正 元年』 第十七章을 참고할 수 있다. 주목할
만한 사실은 칙령 제39호~제41호는 『朝鮮總督府 官報』에서 찾을 수 없다는 점이다. 당
시의 법령 체계가 '교육령'은 칙령으로, '학교 규칙'은 총독부령으로 발포되었음을 고려
할 때, 조선 거주 일본인을 대상으로 한 칙령이어서 관보에 게재하지 않은 것으로 추정
된다. 그러나 총독부령의 '조선 공립 소학교 규칙'(제44호)과 '조선 공립 고등여학교 규
칙'(제45호), '조선 공립 실업 전수학교 규칙'(제46호)은 관보에 게재되었다. 또한 중등
남자를 대상으로 한 '중학교 관제'에 대한 언급도 없다. 그러나 1913년에는 내지인을 위
한 관립 중학교가 2개, 공립 고등여학교가 4개, 공립 실업 고등여학교 2개, 공립 상업
전수학교 2개, 공립 간이 상업 전수학교 3개가 있었음을 확인할 수 있다.

ト 異ル 所ナシ

小學校ハ 內地人ノ 發展ニ 伴ヒ 逐年增加シ 本年度ノ 新設數 五十二
校ニ 及ヒ 總數 二百五十一校ヲ 算スルニ 至レリ…. (下略) ―『朝鮮總督
府 施政年譜 大正 二年』第十五章 第百二十七節 內地人 敎育

이에 따르면 조선에 거주하는 일본인 교육은 내지의 제도를 답습
하되, 조선의 실상에 따라 수업 연한이나 교과 편제 등을 변경하여
운영하도록 했음을 알 수 있다. 이 점에서 교과 편제는 주목할 만하
다. 왜냐하면 교과 변경은 내지에서 고려하지 않은 조선어 교과를
대상으로 할 수 있기 때문이다. 이는 앞에서 언급한 '조선 공립 소학
교규칙'과 '조선 공립 고등여학교 규칙', '조선 공립 실업 전수학교,
조선 간이 실업 전수학교 규칙'을 통해 확인할 수 있다.

(11) 학교의 목적과 교과목

학교	목적	교과목
朝鮮公立 小學校	小學校ハ 內地人 兒童ヲ 敎育スル 所トス 小學校ハ 兒童ノ 身體ノ 發達ニ 留意シテ 道德敎育及國民敎育ノ 基礎並 其ノ生活ニ必須ナル 普通ノ智識技能ヲ 授クル コトヲ 本旨トス(第一條)	小學校ノ 敎科及編制ニ 關シテハ 特ニ 規定スルモ ノヲ 除クノ外 小學校令 及 小學校令 施行規則ニ 規定スル府縣知事ノ 職權ハ 道長官 之ヲ 行フ(第十 條) 高等小學校ニ 於テハ 隨意科目トシテ 朝鮮語ヲ 加 フルコトヲ 得 朝鮮語ヲ 加フルトキハ 其ノ 敎授時間ハ 每週 二時 間 以下トス(第十一條)
朝鮮公立 高等女學校	高等女學校ハ 內地人ノ 女子ニ 須要ナル 高等普 通敎育ヲ 爲スコトヲ 目 的トス(第一條)	高等女學校ノ授業年限, 學科 及 其 程度, 敎科書, 學年, 敎授日數, 式日, 編制, 設備, 入學, 在學, 退學 及 懲戒ニ 關シテハ 特ニ 規定スルモノヲ 除クノ 外 高等女學校令 及 高等女學校令 施行規則ヲ 準用 ス(第七條)
朝鮮公立實業 專修學校 及 朝 鮮公立簡易實 業專修學校	實業專修學校 及 簡易實 業專修學校ハ 內地人ニ シテ 農業, 商業, 工業 等 ノ 實業ニ 從事セムトス ル者ニ 必須ナル 敎育ヲ 爲スコトヲ 目的トス (第一條)	實業專修學校 及 簡易實業專修學校ノ授業年限, 修 業期間, 季節, 學科目 及 其ノ程度, 敎科書, 授業時 數, 入學資格, 設備 及 學則ニ 關シテハ 特ニ 規定ス ルモノヲ 除クノ外 實業學校令, 工業學校規程, 徒 弟學校規程, 水産學校 規程, 商業學校 規程, 商船學 校 規程 又ハ 實業補習學校 規程ニ 依リ 實業學校令 中 地方長官ノ 職權ハ 朝鮮總督 之ヲ 行フ(第八條)

이들 학교 규칙을 살펴볼 때 일본인 학교에서는 '조선 공립 소학교'에서만 '조선어'를 가설 과목으로 할 수 있으며, 이때에도 수의과목으로 규정하고 있음을 알 수 있다. 공립 고등여학교나 실업 전수학교에서는 고등여학교 규칙이나 각종 실업 관련 학교 규칙에서 설정한 교과목을 두었을 뿐 조선어과를 별도로 규정하지는 않았다. 또한 소학교의 경우도 조선어 교육을 실시한 사례를 찾기 어려운데, 이 시기 식민 교육 이데올로기와 조선어 교육에 대한 태도를 고려할 때 구교육령기 일본인을 대상으로 한 조선어 교과 교육은 명목상으로만 존재할 뿐, 실제로는 행해지지 않은 것으로 보인다.

3. 신교육령기와 조선어 장려 정책

3.1. 조선어의 필요성 증대와 조선어 장려 정책

1920년대 일본인을 대상으로 한 조선어 교육은 무단통치기에 비해 좀 더 활성화되었다. 조선인 교육을 담당하던 교원만을 대상으로 하던 조선어 교육이 '경찰관'을 비롯한 다른 관원들에게도 확대되었다. 이는 강습회도 마찬가지이다. 다음은 1920년 3월 27일 충남도 훈령 제11호로 발포된 '경찰관 조선어 강습 규정'이다.

(12) **警察官 朝鮮語 講習 規程**
第一條 忠淸南道 在勤 內地人 警察官ハ 本規程ニ 依リ 朝鮮語ノ 講習ヲ
　　　受クヘシ.
　　　　但シ 特別ノ 事情ニ 因リ 又ハ 特ニ 語學ニ 勘當ニシテ 第三部長ノ
　　　　承認ヲ 經タル 者ハ 此ノ 限ニ 在ラス
第二條 講師ハ 部ニ 在リテハ 知事署ニ 在リテハ 警察署長 之ヲ 命ス
第三條 講習ハ 事務ニ 支障ナキ 限リ 休暇日ヲ 除ク 外 每日 之ヲ 行フ

ヘシ

第四條 第三部長 及 警察署葬ハ 毎年 六月 十二月ノ 二期ニ 於テ 部下ノ
　語學修得ノ 程度ヲ 試驗シ 其ノ 成績ヲ 報告スヘシ

第五條 本規程 施行ニ 關シ 必要ナル 事項ハ 第三部長 之ヲ 定ム ―『朝
　鮮總督府 官報』1920.3.27.

이 규정은 무단통치기의 강습회가 주로 교원이나 부군 서기 등을
대상으로 한 점과 견주어 보면 이 시기 조선어 교육에 변화가 있었
음을 보여준다. 이처럼 강습 범위에 경찰관을 포함한 것은, 기존의
헌병 경찰에 의한 통치가 벽에 부딪혔음을 의미한다. 따라서 일반
경찰을 임명하여 조선인을 직접 상대할 수 있도록 하기 위해 경찰관
의 조선어 사용 능력을 강조하기 시작한 것이다.

이른바 문화 정치기의 조선어 수요에 따른 정책 변화는 각종 조선
어 시험에도 나타난다. 그 가운데 하나가 '통역겸장자 시험(通譯兼掌
者 試驗)'이다.9) 이 시험은 기존의 교원 대상 시험과는 달리 '수당 지
급(手當 支給)'이 포함되었다.

(13) **通譯兼掌者 試驗 竝 手當支給 規程**

第一條 通譯兼掌者ハ 第三部 及 警察署 勤務ノ 判任官 及 道巡査 中ヨリ
　試驗ノ上 之ヲ 定ム. 但シ 特別ノ 事由アル 者ハ 試驗ヲ 省略スルコ
　トヲ 得

第二條 第三部ニ 試驗委員長 及 試驗委員 若干名ヲ各 警察署ニ 試驗委
　員 各 一名ヲ 置ク

第三條 試驗委員長ハ 第三部長ヲ 以テ 之ニ 充ツ 試驗委員ハ 第三部ニ

---

9) 야마다(2004)에서는 '통역겸장자 시험'이 3.1 독립운동 이후 문화 정치의 수단으로 '조선
　어 신문 발행', '교육령 개정' 등과 마찬가지로 일본인 관리들에게 조선어를 장려하여 통
　치를 원활하게 하기 위한 방편에서 비롯된 것으로 규정하고 있다. 이는 '騷擾ノ 原因 及
　朝鮮統治ニ 注意スベキ 件 竝 軍備ニ 就テ'라는 문건을 바탕으로 한 것이다.

在リテハ 道警視 及 警務 中ヨリ 之ヲ 命ス. 警察署ニ 在リテハ 警
察署長ヲ 以テ 之ニ 充ツ

第四條 試驗ハ 筆記 及 會話ノ 二種トス

筆記試驗ハ 國文ヲ 朝鮮文 若ハ 外國文ニ 朝鮮文 若ハ 外國文ヲ 國
文ニ 飜譯セシム

會話試驗ハ 國語ヲ 朝鮮語 若ハ 外國語ニ 朝鮮語 若ハ 外國語ヲ 國
語ニ 通譯セシム

第五條 試驗ノ 評點ハ 百點ヲ 以テ 滿點トシ 平均 六十點 以上ヲ 得タル
者ヲ 合格トス. 但シ 筆記 四十點 未滿アルトキハ 不合格トス

第六條 試驗ハ 每年 三月 一日 之ヲ 施行ス. 但シ 必要アルト 認ムルト
キハ 臨時施行スルコトアルヘシ

第七條 試驗委員長ハ 試驗ノ 成績ヲ 道知事ニ 報告スヘシ

第八條 通譯兼掌者 手當ハ 試驗ノ 成績ニ 依リ 經費 豫算ノ 範圍 內ニ
於テ 之ヲ 支給ス —『朝鮮總督府 官報』1920.3.27.

'통역겸장자 시험 규정'은 헌병 경찰관 및 하급 관리를 대상으로
한 규정이다. 이들이 민간인을 조사하거나 범죄자를 검거하는 데
필요한 의사소통 능력을 강조하기 위해 조선어를 장려할 필요가 있
었다. 이에 따라 각 경찰부(警察部)나 헌병대(憲兵隊)에서 이 시험을
주관하였다.[10] 경성부 조선어연구회의 『월간잡지 조선어』 제2권 제
4호(1925.4.)~제2권 제9호(1925.9.)에 게재된 각 경찰부의 '통역겸장자
시험 문제'는 다음과 같이 구성되었다.

---

10) 이 시험을 대비하기 위해 경성부 조선어연구회에서는 『조선문 조선어 강의록(朝鮮文朝
鮮語 講義錄)』을 출판하기도 하였는데(허재영 2004ㅁ에 수록한 자료는 1932년판이나 『월
간잡지 조선어』 창간호에 이 책과 관련된 광고가 등장하는 점으로 미루어 볼 때 1920년
대 초에 발행된 것으로 볼 수 있음), 이 책에 대한 광고에서는 '조선총독부의 각종 시험,
각 경찰부, 각 헌병대의 통역겸장자 시험 등의 문제를 게재'한다고 하였다.

(14) 각 경찰부의 통역겸장자 시험 문제

경찰부	구분	내용	출처
慶北 警察部	道警部補の分	國語鮮譯, 鮮語國譯, 口述問題(國語鮮譯), 同上(鮮語國譯)	제2권 제4호 통권 제7호 (1925.4.)
	巡査の分	國語鮮譯(一時間), 鮮語國譯, 口述問題(國語鮮譯), 同上(鮮語國譯)	
忠北 警察部	內地人の分	國語鮮譯, 鮮語國譯, 口述問題(國語鮮譯), 同上(鮮語國譯)	
	朝鮮人の分	國語鮮譯, 鮮語國譯, 口述問題(國語鮮譯), 同上(鮮語國譯)	
京畿道 警察部		國語鮮譯, 鮮語國譯	
	巡査部長試驗	鮮語國譯, 國語鮮譯	
慶南 警察部		國語鮮譯, 鮮語國譯, 解釋, 書取(內地人の分), 同上(朝鮮人の分)	
咸北 警察部		國語鮮譯(解答ハ諺文トス), 鮮語國譯(朝鮮人ハ解答ニ漢字ヲ 使用シタル 時ハ 之ニ 振假名ヲ附スルコト)	
全南 警察部		國語鮮譯, 鮮語國譯	
平南 警察部	內地人の分	國語鮮譯(一時間), 鮮語國譯(一時間)	제2권 제5호 통권 제8호 (1925.5.)
	朝鮮人 巡査の分	一. 左ノ全文ノ大意ヲ述ベ且ツ傍線ノ字句ヲ解釋セヨ 二. 左ノ文章ヲ 振假名交リ文ニ書キ直セ 三. 左ノ字句ニ付キ漢字ニハ讀ミ假名ヲ, 假名ニハ漢字ヲ附シ各解釋スベシ 四. 左ノ朝鮮語ヲ國語ニ譯セヨ	
平北 警察部	內地人の分	鮮語國譯(一時間), 國語鮮譯(一時間), 口述試驗(鮮語國譯, 約三十分), 同上(國語鮮譯)	
	朝鮮人の分	鮮語國譯(一時間), 國語鮮譯(一時間), 口述試驗(鮮語國譯, 約三十分), 同上(國語鮮譯)	
咸南 警察部		國語鮮譯(一時間), 鮮語國譯(一時間 半), 口述試驗(國語鮮譯), 同上(鮮語國譯)	
全北 警察部	內地人警察補 巡査の分	國語鮮譯, 鮮語國譯	제2권 제6호 통권 제9호 (1925.9.)
	朝鮮人巡査に 課せる分	國語鮮譯, 鮮語國譯	
全南 警察部 (追加)		口述試驗(國語鮮譯), 同上(鮮語國譯)	
忠南 警察部	甲種 (內鮮人共通)	國語鮮譯, 鮮語國譯	제2권 제7호 통권 제10호 (1925.7.)
	乙種(內地人 メミニ課ス)	國語鮮譯, 鮮語國譯	
黃海道 警察部	內地人ノ分	筆記ノ部: 鮮語國譯(三十分), 國語鮮譯(四十分) 會話ノ部	제2권 제9호 통권 제12호 (1925.9.)
	朝鮮人ノ分	筆記ノ部(意譯, 漢字交リ朝鮮文 記, 報告文 漢字交リ朝鮮文記, 鮮文國譯 四類型) 會話ノ部(通譯)	

각 경찰부에서 실시한 '통역겸장자 시험'은 통일된 양식이 없이, 경찰부의 편의대로 실시되었다. 시험 내용이나 시험 시간이 균일하지 않으며, 시험 종수도 통일되어 있지 않다. 이는 각 경찰부의 시험 실시 상황에 따른 것으로 보이나, '일본인'과 '조선인'을 구분한 경우가 많았고, 순사(巡査), 순사보(巡査補), 경찰보(警察補) 등을 대상으로 하였다.

이처럼 각종 식민 통치 과정에서 조선어 능력을 갖추어야 할 필요성이 증대함에 따라 각종 시험 제도가 만들어졌다. 그 가운데 대표적인 것이 '조선어 장려 시험'에 따른 장려 수당 지급 규정이다. 이 규정은 1921년 5월 6일에는 조선총독부 훈령 제28호로 발포되었다. 이 규정은 다음과 같다.

(15) 朝鮮總督府 所屬官署職員 朝鮮語獎勵規程

第一條 朝鮮總督府 及 所屬官署ノ内地人タル 判任官ノ待遇ヲ 受タル 者 及 雇員ニハ當分ノ朝鮮語獎勵手當ヲ 支給ス. 但シ 朝鮮語ノ通譯生 及 特別ノ規程ニ 依リ 朝鮮語通譯ノ爲手當ヲ 受クル 者ハ 此ノ 限 ニ 在ラス.

第二條 朝鮮語獎勵手當ハ 朝鮮語獎勵試驗ニ 合格シタル 者 又ハ 試驗委員ノ 銓衡ニ 依リ 其ノ學力ヲ 認定セラレタル 者ニ 之ヲ 支給ス

第三條 朝鮮語獎勵試驗ハ 之ヲ 甲種試驗 及 乙種試驗ニ 分ツ

甲種試驗ハ 乙種試驗 第一等ノ 合格證書ヲ 有スル 者ニシテ 所屬官長ノ 推薦セル 者ニ 就キ, 乙種試驗ハ各官署ノ長ニ 於テ 推薦セル 者ニ 就キ 之ヲ 行ス

第四條 試驗委員長ハ 朝鮮總督府 庶務部長ヲ 以テ 之ニ 充テ 試驗委員 ハ 朝鮮總督府 又 所屬官署ノ 官吏ノ 中ヨリ 之ヲ 命シ 又ハ 囑託ス

第五條 試驗委員長ハ 試驗ニ 關スル 一切ノ 事務ヲ 掌理ス

試驗委員長 事故アルトキハ 特ニ 定ムル 場合ヲ 除クノ 外 上席ノ

委員 其ノ 事務ヲ代理ス

第六條 試驗ニ 關スル 庶務ニ 從事セシムル 爲 書記ヲ 置ク 朝鮮總督府
又ハ 所屬官署 判任官ノ 中ヨリ 之ヲ 命シ 又ハ 囑託ス

第七條 試驗ヲ 行フヘキ 期日 及 場所ハ 左ノ 區別ニ 依ル. 但シ 必要ト
認ムルトキハ 臨時ニ 之ヲ 行フコトアルヘシ

甲種試驗 朝鮮總督府ニ 於テ 毎年 一回 之ヲ 行フ

乙種試驗 朝鮮總督府 及 道[但シ京畿道チ 除ク]ニ 於テ 毎年 一回
之ヲ 行フ. 但シ 必要ト 認ムルトキハ 委員長ノ 指定スル 他ノ 官署
ニ 於テ 臨時ニ 之ヲ 行フコトアルヘシ

試驗ノ 期日ハ 試驗委員長 之ヲ 定メ 豫メ 朝鮮總督府官報ヲ 以テ
公示スヘシ

第八條 試驗ノ 程度 及 科目 左ノ 如シ

甲種試驗 朝鮮語ノ 通譯ニ 差支ナキ 程度

一. 解釋 : 朝鮮語國譯 國語鮮譯

二. 譯文 : 朝鮮文國譯(諺文 交リ文 又ハ 朝鮮式ノ漢文, 熟語)

國文鮮譯(假名 交リ文)

三. 書取 : 諺文

四. 對話 : 朝鮮語 及 國語ノ解釋, 朝鮮語 口述

乙種試驗 普通ノ朝鮮語ヲ 解シ 得ル 程度

一. 解釋 : 朝鮮語國譯 國語鮮譯

二. 譯文 : 朝鮮文國譯(諺文 交リ文)

國文鮮譯(假名 交リ文)

三. 書取 : 諺文

四. 對話 : 朝鮮語 及 國語ノ解釋

第九條 試驗ノ 合格者ヲ 定ムル 方法ハ 試驗委員ノ 議定スル 所ニ 依ル

第十條 試驗 又ハ 銓衡ノ 方法, 手續ハ 試驗委員長 之ヲ 定ムヘシ

第十一條 試驗委員長ハ 試驗ニ 合格シタル 者 及 銓衡ニ 依リ 學力ヲ 認
定シタル 者ニ 對シ 種別 等級ヲ 附シタル 證書ヲ 付與シ 且 朝鮮總

督府 官報ヲ 以テ 之ヲ 公示スヘシ

前項ノ 種別 等級ハ 甲種, 乙種ニ 分チ 各 一等 及 二等トス

第十二條 證書ノ 付與ヲ 受ケタル 者ニハ 證書ノ 日附ヨリ 甲種 一等ニ
在リテハ 四年間 其ノ他 ニ 在リテハ 二年間 別表ニ 依リ 證書ノ 種
別 等級ニ 相當スル 手當ヲ 支給ス 但シ 豫算 經理上 手當ノ 定額ヲ
減額スルコトアルヘシ

第十三條 前項ニ 依リ 手當ノ 支給ヲ 受クル 者ハ 其ノ 期間 中 試驗 又
ハ 銓衡ニ 依リ 其ノ 等級ヲ 進ムルコトヲ 得ス

既ニ 證書ヲ 付與セラレタル 者 再ヒ 試驗ニ 應シ 又ハ 銓衡ヲ 受ク
ル 場合ニ 於テハ 前ノ 等級ヲ 超ユル 成績ヲ 認ムルニ 非サレハ 新
ニ 證書ヲ 付與スルコトヲ 得ス

第十四條 朝鮮語獎勵手當 支給ノ 方法ハ 俸給 又ハ 給料支給ノ 例ニ 衣
ル(別表)

種別	等級	手當月額
甲種	一等	五十圓
	二等	三十圓
乙種	一等	十圓
	二等	五圓

이 규정에서 확인할 수 있듯이, 조선어 장려 시험은 총독부의 소
속 관서 직원을 대상으로 한 것으로 일본인 판임관 대우를 받는 자
와 고용원에게 조선어 수당을 지급하기 위한 시험이었다. 이 규정은
1924년 8월 11일자로 일부 개정된다. 개정의 주요 내용은 다음과 같다.

(16) 조선어 장려 규정 개정

朝鮮總督府にては總督府及所屬官署職員に對する朝鮮語獎勵の爲め大
正十年五月訓令第二十八號を以て獎勵規程を發布したが大正十三年八月
十一日附若干の修正を可へた. 規程の全文は 如左.

第一條 朝鮮總督府及所屬官署ノ內地人タル判任官,判任官ノ待遇ヲ受ク

者及雇員ニハ當分ノ　內朝鮮語獎勵手當ヲ支給ス．但シ朝鮮語ノ通譯
及特別ノ規定ニ依リ朝鮮語通譯ノ為　メ手當ヲ受クル者ハ此限ニ在
ラス

第二條 朝鮮語獎勵手當ハ朝鮮語獎勵試驗ニ合格シタル者又ハ試驗委員ノ
詮衡ニ依リ其ノ學力ヲ認定セラレタル者ニ之ヲ支給ス

第三條 朝鮮語獎勵試驗ハ之ヲ第一種第二種及第三種ニ分ツ

第一種試驗ハ第二種試驗ノ，　第二種試驗ハ第三種試驗ノ合格證書又
ハ認定證書ヲ有ス　ル者ニシテ所屬官署ノ推薦　ル者ニ就キ之ヲ行
フ…

第八條 試驗ノ程度及課目左ノ如シ

第一種試驗 朝鮮語ノ通譯ニ差支ナキ程度

一, 解釋 朝鮮語國譯, 國語鮮譯

二, 譯文 朝鮮文國譯(諺文交リ文, 朝鮮式ノ漢文, 熟語)

三, 作文 諺文交リ通信文

四, 對話 朝鮮文及國語ノ解釋, 朝鮮語ノ口述

第二種試驗 朝鮮語ニテ自己ノ意思ヲ發表スルニ差支ナキ程度

一, 解釋 朝鮮語國譯, 國語鮮譯

二, 譯文 朝鮮文國譯(諺文交リ文), 國文鮮譯, 假名交リ文

三, 書取 諺文ノ聽取及譯記

四, 對話 朝鮮文及國語ノ解釋, 朝鮮語ノ口述

第三種試驗 普通ノ朝鮮語ヲ解シ得ル程度

一, 單語解釋, 朝鮮語國譯, 國語鮮譯

二, 連語解釋　同上

三, 書取 諺文聽取ハ譯記

四, 對話 朝鮮文及國語ノ解釋, 朝鮮語ノ口述

第十一條 第二項ニ 左ノ 如ク 改ム

前項ノ 種別 等級ハ 第一種, 第二種 及 第三種ニ 分チ 第一種, 第二
種ニ 在リテハ 各 一等 及 二等トシ．第三種ニ 在リテハ 一等, 二等

及 三等トス

第十二條 中 '甲種'ヲ '第一種'ニ 改ム 別表ヲ 左ノ 如ク 改ム

(別表) 朝鮮語獎勵手當月額定額表

種別	等級	手當月額
第一種	一等	五十圓
	二等	四十圓
第二種	一等	三十圓
	二等	二十圓
第三種	一等	十五圓
	二等	十圓
	三等	五圓

　주요 개정 내용은 시험의 종별과 등급을 세분한 것과 각 종별 시험의 내용이 상세화된 데 있다. 이처럼 장려 시험을 상세하게 나눈 데에는 이유가 있다. 갑종과 을종의 두 종을 세 종으로 세분하고, 등급을 5단계에서 7단계로 나누었다. 또한 시험 내용에서 '서취' 대신 '작문'을 부가한 점이 특징인데, 작문은 언어 학습 단계상 다른 영역에 비해 성취도가 낮기 때문이라고 할 수 있다. 이 시험 개정의 내용과 이유에 대해서 『매일신보』에서는 다음과 같이 보도하고 있다.

(17) 朝鮮語 獎勵 規程 改正의 理由

　今回 本府 及 所屬 官署 職員의 朝鮮語獎勵規程이 改正되야(八月 十一日 總督府 官報 揭載 訓令 第十九號 參照) 大凡 左記의 点이 變更되얏는대, 是는 從來의 本 規程에 對하야 試驗委員이 今日까지의 實驗에 鑑하야 一層 獎勵의 目的을 達成케 하기 爲하야 종종 硏究하고 又 各 關係 方面의 要望도 有하야 適當으로 因하는 改正을 加入홀 次第이라. 左의 改正 要點에 對ᄒ야 順次로 說明을 示ᄒ건듸,

　一. 甲乙 二種의 試驗을 第一 第二 及 第三의 三等類로 홀 事 : 從來의 試驗은 甲乙 二種類뿐이얏스니 此 各種 等의 手當도 多額이오 따라 其 試驗의 程度도 高ᄒ야 乙種 一等 合格者라도 甲種의 試驗은 受키 難

ᄒᆞᆺ스므로 今回에는 甲乙의 間에 中段의 一個 級을 置ᄒᆞ야 第一種 第二種 及 第三種으로 ᄒᆞ고 下級 試驗 合格者를 爲ᄒᆞ야 更히 上級의 階梯로 進ᄒᆞ기 易케 ᄒᆞᆯ 目的에 出ᄒᆞᆺ도다. 卽 從來의 甲種 二等 三等을 一括ᄒᆞ야 第三種에ᄂᆞᆫ 名稱을 附ᄒᆞ야 <u>甲種 一等의 程度를 第一種</u>으로 ᄒᆞ고 此는 更히 一의 等級을 加ᄒᆞ야 一等의 次에 成績인 者를 二等으로 ᄒᆞᆯ 事로 되얏스니 前의 規程에 依ᄒᆞᆫ 甲種 二三等에 合格ᄒᆞᆫ 者에 대하야 其力을 底히 見하얏다 함은 안이로다.

二. 等級의 五段을 <u>七段으로 한</u> 事 : 項項 種類의 增加에 伴ᄒᆞ야 等級도 增加ᄒᆞ야 <u>第一種 及 第二種은 各 一等 及 二等으로 ᄒᆞ고 第三種은 一等 二等 及 三等으로 改ᄒᆞᆺ는</u> 中 是ᄂᆞᆫ 階梯의 多ᄒᆞᆫ 것의 上으로 進ᄒᆞ기에 待히 便宜ᄒᆞ고 此 從來의 乙種 程度 以上의 力은 有ᄒᆞ나 甲의 試驗에 應ᄒᆞ기ᄭᅡ지에ᄂᆞᆫ 至치 못ᄒᆞᆫ 程度의 人이 可成的 多ᄒᆞᆷ으로 此에 對ᄒᆞ야도 相當ᄒᆞᆫ 手當을 支給코저 ᄒᆞᄂᆞᆫ 注意라. 又의 結果 手當의 金額은 第一種 一等 五十圓 二等 四十圓 第二種 一等 三十圓 二等 二十圓 第三種 一等 十五圓 二等 十圓 三等 五圓으로 되얏스며,

三. <u>第一種 試驗 中 書取를 廢하고 作文을 加한</u> 事 : 第一種 試驗의 受驗者ᄂᆞᆫ 第二種 試驗 合格者임을 要하야 第二種 試驗은 第三種 試驗 合格者가 안이면 應키 難한 關係上 聽取하ᄂᆞᆫ 力은 前 二會의 試驗으로 大槪 試驗이 終了되얏고 且 對話試驗에 잇서도 聽取하ᄂᆞᆫ 力을 試驗함을 得함으로 此를 廢ᄒᆞ기로 하고 作文은 朝鮮文으로 論說 或은 書簡을 綴ᄒᆞ야 自己의 意思를 書로써 表ᄒᆞᄂᆞᆫ 手段인대 今回의 改正으로ᄂᆞᆫ <u>從來 內地人의 最히 等閒에 附하든 바로 此 方面에도 十分의 硏究를 遂케 하고자 ᄒᆞᄂᆞᆫ 奬勵 趣旨로브터 出ᄒᆞᆫ</u> 것이다.

四. 第三種 試驗 中 譯文을 廢하고 對話를 課하기로 된 事 : <u>第三種 試驗은 筆力보다도 口이며 耳의 力을 試驗하야 充分히 談話할 수 잇는 者를 選</u>하고자 하는 趣旨로써 其目的을 達하기 爲하야 譯文과 如한 組織的으로 工夫한 者가 안이면 難함과 如한 試驗은 廢止하고 其代로서 言語를 知ᄒᆞᄂᆞᆫ 程度를 試驗하게 된 것이라. 其 結果 規程에ᄂᆞᆫ 現

하지 안이하얏스나 第三種 試驗에 在하야는 對話試驗의 程度를 좀 高히 하야 此에 全體의 半分의 點數를 與하게 되얏노라.

五. 各種試驗의 二等 三等의 合格證書를 有한 者이라도 其 上級 種類의 試驗에 應함을 得하게 된 事: 從來는 乙種 一等의 合格證書를 有하든지 又는 同等한 認證書를 有한 者가 안이면 甲種의 試驗을 受할 수 업섯스나 今回의 改正으로 種類 等級이 多하게 된 關係로 有이며 又 其 後의 工夫에 依하야 力이 進할지라도 等級에 拘因되야 躍進함을 不得한다 하는 事는 너무 不公平함으로 其 制限을 撤하야 等級의 如何에 不拘하고 上級의 試驗을 應흠을 得하게 되얏스며 尙 二年의 經過를 待치 안이하야도 上級試驗에 應함을 待하는 것은 從來의 如何도다.

以上 列記한 事情이 改正의 主되는 点인대 今年 中에 行흘 第二種 試驗(九月 下旬 本府 及 各道에서 執行흘 豫定) 及 第一種 試驗(十一月 下旬 本府에서 執行흘 豫定)에 應을 得흘 者의 範圍에 對하야 一言하고자 하노라. 此 九月에 執行할 第二種 試驗에 應함을 得하는 者는 從來의 規程에 依하야 乙種 一等 及 二等의 合格者 並 甲種 三等의 合格者 又는 乙種 一等 及 二等 相當者로 認定된 者로 모다 第一次 所屬官署長으로브터 推薦된 者임으로 要하건대 다만 甲種 二等 合格者는 受驗하야도 等級을 上하지 못함으로 當初브터 受驗치 안이흐는지라.

第二種 試驗은 各道의 受驗者數에 應하야 其數의 問題만을 送付하는 關係도 有함으로 推薦書의 受理 期日을 早케 하여 九月 下旬에 締切할 豫定인즉 受驗 希望者는 一日이라도 早速히 其 手續을 履行함을 望하노라. 第一種 試驗은 本年 十一月 下旬傾 執行할 豫定이나 아즉 確定된 計劃은 안임으로 詳細히 話키는 不能이나 此에 應함이 可得할 資格은 前의 規程에 依하야 甲種 二等 合格者 並 第二種 試驗 二等 合格者 中 本府 各 部長 又는 第一次 所屬官署長으로브터 推薦한 者임을 要하니 此 試驗은 本府에서 行함으로 自然 一週間 以下의 施行을 要하는 事도 有흘지니 受驗 希望者는 自今으로브터 事務上의 整理도 注意하야 受驗 旅行에 因하야 事務 障碍를 生치 안이케 하도록 準備함을 望하는 바이다. 最後에 一

言코져 思하는 바는 **本府가 朝鮮語를 獎勵함은 單히 手當을 給하는 것인** **目的으로 하는 것이** 안임으로 合格者는 勿論 아즉 合格에 至치 못한 者라 도 盛히 朝鮮語를 使用하야 事務上 又는 應待上 十分의 效를 奏하고 延하 야 내선인의 心이 一히 結付되도록 努力할 것이니 願컨대 朝鮮語研究者 는 此意를 十分 黙量함을 受하리라 하더라. ―『매일신보』 1924.8.15.

기사 내용은 변경된 내용을 다섯 가지로 정리하고, 변경 사유가 '조선어를 사용하여 사무상, 응대상 충분한 효과를 발휘하도록 하는 데' 있다고 하였다. 변경 내용에서 '작문'을 부가한 이유는 종래 일본 인이 등한시하던 바이기 때문이며, '대화'를 부가한 이유는 필력보다 충분히 담화할 수 있는 능력을 시험하기 위한 것이라고 하였다. 이 처럼 개정 규정에서 작문과 대화를 강조한 이유는 이 시험 응시자가 식민 통치에 실질적으로 관여하는 총독부 또는 각도의 소속 관리나 경찰관이었기 때문이다. 그렇기 때문에 이 시기 조직된 '경성 조선 어연구회'의 기관지 『월간잡지 조선어』에서는 조선 사용의 현장을 고려한 '제4종 시험'이 필요하다는 주장까지 제기되었다.[11]

이밖에도 식민 통치에 필요한 조선어 능력을 갖추도록 유도하기 위한 여러 가지 시험이 존재했다. 예를 들어 '보통문관시험(普通文官試 驗)'(1925.8.6.『월간잡지 조선어』제2권 제9호. 통권 제11호.), '평남경찰부 조 선인 순사 집합 시험(平南警察部 朝鮮人巡査 集合試驗)'(1925년 6월 말.『월간 잡지 조선어』제2권 제9호. 통권 제11호.), '경부 경부보 어학 고시'(1925.10.

---

11) 『월간잡지 조선어』1925년 10월호의 '題言'에서는 '제사종 시험 시행 요구'라는 글이 실 려 있다. 이 글에서는 지방을 여행하거나 시장에서, 또는 열차에서 유창하게 조선어를 구사하는 경찰관들을 만나게 되는데, 그들에게 몇 종 시험을 합격했는가를 질문하면 '몇 회 시험을 보았으나 떨어졌다.'고 하는 말을 듣는데, 이를 볼 때 '조선어를 유창하게 하는 낙제자'가 존재하는 것이 현실이라고 하였다. 이러한 현상이 발생하는 이유는 3종 이상 합격자의 실력을 갖고 있을지라도 시험이 현실에 맞지 않기 때문이라고 하면서 '특히 구두 시험을 중시하고 필기 시험은 가볍게 하는' 제4종 시험이 필요하다고 주장하였다.

『월간잡지 조선어』제2권 제10호. 통권 제13호.) 등과 같은 시험도 식민 통치를 위한 조선어 사용 능력을 고려한 시험이라고 할 수 있다.

3.2. 경성부 조선어연구회

문화 통치를 바탕으로 한 신교육령기의 일본인을 대상으로 한 조선어 정책과 관련하여 주목할 만한 사항은 '경성부 조선어연구회'와 같은 단체가 만들어졌다는 사실이다.[12] 이 단체는 '경성부'내에 설립된 단체로 조선어 장려 정책의 연장선상에서 만들어진 연구회이다. 경성부 조선어연구회 규정은 일본어 11조로 이루어져 있다. 그 주요 내용은 다음과 같다.

(18) **朝鮮語硏究會規程**

第一條 本會ハ朝鮮語硏究會ト稱シ本部ヲ京城府ニ置ク

第二條 本會ハ朝鮮文朝鮮語ノ硏究並ニ其ノ普及ヲ圖ルヲ以テ目的トス

第三條 本會ハ前項ノ目的ヲ達スル爲メ毎月一回 「朝鮮文朝鮮語講義錄」
　　　並ニ「월간잡지 朝鮮語」ヲ發行シ 會員ニ頒ツ
　　　又 講演會 講習 或ハ 談話會ヲ 開催シ 本會ノ 目的ヲ 達成スルニ 必
　　　要ナル 事項ヲ 行フ

第四條 本會ニ 於テ 發行スル 講義錄ノ 修業年限ハ 一ケ年トス

第五條 本會ノ 會員タラントスル 者ハ 何時ニテモ 入會スル 事ヲ 得(入
　　　會金不要) (中略)

第八條 講義錄科目ノ大要左ノ如
　　　一, 朝鮮語發音及文法　二, 朝鮮語會話　　三, 朝鮮書翰文例

---

12) 조선어연구회는 1908년 주시경의 '국문연구회'에서 출발하여, 1921년 재건된 단체이다. 이에 비해 경성조선어연구회는 조선어 장려 정책의 연장선에서 조선총독부 경성부 내에 본부를 둔 단체이다. 두 단체의 이름이 같기 때문에 이를 구별하기 위해 경성부 내의 조선어연구회를 경성조선어연구회라 부른다.

四, 朝鮮文章講話　　五, 國鮮文對譯法　六, 朝鮮式漢熟語ノ解釋
七, 朝鮮語學習上ノ注意
其他科外講義トシテ朝鮮ノ風俗, 習慣, 傳說, 迷信, 冠婚, 葬祭, 俚言其
他 (下略)
―『월간잡지 朝鮮語』제2권 제11호(통권 14호)

위의 규정 제2조에 나타나듯이 이 연구회는 조선어 장려 정책의
차원에서 조선문과 조선어를 연구하고 이를 보급하는 데 설립 목적
을 두었다. 이 단체의 주요 활동은 제3조에서 밝힌 바와 같이 강의
록과 잡지 발행, 강연회 개최 등이었다.

　강의록은 제8조에 규정된 바와 같이 일곱 가지의 주요 사항과 기타
사항을 대상으로 하였다. 이 강의록은 3권 3책으로 구성되었다.[13]

(19) 조선문조선어 강의록
ㄱ. 上卷
朝鮮語會話　　　　　　　… 朝鮮總督府 通譯官　田中德太朗
朝鮮語の發音及文法　　　… 朝鮮語研究會 會長　李完應
ㄴ. 中卷
普通學校 朝鮮語讀本譯解　… 朝鮮語研究會編輯部譯解
動詞の用例　　　　　　　… 朝鮮總督府中樞院 囑託 姜信文
日用 朝鮮語六十語集　　　… 朝鮮語研究會編輯部編纂
朝鮮書翰文例　　　　　　… 每日新報論說部長 洪承耈
ㄷ. 下卷
朝鮮語學習上の注意
京城地方の標準語を學べ　… 京城帝國大學敎授 小倉進平
學習上より見たる朝鮮語　… 京城醫學專門學校 敎授 山本正誠

---

13) 야마다(2004)에서는 이 강의록이 처음 출판된 시점이 1924년 10월 1일이라고 하였다.
　　여기에 제시한 내용은 1933년 간행된 판본이다.

朝鮮語上達の早道　　　　　　… 朝鮮總督府 通譯官 西村眞太朗

朝鮮語學習上の五條件　　　　… 忠淸北道警察部 警部 李鍾植

朝鮮式漢熟語の解說ど其の用例… 京城第一高等普通學校 敎諭 李允熙

常用漢字音別表　　　　　　　… 朝鮮語硏究會編輯部編纂

朝鮮語試驗問題 並に 譯文集　… 朝鮮語硏究會編輯部編纂

雜纂

一, 普通學校敎科書用諺文綴字法案審議內容 … 朝鮮總督府發表

一, 中聲 ・に就いて諸賢に質す　　　　… 朝鮮總督府囑 李源圭

一, 語の話用に就いて　　　　… 朝鮮總督府 通譯官 西村眞太朗

一, 感動詞の對照　　　　　　… 大野三五朗

一, 諺文から見た ン の字　　… 全北南原 陸壽川

一, 朝鮮の謎と解釋　　　　　… 朝鮮語硏究會 金壽鎭

一, 朝鮮俚諺の解釋と日本の諺との對照　　… 朝鮮總督府 三笑生

一, 朝鮮風俗 新年の御挨察　… 朝鮮語硏究會 李鼎燮

一, 朝鮮風俗 祝賀の御挨察　… 朝鮮語硏究會 李鼎燮

一, 朝鮮風俗 弔慰問の御挨察　… 朝鮮語硏究會 李鼎燮

이 강의록에서 주목할 만한 논문은 오쿠라[小倉進平]의 '朝鮮語 學習上の 注意'이다. 이 논문에서 오쿠라는 '경성 지방의 표준어'를 학습할 것을 권하면서, 조선어와 일본어를 비교하고 일본어와 조선어의 동일 계통설을 주장하였다. 그는 형태를 기준으로 세계 언어를 단음절어, 교착어, 굴절어로 구분하고, 일본어와 조선어가 교착어에 속하며 교착 방식이 유사하므로 동계의 언어라고 하였다. 그의 논리는 단순한 형태상의 문제뿐만 아니라 조사의 발달이나 어순 등에서 동일한 성질을 갖고 있음을 주목하였다.14) 두 언어의 동계설은 야마

---

14) 한국어와 일본어의 동계설은 오쿠라 이전에도 자주 제기되었다. 특히 지명이나 수사, 어휘 비교를 통해 두 언어의 유사성을 밝히고자 한 논문은 1900년대 이후 자주 발표되었다. 예를 들어 미야자키[宮崎道三郎](1906)의 '日韓兩國語の比較硏究'(『史學雜誌』 第17

모토[山本正誠]의 '學習上より見たる朝鮮語'에도 나타난다.

경성부 조선어연구회에서는 회칙 제3조에 규정한 대로『월간잡지 조선어』를 발행하였다. 이 잡지는 1924년부터 제1호를 발행된 뒤 1929년 통권 40호까지 나왔다. 이 잡지에 게재된 글은 대략 400편에 이르는데, 발음, 문법, 어휘(한자어 포함), 회화, 통역, 독법, 습자 등의 조선어 학습에 필요한 자료들이 많다. 이 가운데는 이토(伊藤韓堂)의 '조선어회화(朝鮮語會話)「조선일주(朝鮮一週)」', 이완응(李完應)의 '조선어회화(朝鮮語會話), 고등조선어회화(高等朝鮮語會話)', 박상희(朴尙僖)의 '조선어의 준찰과 연설(朝鮮語の挨擦ど演說)', 이윤희(李允熙)의 '한자성구집(漢字成句集)', 정창섭(鄭昌燮)의 '실용서한문 대역(實用書翰文の對譯)', 김완진(金完鎭)의 '한문 독방(漢文の獨方)', 최복엽(崔福燁)의 '선문국역과 국문선역(鮮文國譯と國文鮮譯)', 이제혁(李濟赫)의 '부사의 용례(副詞の用例)', 조선어연구회편집부역해(朝鮮語研究會編輯部譯解)의 '보통학교 조선어독본역해(普通學校朝鮮語讀本譯解)'와 '심상소학 국어독본역해(尋常小學 國語讀本 譯解)' 등이 연속물로 게재되어 있다.

이밖에도 이 단체에서는 신교육령 하에서의 일본어 상용자 학교인 '중학교'와 '고등여학교'의 조선어 교과목에 필요한 교재를 개발하거나, 자습용 일본어 학습서를 개발하는 등의 활동을 전개하기도 하였다.

3.3. 국어 상용자 학교의 조선어 교육

신교육령은 '조선에서의 모든 교육'을 규율하는 교육령으로 '내선공학(內鮮共學)'의 원칙에 따라 학제를 운영하였다. 그러나 일본어 보

編 第7號), 시라토리[白鳥庫吉](1907)의 '三國語 數詞について'(『史學雜誌』 第20編 1~6號), 가네자와[金澤庄三郎](1909)의 '日韓 古地名について'(『史學雜誌』 第23編 第1號), 쓰보이[坪井九馬三](1923)의 '三韓考'(『史學雜誌』 第34編 第9號), '三韓古地名考'(『史學雜誌』 第35編 第12號)가 있다. 특히 1920년대 이후에는 동계설이 더욱 강해지는데 그 요인 가운데 하나가 '일본어 보급'에 있었다.

급이 완전하지 않은 상태에서 완전한 동일 학제를 운영하기 어려웠기 때문에 일본어 상용 여부를 기준으로 학제를 운영하였다. 이에 따라 일본어를 상용하는 사람들이 다니는 학교(구교육령기에는 일본인이 다니던 학교)인 '소학교－중학교/고등여학교'와 '일본어를 상용하지 않는 사람들이 다니는 학교'인 '보통학교－고등보통학교/여자고등보통학교'가 나뉘어졌다.

구교육령기의 일본인 학교에서는 '조선공립소학교'에서만 조선어를 가설 과목으로 인정하였다. 그렇기 때문에 구교육령기에는 일본인 학교에서 조선어를 어떻게 가르쳤는지를 확인하기 어렵다. 야마다(2004 : 52~53)에서는 강제 병합 이후 1910년부터 1920년까지 조선의 관립 전문학교와 도립, 관립 사범학교에서 조선어가 필수 과목이었다고 하나 앞에서 살펴본 바와 같이 구교육령이 '조선인 교육'만을 대상으로 한 것일 뿐 아니라, 이 시기 각종 학교 규정에서 조선어 과목을 필수로 규정하지 않았음을 고려한다면 실질적으로 일본인 학교에서 조선어를 교과로 가르쳤다고 볼 만한 근거가 빈약하다.

이에 비해 신교육령기의 내선 공학 학제에서는 일본어 상용자 학교 규정에서도 '조선어'에 대한 일관된 태도가 나타난다. 이 시기 소학교, 중학교, 고등여학교 교육의 특징과 교과목을 표로 나타내면 다음과 같다.

(20) 일본어 상용자 학교의 특징과 교과목

學校名	目的	敎科目
小學校 (小學校 規程 : 1922.2.10.)	小學校ハ 兒童 身體ノ 發達ニ 留意シテ 道德 敎育 及 國民敎育ノ 基礎 竝 其ノ 生活ニ 必須ナル 普通ノ 知識 技能ヲ 授クルヲ 以テ 本旨トス(第一條)	尋常小學校ノ 敎科目ハ 修身, 國語, 算術, 日本歷史, 地理, 理科, 圖畫, 唱歌, 體操トシ 女兒ノ 爲ニハ 裁縫ヲ 加フ 土地ノ 情況ニ 依リ 前項 敎科目ノ 外 手工ヲ 加へ 又ハ 隨意科目ハ 選擇科目トシテ 農業, 商業, 若ハ 朝鮮語ノ 一科目, 若ハ 數科目ヲ 加フルコトヲ 得(第十二條) 高等小學校ノ 敎科目ハ 修身, 國語, 算術, 日本歷史, 地理, 理科, 唱歌, 體操トシ 女兒ノ 爲ニハ 裁縫ヲ 加フ 前項 敎科目ノ 外 手工, 農業, 商業 女兒ノ 爲ニハ 家事ノ 一科目 又ハ 數科目ヲ 加フ

		土地ノ 情況ニ 依リ 前項 教科目ノ 外 圖畵, 朝鮮語, 外國語 其ノ他 必要ナル 教科目ヲ 加フルコトヲ 得 前二項ノ 教科目ハ 之ヲ 隨意科目 又ハ 選擇科目ト 爲スコトヲ 得(第十三條)
中學校 (中學校 規程: 1922.2.17.)	中學校ハ 男子ニ 須要ナル 高等普通敎育ヲ 爲スヲ 以テ 目的トシ 特ニ 國民道德ノ 養成ニ カムヘキモノトス (第一條)	中學校ノ 敎科目ハ 修身, 國語及漢文, 外國語, 歷史, 地理, 數學, 博物, 物理及化學, 法制及經濟, 實業, 圖畵, 唱歌, 體操トス 前項 學科目ノ外 朝鮮語ヲ 加フルコトヲ 得 外國語ハ 英語, 獨語 又ハ 佛語トス 法制及經濟, 實業, 唱歌ハ 當分ノ內 之ヲ 缺クコトヲ 得 實業 及 朝鮮語ハ 隨意科目ト 爲スコトヲ 得 (第十條)
高等女學校 (高等女學校 規程: 1922.2.16.)	高等女學校ハ 女子ニ 須要ナル 高等普通敎育ヲ 爲スヲ 以テ 目的トシ 特ニ 國民道德ノ 養成ニ カメ 婦德ノ 涵養ニ 留意スヘキモノトス (第一條)	高等女學校ノ 敎科目ハ 修身, 國語, 外國語, 歷史, 地理, 數學, 圖畵, 家事, 裁縫, 音樂, 體操トス 外國語ハ 英語 又ハ 佛語トス 外國語ハ 之ヲ 缺キ 又ハ 隨意科目ト爲スコトヲ 得 圖畵, 音樂ノ一科目 又ハ 二科目ハ 朝鮮總督ノ 認可ヲ 受ケ 之ヲ 缺クコトヲ 得 土地ノ 情況ニ 依リ 第一項ノ 學科目 外 朝鮮語, 敎育, 法制及經濟, 手藝 又ハ 實業ヲ 加ヘ 其ノ他 朝鮮總督ノ 認可ヲ 受ケ 必要ナル 學科目ヲ 加フルコトヲ 得 前項ノ 學科目ハ 之ヲ 分テ 隨意科目 又ハ 選擇科目ト 爲スコトヲ 得 生徒ノ 特別ノ 事情ニ 依リ 學習スルコト 能ハサル 學科目ハ 之ヲ 其ノ 生徒ニ 課セサル コトヲ 得 (第十一條)

이 시기 일본어 상용자 학교에서의 '조선어' 교과는 가설 과목이거나 수의과목으로 다루어졌다. 각 학교의 주변 사정에 따라 조선어 교과를 둘 수 있으며, 그 경우에도 도화, 외국어보다 후순위에 놓였다. 이는 일본어 상용자 학교에서는 조선어 교과를 명목상으로 두었을 뿐 실질적인 교육은 거의 하지 않았음을 의미한다.

그럼에도 신교육령기에는 중등학교용 조선어 교과서 편찬 사례가 나타난다. 이 교과서는 앞에 설명한 경성부 조선어연구회에서 편찬한 것으로 1928년 3월에 초판이 발행되었으며, 1939년 3월까지 모두 7판이 인쇄되었다. 이 교과서의 범례를 살펴보면 다음과 같다.

(21) 中等學校 朝鮮語教科書 凡例

一. 本書は 中等學校に 於ける 國語を 常用せる 生徒の 朝鮮語科用とし
　　て 編纂したるものなり.

一. 本書は 修業年限 五け年の 學校を 標準とし, 上卷 下卷の二冊に 分
　　ちて編纂したるものなれど, 修業年限の長短, 教授時間の多寡 又は
　　學習者の學力の 程度を 斟酌し, 教授者に 於て 適宜 增減 按排せら
　　れたし.

一. 本書 教授の際, 豫習 又は 復習 等に 就いては, 夫夫の注意事項を 參
　　酌し, 可成く 雜記帳を 多く 利用せしめ, 應用力の涵養に 努められた
　　し.

一. 本書 教授者は, 學習者の發音の正確を 期する 爲め, 附錄として 添附
　　せる '正しい朝鮮語の發音'を 參考とし, 常に 發音の矯正に 努められ
　　たし.

一. 本書の諺文綴字法は 昭和五年二月 改正の諺文綴字法に 據れるもの
　　なり.

　범례에서 알 수 있듯이 이 교재는 중등학교용 교과서로 편찬되었
으며, 5년제 학교를 전제로 하였다. 상권은 '정확한 조선어 발음 삽
화', '언문표', 본문 57과, 부록으로 구성되었다. 각 과의 내용은 중성,
초성, 종성, 조사, 회화, 문법, 독본, 발음법, 역법 등으로 구성되었으
며, 몇 과의 음절 구조 다음에는 연습을 위한 과를 두었다. 회화나
독본, 역법은 조선어와 일본어의 대역 방식을 취하였다. 하권은 독
본, 회화, 문법, 역법 이외에 '한숙어(漢熟語)'를 더 두었으며 총75과
로 구성하였다. 이 교재는 일부 일본어 상용 중등학교 조선어과 시
간에 활용되었을 것으로 짐작되며, 구성 내용이나 구성 방식을 고려
할 때 '조선어 장려 시험'을 준비하는 일본인이나 '통역겸장자 시험'
을 준비하던 일본인과 조선인들이 활용했을 것으로 추정된다.

Ⅳ. 일본어 보급 강화에 따른 조선어 정책

4.1. 조선어 시험의 변화

1930년대 중반 일본인을 대상으로 한 조선어 정책은 '국체명징', '내선일체' 이데올로기가 강화되면서 변화를 맞이한다. 일제의 만주 침략 이후 조선에서 진행된 '병참기지화 정책'은 일본어 보급의 필요성을 증대시켰으며, 중일전쟁이 발발한 1937년 이후 한층 강화한 일본어 보급 정책의 결과로 인해 일본어를 해득하는 조선인의 수가 급속히 증가하기도 하였다. 이와 같은 상황에서 신교육령기 이후 지속되어 온 '조선어 장려 정책'이 '조선어 정책'으로 바뀐다. 이러한 흐름에서 장려금 지급을 전제로 한 '조선어 시험'도 변화된다. 이때 변경된 주요 내용은 다음과 같다.

(22) 朝鮮語 獎勵 規程이 改正되여 二十一日부터 實施

南 總督의 方針인 國語의 獎勵 方針은 全鮮 官界에 普及 徹底하야 갓가운 將來에는 何人이든지 國語를 解할 수 잇는 程度에싸지 進하고 잇는 現狀에 鑑하야 總督府에서는 今回 朝鮮語獎勵規程의 全面의 改正을 斷行하야 二十一日 總督府 訓令으로써 公布 卽日 實施되엿다. 卽 從來의 朝鮮語獎勵規程에 依하면 第一種(手當 二十圓), 第二種(手當 十圓), 第三種(手當 三圓)의 三種이 잇섯는데 이것을 全部 廢하고 새로히 甲種(手當 十圓), 乙種(手當 五圓)의 二種으로 分하야 從來의 第一種 又는 第二種의 合格證을 此를 甲種 合格證으로 하고 第三種의 合格證은 此를 乙種의 合格證과 同等의 것으로 認定하는 것이어서 新規程에 依한 朝鮮語 獎勵試驗은 左의 標準으로써 施行하는 것이다. 甲種試驗은 朝鮮語로써 自己의 意思를 發表하기에 無妨한 程度, 乙種 試驗은 普通으로 朝鮮語를 解할 수 잇는 程度 또 右 訓令은 總督府 及 所屬 官署에 對하야서도 實施될 것인데 同時에 地方 待遇 職員에게도 同時에 二十一日부터 適用되기로 되

엿다. —『매일신보』1937.6.22.

이 기사에 따르면 장려 시험은 갑종과 을종으로 환원되었으며, 장려 수당도 대폭 축소되었다.15) 이처럼 총독부에서 소속 관서 직원(所屬官署職員)이나 지방 대우 직원(地方待遇職員)들을 대상으로 한 조선어 능력을 중시하지 않게 된 이유는 식민 통치의 방침이 변화되었기 때문이라고 할 수 있다. '내선일체'를 실현하고자 하는 일제의 입장에서 조선어는 '과도기적' 언어에서 더 이상 필요하지 않은 언어로 인식되기 시작했음을 의미한다. 이러한 차원에서 조선어 장려 시험의 명칭도 변화되기 시작하는데, 1938년 10월 5일에 공고된 관통첩 제44호에서는 '조선어 갑종 시험(朝鮮語甲種試驗)'을 시험명으로 사용하고 있다. 곧 '장려'라는 용어가 빠진 셈이다. 이러한 흐름에서 조선어 시험은 1942년 10월까지 시행되었다.

4.2. 경찰관을 대상으로 한 조선어 교육

동화 정책이 가속화됨에 따라 일본인을 대상으로 한 조선어 정책은 점차 약화되었다. 그러나 모든 조선 민중이 일본어를 구사하는 것은 아니었기 때문에 경찰관과 같이 실질적으로 식민 통치를 담당해야 하는 사람들을 대상으로 한 조선어 정책은 사라질 수 없었다. 경찰관에 대한 조선어 정책에 대해서 야마다(2004 : 131~162)에서는 '초임자 및 현직 경찰관에 대한 강습'(1910년대 강습회 중심), '경찰관 교양 규정'(1920.12. 조선총독부 훈령 제69호), '통역겸장자에 관한 규정'(1912.2.4. 경무총감부내훈갑 제2호부터), '조선어 장려 규정', '승진 시험'

---

15) 장려 수당의 축소는 이 시기 조선어의 위상뿐만 아니라 조선총독부의 재정 문제와도 밀접한 관련이 있었을 것으로 추정할 수 있다. 중일전쟁 이후 전시 체제 하에서 전쟁 수행 비용을 부담해야 하는 총독부는 각종 물자 절약, 자원절약운동을 전개했을 뿐만 아니라 제도 정비를 통하여 비용 절감을 하고자 노력하였다.

등에 대해 종합적인 연구를 진행하였다. 야마다(2004 : 147)에서 밝힌 것처럼 일제강점기 식민 통치상 필요한 의사소통 능력 및 식민 경찰에게 요구되는 자질 함양을 위해서는 각종 교육 제도와 함께 조선어 능력 배양을 위한 정책이 필요할 수밖에 없었다.

　이러한 배경에서 경찰관에게 요구되는 조선어의 본질과 내용이 무엇인지 확인해 볼 필요가 있다. 이는 경찰관을 대상으로 한 '통역 겸장자 시험'이나 경찰관을 대상으로 하는 조선어 교재를 통해 짐작할 수 있다.

　경찰관 전용 교재는 1925년 경성부 조선어연구회의 『월간잡지 조선어』에 연재된 '경찰관 전용 조선어 교범'을 참고할 수 있다. 이 자료는 『월간잡지 조선어』 제1권 제3호부터 제2권 12호까지 12회에 걸쳐 연재되었다. 이 교범의 성격은 제2권 제2호(통권5호)의 '범례'에 잘 나타나 있다.

　(23) 凡例
　一. 本書ハ 警察官トシテ 必要缺クヘカラサル 日用 朝鮮語ヲ 最モ 博ク
　　　 蒐集シ, 正確ナル 飜譯ト 詳細ナル 註釋トヲ 加ヘタルモノナリ
　二. 本書ノ 警察官トシテノ 用語ハ 每回 安藤 京畿道 警察部長, 關口 警
　　　 務課長 殿ノ 嚴密ナル 御校閲ヲ 經ルモノナリ
　三. 本書ハ 月刊雜誌 朝鮮語ノ 附錄トシテ 一ケ月間ノ講習ニ 適當ナル
　　　 分量ヅツ 每回 添附ス
　四. 本書ハ 警察官ノ 朝鮮語 敎科書トシテ 最モ 適當ナリ

　교범의 집필자는 조선어연구회 회장이었던 이완응(李完應)과 조선어연구회 주간이었던 이토[伊藤韓堂]였으며, 안도[安藤袈裟一](경기도 경찰부장), 세키구치[關口聰](경기도 경찰부 경무과장), 후지나미[藤波義貫](조선총독부 통역관, 조선어 장려 시험 위원), 나카무라[中村健太郎](조선총독부 촉탁), 다나카[田中德太郎](조선총독부 통역관, 조선어 장려 시험 위원), 니시

무라[西村眞太郎](조선총독부 통역관)가 교열을 담당하였다. 이 교범의
내용은 다음과 같이 구성되었다.

(24) 경찰관 전용 조선어 교범의 내용

第一章 戶口調査

第二章 營業監査

　　(イ) 宿屋, 料理屋, 食品店 (ロ)質屋, 古物商, (ハ) 周旋業, (ニ) 湯屋,

　　(ホ) 代書業, (ト) 無盡業, (ヘ) 理髮業, (チ) 車體檢査

第三章 行政說諭

第四章 交通取締

第五章 淸潔法

第六章 檢病調査

第七章 傳染病 豫防

第八章 消毒

第九章 種痘

第十章 疾病 並ニ 死亡

第十一章 墓地 及 埋葬

第十二章 犯罪 申告

第十三章 臨檢

第十四章 捜査

第十五章 犯人逮捕

第十六章 訊問

第十七章 證人 訊問

第十八章 送達

其他 警察官トシテ 必要ナル 事項

　　경찰관 전용 조선어 교범과 마찬가지로 조선어의 위상이 격하되
고, '내선일체', '황국신민화'의 장애물로 인식되는 상황에서도 경찰

관을 대상으로 한 조선어 교육이 이루어졌음을 확인할 수 있다. 이러한 흐름에서 전시 체제의 통합교육령을 표방한 1943년에도 경찰관 강습소에서는 『朝鮮語敎科書』(谷岡商店 印刷部)[16]를 편찬하였다. 이 책의 주요 내용은 다음과 같다.

(25) 경찰관강습소의 『朝鮮語敎科書』의 내용
第一編
第一章 諺文
第二章 語法
第二編 : 朝夕ノ挨拶, 初對面, 訪問, 受付, 巡察(一,二)
　　　　戶口調査(一,二,三), 營業監査(一 九) 交通整理及指導(一,二)
　　　　馬車取締(一,二), 市場取締, 淸潔法, 衛生注意, 衣服

교재 편찬의 목적이 경찰관 강습이었으므로, 제2편의 주요 내용은 경찰 업무로 구성되어 있다. 심문법이나 순찰을 비롯하여 호구 조사, 영업 감사, 교통 정리, 각종 취체, 청결 위생 등이 이들의 주요 업무였다.

5. 조선어 정책의 결말

일본인에 대한 조선총독부의 조선어 정책은 식민 지배의 현실적인 필요에 의해 이루어졌다. 이 정책을 실시하게 된 이유는 조선총독부 소속 관서의 직원이나 지방 관원, 헌병, 순사, 경찰관, 교원 등에게 식민 통치에 필요한 의사소통 능력을 갖추도록 하기 위해서였다. 특히 교육 업무 종사자와 경찰 업무 종사자의 경우는 식민 통치

---

16) 이 교재는 김민수 외(1977)의 '역대문법대계' 2-44에 수록되어 있다.

의 현장과 불가분의 관계에 있는 사람들이었으므로 이들을 대상으로 한 각종 강습회, 강연회가 지속적으로 열렸고, 1918년부터는 각종 조선어 관련 시험 제도가 출현하였다.

'내지인 교원 조선어 시험'(교원 대상), '통역겸장자 시험'(경찰 업무 종사자 대상), '조선어 장려 시험'(총독부 소속 관서 직원을 대상으로 하나 이 시험 합격자 가운데 다수는 경찰관이 차지하였다고 함), 또는 승진 시험과 같이 실질적으로 통치를 수행하는 사람들을 위한 각종 제도가 실시되었다. 이러한 흐름 속에서 일제강점기에는 각종 조선어 학습 관련 교재 개발도 이루어졌다. 야마다(2004 : 233~238)에서는 1880년대부터 1945년 사이에 개발된 조선어 학습서(이 책에서는 한일 대역 학습서를 모두 포함하였음)로 138종의 목록을 제시한 바 있는데, 그 가운데 강점 이후 만들어진 것이 67종이다. 이 가운데 『朝鮮語法及會話書』(1917, 朝鮮總督府), 『新訂警察官必攜朝鮮語』(1931, 朝鮮警察協會), 『朝鮮語教科書 卷二』(1936, 大阪府 警察部特別高等警察課), 『朝鮮語教科書』(1943, 總督府警察官講習所) 등은 경찰 관련 부서나 총독부에서 직접 편찬한 것들이다. 이들 교재는 식민 통치를 전제로 하기 때문에 해당 업무와 관련된 일상회화를 중심으로 하였으며, 식민 지배 이데올로기를 담은 내용으로 구성되었다. 이뿐만 아니라 또한 경성부 조선어연구회, 조선교육회 등에서 개발한 교재도 상당수에 이른다. 특히 경성부 조선어연구회는 창립 목적에서 밝힌 바와 같이 40호에 해당하는 『월간잡지 朝鮮語』를 발행함으로써 일본인을 대상으로 한 조선어 교육을 심층적으로 연구하기도 하였다. 이 잡지에 수록된 내용은 각종 시험 대비에 필요한 내용뿐만 아니라 조선어의 구조나 어휘적인 특질 등을 대상으로 한 것들도 다수 포함하고 있기 때문에 오늘날의 한국어 교육 연구에서도 참고할 만한 것들이 많다.

이처럼 일제강점기 일본인을 대상으로 한 조선어 정책은 식민 시대의 어문 정책 가운데 하나로 중요한 의미를 갖고 있었다. 그렇지만 이 정책은 어디까지나 실질적인 식민 통치자들의 의사소통 능력을 전제로 한 것이었으므로, 조선어의 보존이나 발전과는 무관한 정책이었다. 그렇기 때문에 이 시기 일본인 보통 교육 기관(일본인 학교 또는 국어 상용자 학교)에서는 조선어과를 명목상으로만 둔 것으로 보이며, 일본어 보급 정책의 추진 상황에 따라 조선어 정책의 강도가 변화하기도 하였음을 확인할 수 있다.

1. 어문 표준화 연구의 의미

한 국가의 어문 정책 가운데 '어문 표준화'(또는 국문 통일) 정책은 매우 중요한 의미를 갖는다. 우리말과 글의 경우도 마찬가지여서 근대 계몽기 이후 국어의 표준화와 관련된 다양한 운동이 전개되었다. 1895년 근대식 학제가 도입되고, 칙령 제1호로 '국문위본(國文爲本)'이 천명된 이후로 1907년 학부 내의 국문 연구소 설립을 통한 '국문 연구 의정안'(1909) 등은 정부 차원에서 진행한 국어 표준화 정책의 흐름이라고 할 수 있다.

이에 대한 선행 연구는 이응호(1973)를 비롯하여 하동호(1986), 고영근(1998), 허재영(2010ㄹ) 등에서 진행된 바 있다. 특히 '국문 연구 의정안'은 정부 차원에서 만든 표준화 안이라는 점에서 중요한 의미를 갖고 있으나 선행 연구에서 밝힌 바대로 안이 제출된 직후 학부 대신이 갈리고 곧이어 강점에 이르렀으므로 실행되지 못한 상태에 있었다.

이러한 입장에서 일제강점기 조선총독부의 조선어 표준화 정책에 대한 개략적인 흐름을 살펴볼 필요가 있다. 조선총독부의 어문 정책이 식민 정책의 하나로 다루어진 점을 고려할 때, 조선어 표준화 정책에는 근본적인 한계가 존재한다. 왜냐하면 총독부의 조선어 정책은 조선어의 위상을 완전한 동화에 이르기 전 단계의 '과도기 언어'로 간주하였기 때문이다. 총독부의 조선어 표준화 정책은 '조선어 교과서 편찬'을 위한 제한된 범위 내에서 이루어졌으며, 『조선어 사전』 편찬이나 전문 용어 보급 등도 본질적으로 일본어 정책과 관련하여 실행되었다. 경우에 따라서는 표기 방식이 전혀 다른 조선어에 대하여 일본어 표기 정책을 적용하고자 하였으며, 그나마 일본어 보급 정책이 강화된 이후로는 조선어 표준화 문제에 대한 관심도 사라졌다.

그러나 근대 계몽기 이후 우리말과 글에 관심을 기울였던 학자들은 국어의 발전이나 표준화 문제에 끊임없는 관심을 기울였다. 그 결과 '한글마춤법통일안'을 비롯한 각종 어문 규범이 제정되었으며, 이를 보급하기 위한 운동도 활발하게 전개되었다. 개인적인 차원에서 사전 편찬이 이루어지기도 하였고, 학회나 언론 기관을 중심으로 한 통일안 보급운동도 전개되었다. 이 장에서는 조선총독부의 조선어 표준화 정책을 개괄하고, 이 정책의 한계 및 이를 극복하기 위한 노력으로서의 '한글 운동(국문통일운동)'을 기술하고자 한다.

2. 조선총독부의 '언문 철자법' 정책

2.1. 강점 이전의 국문 표준화 정책

근대 계몽기의 어문 문제는 '국문의 필요성'이나 '가치'를 재인식하는 데서 출발하였다. 박영효의 '개화 상소문'(1885.12.)이나 『한성주보』에 실린 '논학정(論學政)'과 같은 글에서 '국문으로 번역한 교과서'의 필요성을 강조한 바 있고, 1896년 『독립신문』 창간호 논설에서 '순국문'만을 쓰는 이유를 천명하고 있듯이, 근대 계몽기의 국어 문제에서는 국문의 필요성이나 중요성을 강조하는 논설이 다수를 이루었다.[1] 이처럼 국문의 가치를 재인식하는 과정에서 국문 표준화 문제는 자연스럽게 대두될 수밖에 없었다.

그러나 정부 차원에서 국어 문제를 정책적으로 다룬 것은 통감시대에 이르러서이다. 국문의 중요성을 재인식하면서 '문법 연구'와 '사전 편찬'과 같은 문제가 대두되었고, 언문일치의 차원에서 사용하지 않는 문자에 대한 논의도 활발하게 전개되었다. 이러한 흐름에서 1907년 학부 내 국문 연구소가 만들어졌다. 특히 국어 사용의 혼란을 줄이기 위한 노력은 사용하지 않는 문자의 문제나 새로운 문자 창조 문제가 불거지면서, 정책적인 대안을 마련하지 않을 수 없는 입장에 놓였는데,[2] 그 결과 1909년 국문 연구소에서는 '의정안 보고서'를 마련하게 되었다. 이 안은 여러 가지 사정으로 실시되지 못했지만, 당시의 국문 연구 경향을 반영한 것이어서 맞춤법 제정의 역사상 큰 의미를 갖는 것으로 볼 수 있다.

(1) 국문연구소 의정안 보고서

本所에셔 國文硏究를 終了ㅎ엿ᄉᆞᆸ기 硏究案을 添附ㅎ야 議定案을 提出ㅎᅌᆢᆸ고 事業의 顚末을 左開ㅎ와 玆에 報告ㅎ오니 照亮ㅎ심을 望홈 隆熙 三年 十二月 二十八日 國文硏究所 委員長 尹致午

---

1) 근대 계몽기 국문과 관련된 논설류는 하동호(1986), 허재영(2010ㄷ)을 참고할 수 있다.
2) 국문 연구소 이전의 철자법에 관한 논의는 지석영(1905)의 '신정 국문(新正國文)'에서도 나타난다. 이에 대해서는 허재영(2010ㄷ : 52~54)을 참고할 수 있다.

(2) 주요 내용

ㄱ. 국문의 연원 및 자체, 발음

ㄴ. 초중성 ㆁ ㆆ ㅿ ◇ ㅱ ㅸ ㆄ ㅹ 8자의 복용당부(當否) : 已上의 諸字
는 今에 復用은 不當ㅎ나 備考로 存留ㅎ야 先聖의 國文 刱造ㅎ신 精義
를 欽惟ㅎ고 後學의 文學研究ㅎ는 材料에 供케 홈이 可홀지라.

ㄷ. 초성의 ㄲ ㄸ ㅃ ㅆ ㅉ ㆅ 6자 병서의 서법 일정(一定) : 此六字의 同
字 並書는 訓民正音에 其發聲의 例ᄭ지 特揭ㅎ섯은즉 實로 制字의 本
義오 音理의 原則이어늘 初聲合用則 並書例와 如히 或 ㅂ字를 左加ㅎ
며 或 ㅅ字를 左加ㅎ야 俗語에 된시옷이라 稱ㅎ야 行用ㅎ니 此는 並히
音理에 不當홈으로 訓民正音을 存ㅎ야 同字의 並書로 一定홈이 可ㅎ
도다.(ㆅ 자 복용의 부당함)

ㄹ. 중성 중 、자 폐지 =자 창제(刱製)의 당부(當否) : 、字는 其本音이 ㅣ
加 一의 字와 如ㅎ듸 今에 ㅏ字 疊音으로 行用됨이 訛誤오 更히 一字
의 拗音 則 ㅣ 加 一의 音과 如홈으로 、를 廢ㅎ고 其代에 =字를 刱製
ㅎ얏으나 、의 本音이 ㅣ加 一와 同홈도 明證이 無ㅎ고 此=字의 音이
必要ㅎ다 홀지라도 ㅣ加 一의 合中聲으로 天然作字의 例가 自在흔즉
=字는 刱製홈이 不當ㅎ며 、字는 ㅏ音과 混疊ㅎ얏으나 制字ㅎ신 本義
과 行用ㅎ든 慣例로도 廢止홈이 不當홀ᄲ 不是라 法令 公文에 一切 慣
用ㅎ고 一般人民이 信手輒書(첩서)ㅎ니 實除로도 廢止홈이 不可能ㅎ
니 其用法만 區別ㅎ야 一定홀지오 廢止홈은 不當ㅎ도다.

ㅁ. 종성의 ㄷ ㅅ 이자용법 급 ㅈ ㅊ ㅋ ㅌ ㅍ ㅎ 6자도 종성에 통용 당부(當
否) : 訓民正音에는 初聲 諸字를 幷히 終聲에 復用ㅎ던 것인데 訓蒙字
會에 ㄱ ㄴ ㄷ ㄹ ㅁ ㅂ ㅅ ㆁ 八字만 初終聲에 通用ㅎ고 其餘 諸字는
初聲 獨用으로 區別ㅎ얏으니 此를 追想컨듸 梵文의 八終聲例를 倣ㅎ
듯ㅎ나 訓民正音 例義와 國語音에 違反ㅎ얏으니 此는 極大흔 謬誤로
다 或은 現行ㅎ는 八字 中 ㄷ 字도 不用ㅎ고 七字만 用ㅎ야도 不成홀
語가 無ㅎ고 不發홀 音이 無ㅎ다 ㅎ나 言語를 記홈에 不規則과 事物를
名홈에 無定義가 滋甚ㅎ야 文學의 滅裂을 枚述키 不遑ㅎ니 初聲 諸字

를 原則에 依ᄒ야 斷然 通用홈이 正當ᄒ도다.

ㅂ. 자모의 7음과 청탁의 구별 여하 : 訓民正音에 初聲 諸字를 其發音의 作用되는 部門으로 … 淸音, 激音, 濁音의 三種으로만 定홈이 可ᄒ도 다.(ㅿ 의 폐지, 칠음청탁 구분 대신 청음, 격음, 탁음의 3종으로 정함)

	아	설	순	치	후
청음	ㆁㄱ	ㄴㄷㄹ	ㅁㅂ	ㅅㅈ	ㅎ
격음	ㅋ	ㅌ	ㅍ	ㅊ	
탁음	ㄲ	ㄸ	ㅃ	ㅆㅉ	

ㅅ. 사성표의 용부 급 국어음의 고저법 : 平上去入의 四聲은 國語音에 必要가 無ᄒ니 不用홈이 可ᄒ고 高低 卽 長短音의 二種으로만 定ᄒ야 短音은 無点이오 長音은 字의 左肩에 一点을 加ᄒ야 表홈이 可ᄒ도다.

ㅇ. 자모의 음독 일정(一定) : 字母의 音讀은 訓蒙字會에 始著ᄒ 바 其後 諸書에 字會의 音讀을 一遵ᄒ지라 現行 字母만 擧ᄒ야 音讀을 左와 如히 定ᄒ도다.

ㆁ(이응) ㄱ(기윽) ㄴ(니은) ㄷ(디읃) ㄹ(리을) ㅁ(미음) ㅂ(비읍) ㅅ(시읏) ㅈ(지읒) ㅎ(히읗) ㅋ(키윽) ㅌ(키읕−ㅍ의 오기인 듯) ㅍ(피읖) ㅊ(치읓)

ㅏ(아) ㅑ(야) ㅓ(어) ㅕ(여) ㅗ(오) ㅛ(요) ㅜ(우) ㅠ(유) ㅡ(으) ㅣ(이) ㆍ(ᄋ)

ㅊ. 자순 행순의 일정(一定) : 자순은 훈민정음 이후 : 字順은 訓民正音 以後 諸書에 初聲은 互相 不同ᄒ나 牙舌脣齒喉 五音과 淸激 二音의 區別 로 如左히 一定ᄒ고 中聲은 字會를 從ᄒ노라

ㆁㄱㄴㄷㄹㅁㅂㅅㅈㅎㅋㅌㅍㅊ ㅏㅑㅓㅕㅗㅛㅜㅠㅡㅣㆍ

行順은 中聲으로 爲綱ᄒ고 初聲의 字順ᄃ로 排行ᄒ야 如左히 一定홈 이 可ᄒ도다

아야어여오요우유으이ᄋ 가갸거겨고교구규그기ᄀ

ㅋ. 철자법 : 綴字法은 訓民正音 例義ᄃ로 仍爲綴用홈이 可ᄒ도다

보고서의 주요 내용은 훈민정음 예의를 토대로 1) 국문의 연혁, 자모, 발음을 따져 밝힌 점, 2) 당시 사용하지 않는 문자를 일정한 점, 3) 된소리 표기로 각자병서를 일정한 점, 4) 종성부용초성법을 따른 점, 5) 청음, 격음, 탁음의 구별을 둔 점, 6) 사성법 대신 고저 장단을 표시한 점, 7) 자모의 음독이나 자순을 정한 점, 8) 철자법에서 훈민정음 예의를 기준으로 삼은 점 등으로 정리할 수 있다. 이처럼 연혁과 문자를 중점적으로 논의한 이유는 철자법의 혼란 때문이라고 할 수 있다. 그렇기 때문에 이 시기 일부 논자들은 연구 위원들이 문자 문제에만 너무 집착한다는 비판을 제기하기도 하였다.

(3) 國文硏究委員會 諸氏에게 勸告홈

神聖흔 國文을 離邊에 棄置ᄒ야 高僧 了議가 此를 著作흔 以後 千餘年에 只是 勞働界 婦孺界만 供用ᄒ고 壹個 博學士가 此에 過問홈을 不肯흔 故로 幾乎廢止 埋沒의 境에 達ᄒ얏다 多幸者 本朝 中葉에 天縱ᄒ신 世宗 聖朝가 作ᄒ샤 此를 改良ᄒ셧스나 其後에도 壹般 國民이 尙且 '重野鷲輕家鷄'의 習이 有ᄒ야 冊子도 惟漢文으로 以ᄒ고 書牘도 惟漢文으로 以ᄒ고 國文 功德을 賴흔 者ᄂ 僅 五倫行實 七經諺解 解閨閤問安札에 不過ᄒ더니 今日에 至ᄒ야 國文硏究會가 始有ᄒ며 國文硏究委員이 始有ᄒ니 吾輩가 㑃會를 讚美ᄒ며 히 委員을 依望홈을 果然 何如ᄒ리오마ᄂ

然이나 히 會를 設始흔지 長長 壹周年의 日月을 經토록 硏究 所得이 果然 何件인가

吾輩ᄂ 諸公이 國文을 硏究ᄒ야 壹種 辭書 或 字典을 著成ᄒᄂ가 ᄒ얏더니 今也에 不然ᄒ야 其 硏究ᄒᄂ 바를 聞흔즉 往往 實用에 無益ᄒ고 時宜에 無關흔 事라 壹人은 曰 國文은 新羅時 創造흔 빈라 ᄒ며 壹人은 曰 國文은 高句麗時 創造흔 빈라 ᄒ며 壹人은 勝朝國 創造흔 빈라 ᄒ고 壹人은 國國音義를 龍飛御天歌로 爲主하며 壹人은 國문 音義를 奎韻(全韻?) 玉篇으로 爲主ᄒ야 支離張皇에 光陰을 虛度ᄒᄂ도다

大抵 言語ᄂ 文字의 根本이로뒤 古言 今言이 不同ᄒ야 卽 彼 羅代 麗

代의 流傳ᄒᄂᆞᆫ 片詞短語도 今日 韓人의 耳로 聞ᄒᄆᆡ 解得ᄒᄌᆡ 못ᄒᆞᆯ 者ㅣ 甚多ᄒᄀᆞ거ᄂᆞᆯ 萬壹 時宜ᄂᆞᆫ 不知ᄒᄀᆞ고 壹體 古言만 是遵ᄒᆞᆫ다 ᄒᆞᆯ진ᄃᆡ 邑內를 改ᄒᄋᆞ야 탁評이라 稱ᄒᆞ며 京城을 變ᄒᄋᆞ야 徐羅伐이라 云ᄒᆞ며 拾三道를 更ᄒᄋᆞ야 六部 大人 五拾餘 酋長을 設ᄒᄀᆞ고 其他 人名 地名 草名 木名과 器皿 釜鼎 等屬名을 壹壹 檀君 扶餘 三國 勝朝의 用語로 遵行코ᄌᆞ ᄒᆞ면 其正 不正은 姑舍ᄒᄀᆞ고 實是 行不得의 事니 卽 文字도 此와 亥異ᄒᆞ리오

乃者 諸公은 或은 'ㅅ ㅊ ㅋ ㅌ ㅍ ㅎ' 等字를 擧ᄒᄋᆞ야 終聲에 添入ᄒᆞ며 '잇으니바ᄎ을' 等語를 述하야 文字를 反正케 ᄒᆞᆫ다 ᄒᆞ니 此ᄂᆞᆫ 終聲을 復用初聲이라ᄂᆞᆫ 句語만 是遵ᄒᆞᆯ ᄲᅮᆫ 아니라 英文에 '바왈과콘손옌트' 音義를 取用ᄒᆞᆷ이나 初聲을 終聲에 復用ᄒᆞᆷ은 猶可說이어니와 假使 '잇으니바ᄎ 을'노 論之면 으字ᄂᆞᆫ 卽 初中聲 合音이어ᄂᆞᆯ 以 바왈 用之가 可乎이며 或은 ·를 廢ᄒᄀᆞ고 =룰 添用ᄒᄌᆞᄂᆞᆫ 오論이 有ᄒᆞ다 ᄒᆞ니 此ᄂᆞᆫ 當初에 制字의 本意를 不知ᄒᄂᆞᆫ 者ㅣ니 不足論也로다

設令 此音 此語가 十分 的當ᄒᆞᆯ지도 徒히 讀者의 腦際만 昏亂케 ᄒᆞᆯ 而已오 壹毫도 民智發達에 利益이 無ᄒᆞᆯ지어날 況 音韻에도 不適ᄒᄀᆞ고 時宜에도 不適ᄒᆞᆫ 者ㅣ리오 諸公의 不憚煩이 엇지 如此이 甚ᄒᆞ뇨 諸公은 此等 汗漫 오怪 煩鬧(번뇨) 胡亂 無益의 事ᄂᆞᆫ 姑閣ᄒᄀᆞ고 民智發達에 有益ᄒᆞᆫ 辭書 或 字典의 編撰에 從事ᄒᆞᄃᆡ 字樣을 閒易케 ᄒᄀᆞ고 音韻을 均壹케 ᄒᄋᆞ야 讀者로 掌을 示ᄒᆞᆷ과 如히ᄒᆞᆷ을 望ᄒᆞ노라 ―『대한매일신보』 1908.11.14.

이 논설에서는 연구 위원들이 '사서(辭書)'나 '자전(字典)' 편찬은 하지 못하는 상태에서 기존의 표기법 대신 'ㅅ, ㅊ, ㅋ, ㅌ, ㅍ, ㅎ' 등을 종성에 사용하게 하는 점이나 '·'를 폐하고 새로운 글자를 만들고자 한 점 등을 비판하였다.

표기법이나 발음, 어법의 표준화 문제는 국어를 사용하는 사람들뿐만 아니라 외국어 학습이나 외국인으로서 한국어를 배우고자 하는 사람들에게도 중요한 문제가 되었다. 이 점에서 강제 병합 직후

관립 한성외국어학교(官立漢城外國語學校)에서는 '국어 조선어 자음 급 용자 비교례(國語 朝鮮語 字音 及 用字 比較例, 1911.9.)'를 만들었다.3) 이 자료를 만든 이유는 '서언(緖言)'에 잘 나타나 있다.

(4) 國語 朝鮮語 字音 及 用字 比較例 緖言

字音ニ對スル 國語ト朝鮮語トノ間ニハ 密接ナル 關係アルニヨリ本書 ニテハ 主トシテ 朝鮮總督府 編纂 國語讀本 中 音讀セル 漢字ニツキ 兩 者音ノ 比較チナセリ.

國語ト 朝鮮語トニ 於ケル 漢字ノ 用法ハ 必ズシモ 同一ナラス 同字 ニシテ 異義ナルアリ 異字ニシテ 同義ナルアリ 隨ツテ 漢字ノ 使用上 注意スベキモノ 尠カラザルニヨリ 本書ニテハ 其ノ 紛 レ 易キモノチ 撰ビテ 之ガ 比較チナセリ.

朝鮮ニ 於ケル 國語敎授上ノ 參考ニ 資センガタメ 今之チ 刊行セリ.

一明治 四十四年 九月　　　官立漢城外國語學校

이 비교례는 조선총독부에서 편찬한 '국어독본'의 음독 한자를 중 심으로 일본어와 조선어의 한자 용법을 비교하고자 한 목적에서 만 든 것으로, 조선어의 '초성(初聲)', '중성(中聲)', '종성(終聲)'을 일본어 가나[假名] 순서로 배열하여 비교하였다. 한자음은 우리말뿐 아니라 일본어에서도 매우 복잡한 문제를 낳는다. 왜냐하면 일본어의 경우 한자를 읽는 방식이 복잡하며, 우리말에서도 중국에서 들어온 한자 음이 시대에 따라 변화하였을 뿐 아니라 지방에 따라 변화된 속음이 존재하기 때문이다.

같은 맥락에서 한성외국어학교에서는 일본어의 발음과 어법을 조 사하기도 했는데,4) 이는 일본어에 대한 조선식 발음과 표현례에 해

---

3) 이 자료는 김민수·하동호·고영근 편(1985), 역대문법대계 3-14에 수록되어 있다.

4) 이 자료는 하동호(1986), 역대문법대계 3-15에 수록되어 있다. 이 책의 해제에서는 '한 성사범학교'에서 만든 것이라고 하였으나 표지에는 한성외국어학교에서 간행하였음을

당한다. 이 조사의 '서언(緒言)'은 다음과 같다.

(5) 國語の 發音 及 語法に 關する 調査 緒言

國語ノ 發音 及ビ 語法ニハ 敎授上 特ニ 注意ヲ 要スベキモノ 尠カラ
ズ 本書ハ 本校ニ 於テ 是等ノ 事項ニ 關シ 常ニ 經驗セル 材料ヲ 蒐集
分類シ 且ツ 附スルニ 其 原因ノ 一班チ 以テシタルモノナリ

朝鮮ニ 於ケル 國語 敎授上ノ 參考ニ 資センカタメ 今 之ヲ 刊行セリ

明治 四十四年 九月－官立漢城外國語學校

이 책은 일본어 발음과 어법에 관한 실태 조사를 바탕으로 일본어
학습에 도움을 주고자 한 의도에서 발행되었다. 이 책의 '범례'에서
는 곤란한 발음을 '표음적 가나[假名]'으로 표기하고, 틀린 발음을 표
기하기 위해 특수 기호를 사용하기도 하였음을 밝혔다. 책의 구성은
일본어 '청음(淸音)', '탁음(濁音)', '요음(拗音)', '촉음(促音)', '장음 단음
(長音 短音)'에 대한 발음 예와 잘못된 발음을 하는 이유 등으로 이루
어져 있다.

이와 같이 강점 직후 일본어와 조선어의 비교 조사가 이루어진 데
에는 근대 이후 일본어의 표준화라는 흐름도 작용했을 가능성을 배
제할 수 없다. 일본어의 표준화는 후쿠자와[福澤有吉]로부터 시작된
것으로 알려져 있다. 『학문의 권유』 등의 사상서에서 일반인이 들어
쉽게 이해할 수 있는 일상어를 사용하고자 한 그의 정신은 일본의
'가나 언문일치(假名言文一致)'를 촉발한 것으로 알려져 있으며, 그 이
후 1884년 '가나의 사정(かなのくわい, 1883.7.)'이 결성되고, '국자 개량
운동(國字改良運動)'이 전개되기도 하였다. 특히 1885년 저술된 간다
[神田孝平]의 『언문일치(言文一致)』가 저술되고, 1894년 우에다 가즈토

분명히 하였다. 김민수 선생님이 해제를 쓸 때 착각한 것으로 보인다.

시[上田萬年]는 표준어에 의한 일본어의 통일을 주창하기도 하였다. 이를 바탕으로 일본의 '국어연구회(國語硏究會)'가 발족하고, 1900년 대에 이르러서는 모든 문학 작품에서도 언문일치체의 일본어를 사용하게 되었다.[5]

2.2. 보통학교용 언문 철자법

강점 직후 조선총독부의 조선어 표준화 정책은 조선인의 어문 생활보다는 교과서 편찬 작업과 관련된다. 통감시대의 교과서 정책은 강제 병합을 전제로 하였는데, 강점 직후 정정판을 발행하면서 조선어 철자법에 관한 문제가 대두되었던 것으로 보인다. 이에 대해 조선총독부에서 발행한 시정 연보(施政年譜)에서는 다음과 같이 기술하고 있다.

(6) 教科用圖書
(前略) 本府ニ 於ケル 教科用圖書ノ 編纂ニ 關シテハ 朝鮮人 教育ニ 關スル 新學制ノ 實施ト 共ニ 新諸學校規則ニ 依リ 教科用圖書ノ 編纂ニ 着手シ 本年度末 迄ニ 普通學校用トシテ 國語讀本 一部 四冊, 習字帖 一部 二冊, 理科書 一部 二冊, 教師用 算術書 一部 一冊, 高等 程度 學校用トシテ 高等國語讀本 一部 四冊, 高等 習字帖 一部 二冊, 高等朝鮮語及 漢文讀本 一部 二冊, 教育學教科書 一部 一冊ノ 編纂 及 出版ヲ 了.
朝鮮語ヲ 倂用スル 教科書ノ 編纂ニ 關シテハ 朝鮮語ノ 假名 遺法 區區トシテ 一定セサルカ 爲 尠カラサル 不便ヲ 感シタルニ 依リ 前年來 之カ 調査ヲ 遂ケ 以テ 編纂上 一定ノ 方針ヲ 定メタリ 又 朝鮮語ノ 起源, 性質, 方言 等ニ 關シテモ 國語 教授上ノ 必要ニ 鑑ミ 之カ 調査ヲ

---

5) 이에 대해서는 김채수(2002)를 참고할 수 있다. 이 책에서는 한국과 일본의 근대 언문일체 형성 과정을 주제로 저널리즘이나 소설에서의 언문일치 과정을 구체적으로 분석하였다.

續行シツツアリ. (下略) ―『朝鮮總督府 施政年譜 明治四十五(大正元年)』
第百九十六節 教科用圖書

1911년 제정된 '보통학교용 언문 철자법(普通學校用 諺文綴字法)'은
시정 연보의 기사에 나타난 것처럼 '조선어를 병용하는 교과서 편찬
에서 조선어 철자법[假名遺法]이 구구하여 불편함을 느낀 데'서 출발
하였다. 이를 위해 1911년 말 철자법 조사 위원회를 구성하였는데
이때 조사 위원으로 참여한 사람들은 일본인 학자인 구니아키[國分象
太郞], 신조오[新庄順貞], 시오가와[鹽川―太郞], 다카하시[高橋亨]와 우리
나라 학자인 현은, 유길준, 강화석, 어윤적6) 등으로 알려져 있다. 이
들은 모두 다섯 차례의 회의를 통해 1912년 4월 '보통학교용 언문
철자법'을 제정하였는데, 그 내용은 다음과 같다.

(7) 1912년 조선총독부 학무국 '언문 철자법'
ㄱ. 緖言
  一, 本 諺文綴字法은 囊에 本部가 照査 囑託員에게 命하야 照査 決定
    하게 한 것이다.
  一, 本 諺文綴字法은 從來 諺文綴字法이 區區하야 敎授上 不便이 不少
    하므로 普通敎育上에 使用하게 할 目的으로 特히 此를 一定하야 普
    通學校用 敎科書에 採用한 것이다.
  一, 本 綴字法은 大體 左의 方針에 依함
    (1) 京城語를 標準으로 함.
    (2) 表記法은 表音主義에 依하고 發音에 遠한 歷史的 綴字法 等은
      此를 避함.
    (3) 漢字音으로 된 語를 諺文으로 表記하는 境遇에는 特히 從來의
      綴字法을 採用함.

---

6) 이 가운데 현은, 어윤적은 국문연구소 위원으로 활동한 바 있으며, 유길준 역시『대한문
전』을 씀으로써 근대계몽기 국어 연구 및 국문 정책에 직간접적으로 영향을 준 사람이다.

一, 本 綴字法에는 參考로 國語(일본어 : 연구자 주)의 五十音·濁音·長
音 等의 表記法도 倂記함.

ㄴ. 綴字法

一, 正格인 現代 京城語를 標準으로 하고, 可及的 從來 慣用의 用法을
取하야 發音대로의 書法을 取함.

　예) 가르친다(敎)　　하야서(爲) …

二, 純粹 朝鮮語에 對하야는 'ヽ'를 使用하지 아니하고, 'ㅏ'로 一定함.

三, 純粹 朝鮮語에 對하야는 ㄷ行 及 ㅌ行은 ㅏ列·ㅓ行·ㅗ列·ㅜ列에만
使用하고 其他列에는 ㅈ行 及 ㅊ行을 使用함.

四, 精髓 朝鮮語로서 從來 ㅏ·ㅑ·ㅓ·ㅕ·ㅗ·ㅛ·ㅜ·ㅠ 兩樣의 書法이 잇
는 것은 ㅏ·ㅓ·ㅗ·ㅜ로 一定함.

　예) 쉰(五十)　적다(小)　하야서(爲)　조흔(好)

五, 二·三·四의 三項은 漢字音으로 된 말을 諺文으로 表記하는 境遇에
는 適用하지 아니함. 이는 그 韻을 紊亂히 할 憂慮가 잇슴으로써임.

六, 活用語의 活用語尾는 可及的 本形과 區別하야 書함.

　예) 먹엇소(食)　　들어간다(入) …

　但, 左와 如한 語는 例外로 함.

　(1) 어를 더로 書할 境遇　예) 바덧소(受)

　(2) 어즐 저로 書할 境遇　예) 바지가 저젓소(袴濕 고습)

七, 左와 如한 境遇에는 助辭 은·을을 혼·홀로 書하야 實際의 發音을
表記함

　예) 갓혼　갓흘　놉혼　놉흘 …

八, 形容詞를 副詞로 할 때에 用하는 接尾語 히는 그대로 히로 表記함

　예) 깁히　급히　가벼히　부즈런히

九, 從來 二種의 書法이 잇는 助辭 는·는, 를·를은 는·를로 一定함.

十, 助辭 이·을·에·으로는 上에 來하는 語에 依하야 左의 書法을 取하
야 實際의 發音을 表記함.

　(1) 이를 히·시·치·기로 書할 境遇 예) 압히　나히

(2) 을을 흘·슬·츨·글로 書할 경우 예) 나흘 압흘 갑슬 삭슬

(3) 은을 혼·슨·츤·근으로 書할 경우 예) 나혼 압혼 갑슨 삭슨

(4) 에를 헤·세·체·게로 書할 경우 예) 압헤 슷헤 갑세

(5) 으로를 흐로·스로·츠로·그로로 書할 경우 예) 압흐로 밧흐로 갑
스로

但 낫(書)·곳(處)은 낫이·곳이 등으로 書함

十一, 된시옷의 記號에는 ㅅ만 使用하고 ㅆ·ㄲ 등과 如한 書法은 取하
지 아니함

十二, 五十音은 別表대로 表記함.

十三, 國語 濁音을 諺文으로 記하는 境遇에는 別表대로 國語와 同樣으
로 '·'를 字의 右肩에 打함.(濁音 表記에 對하야는 從來 ㅆ·ㅋ·ㅇ 가
등의 書法이 잇스나 어느 것이든지 國語 濁音에 近한 發함에 不過하
지, 正確히 國語 濁音에 合하지 아니함, 요컨대 純濁音은 古來 朝鮮
語에 無한 音인 故로 차라리 新記號를 定함을 可하다고 認함)

十四, 國語 及 外國語의 長音을 標示함에는 고·기·지 等과 如히 字의
左肩에 '·'를 施함.

十五, 普通學校의 漢文에는 吐(諺文의 送假名)를 付함. 但 吐는 可及的
古經書에 準據하야 其綴字法은 前諸項에 記한 바에 依함.

十六, 漢字音은 甚한 俗音이 아닌 限에서 時音을 採用함.

(일어 오십음의 한글 표기는 입력하지 아니하였음－연구자)

이 철자법은 일제강점기라는 특성상 언문(조선어) 철자법이지만,
조선어만을 대상으로 하기보다는 일어와의 관계를 전제로 하고 있
다. 이는 보통학교의 일어 보급을 위해서는 조선어와 일어의 관계를
정립하지 않을 수 없었기 때문에 나타난 현상이다. 그렇지만 조선어
의 철자법을 제정했다는 사실에서 우리말의 표기법에 다소간의 영
향을 미칠 수 있었던 것으로 보인다. 더욱이 이 철자법은 '서언'에서
어문 규범화를 위한 기준(경성어, 현대말)을 설정했다는 점, 'ㆍ'를 폐

지한 점, ㄷㅌ의 구개음화를 인정한 점, ㅅㅈㅊ의 단모음화를 인정한 점 등은 이전의 표기법에서 진일보한 것7)이라고 할 수 있다.

그러나 이들 규정도 순수 조선어에 한하여서이며, 한자어를 한글로 적을 때에는 운을 문란하게 할 우려가 있다는 이유로 적용하지 아니하였으므로, '天地=텬디, 女子=녀ᄌ'를 고수함으로써 적절한 규범화가 이루어지지 못한 면이 많다. 또한 표음주의에서 벗어난 '역사적 철자법(歷史的綴字法)'이라는 용어를 사용함으로써 개정 철자법이나 '한글마춤법 통일안'이 만들어지기까지 많은 논란거리를 제공하기도 하였다. 제7항의 '갓흔, 갓홀', 9항의 '압히, 갑시' 등에서 형태소 밝혀 적기에 한계를 보인 점이나, 11항에서 된소리 표기에 합용병서를 버릴 것처럼 규정하였으나 실제로는 합용병서를 고수한 점 등도 이 철자법의 한계를 드러낸다.

2.3. 언문 철자법 개정 경과 및 적용

1912년 교과서 편찬에 적용한 '보통학교용 언문 철자법'은 1921년 4월에 개정되었다. 이 개정안은 '보통학교용 언문 철자법 대요'라는 명칭을 갖고 있다(이하 '대요'라고 지칭함). 이 철자법 개정도 교과서 편찬과 밀접한 관련을 맺고 있다. 이 점은 조선총독부(1924)에서 발행한 『朝鮮語讀本 編纂ノ要旨』에 잘 나타나 있다. 이 책은 신교육령 발포 이후 '조선어급한문' 교과에서 '한문'을 떼어내 수의과로 정한 뒤, 조선어 교과에 해당하는 교과서를 편찬하기 위해 만든 취의서(趣意書)이다. 이 책의 '총설(總說)'에서는 '언문(諺文)'에 대한 규정을 두었는데, 이를 참고하면 다음과 같다.

---

7) 이에 대해 한글학회(1971)에서는 'ㆍ를 없애고 ㅏ로만 한정한 점… ㅅㅈㅊ 등 첫소리와 결합된 ㅑㅕㅛ 등을 ㅏㅓㅡ로만 한 것 따위는 진일보한 느낌이 있기는 하나, 대개 이미 전부터-지석영의 『신정국문』, 성경철자법, 국문연구소에서 여러 연구위원 등이) 일러 오던 터이요, 이때에 비롯된 것이 아니므로, 역사적으로는 특기할 만한 것이 못된다.'고 적고 있다.

(8) 諺文

從來ノ 普通學校 朝鮮語及漢文讀本ニ 採用スル 諺文綴字法ハ 明治 四十五年末 本府ガ 特ニ 調査委員ヲ 設ケテ 審議制定セシメタルモノニ 依リシモノナリ. 然ルニ 該綴字法ニ 關シ 種種ノ議論 無キニアラズ. 會會 大正 十年 一月 教科書調査委員會ノ 開カルヤ 該委員會ノ 答申中ニモ 該綴字法ノ 改正 並ニ 其ノ 使用學年ノ範圍 等ニ 關シ, 別ニ 委員ヲ 設ケテ 之ヲ 調査セシメラレタキ 旨ノ要求アリシヲ 以テ <u>同年 三月 別ニ 普通學校用 諺文綴字法 調査會ヲ 設ケ, 金澤庄三郎, 魚允迪, 藤波義貫, 玄櫶, 田中德太郎, 池錫永, 玄檃, 崔斗善, 申基德, 權悳奎, 柳苾根ノ 十一 氏ヲ 委員ニ 擧ゲ</u> 之ヲ 審議セシメ 其ノ 結果ヲ 新タニ 編纂セラルベキ 普通學校用 教科書ニ 採用スルコトトセリ. (下略) ―『普通學校 朝鮮語讀本 編纂ノ 要旨』―. 總說 '諺文'

보통학교 언문 철자법 조사회는 교과서 조사 위원회의 답신 결과에서 철자법 개정 요구가 많았기 때문에 설립된 기구이다. 이때 심의위원은 가네자와, 어윤적, 후지나미, 현헌, 다나카, 지석영, 현은, 최두선, 신기덕, 권덕규, 유필근 등 11명이라고 하였다.[8]

'대요'가 교과서 편찬과 밀접한 관련이 있다는 사실은, 철자법 개정 작업을 이 시기 편집과장이었던 오다[小田省吾]가 주관한 데서도 확인할 수 있다. 『매일신보』1921년 4월 1일부터 4월 5일까지 연재된 '철자법 개정안(綴字法 改正案)'은 오다의 담화를 요약한 것으로 철자법 개정 업무가 교과서 편찬과 밀접한 관련을 맺고 있음을 확인할 수 있을 뿐만 아니라 당시 개정안의 주요 논점이 무엇이었는지를 확인할 수 있다. 그 가운데 일부를 제시하면 다음과 같다.

---

8) 이 자료에 나타난 11명은 심의 위원으로 보인다. 왜냐하면 이 시기 오쿠라[小倉進平]가 『매일신보』에 기고한 '文字와 發音을 同一하게 하는 것이 妥當하다'라는 논설에는 '諺文 綴字法 調査委員'이라는 직함이 표기되어 있다.

(9) 諺文綴字法 改正案(一)

◇大正 十年 三月 十四日브터 同 十七日間에 亘ㅎ야 開會된 普通學校 教科書 諺文綴字法 調査會의 審議 槪要는 左와 如ㅎ더라.

普通學校敎科書用 諺文綴字法 調査員會에 對ㅎ 學務局長의 演說은 旣 히 公表되얏는딕 同 演說과 如히 從來 朝鮮에 在ㅎ 諺文綴字法은 統一의 書法이 無ㅎ야 學習上 多大ㅎ 困難을 感ㅎ얏도다. 本府에서는 夙히 玆에 見ㅎ 바 有ㅎ야 明治 四十五年에 特히 調査委員을 設ㅎ고 諺文綴字法을 審議 制定ㅎ얏는딕 現行 普通學校用諺文綴字法이 卽此이라. 然ㅎ대 最 에 開催ㅎ 敎科書調査委員會 答申의 一項으로 現行 綴字法의 改正 並 其 使用 學年의 範圍 等에 關ㅎ야 委員을 設ㅎ고 此를 調査케 홀 要가 有ㅎ 지라. 今回의 審議에 附ㅎ 改正案은 現行 普通學校用諺文綴字法을 基礎 로 ㅎ고 作制ㅎ 것으로 當局은 本來 此로써 完全ㅎ다 認ㅎ지 아니ㅎ는 故로 此에 對ㅎ야 各 事項에 對ㅎ야 調査員의 意見을 廳ㅎ야, 實際 運用 의 參考로 홀 바이라. 本案은 內容이 多數에 亘는 故로 逐條 審議를 行 홈에 先ㅎ야 意想 左의 如에 分ㅎ야 議事를 進行ㅎ기로 ㅎ얏도다.

第一 普通學校에서는 第一學年부터 第六學年까지 同一ㅎ 諺文綴字法 으로 ㅎ는 可否

第二 普通學校用諺文綴字法에 作ㅎ야는 純粹ㅎ 朝鮮語이던지 漢字音 이던지 表音的綴字法으로써 表記홀 可否

第三 高等普通學校 程度에 在ㅎ야는 純粹ㅎ 朝鮮語이던지 漢字音이던 지 歷史的綴字法으로써 表記홀 可否

第四 改正案 逐條 審議

此에 對ㅎ 委員의 意見을 大略 記述ㅎ면

第一 普通學校에서는 第一學年으로부터 第六學年까지 同一ㅎ 諺文綴 字法으로 홀 可否 : 各 委員이 이를 可ㅎ다 ㅎ야 一致

第二 普通學校用諺文綴字法에 在ㅎ야는 純粹ㅎ 朝鮮語이던지 漢字音 이던지 表音的綴字法으로써 表記홀 可否 : 純粹ㅎ 朝鮮語에 在ㅎ 야는 '뎔(寺)' 等을 '절'이라 ㅎ는 等 全然 表音的綴字法을 採ㅎ자

흠이 多ᄒ얏스나 歷史的綴字法을 採ᄒ자 흠은 少數이얏스며 字音에 對ᄒ야는 '늬(內)'를 '내', '됴(鳥)'를 '죠'홈과 如로 全然 表音的 綴字法을 採ᄒ자 홈과 依然 '늬'와 '내', '됴'와 '죠'와을 區別 竝存케 ᄒ자는 二說이 存ᄒ야 兩互相下置 안이ᄒ얏섯는듸 現行 普通學校用諺文綴字法에 在ᄒ야는 純粹ᄒ 朝鮮語는 全然 表音的綴字法을 採用ᄒ고 字音에 關ᄒ는 것은 舊來의 綴字法을 採用ᄒ기로 ᄒ얏슴을 今回의 改正案에 在ᄒ야 更進ᄒ야 其 何者이던지 表音的綴字法으로 ᄒ자 흠이 有ᄒ얏스나 審議의 情勢가 右와 如ᄒ 故로 原案 實行의 時期는 尙早홈과 如ᄒ 感을 與ᄒ지라.

第三 高等普通學校 程度에 在ᄒ야는 純粹ᄒ 朝鮮語이던지 漢字音이던지 歷史的綴字法으로써 表記홀 可否 : 一樣의 說이 存ᄒ야 今에 威然히 決치 못ᄒ 것이 前條와 同一ᄒ도다.

第四 改正案 逐條 審査

一. 一同無異議

二. 一同無異議

三. 如何ᄒ 境遇에던지 鎭音의 一을 保存홈이 可ᄒ다 홈이 多數를 占홈

四. 一同無異議

五. 乃至八 第五條 以下 第八條에 至ᄒ야는 四條에 關ᄒ 問題나 前揭ᄒ '普通學校用 諺文綴字法에 在ᄒ야는 純粹ᄒ 朝鮮語이던지 漢字音이던지 表音的綴字法으로써 表記홀 可否' 問題 如何에 依ᄒ야 自然 決定될 것인 故로 茲에 更論치 안이홈. ─『매일신보』 1921.4.1.

이 기사에서 확인할 수 있듯이 교과서 편찬에서 철자법 논란이 제기된 이유는 학교급별(보통학교, 고등보통학교) 또는 학년별 '철자법 적용 범위'(표음적 철자법과 역사적 철자법)가 달라야 하는가와 철자법을 제정할 때 '순수한 조선어'와 '한자음'을 구분해야 하는가에 있었다.

기사 내용에서 확인할 수 있듯이 대부분의 답변자들은 보통학교의 경우 학년을 고려하지 않고 '표음적 철자법'을 고수해야 한다는 입장을 취했으며, 고등보통학교의 경우에는 결론을 쉽게 도출하지 못했음을 확인할 수 있다.9)

이처럼 논쟁을 거쳐 확정된 안은 오다에 의해 발표된 안10)과는 다소 차이가 있다. 확정안은 다음과 같다.

(10) **普通學校用 諺文綴字法 大要**11)

一. 用語는 現代의 京城語를 標準으로 함.

二. 可成的 發音대로의 綴字法을 標準으로 함.

三. 純粹 朝鮮語 中 語頭에 잇는 '니, 녀' 等은 '이, 여'와 如히 發音함이 多하나 他語의 下에 着하야 熟語를 成하는 境遇에는 ㄴ音이 復活하게 됨이 多한 故로 此等은 全部 '니, 녀'로 書하기로 함.

四. 漢字音의 頭音이 'ㄹ'인 것은 發音의 如何를 不拘하고 恒常 'ㄹ'로 書함.

五. 純粹 朝鮮語에 對하야는 表音的 表記法에 從하야 'ㆍ'를 使用하지 아니하고 [字音은 歷史的 綴字法에 依ᄒ야 '릭(來)', '미(每)'로 書흠] 'ㆍ'로 此에 代함. 但 아의 發音에 依치 아니하는 것은 此限에 잇지 아니함.12)

---

9) 개정안이 나오기까지 철자법 조사 위원을 비롯하여 다수의 학자들이 논쟁을 벌였다. 예를 들어 오쿠라의 '文字와 發音을 同一ᄒ게 ᄒ는 것이 妥當ᄒ다'(『매일신보』 1921.3.20.), 현헌의 '新舊式을 折衷ᄒ고 된시웃을 活用ᄒ라'(『매일신보』 1921.3.21.), 후지나미의 '整理에 汲汲ᄒ야 發音의 妙를 傷치 말라'(『매일신보』 1921.3.22.), 유필근의 '去平聲의 區別을 ᄒ라'(『매일신보』 1921.3.26.) 등이 있다. 뿐만 아니라 『매일신보』에는 오다와의 담화 형식으로 개정안에 대한 보도가 나온 직후 김희상의 '諺文綴字法 改正案에 就ᄒ야'(1921. 4.15./4.17.), 이원규의 '諺文綴字法 改正案에 就ᄒ야'(1921.4.21./4.22.), 봉래산인의 '諺文綴字法 改良에 就ᄒ야'(1921.4.26./4.27./4.28./4.29./4.30.) 등이 실렸다. 이에 대해서는 이 책의 자료집을 참고할 수 있다.

10) 이 안은 『매일신보』 1921.4.3/4.5.에 실려 있다. 이 책의 자료집을 참고할 수 있다.

11) 『普通學校 朝鮮語讀本 編纂ノ要旨』에 실려 있는 확정안은 일문(日文)이며, 역대문법대계 3-16은 김윤경(1936)의 『조선문자급어학사』를 대본으로 하여 옮긴 국한문이다. 역대문법대계에서는 "당초의 그 원본은 찾기 어렵고, 후의 기록이 전할 뿐"이라고 하였으나 '편찬 요지'에 실린 자료는 발표 당시의 문서를 옮긴 것으로 보아도 무리가 없을 것으로 보인다. 여기서는 역대문법대계의 자료를 바탕으로 각 항만 옮겨 적었다(예는 생략).

六. 純粹 朝鮮語에 對하야는 表音的 表記法에 依하야 '댜, 뎌, 됴, 듀, 디, 탸, 텨, 툐, 튜, 티'를 '자, 저, 조, 주, 지, 차, 처, 초, 추, 치'로 書하고 '샤, 셔, 쇼, 슈'를 '사, 서, 소, 수'로 書하고, '쟈, 져, 죠, 쥬'를 '자, 저, 조, 주'로 書함.13)

七. 漢字音에 對하야는 歷史的 表記法에 從하야 '댜, 뎌, 됴, 듀, 디, 탸, 텨, 툐, 튜, 티, 샤, 셔, 쇼, 슈, 쟈, 져, 죠, 쥬' 等을 그대로 保存함.

八. 終聲(밧침)에 關하야는 (中略 : 밧침의 甲 乙例) 甲乙이 어느 綴字法에 從할 것인가가 자못 重大한 問題나 乙號의 諸例(종성부용초성의 예임 : 연구자)를 採用할 時는 從來 慣用되여오던 'ㄱ, ㄴ, ㄹ, ㅁ, ㅂ, ㅅ, ㅇ'의 終聲 以外에 오히려 'ㄷ, ㅈ, ㅊ, ㅋ, ㅌ, ㅍ, ㅎ'의 七箇 終聲도 許容하고, 또 二重 終聲(둘밧침)도 許容하지 아니할 수 업시 된다. 이에 對하야 甲乙 雙方의 利害에 關하야 學問上 또 實際 敎授上으로부터 各種의 議論이 생긴다. 就中 今日 普通으로 行하지 아니하는 終聲을 새로 採用하는 可否, 또 此等 終聲의 發音 如何, 及 此를 採用한 境遇에 對한 實地 敎授上의 難易에 關하야는 아직 硏究를 要할 點이 不少하다. 要컨대 甲乙 兩說 어느 것이든지 相當한 理由가 잇서서 直時 黑白을 決하기 困難한 故로 本 敎科書에 對하야는 今後의 決定을 보기까지 大體로 從來의 綴字法에 從하야 大略 甲號에 準據하기로 함.14)

九. 活用語의 活用語尾는 可及的 語幹과 區別하야 書함.

但 語幹의 終聲이 'ㅅ'으로 終한 것 中 次와 如한 例外를 置함.(짓는다 -지즐)

十. 助詞 'ㅇ, 은, 을, 에, 으로' 等은 上에 來하는 語의 終聲의 種類에 依하야 '치(히, 시) 츤(흔, 슨), 츨(흘, 슬), 체(헤, 세), 츠로(흐로, 스로) 等

---

12) 오다의 안에서는 "純粹 朝鮮語이던지 漢字音이던지 'ᆞ'를 使用치 안이ᄒᆞ고 'ㅏ'로써 此를 代ᄒᆞᆷ. 但 'ᆞ'의 發音에 從치 아니ᄒᆞᄂᆞᆫ 것은 此限에 不在ᄒᆞᆷ"이라고 하였다.

13) 오다의 안에서는 순수 조선어와 한자음을 구분하지 않았으며, 각 사항을 독립하여 七(댜계), 八(샤계), 九(쟈계)로 나누었음.

14) 오다 안에서는 '곳[處]-이 : 곧-이, 도울 : 돕을, 낫[晝] : 낮' 등과 같이 관습적인 종성 표기를 채택하는 것으로 하였음.

으로 書함. 前記 第八項의 甲號의 例를 參照할 事.

十一. 從來 二樣의 書法이 잇는 助詞 '는·ᄂᆞᆫ, 를·ᄅᆞᆯ'은 '는, 를'로, '은·ᄋᆞᆫ, 을·ᄋᆞᆯ'은 '은, 을'로 一定함.[15)]

十二. '히' 又는 '이'를 附하야 副詞를 作하는 것 中

(1) 主要한 語가 漢語인 境遇에는 '히'를 附함.

(2) 主要한 語가 純粹한 朝鮮語인 境遇에는 發音 如何로 因하야 '히' 又는 '이'를 附함.

十三. 된시옷의 記號에는 'ㅅ'만을 使用하고 'ᄢᅥ, ᄭᅡ' 等과 如한 書法을 아니 씀.

十四. 二 語가 合하야 複合語를 이루되, 그 사이에 促音 現象이 생길 時는 '일ㅅ군' 等과 如히 二語의 中間에 'ㅅ'을 揷入하려고 하는 자 잇스나, 本書에 對하야는 各各 境遇에 依하야 'ㅅ'을 上語의 末에, 又는 下語의 初에 附하기로 함.

十五. 語에 ᄯᅡ라서는 말(語, 長音)과 말(馬, 短音), 눈(雪, 長音)과 눈(目, 短音), 발(簾, 長音)과 발(足, 短音) 等과 如히 同一 綴字로서 但只 母音의 長短으로 因하야 意義를 다르게 함이 잇다. 此等에 對하야는 長短의 音符를 附함이 가장 必要한 일이지마는, 모시고(侍), 일(事), 교댱(敎場)(以下 長音), 모시(苧), 일긔(日氣), 학교(學校)(以下 短音) 其他 無數한 語에 對하야 一一히 長短 音符를 附하는 것은 甚히 煩多하고 ᄯᅩ 長短 어느 것에 屬하는지 아직 硏究를 要하는 것도 不少한 故로, <u>今回는 全部 此를 省略하</u>기로 함.

十六. 假名을 諺文으로 表記하는 法은 次와 如히 定함. (下略)

이 확정안은 오다의 안에서 일부를 수정하거나 몇 개 항목을 부가하여 만든 것이다. 수정안은 주석에 설명한 바와 같으며, 부가한 항목은 14~15항이다. '대요'의 5번과 6번 항목은 오다 안에서 '순수 조

---

15) 오다 안은 十의 但書에 있던 항목을 별도의 항으로 구성함.

선어'와 '한자음'을 구분하지 않던 것을 구분한 예에 해당한다. 이처럼 대요에서 표기를 구분한 이유는 오다 안에서 고등 보통학교 정도의 교과서용 언문 철자법을 두고 "大槪에 在ㅎ야 普通學校用 諺文綴字法에 依ㅎ나 字音에 關ㅎ 것쑨은 從來의 歷史的 綴字法을 採흠"이라고 하였기 때문이다. 이와 같이 학습자 수준에 따라 철자법을 달리하고자 한 점과 일부 조항에서 유보적인 태도를 보인 점 등은 이 철자법이 불완전한 철자법임을 인정하고 있는 셈이다. 이러한 흐름에서 제3차 언문 철자법 개정이 진행된다.

제3차 언문 철자법 개정 작업도 교과서 편찬과 밀접한 관련을 맺고 있다. 조선총독부에서는 실업 교육을 강조하면서 제4차 조선 교육령 개정에 착수하였고, 교육령 개정 이후에는 '좀 더 조선적인 것'을 표방하면서 조선어과 교과서 개편 작업을 진행하였다.

(11) 朝鮮語讀本은 綴字法부터 改訂—몬저 네 종류부터 개정할 터
　저번부터 開催 中이든 舊時教科書 改訂 調査委員會를 終了하고 稲垣 ** 課長은 今回의 方針에 關하여 다음과 같이 말하더라. 委員會의 決意에 基하야 編纂은 着手할 터인데 이번에 着手하는 것은 普通學校用 修身, 國語, 地理, 歷史 이 四種으로 修身의 一二學年用 二冊은 昭和 四年 四月 新學期부터 使用할 수 잇도록 更抄하자는 希望이요 同 一二學年用의 國語讀本 四冊과 五學年用의 地理 歷史는 昭和 五年度부터 使用하도록 하라는 豫定인데 此等의 原稿가 完成되면 調査委員에게 審議를 바드라 하며 朝鮮語讀本은 綴字法의 改訂부터 시작하지 안이하면 眞實한 改訂으 될 수 업습으로 몬저 綴字法 改訂부터 實行코자 그 調査委員會를 組織하라 하여 目下 그 人選 中이라 한다. 그리고 이번 調査委員會에 根據치 안이한 것으로 算術, 理科 農業補習學校用 修身, 算術, 高等普通學校用의 修身, 國語, 朝鮮語讀本 等이 잇스나 此等은 更히 編纂 方針을 樹立하야 가지고 委員會에 諮問만 하라 하더라. —『매일신보』 1928.9.10.

이 기사는 조선어독본 편찬의 전제 작업으로 '철자법 개정'이 이루어져야 함을 보도하고 있다. 기사에 나온 바대로 총독부 편집과에 '언문 철자법 조사위원회'를 설치하였는데,16) 한글학회(1971)에 따르면 이때 참여한 사람들은 다음과 같다.

(12) 諺文綴字法 制定 委員

ㄱ. 일본인

　니시무라[西村眞太郎 : 총독부 통역관]

　오쿠라[小倉進平 : 경성제국대학 교수]

　다카하시[高橋亨 : 경성제국대학 교수]

　다나카[田中德太郎 : 총독부 통역관]

　후지나미[藤波義貫 : 총독부 통역관]

ㄴ. 조선인

　장지영(조선일보사 지방부장)　이세정(진명여자고등보통학교 교원)

　권덕규(중앙고등보통학교 교원) 정열모(중등 고등보통학교 교원)

　최현배(연희전문학교 교수)　김상희(매일신보사 편집국장)

　심의린(경상 사범학교 부속 보통학교 훈도)

이 시기 철자법 개정은 교과서뿐만 아니라 사회적인 차원에서도 많은 관심을 끌었다. 이에 대해서는 제1회 조선문 철자법 개정 조사위원회에 참석한 학무국장의 '예사(禮辭)'를 통해 확인할 수 있다.

(13) 學務局長 禮辭

(前略) 本府에서는 明治 四十五年에 비롯오 普通學校朝鮮語讀本을 編纂

---

16) 이에 대한 기사로는 『매일신보』 1928년 8월 13일에 게재된 '獨學者를 모도여 朝鮮文 統一 計劃', 1929년 5월 31일자의 '諺文綴字法 改正 調査委員會―三十日 本府에서 第一回 會議'가 있다. 앞의 기사에서는 다카하시[高橋亨], 다나카[田中德太朗] 등의 위원명이 보이나 제대로 판독이 되지 않는다. 이 위원회의 활동에 대해서는 한글학회(1971), 역대문법대계 3-17 등의 자료를 참고할 수 있다.

함에 當하야 諸學校에 使用케 함에 가장 便利타 하고 謂하는 諺文綴字法을 制定하고 또 大正 十一年에 이를 改定하야 今日에 이른 것입니다. 그러나 本府가 이를 制定한 趣旨는 원리 普通學校에서의 諺文의 學習에 便利를 주자고 함이나 또 一面으로는 社會에서의 諺文綴字法의 現狀에 비취어 그 統一을 促進코자 하는 希望도 가젓섯는 것이요, 이 點에 對하야는 相當한 效果를 나타닛다고 밋는 바입니다. 그러나 從來 使用하야 온 慣習과 改訂 當時에 比하여 다시 時勢의 進展한 것에 鑑하여 이에 改善을 加할 餘地가 적지 아니함을 께닷는 바입니다. 이에 今回 別期와 갓혼 改訂 原案을 作成하야 各位에게 이의 調査審議를 請하는 배요 그리고 그 趣旨는 前回 同樣으로 朝鮮語讀本을 改訂하자 함이니 (下略) ─『매일신보』 1929.5.31.

기사에 나타난 개정의 취지는 보통학교의 언문 학습뿐만 아니라 사회에서의 언문 철자법 통일도 목표로 하였다. 이러한 의도는 1931년 발행된 『普通學校 朝鮮語讀本 卷一 編纂 趣意書』[17])에 들어 있는 '諺文綴字法 改正 理由'에서도 확인할 수 있다.

(14) 諺文綴字法 改正 理由
(前略) 學校敎育ヲシテ 一層 時代ノ 順應セシメ 同時ニ 社會ニ 行ハルル 諺文綴字法ノ 現狀ヲ 釐革シ, 之ヲ 整理 統一センガ 爲 改正ノ 必要ヲ 認メタルコト. (下略)
─朝鮮總督府(1931), 『普通學校 朝鮮語讀本 卷一 編纂 趣意書』'諺文綴字法 改正 理由'

이처럼 제3차 개정안이 사회에서의 철자법 통일까지 목표로 한 데에는 1920년대 이른바 '문화 정치' 이후의 조선어 사용 및 연구 현

---

17) 이 자료는 역대문법대계 제3부 제8책에 수록되어 있다.

상과 깊은 관련을 맺고 있을 것으로 추정된다. 예를 들어 1920년대 본격적으로 전개된 각종 유학생 강연회[18]나 조선어 연구 단체의 출현, 각종 신문과 잡지의 조선어 표기법에 대한 관심 등이 복합적으로 표출됨에 따라 총독부의 언문 철자법도 보통학교용 교과서뿐만 아니라 사회에서의 표기법 통일을 목표로 하게 된 것으로 볼 수 있다. 이러한 경향을 나타내듯 『매일신보』에서도 1929년 8월 25일부터 8월 31일까지 '綴字法 改正 問題에 對하여'라는 사설을 6회에 걸쳐 연재한 바 있다.

이 철자법은 앞선 철자법과는 달리 '순수한 조선어나 한자음임을 불문하고 발음대로 표기함을 원칙'으로 하고 있다. 이 철자법은 '총설' 3항, 각설 25항으로 되어 있는데, 그 두드러진 점은 다음과 같다.

(15) **조선총독부 제3차 개정철자법에 나타난 특징**
ㄱ. 순조선어에 한하여 규제하였던 규정을 전면적으로 해제하여, 한자음도 현실음을 따름.
ㄴ. 사잇소리 표기를 'ㅅ'으로 설정함.
ㄷ. 받침 규정에서 종래의 7종성 이외에 'ㄷㅈㅊㅋㅌㅍ'의 여섯을 더하고, 겹받침으로 'ㄹㄱ, ㄹㅂ, ㄹㅁ, ㄹㅂ' 외에 'ㄲ, ㄴㅈ, ㅂㅅ' 등을 더함.

그러나 형태주의 표기에서 벗어난 표음주의적 표기를 고수하고자 하는 태도도 남아 있었는데, 1) 'ㅄ'의 겹받침을 인정하면서도 이를 명사에만 한정하고 활용어간에는 받침으로 인정하지 않은 점, 2) 구

---

18) 이른바 문화정치기인 1921년에는 '조선어연구회'가 재건되었으며, 각종 유학생 강연회도 활발히 전개되었다. 『동아일보』 1922년 8월 29일부터 9월 23일까지 22회에 걸쳐 연재된 최현배의 '우리말과 글에 對하야'는 유학생 강연회의 강연 원고를 게재한 것이다. 이뿐만 아니라 1926년 『동광』 편집부에서는 '조선말과 글의 연구'를 게재하면서 철자법에 관한 관심을 보였으며, 1927년에는 '조선어연구회'의 동인지 『한글』이 발행되기도 하였다.

개음화에서 '밭-치'와 같이 'ㅌ'받침을 인정하면서도 구개음화된 발음을 함께 표기한 점, 3) ㅊ받침 뒤에 조사가 이어날 때 '숯-테[숯-에]'와 같은 표기를 고수한 점 등은 이에 해당한다. 그밖에도 장단 표기가 어렵기 때문에 앞선 부호(점)를 없앤 점, 용언 활용부의 어간과 어미를 구분하여 적은 점도 눈에 뜨일 만한 변화라고 할 수 있다.

이와 같이 일제강점기의 철자법 제정 노력은 보통 교육상의 필요에서 비롯된 것이었으나 총독부의 촉탁원들과 일인 학자들이 조선어 실정에 맞는 철자법을 제정하고자 하였다는 점에서 의의가 있다. 그렇지만 제정 주체가 총독부(이국인)였고, 조선어의 발달과 효율적인 사용보다는 일어 보급 정책이나 보통학교 조선어 교육이라는 한정된 목적에서 이루어졌으므로, 체계적인 우리말 철자법으로 발전한 것으로는 보이지 않는다. 특히 총독부의 어문 정책이 '일본어 보급 정책'을 최우선으로 하였고, 이에 따라 조선어의 위상이 현격하게 약화되는 과정을 거침에 따라 총독부가 제정한 '언문 철자법'은 『매일신보』와 같이 식민 정책을 옹호하는 조선어 언론의 주된 철자법으로 남게 되었다. 이러한 요인은 1933년 제정된 '한글마춤법통일안'의 보급의 걸림돌로 작용하게 된다.

3. 사전 편찬, 법령 및 서식, 전문어 관련 정책

3.1. 사전 편찬

사전은 "일정한 언어적 항목을 표제항으로 설정하고 그에 대한 필요·충분한 음운·문법·의미상의 정보를 압축시켜 체계적으로 제시하여 표제항 중심의 사전적 조항을 이루고서 그 표제항들을 일정한 순서로 배열하여 체계화시킨 하나의 텍스트"를 말한다(이병근, 1990 : 554). 따라서 사전은 일정한 언어적 항목인 올림말(표제항), 올림말에 대한 정보, 이들이 일정한 순서로 배열된 구조를 갖는다. 홍재성(1987), 이병근(1990)에서는 이렇게 배열된 텍스트의 구조를 '거시구조'라 부르고, 각 표제항을 중심으로 이루어진 구조를 '미시구조'라 불렀다.

　사전의 구조는 사전 편찬의 목적, 언어적 지식 등에 따라 달라진다. 더욱이 거시구조는 표제항이나 하위 표제항의 성격과 배열 등이 편찬 목적이나 성격에 따라 달라질 수 있다. 박형익(2004)에서는 사전의 종류를 나눌 때, ① 형태(종이사전, 전자사전), ② 기술에 사용된 언어(단일어 사전, 대역사전−이중어 사전, 다중어 사전), ③ 전달할 정보(언어사전, 백과사전), ④ 질적 기준(일반 사전, 특수 사전), ⑤ 양적 기준(확장형 사전, 선별형 사전) 등을 제시한 바 있다. 여기에 적용된 기준들은 사전 편찬자들의 목적이 반영된 것들로, 사전의 거시구조에 직접적인 영향을 미치는 요인들이다. 또한 박형익(2004)에서는 언어사전의 경우 ① 언어학적 기준(철자 사전, 발음 사전, 파생어 사전, 동의어 사전, 반의어 사전 등), ② 표제항의 정보 기술 방법(통시적 사전, 공시적 사전) 등을 기준으로 하여 나눈 바 있는데, 이러한 기준들은 미시구조를 결정하는 데 중요한 요인으로 작용할 것이다. 이와 같은 차원에서 거시구조가 올림말을 선정하는 데 중요하게 작용한다면, 미시구조는 올림말에 대한 구체적인 정보를 기술하는 데 중요하게 작용한다. 특히 언어사전에서 올림말 선정은 단어 경계, 표기, 어휘의 상관관계(동의, 유의, 반의 등)에 대한 기준 설정이 이루어져야 한다. 이와 같은 차원에서 어문 규범화는 사전 편찬의 필수 요건이 될 수밖에 없다.

　조선총독부의 사전 편찬 정책은 식민 통치의 일환으로 진행되었다. 이병근(2000 : 192~225)에 따르면, 1911년 4월 조선총독부 취조국에서 처음 편찬이 시작되어 1920년 3월에 간행된 사전이, 『조선어사전』이다. 이 사전은 처음 1000부가 인쇄되어 필요한 기관에 배포되었는데, 처음에는 사전 편찬 경위를 밝히지 않았다가, 일반인들에게 발매하면서 오다(小田幹治郞)의 '조선어사전 편찬의 경과'를 붙여 그 경위를 대략적으로 밝혔다.[19] 이병근(2000 : 199)에서는 이 사전의 편 찬이 조선의 구관·제도를 조사하는 사업의 하나로 들어 있었으며, '국문해득자와 일본문 해득자를 위해' 그리고 '조선의 제반 문제에 대한 연구의 편의를 위해' 이 사업을 전개하였음을 밝히고 있다. 이 와 같은 차원에서 『조선어사전』 편찬을 일제강점기 조선총독부의 어문 정책의 표본[20]이라고 할 수 있다. 이러한 사전 편찬 과정에서, 1917년 말까지 『조선사서초고(朝鮮辭書草稿)』가 작성되었는데 이는 어휘 재료의 수집에 해당한다. 또한 사서초고를 작성하기 위하여 1913~1914년 사이에 5회에 걸친 '조선사서심사위원회'가 열렸는데, 이 위원회에서 어휘 주석 및 한자음 처리 방식과 관련된 논의가 진 행되었다. 이러한 과정을 통하여 1919년 10월 인쇄가 시작된 『조선 어사전』은 총어수 58,639어로 한자어 40,734어, 언문어 17,178어, 이 두 727어로 구성되어 있다.

이 사전 편찬에 대하여 고노[河野六郞](1974)는 조선 고유의 독특한 어휘 대신 한자어가 많지만, 일본어로 풀이한 본격적인 사전의 최초 형태라고 볼 수 있으며, 구식 철자법을 유지하고 있으나 의미 내용 이 새로운 면이 많이 있었으며, 사전으로서의 역할이 컸다고 회고한 바 있다. 이 사전의 특징은 '범례'를 통해 짐작해 볼 수 있다. '범례'

---

19) 이 사전의 영인본은 1975년 아세아문화사에서 간행되었다. 이 판본은 '경과'에 대한 설명 이 없다. 그러나 같은 해 일반인에게 발매한 자료는 '경과'가 들어 있다. 또한 1974년 일본 의 국서간행회에서 이를 다시 간행하였는데, 이때에는 고노로쿠로(河野六郞)의 서문이 들어 있다. 이 판본은 1984년 현대사에서 영인한 바 있다. 이와 함께 『조선어사전』 편찬 과 관련된 자료가 서울대학교 규장각에 남아 있는데, 1912년 작성된 『사서편찬괘 서류철』, 1913년 작성된 『사서편찬괘 서류철』, 1915년 작성된 『사서편찬괘 서류철』, 1916년 작성 된 『사서편찬괘 서류철』, 1918년 작성된 『사서편찬괘 서류철』, 『사전편찬사무일지』, 『사 전편찬에 관한 서류철』, 『조선사서원고』(등사본), 『조선어사전원고』 등이다. 이에 대해서 는 『규장각소장어문학자료』(2000, 태학사), 이병근(2000) 등을 참고할 수 있다.

20) 일제강점기 조선총독부의 어문 정책은 '조선인을 대상으로 한 일본어 보급', '일본인을 대상으로 식민 통치를 원활하게 할 목적에서 수행된 조선어 장려 정책'으로 정리할 수 있다. 이에 대해서는 허재영(2004, 역락출판사)을 참고할 수 있다.

는 모두 17항으로 구성되었는데, 사전 편찬의 목적과 어사의 종류, 표기 방식, 어사 배열 순서 등을 규정하였다.

(16) 凡例
　一. 本書は 朝鮮語に 邦文を 以て 簡約なる 解說を 附したるものなり.
　一. 語辭の 種類は 諺文語, 漢字語 及び 吏讀の 三種とし. (中略)
　一. 諺文は 漢字音を 除くの 外 總べて 댜 쟈는 자, 뎌 져는 저, 됴 죠는
　　　조, 듀 쥬는 주, 디는 지, 탸 챠는 차, 텨 쳐는 처, 툐 쵸는 초, 튜 츄는
　　　추, 티는 치, 사, 셔는 서, 쇼는 소, 슈는 수とし, 中聲 ·는 ㅏとせり
　一. 語辭の 排列は 諺文 順序に 從ひしも 中聲 ·は 中聲 ㅏの 次に 排列
　　　せり. (下略)

범례에서 확인할 수 있듯이, 이 사전의 표기 방식은 언문 어사(諺文語辭)와 한자음(漢字音)을 구분하는 1912년의 '보통학교용 언문 철자법'을 따르고 있음을 알 수 있다. 어사 배열에서 'ㅏ' 다음에 '·'를 둔 점이나 한자어의 두음이 같은 경우 획수가 적은 것을 먼저 두는 방식 등과 같이 어문 규범이 체계적으로 정리되지 않은 상황에서 사전 편찬을 위한 표기법 정리를 행한 점 등은 유의미한 것으로 볼 수 있다.

3.2. 법령 및 서식, 전문어 관련 정책

'행정 용어'를 비롯한 '전문 용어 정책'은 식민 지배 과정에서 자연스럽게 나타나는 현상 가운데 하나이다. 이 점에서 강점 직후 조선 총독부에서는 통치 질서 확립에 필요한 공문식을 발포한다.

(16) 朝鮮總督府令 公文式(總督府令 第一號)
　第一條 朝鮮總督府令은 其 朝鮮總督府令이라 홈을 明記ᄒ야 總督이 此
　　　에 署名ᄒ야 公布ᄒᄂ 年月日을 記入ᄒ고 公布홈이라.

第二條 朝鮮總督府令은 朝鮮總督府 官報로써 布告홈이라.

第三條 朝鮮總督府令은 特히 施行期日을 揭ᄒᆞᄂᆞᆫ 거슬 除ᄒᆞᄂᆞᆫ 外에 其가 各官廳에 到達ᄒᆞᆫ 翌日부터 起算ᄒᆞ야 滿七日을 經ᄒᆞ고 施行홈이라.

—『朝鮮總督府 官報』1910.10.1.

공문식의 의미는 해당 부서의 공문에 대한 공포 방식 및 효력 발생일을 명시적으로 밝힌 데 있다. 식민지 어문 정책은 통치 체계에 대한 공문식을 규정함으로써 행정이나 법령 체제의 정비뿐만 아니라 통치 관련 업무를 통제하는 방식으로 전개되는 특징이 있다. 이러한 흐름에서 각종 서식이 제정되며, 이들 서식에 사용하는 언어가 정해진다. 예를 들어 강점 직후에 발행된 홍순필(1913) 저작의『서식대전(書式大典)』(普文館)은 이러한 경향을 잘 보여준다. 이 책은 경성전수학교 교유이자 보성전문학교 강사였던 석진형과 대동전문학교 강사이자 양정의숙 강사였던 메이지대학 법학사 조용은이 서문을 쓰고, 전 판사이자 변호사인 장도가 교열을 담당한 책이다. 이 책의 석진형 서문에는 다음과 같은 내용이 실려 있다.

(17) **書式大典 發刊에 對ᄒᆞ야**

書式大典은 民刑法 其他 公私法에 關ᄒᆞᆫ 各種 書式을 網羅ᄒᆞᆫ 一大 冊子이라. 我 朝鮮에 自來로 若干 不完全ᄒᆞᆫ 書式이 無ᄒᆞᆫ 바ᄂᆞᆫ 아니로ᄃᆡ 今日에 至ᄒᆞ야ᄂᆞᆫ 如此ᄒᆞᆫ 書式은 自己의 權利를 伸張ᄒᆞ고 義務를 履行ᄒᆞᄂᆞᆫ 節次가 되지 아니홀지니 假令 今日에 裁判所에 對ᄒᆞ야 訴를 提出코져 ᄒᆞᄂᆞᆫ 者가 右謹陳所志段矣身이 云云의 文字를 羅列홀지라도 此ᄂᆞᆫ 一訴狀을 構成치 못ᄒᆞ야 訴를 成立케 ᄒᆞ기 難ᄒᆞᆫ지라. (중략) 此 冊子의 公刊이 普通 法律的 文字에 對ᄒᆞ야 確實히 指針됨을 知홀지로다. 今에 此 冊子를 剞劂에 附홈에 當ᄒᆞ야 數言을 提ᄒᆞ야 序文에 代ᄒᆞ노라. —『書式大典』'序文'

책의 서문에서 명시한 대로 식민 지배와 함께 이루어진 서식 제정은 법적, 행정적 통제 수단이 되었다. 이 책에 수록된 주요 내용은 각종 증서, 신고, 신청서, 위임장, 통지서, 청구서, 승인서, 소장 등의 서식이다. 이러한 맥락에서 호적 정리 서식인 『민적지침(民籍指針)』 등도 행정 서식과 용어를 통제하는 수단이었다고 볼 수 있다. 이와 같은 법령 및 서식은 식민지 언어에도 많은 변화를 가져온다. 이러 한 배경에서 강매(1916)가 지은 『간명 법률 경제 숙어 사해(簡明法律經濟熟語辭解)』(新文館藏版)와 같은 용어 사전이 출현하기도 하였다.21) 이 책의 성격은 '자서'에 드러나 있다.

(18) '자서'

　輓近 以來로 人文의 進化와 知識의 發達로써 科學의 分類가 漸漸 極度 에 臻흔 즉 於是乎 專門術語의 種類가 紛然雜出하야 各其 科學의 色彩를 加하는도다. 夫 今日에 在하야 專門科學을 硏究하지 안는다 할진대 己어 니와 만일 不然하야 靑編黃券에 留心한다 할진대 各其 科學을 隨하야 專 門術語의 辭書는 一個 伴侶를 作하기 不可할지로다. (下略) —『간명법률 경제숙어사해』, '자서'에서

이 책은 전문 술어의 어휘를 풀이한 책으로, 주요 대상은 법률과 경제 어휘이다. 편찬 목적은 책의 '범례'에서, "本書 編纂의 目的은 法律 經濟를 獨修하는 者의 懇切한 良師를 作하고져 함이라. 然하나 其 解釋은 可及的 斬新한 學說을 參考한인즉 中等敎育 法律 經濟學 의 參考도 될 것이오 文官試驗 受驗者에게 好伴侶가 될 것이라."라 고 한 데서 충분히 짐작할 수 있다. 사전 형식으로 편찬된 이 책은

---

21) 이 책은 식민 지배와 사전 편찬의 역사를 연구하는 입장에서 주목할 만한 책이다. 그러 나 아직까지 이 책에 대한 선행 연구는 찾아볼 수 없으며, 이 자료를 소개한 경우도 찾 지 못했다. 그 이유는 이 책이 전문 용어 자료집의 성격을 띠고 있기 때문으로 보이는 데, 국어사전 편찬사에서 최초의 학습용 사전으로 알려진 심의린(1926)의 『보통학교 조 선어사전』이나 송완식(1926)의 『백과사전』보다 먼저 출현한 전문 용어 자료집이라는 의 미를 갖는다고 볼 수 있다.

한글 자모의 순서에 따라 용어를 배열하고, 해당 어휘를 한자로 제시한 뒤 일본음을 부가하였다. 이는 법률 경제 용어가 행정 업무와 밀접할 뿐 아니라 문관시험과 같은 식민 지배 제도와도 관련을 맺도록 하였기 때문이다.

공용문(公用文)의 사용은 법률, 행정을 통한 언어 지배가 공고해짐을 의미한다. 일제강점기의 공용문 사용은 지배가 공고해질수록 더욱 철저해졌다. 이 점에서 제국지방행정학회 조선지부(帝國地方行政學會 朝鮮地部)에서 발행한 『朝鮮 公文の 研究』(1932, 行政學會 印刷部)에서는 공용문에 사용하는 문자, 명령(命令), 훈령(訓令), 고시(告示), 고유(告諭), 지령(指令), 달(達), 의명통첩 급 의명통달(依命通牒及依命通達), 통지 급 통첩(通知及通牒), 왕복문(往復文), 광고문(廣告文), 행정 집행상 서류(行政執行上書類) 등을 공용문의 대상으로 하였다. 이러한 공문식은 '제령 공포식(制令 公布式)'(1910.8. 통감부령 제50호), '조선총독부령 공문식(朝鮮總督府令 公文式)'(1910.10. 조선총독부령 제2호), '조선총독부 도령 공문식(朝鮮總督府 島令 公文式)'(1915.5. 조선총독부령 제43호), '조선총독부 공문서 규정(朝鮮總督府 公文書 規程)'(1912.3.30. 조선총독부 훈령 제36호), '법령 형식의 개정에 관한 건[法令形式ノ改善ニ關スル件](1926.5. 내각 훈령 호외)', '공문서 급 전보의 문안에 관한 건[公文書及電報ノ文案ニ關スル件](1928.2.22. 관통첩 제7호 정무총감)' 등과 같은 규정에 따른 것이다.

일제강점기에는, 공문식이나 법률, 행정 용어뿐만 아니라 각종 약품이나 약품 제조에 필요한 성분의 이름이나 삼림 수목명이 관보에 공시되기도 했는데, 약품 관련 전문 용어가 관보에 게시된 예로는 다음의 법령이 있다.

(19) 朝鮮總督府令 第六十六號
藥品 及 藥品 營業 取締令 第十三條에 依ᄒᆞᄂᆞᆫ 毒藥, 劇藥의 品目은 日

本 藥局方 第二表, 第三表에 揭ᄒᄂᆫ 것 及 左에 揭ᄒᄂᆫ 藥品으로 홈. 本
令은 藥品及藥品營業取締令 施行ᄒᄂᆫ 日부터 施行홈. 明治 四十五年 三
月 三十日

毒藥：チアン(디안) 水素酸, チアンカリウム(디안가리우무) 其他チアン
(디안)化合物 竝 製劑 但 ベルリン(베루린) 鹽色所 黃色血滷鹽,
赤色血滷鹽, 竝其製劑 及 苦扁桃水, 杏仁水, バクチ(바구디)水를 除
홈. (下略) ―『朝鮮總督府 官報』1912.4.16.

이 법령은 독약과 극약 품목에서 제외하는 약품을 게시하기 위한
법령이다. 여기에는 일본문과 조선문을 병기한 약품 제조에 필요한
성분명(成分名) 100여 종이 등장한다.[22] '후루오루, 아도레나린, 아마
니딘, 아포모루히네, 아도로핀, 니고딘, 구로무' 등과 같은 약품 제조
성분명이 등장하는데 이 가운데 일부는 일제강점기 민중의 언어생
활에도 깊숙이 침투되었다.

'삼림 수목 명칭'의 통일은 조선총독부 고시 제18호(朝鮮總督府 告示
第十八號)로 공시되었다. 이 고시는 공문서의 삼림 수목명 표기 원칙
을 공시하기 위한 목적에서 고시되었다.

(20) 朝鮮總督府 告示 第十八號

公文書ニ 用ユル 森林樹木ノ 名稱ハ 別表ニ 依リ 內地名ヲ 片假名ニ
テ 記載スヘシ. 但シ 特ニ 必要ナル 場合ハ 朝鮮名 又ハ 漢字名ヲ 附記
スルコトヲ 得. 明治 四十三年 五月 三十一日 農商工部 告示 第九號ハ
之ヲ 廢止ス. 大正 元年 九月 二日

(別表：下略)

---

22) 이 법령은 독약과 극약의 품목에서 제외되는 것을 알리고자 하는 취지를 갖고 있으나
이때 공시된 성분명은 약품 성분과 관련된 표준화된 전문어의 위상을 갖는 효과가 있다.

이 고시를 통해 삼림 수목명을 공문서에 사용할 때에는, 일본식 이름을 가타가나[片假名]로 기재하도록 하였으며, 필요한 경우에만 조선명이나 한자명을 부기하도록 하였다. 이에 따라 '은행나무'와 같은 조선식 이름은 'イテフ'로 표기하도록 하였는데, 모두 85개 항목에 이른다. 일본식 삼림명 사용은 우리말의 변화에도 적지않은 영향을 준 것으로 보이는데, 이 표에 나타나는 '소ㄴ무, 곰솔, 낫ㄴ무, 누은잣ㄴ무' 등은 '적송(赤松), 흑송(黑松), 해송(海松)'과 같이 일본식 명칭을 한국 한자음으로 읽은 어휘로 변화하는 경향도 나타난다. '사시나무 : 백양(白楊), 물오리나무 : 적양(赤楊), 벚나무 : 산앵(山櫻), 회나무 : 괴목(槐木), 왕머루 : 산포도(山葡萄)' 등도 이러한 경향을 보였던 어휘들이다.

일제강점기에 조선총독부 내에는 어문 문제만을 다루는 별도의 기관은 없다. 필요할 경우 조사 위원회를 구성하고 식민 통치와 관련된 교육이나 행정 문제를 처리하고자 하였다. 특히 '일본어 보급 정책'은 식민 통치의 근간을 이루는 정책이었으므로 교육뿐만 아니라 각종 법령이나 공문식을 통한 일본화 작업은 지속적으로 수행되었다. 이 과정에서 관보, 시정연보, 민력 등을 제작·보급하였는데, 이에 따라 일본어뿐만 아니라 일본식 어휘의 확산도 급속히 진행되었다.

3.3. 한자 정책

한자 문제(漢字問題)는 근대 계몽기 이후 우리말 사용과 관련하여 끊임없는 논란거리가 되었다. 국한문 혼용(國漢文混用)의 문체가 보편적으로 사용된 이래 국문에서 한자의 위상에 대한 다양한 의견이 제시되었고, 1907년 6월에는 일부 한학자들에 의해 '한문연구회(漢文研究會)'가 조직되기도 하였다.

근대 계몽기 이후 한자 문제 가운데 대표적인 것으로는 '한자의 통일(統一)'에 관한 것이었다. 한자의 통일은 동양 삼국에서 한자를 사용하지만, 각기 다른 한자를 사용함으로써 혼란을 가중시킨다는 전제 아래 논의가 진행된다. 이러한 차원에서 1907년 전후에는 일본에도 '한자통일회'가 설립되었던 것으로 보인다. 다음은 이를 잘 보여준다.

(21) 漢字統一會 開設에 關ᄒ 意見

一日本에漢字統一會가有ᄒ니該會長金子堅太郎氏가其意見을著述ᄒ엿ᄂᄃᆡ此를左에譯載ᄒ아諸同胞로有所參考케ᄒ노라

日韓淸三國에 數千年間의 文明은 一因乎漢學之力이니 此漢學의 基礎의 上에 日韓淸三國의 政體, 思想, 社會의 組織, 道德, 經濟, 實業, 宗敎等이 成立ᄒ 故로 此三介國에 漢學을 除去ᄒ고 將來文明의 發達을 圖홈과 如홈은 到底不可得홀 事야라 又我日本에셔ᄂ 千五百年前大陸으로브터 漢學이 傳來ᄒ 以來로 今日ᄭ지의 文明基礎ᄂ 其力을 藉홈이 多ᄒ고 國民의 思想과 國家의 隆運도 亦此漢學의 力에 基ᄒ은 古來의 史乘에 徵ᄒ야도 歷歷ᄒ 事實이니 若我國의 歷史를 確究ᄒ야 日本國體를 知ᄒ며 大和民族의 精神을 知코져ᄒ면 亦不可不漢學의 力을 賴홀지라 歐米의 文明이 一度我國에 輸入홈에 及ᄒ야 斬新ᄒ 泰西의 科學으로 始ᄒ야 機械其他百般文物이 皆羅馬字를 依ᄒ야 傳達ᄒ니 於是에 我國이 西로ᄂ 漢學을 藉ᄒ야 朝鮮支那印度等의 文明을 輸入ᄒ고 又東으로ᄂ 羅馬字로써 歐米의 斬新ᄒ 文物을 輸入ᄒ 結果로 現今에ᄂ 東西兩半球의 文明이 混化發展ᄒᄂ 現象을 呈ᄒᄂ지라 (中略) 千五百年來漢學의 我國에 渡來홈으로붓터 漢文字가 恰히 我國語一部된 今日에 及ᄒ야ᄂ 漢文字가 到底히 我國語中에셔 削除ᄒ기 不能홀 深根據를 有ᄒ고 又日本의 歷史, 政體, 學問, 宗敎, 貿易其他百般事業이 總是漢文字에 賴치 안이ᄒ면 到底히 此를 繼續ᄒ며 又此를 將來에 發展케ᄒ기 難홈도 事實이라 一朝에 此를 廢ᄒ고 羅馬字로 更ᄒ면 其方針이 泰西諸國의 現今計劃ᄒᄂ 바와 全然反

對에 出흠이라 今也泰西諸國이 亞細亞의 貿易을 進ᄒ며 亞細亞의 開發
을 行홈에ᄂ 不可不漢文字를 修得ᄒ야 其漢文字의 力을 依ᄒ야 庶般의
經營畵策을 施홀지라 ᄒ야 汲汲히 此目的의 下에 努力ᄒ니 邦人은 何를
苦ᄒ야 此重要ᄒ 利器를 廢棄ᄒ리오 幸히 我國이 今日 쉬로히 漢文字를
用홈에 及ᄒ야 이믜 我國語가 되엿스니 此를 益益改良ᄒ면 亞細亞開發
ᄒᄂ 目的을 엇지 充分達得치 못ᄒ리오 (中略)

　從今七八年前에 三井物産會社의 社長益田孝君이 支那에 漫遊ᄒ 後에
予다려 語ᄒ야 日「從來三井物産會社ᄂ 支那朝鮮의 要地에 支店을 設ᄒ
고 淸韓에 對ᄒ 我貿易을 擴張ᄒ기 爲홈에ᄂ 英語에 熟達ᄒ며 商業上의
學說에 通ᄒ고 且歐米商工業의 實況을 視察ᄒ 者로써 此를 擔任케ᄒ얏
ᄂ딕 支那의 內地에 入ᄒ야 支那人과로 交涉ᄒᄂ 境遇에 日本人이 洋服
을 着ᄒ고 熟練치 못ᄒ 英語로 貿易에 從事홈과 如홈은 歐米人과로 對峙
ᄒᄂ딕 其勢不利ᄒ 地位에 不立하기 不得ᄒ지니 故로 今後 日本人이 支
那의 貿易市場에 立코져ᄒ면 須是支那語를 談ᄒ며 支那服을 着ᄒ고 親
히 支那人과로 交際ᄒ야 密接ᄒ 社交上의 友誼를 結ᄒ 後에 貿易業의 發
展을 圖홈이 第一捷徑이라」하니 余가 當時에 此言을 聽ᄒ고 實際的中ᄒ
名論이리 感服ᄒ얏노라 輓近歐米人의 支那에 對ᄒ 貿易上의 企圖及準備
를 見컨딕 七八年前 益田君의 語ᄒ바 方針과 恰同ᄒ 方針으로 經營ᄒ니
顧惟斯策이 決코 一時의 手端에 不止ᄒ고 將來淸韓地方에 我國의 貿易
을 擴張ᄒ며 又政治上의 勢力을 扶植호려ᄒᄂ 以上不可缺을 要訣이니
支那語를 談ᄒ며 支那文을 書ᄒ야 同文의 便宜를 利用홈은 日本人의 必
要ᄒ 바이니라 (中略)

　此를 世界貿易上의 近勢에 徵ᄒ건딕 國際間엣 同一文字의 使用은 斯
業의 擴張上에 最有力ᄒ 武器라 日韓淸三介國엣 同文은 此三介國엣 外
交及貿易의 發展上에 無比ᄒ 良緣인즉 右三介國의 人民은 此로 基礎를
삼아 親交를 結ᄒ야 國情을 互相熟知ᄒ며 思想을 互相交換ᄒ고 因ᄒ야
써 貿易의 發達를 計홈이 最肝要ᄒ니 我國에셔 萬一 漢文字를 廢ᄒ고 羅
馬字를 用ᄒ야 亞細亞大陸에 出ᄒ야 貿易을 經營ᄒᄂ 時를 當ᄒ야도 日

本人이 羅馬字로써 書束을 認ᄒ며 羅馬字로써 新聞其他의 思想을 交換ᄒᄂ 機關에 使用ᄒᆷ에ᄂ 到底히 歐米人의 後에 不落ᄒᆷ을 不得ᄒ지오 此에 反ᄒ야 漢文字로써 商業文을 認ᄒ야 商業의 交涉을 ᄒ며 又商業에 關ᄒ 交通機關 其他를 經營ᄒᄂ 時ᄂ 日本人이 確實히 歐米人의 首位을 占得ᄒᆷ은 火를 賭ᄒᆷ보다 明ᄒ지라 故로 我國에서 漢文字를 廢ᄒ고 羅馬字를 用ᄒ야 各種의 事業을 計畫ᄒᆷ과 如ᄒᆷ은 東洋發展上에 最拙策이라 不謂ᄒᆷ이 不可ᄒ니라 (中略)

現今 淸國의 留學生의 東京에 居ᄒ 者ᄂ 一萬有餘오 朝鮮의 留學生도 四五百名에 達ᄒ고 又日本人의 支那朝鮮에 在留ᄒᄂ 者가 其數幾萬으로써 算ᄒᆯ지라 <u>此等人이 日常口로 談ᄒᄂ 바와 眼에 映ᄒᄂ 바와 書面으로 認ᄒ야 往復ᄒᄂ 바ᄂ 同一文字됨을 不拘ᄒ고 其互相不通ᄒᄂ 發音은 如何히 ᄒ야 硏究ᄒᆯᄂ지 如何히 ᄒ야 獨習ᄒᆯᄂ지 其手引草, 字典의 類가 有乎아 ᄒ면 此를 統一ᄒ야 編纂ᄒ 者ᄂ 今日皆無也라</u> 於是乎我輩가 叙上의 不利不便을 補ᄒ기 爲하야 <u>近時에 同志之士로 相謀ᄒ야 漢字統一會를 設ᄒ니</u> 假컨ᄃᆡ 字數約六千을 限ᄒ고 日韓淸共通ᄒᄂ 實用的文字를 字典으로 編纂ᄒᆯ 計畫이라 三介國의 發音은 片假名으로 附ᄒ며 又羅馬字로 記ᄒ야 日韓淸의 人民은 勿論ᄒ고 雖歐米人이라도 一度此字典을 披ᄒ며 必要ᄒ 漢字의 發音을 容易히 解ᄒ기로 編成ᄒ야 其原稿가 旣已完成ᄒ야 目下印刷에 着手ᄒ야신즉 數月을 閱ᄒ면 出版ᄒᆷ에 至ᄒᆯ지니라 (下略) —『西友』第十三, 第十四號.

이 논문은 강점 직전 일본의 가네코[金子見太郎]이라는 '한자통일회' 회장의 논문을 번역하여 소개한 것으로, '한자'에 대한 일본인의 견해를 잘 반영하고 있다. 한자가 동양 3국의 공동 문어이자, 한자가 도입된 지 오래되었으므로 일본어의 일부가 되었다는 논리를 바탕으로 한자의 통일이 필요하다는 의견을 제시하였다.

일제강점기의 한자 정책은 일본어 보급 정책과 매우 긴밀한 관계에 있다. 구교육령기의 조선어 교과명이 '조선어급한문(朝鮮語及漢文)'

인 점도 조선어 교육에서 한자가 차지하는 비중을 짐작할 수 있게 한다. 특히 국한문혼용[23]은 조선인이 일본어를 쉽게 배울 수 있는 수단으로 인식되었는데, 강점 초기에는 '일선한(日鮮漢) 부속 문체'[24]도 자주 사용되었다. 이 문체는 한자에 부속된 한글에 가나를 병기함으로써 한자를 한국식 음으로 읽을 수도 있고 일본식 음으로도 읽을 수 있도록 한 문체이다. 더욱이 각종 문서나 실용 서적에 일본식 음을 단 '일선한 부속 문체'를 사용함으로써 자연스럽게 일본어를 보급하기도 하였다. 이처럼 각종 공문식이나 교과서, 강습회 등을 통해 일본식 한자가 번져나가는 것은 식민 시대라는 현실에서 자연스러운 일이었다. 그러나 한자는 낱글자 수가 지나치게 많으므로 효율적인 한자 사용을 위해 필수 한자를 제정하고자 하는 움직임도 나타났다. 1923년 일본 문부성에서는 '한자 제한 정책'을 입안하였고, 이에 따라 상용 한자(常用漢字) 1961자, 약자(略字) 154자가 결정되었으며, 이 안이 교과서에 적용되었다.

(22) 漢字制限

(前略) 彼 西洋의 各國은 各히 其 自國의 文字만으로도 如彼히 文明을 致한 것은 世人이 모다 共通으로 認하는 바이며 又 그의 文字로 말할지라도 極히 單純하며 簡便하야 籃褓에셔 出한 小兒일지라도 一見에 能히 解得하야 長遠한 時日을 要치 아니하는 것이라. 我 朝鮮의 文字와 如함도 極히 簡單함으로 如何히 魯愚遲鈍한 者일지라도 數日을 出치 못하야 能히 解得할 수 잇스며 又는 能히 運用할 수 잇는 것이라. 그런즉 彼 漢文과 諺文과의 難易의 差는 實로 狹山趨海와 爲長 折枝의 類라 謂할 것이로다. 그럼으로 世間의 識者 中에는 往往 漢文 全廢를 主唱하야 其 弊害

---

23) 일제강점기에는 '언문과 한자의 교용' 또는 '조선문과 한자의 교용'이라는 표현을 자주 사용하였음.

24) 국한문혼용체의 여러 유형에 대한 명칭은 김영민(2009)을 바탕으로 하였다. 이 시기 문체에 대해서는 전정예 외(2010)에 수록한 허재영(2010ㅁ)을 참고할 수 있다.

를 力說하는 者가 多홈에 至하얏도다. 그러나 元來 漢文이 朝鮮과 內地에
는 그 輸入되던 時代가 旣히 假名과 訓民正音이 出生되기 以前임으로 此
漢文이 國文化하얏섯나니 그럼으로 今日 吾人 言語의 一部는 모다 漢字
에셔 由치 아니함이 無한 것이라. 그런즉 此를 全廢한다는 論은 今日의
現狀으로는 到底 可得치 못할 것이니 此는 아즉 무計에 屬한다 할지로
다. 如斯히 全廢함을 得치 못할진대 先後의 量方을 講究함만 不如한 것
이니 玆에 漢字 制限의 運이 出現됨에 至하얏도다.

　文部省에셔는 爾來 三年間에 亘하야 此 漢字 制限에 愼重히 硏究한 結
果로 此가 施行하야 可得할 만한 點을 發見하얏슴으로 今에 至흐야 遂히
決定홈을 見하얏는대 其 發表한 常用漢字表 並 略字表에 依하면 常用 漢
字 一千九百六十一字에 略字는 百五十四字로 決定하야 小中學校의 敎科
書는 勿論 官報 新聞 等도 總히 實施하기로 되얏슨즉 我 朝鮮에도 勿論
同一히 施行하게 될 것이로다. 要컨대 此 漢字의 制限은 此가 時代의 要
求에 順應된 것이며 極히 適切한 者이니 此가 人의 精力을 消耗하는 上
其 裨補됨이 엇지 小하다 흘 것이리오. ―『매일신보』1923.5.7.

　이 논설은 한자 사용의 실태를 바탕으로 '한자 제한 정책'이 필요
한 이유를 밝혔다. 한자는 세계 문자 가운데 가장 복잡하고 혼란하
여 해득하기가 매우 어렵기 때문에 한자 전폐론이 등장하기도 한다
고 하면서, 전폐가 불가능하다면 한자 사용을 제한하는 '상용 한자'
및 '약자 제정'이 필요하다고 하였다.
　일본과 조선에서의 한자 제한 문제는 일제강점기에만 나타난 현상
은 아니다. 이는『매일신보』1935년 3월 19일자에 실린 '한자절용(漢
字節用)'이라는 글을 통해서도 확인할 수 있는데, 이 글에서는 1863년
후쿠자와[福澤有吉]이 '文字の數'라는 글에서 한자는 3천자면 충분하
다는 논리를 전개한 바 있다고 소개하고 있다. '무학재인'이라는 필
명으로 게재한 이 글에서는 1925년 '임시 국어조사위원회'에서도 한
자 제한 문제가 제기된 바 있으며, 문맹퇴치를 위해서라도 한자 제

한이 필요한 것은 사실이라고 하였다. 이처럼 한자 제한 문제는 근대 계몽기 이후 일본이나 조선뿐만 아니라 중국에서도 중요한 문제였다. 한청심(韓靑心)이라는 필명의 '중국의 한자통일운동'(『조광』 1936년 10월호)에서는 중국에서도 한자폐지운동이 있었으며, 문자의 대중화와 간편화를 위해 '주음자모(注音字母)'를 제정·공포한 사례(1919년 전후)가 있었음을 소개한 바 있다.

4. 어문통일운동(한글 운동)

4.1. 한글마춤법통일안

교과서 편찬을 전제로 한 조선총독부의 언문 철자법 정책은 조선인의 조선어 사용 실태를 충분히 반영한 것이라고 볼 수 없다. 비록 제3차 철자법 개정이 사회에서의 조선어 통일을 목표로 한다고 하였지만, 1930년 당시까지의 우리말 신문이나 잡지에서 사용하는 철자법을 거의 반영하지 않은 철자법이었다. 따라서 근대 계몽기 이후 우리말과 글을 연구해 오던 학자들에 의해 새로운 철자법인 '한글마춤법통일안'이 나오게 되었다.

일제강점기의 우리말 연구는 규범 제정이라는 실천적 연구가 많았다. 최경봉(2008), 허재영(2008) 등에서 정리한 바와 같이, 이 시기의 주요 과제가 어문 통일에 있었기 때문이다. 이러한 경향은 1920년대 이후의 각종 신문, 잡지 등을 통해 확인할 수 있다. 이러한 문제를 가장 빈번히 다룬 잡지는 1926년 창간된 『동광』인데, 이 잡지에는 65편의 국어 관련 논문(논설문)이 실려 있다. 이들 논문은 주로 1926년 창간호부터 1927년 제2권 7호에 집중적으로 실려 있는데, 그 내용은 '언어의 본질', '언어 연구', '정음 문법', '조선문 변천' 등과 관련된 것들이다. 특히 제9호에서는 국어 표기법과 관련된 전문가들의 의견을 집중적으로 싣고, 이에 대한 토론을 벌이기도 하였다.[25] 이때 제기된 문제는 다음과 같다.

(23) 『동광』 제9호(1927)의 '우리글 表記例의 몇몇'

一, 母音中 ·字를 廢用 與否?

二, 된시옷이라 일컷는 'ㅺ, ㅼ, ㅽ, ㅾ' 등을 'ㄲ, ㄸ, ㅃ, ㅉ'의 竝書體로 씀이 如何?

三, ㄷ, ㅅ, ㅈ, ㅊ, ㅌ 行에 ㅑ, ㅕ, ㅛ, ㅠ 等의 複母音을 合用하는 等字를 쓰지 아니할 與否?

四, 말의 頭字가 ㄴ 行으로 될 때 ㅇ으로 改用하게 할 與否?

五, 받힘은 ㄱ, ㄴ, ㄷ, ㄹ, ㅁ, ㅂ, ㅅ, ㅇ 以外에 ㄷ, ㅈ, ㅊ, ㅋ, ㅌ, ㅍ, ㅎ 等도 다 使用하여야 할 與否?

六, '드러가'(入去), '거러가'(步行), '버서'(脫)라도 쓰고 '들어가', '걸어가', '벗어'라도 쓰니 어느 것을 標準?

七, '되여서'(爲), '막혀서'(防), '그려서'(畵)라도 쓰고 '되어서', '막히어서', '그리어서'라도 쓰니 어느 것을 標準?

八, '더우니'(暑), '지으니'(作), '우니'(名)라도 쓰고 '덥으니', '짓으니', '울니'라도 쓰니 어느 것을 標準?

九, 우리말을 漢字로 된 말까지라도 다 國音을 標準하여 씀이 如何?

十, 아레와 같은 말은 三種 以上으로 쓰니 어느 것을 標準?

－한울(天), 하늘, 하날

－일음(명), 이름, 일홈

－아희(아), 아이, 아해

---

25) 이때 참여한 토론자는 김진호(배재고보 교유), 김지환(배화여고보 교유), 권덕규(중앙고보 교유), 이규방(보성고보 교유), 장응진(경성여고보 교유), 이상춘(송도고보 교유), 어윤적(경성제대 교수), 장지영(경신학교 교유), 한결(동경, 김윤경일 듯), 백정목, 박승빈(보성전문학교 교장), 이병기(휘문고보 교유), 이기섭, 강매(배재고보 교유), 최현배(연희전문 교수), 신명균(신소년사 주필) 등이다.

이상의 10개 항은 문자의 통일, 단모음화 현상, 두음법칙, 받침 표기, 분철과 연철의 문제, 용언의 불규칙 활용, 표준어 등과 관련이 있다. 동광사에서는 이들의 의견을 물어 다음과 같은 결론을 내렸다.

(24) 10개항에 대한 의견

1	·자	母音中·字廢止가 可하다는 이	8
		否하다는 이	8
		條件附로 可하다는 이	2
2	된시옷	ㄲ, ㄸ, ㅃ, ㅉ 等의 竝書體가 可하다는 이	15
		ㅅㄱ, ㅅㄷ, ㅅㅅ, ㅅㅈ의 된시옷이 可하다는 이	1
		條件附로 竝書體가 可하다는 이	2
3	단모음화	댜, 샤, 쟈, 랴 等 廢止가 可하다는 이	2
		不可하다는 이	10
		條件附로 可하다는 이	6
4	두음법칙	'여름, 이르'가 可하다는 이	6
		'녀름, 니르'가 可하다는 이	11
5	받침	ㄷ, ㅈ, ㅊ, ㅋ, ㅌ, ㅍ, ㅎ 等도 다 받힘으로 씀이 可하다는 이	19
		不可하다는 이	無
6	분철과 연철	'들어가, 걸어가, 벗어'가 可하다는 이	16
		'드러가, 거러가, 버서'가 可하다는 이	2
7	ㅣ모음동화	'되어서, 그리어서, 막히어서'가 可하다는 이	8
		'되여서, 그려서, 막혀서'가 可하다는 이	4
		'되여, 막히여'가 可하다는 이	1
		兩便이 다 可하다는 이	4
8	용언의 불규칙 활용	'덥으니, 울니, 짓으니'가 可하다는 이	8
		'더우니, 우니, 지으니'가 可하다는 이	5
		兩便이 다 可하다는 이	3
		其他	1
9	한자음	國音을 좇자는 이	11
		漢音을 좇자는 이	5
10	어휘 표준	하늘(6), 한울(6), 하눌(2), 하늘(2), 하놀(1)	
		이름(8), 니름(3), 일음(2), 일훔(1), 닐름(1), 일훔(1)	
		아이(13), 아히(2), 아희(1), ᄋᆞ희(1)	

이처럼 전문가의 의견을 물어 적합한 규범을 만들고자 한 의식은 규범이 사회성을 띤다는 차원에서 매우 적절한 것이라고 할 수 있다. 이 표에 나타난 견해 차이는 출신 지역이나 국어사용 상황에 대한 개인차에서 비롯된 것일 수도 있고, 국어의 어법에 대한 이해의 차이에서 비롯된 것일 수도 있다. 특히 두음법칙이나 모음동화에 대한 지각 정도는 전문가의 출신 지역과도 밀접한 관련을 맺고 있었을 것으로 보인다. 이러한 시도는 여러 차례의 지상 토론을 낳기도 하였는데, 이와 관련된 토론으로는 다음과 같은 것들이 있다.

(25) 『동광』에 게재된 국어 규범 관련 연구 논문

번호	필자	제목	내용	호수
1	한결	조선말과 글에 바루잡을 것		1권 5호
2	이규백	언문의 발음과 기법		1권 6호
3	안확	한글의 연구－조선어연구의 실제		
4	편집부 외	우리글 표기례의 몇몇	표기법 논의	제9호
5	이병기	말의 습관으로 된 변화	음운변화	제10호
6	한뫼	한글토론(안확군의 망론 박함)	토론	제10호
7	안자산	한글토론－병서불가론	병서	제10호
8	미상(안자산일 듯)	한글토론－조선문은 복모를 쓰지 안을 것인가?	복모음	2권 4호
9	정렬모	한글토론－안확군에게 여함	병서, 복모음	2권 5호
10	안자산	탄극이냐 구설이냐		2권 6호
11	이탁	동광의 한글 ㅅ 용례를 보고	된시웃－병서	2권 7호
12	미상	한글 문의		2권 8호
13	김윤경	어찌하여 ㅇ, ㄹ, ㅅ은 이음을 겸하엿다 하는가?		2권 8호
14	미상	한글 문의		2권 8호

한글의 규범화와 관련된 논의는 1927년 조선어연구회의 동인지 『한글』이 발행되면서 좀 더 전문적인 연구가 진행된 것으로 보인다. 이 동인지에서 정렬모, 신명균, 이병기, 최현배 등은 조선어 문법을 바탕으로 한 '문자'의 문제를 다수 고찰하고 있다. 이 동인지는 창간

호(1927.7)부터 2권 1호(1928.1)까지 통권 8호가 발행되었으며 모두 63
편의 글 가운데 한자음 관련 4편(신명균), 문자 표준 관련 4편(정렬모),
조선어 문법 관련 4편(정렬모)의 연재 논문이 실렸다. 또한 이상춘의
'바루쓰기를 힘쓰자'(1권 5호), 신명균의 '뒷시옷이란 무엇이냐'(1권 6
호, 7호), '조선글 마침법(철자법)'(2권 1호), 최현배의 '조선말과 흐린소
리'(1권 6호), '홀소리고룸(모음조화)'(2권 1호) 등도 규범화와 관련된 논
의에 해당한다.

이러한 흐름 속에서 1930년 12월 조선어연구회를 중심으로 본격
적인 '조선어 사전 편찬' 문제가 제기되었고, 이에 부수되는 표준말,
외래어 표기 등의 문제가 대두됨으로써 어문 규범화를 위한 맞춤법
제정 노력에 박차를 가하게 되었다. 그 과정에서 조선어연구회는
1931년 '조선어학회'로 이름을 바꾸고, 1932년 중단되었던 『한글』을
복간하면서 맞춤법 전반에 걸친 문제를 연구하였다. 그 결과 1933년
10월 19일 '한글마춤법 통일안'이 제정 공포되기에 이르렀다.[26] 이
러한 과정은 '한글마춤법'의 머리말에 잘 드러나 있다.

(26) '한글마춤법' 머리말
　本會는 한글 마춤법 통일안을 制定하야, 이에 一般 社會에 發表한다.
　이 統一案이 이루어짐에 대하야 그 經過의 槪略을 말하면, 一九三〇년
十二月 十三日 本會 總會의 決議로 한글 마춤법의 統一案을 制定하기로
되어, 처음에 委員 12인(권 덕규, 김 윤경, 박 현식, 신 명균, 이 극로, 이
병기, 이 윤재, 이 희승, 장 지영, 정 열모, 정 인섭, 최 현배)으로써 二個
年간 審議를 거듭하야 1932년 12월에 이르러 마춤법 原案의 作成을 마치
었다. … 이와 같이 이 統一案이 完成하기까지에 3개년의 時日을 걸치어,
125회의 會議가 있었으며, 그 所要의 時間數로는 실로 433시간이란 적지

---

26) 이에 대해서는 한글학회(1971)를 참고할 수 있다.

아니한 時間에 마치었으니, 과연 文字 整理란 그리 容易한 일이 아님을 알겠다. 우리는 이렇듯 가장 嚴整한 態度와 가장 愼重한 處理로써 끝까지 最善의 努力을 다하야 이제 이 統一案을 만들어서 우리 民衆의 앞에 내어 놓기를 躊躇하지 아니하는 바이다. 그러나 이것이 다만 오늘날까지 混亂하게 써오던 우리글을 한번 整理하는 첫 試驗으로 아니니, 여기에는 또한 不備한 점이 아주 없으리라고 스스로 斷定하기 어려울것이다. 더구나 時代의 進步로 여러가지 學術이 날로 달라감을 따라 이 한글에 있어서도 그 影響이 없지 아니할것이다. 그러므로 本會는 앞으로 더욱 이에 留意를 더하고저 하는것이니, 一般 社會에서도 때로 많은 가르침이 있기를 바란다. …

이 맞춤법은 총론 3개항, 각론 7개 장의 65개 항으로 이루어져 있으며, 우리말의 음리에 따라 이루어진 체계적인 어문 규범이라는 의미를 갖는다. 이 규범은 그 이후 한 차례의 수정(일부 삭제 및 용어 변경)과 두 차례의 개정, 일부 문장 표기 및 문법 용어의 변경 등이 있었으나[27] 현행 맞춤법의 골격이 되었다.

'한글 운동' 차원에서 진행된 통일안은 '맞춤법'뿐만 아니라 '표준어'와 '외래어'에서도 진행되었다. 조선어학회에서는 1935년 '조선어 표준어 사정위원회(朝鮮語標準語查定委員會)'를 두고 표준어 사정을 하도록 하였다.[28] 표준어 사정의 결과 1936년에는 『사정한 조선어 표

---

27) 이에 대해서는 이은정(1988)을 참고할 수 있다. 현행 맞춤법은 문교부 고시 88-1호이며, 한글학회에서는 학회의 전통을 살려 기존의 한글학회 맞춤법을 고수한다. 그러나 1933년의 한글마춤법은 문교부 고시 88-1호, 한글학회 맞춤법, 북한의 철자법에 모태이므로, 어문 규범화에서 매우 중요한 의미를 갖는다.

28) 이에 대해서는 조선어학회(1936)의 『사정한 조선어 표준말 모음』(1946년 5판 조선교학도서주식회사 발행본)의 '표준말 査定의 經過'를 참고할 수 있다. 최초의 사정 위원은 16인으로 '김창제, 김형기, 김윤경, 방종현, 신윤국, 최현배, 한징, 홍애선덕, 안재홍, 이극로, 이기윤, 이만규, 이숙종, 이호성, 이희승, 이윤재'였으며, 같은 해 8월 25인의 수정 위원을 두었다. 1936년에는 3회에 걸쳐 독회를 하고 사정안을 내게 되었는데 사정 위원에 참여한 인원은 모두 73명이었다.

준말 모음집』을 발행하였다. 또한 '외래어 표기'는 1931년부터 '외래어 표기법 급 부수 문제 협의회(外來語表記法及附隨問題協議會)'를 조직하고 3인의 위원을 두었다(정인섭, 이극로, 이희승). 이 위원회에서 심의한 내용은 '외래어 표기법', '일어음 표기법(日語音表記法)', '조선어음 라마자 표기법(朝鮮語音羅馬字表記法)', '조선어음 만국음성기호 표기법(朝鮮語音萬國音聲記號表記法)'이었으며, 그 이후 10년이 지난 1940년에 『외래어 표기법 통일안(外來語表記法統一案)』을 마련하였다.29) 이 안은 '일어음 표기법', '조선어음 라마자 표기법', '조선어음 만국음성기호 표기법'이 부록으로 들어 있다.

4.2. 통일안 보급과 반대 운동

'한글마춤법통일안'은 당시의 신문, 잡지, 문학인 등에 의해 받아들여지면서 보편적인 규범으로 정착되어 갔다.30) 더욱이 조선총독부가 조선인의 조선어 사용을 억제하는 정책을 취했다는 점을 고려할 때, 그들이 중심이 된 〈조선어철자법〉이 민중에게 보급되지 않은 데 비해, 조선어학회의 〈한글마춤법통일안〉은 박승빈(1937)과 같은 비판이 있었지만, 당시의 언론인, 작가, 민중계몽운동가들에게 자연스럽게 보급되었다. 다음의 자료는 당시의 분위기를 잘 보여준다.

---

29) 이 안의 책임 위원은 정인섭, 이극로, 이희승이었으며, 정인승, 이중화, 최현배, 함병업, 김선기, 오쿠라, 안호상(창씨명 안천호상), 장덕수, 조용만, 함대훈, 문창준, 오카구라[岡倉由三郎 : 이때는 고인], 다나카[田中館愛橘], 이치고[市河三喜], 진보우[神保格], 센노리[千葉勉] 등이 참여한 것으로 알려져 있다. 뿐만 아니라 전 문부성 영어 연구회장 팔머, 영국 런던 대학 교수 다니엘 존스, 영국 리즈 대학 교수 로스 등으로부터 자문을 구하기도 하였다.

30) 일제강점기 통일안 보급과 관련된 자료는 하동호 편(1986), 『한글 論爭論說集』(上, 下)(역대문법대계 3-10, 3-11)을 참고할 수 있다. 논쟁논설집에는 총 303편의 논설이 실려 있다. 연구자는 이 연구를 진행하면서 더 많은 자료를 찾았는데, 이 책의 자료집에는 총 608편의 논설 목록을 제시하였다.

(27) 한글마춤법통일안 보급 실태 자료

ㄱ. 綴字法 統一에 對한 雜感, 朱耀翰, 〈學燈〉 제2호. 1933.12.1.

綴字法 統一案이 今年 한글 紀念日에 朝鮮語學會의 손으로 發表된 것은 널리 알려진 일이어니와, 이 案의 前途 如何는 興味있는 問題인 同時에 마땅히 興味를 가지어야 할 問題다. 文筆에 從事하는이, 印刷, 出版의 關係者, 一般 讀者—통틀어 글을 읽는 사람은 누구나 다 念頭에두고 생각할 問題다. 누구나 다 어느 편으로든지 旗幟를 明白히 하고 나서야 될 일이다. 무엇보다도 먼저 念頭에 두어야할 것은 이번 案이 綴字法의 統一案이요, 決코 改正案이 아닌 것이다. 요사이에 所謂 新綴字法이란 말이 流行되고, 그 말이 不知中에 이번 發表된 統一案에 近似한 것을 指稱하게 되었다. 그러나 이 新綴字法이란 名辭는 實로 漠然한 말이다. 新綴字法이 있을진대, 마땅히 舊綴字法이 있어야 할것인데 과연 今日까지에 씨워오는 조선글에 法이란 尊稱을 붙이어줄수 있는 綴字法이 있었느냐 하면 그 대답이 어렵다. …改正案도 아니요, 理想案도 아니요, 現下의 混亂을 救濟하려는 統一案이요, 實際案이다. 다시 말하면 이 안을 實用하든가 그렇지 아니하면 아무 안도 없이 함부로 쓰든가 두가지중에 하나다. 一般 大衆은 먼저 이 點을 明瞭히 覺悟하여야 할 것이다.…

ㄴ. 한글마춤법통일안을읽고, 한승락, 〈학등〉 1934.1.1.

'너희들의 자랑거리가 무엇이냐'라는 물음을 받을 때, 서슴ㅎ지 않고 내밀 것은 오직 우리들의 보배인 '한글'뿐일것입니다. 그처럼 귀중한 자랑거리를 여태까지 통일하게 단장시키지 못하고 그냥 함부로 써왔다는 것은 우리들의 정신 통일이 얼마나 부족하였던가를 잘 알겠습니다. 이에 다행히 몰두하신 여러 선생님들의 은덕으로 '한글마춤법통일안'이 우리들 앞에 나오게 되었으니, 스스로 기쁜 느낌을 아니할 수 없습니다. 그러면 우리는 그것을 받고, 다만 기쁘다고만 입을 버리고 있을것이 아니라, 한시바삐 근거를 삼아 틀림이 없도록 실행할것이 급무일것입니다. 필자는 다행히 서생의 몸이므로 학교의 가르침을 받아 대강 깨닫게 되었으나 재학ㅎ지 못하는 여러 지우들은 깨닫기에 얼마만한 괴로움을 느낄줄 아는 동시에 틈틈이 그들을 손수 가르쳐 줄것이 나의 임무라고도 할만하겠습니다. … 그러므로 필자는 〈학등〉을 여러 지우에게 소개ㅎ고저 함에 이르러 몇마디 부탁 말슴을 아니할수 없습니다. 다. 이번 〈한글마춤법통일안〉을 살피고난 사람중에는 어떠한 불평을 품고 결점을 몹시 떠드는 듯 합니다마는 통일안 자체를 보아서는 몇몇 사람의 뜻에 맞지 아니할 점이 있을뿐아니라, 다소의 결점이 전혀 없다고 할 수는 없을것입니다. 그러나 우리는 통일이라는 정신에 있어서 통일안의 결점은 비평하여볼 망정, 구태어 제 고집대로 적을 필요는 없을것입니다. 아니 절대로 통일안을 좇아 실행하여야 쓰겠습니다. 무엇보담도 우리 정신 통일 문제를 생각하여서, 그러므로 〈학등〉을 편집함에도 어디까지든지 철저하게 통일안을 근거삼아 적기를 힘껏 비는 동시에 또한 내용에 있어서도 아무쪼록 유익됨이 많도록 구비되기를 바라며, 〈학등〉 소개에 힘쓰겠나이다.

이 자료에서 확인할 수 있듯이, 통일안은 문인이나 언론인들에 의해 폭넓게 수용되었다. 통일안 보급에 힘썼던 주요 인사로는 이극로, 최현배, 김윤경 등이 있다. 특히 이극로는 어문 통일과 정리 운동에 많은 관심을 기울였는데 『신동아』 제5권 제1호(1935. 1.)에 '한글 운동', 『신동아』 제6권 제1호(1936. 1.)에 '조선 어문 정리 운동의 금후 계획', 『사해공론』 제2권 제5호(1936. 5.)에 '조선 어문 정리 운동의 현황', 『조광』 제4권 제1호(1938. 1.)에 '한글 운동과 조선어 사전' 등을 남김으로써 이 시기 통일안 보급이 어떻게 이루어졌는가를 자세히 기록하였다. 이 가운데 '조선 어문 정리 운동의 현황'을 간추려 소개하면 다음과 같다.

(28) 조선 어문 정리 운동의 현황
('일. 어문의 혼란, 이. 어문정리의 기초와 단어성립, 삼. 철자 사전 편찬' 은 생략) 사. 주해 사전 편찬 : 이 주해 사전의 편찬은 어려운 점이 철자 사전 그것이 비할 것이 아니다. 여기에는 말의 뜻을 밝히는 주해가

있는 까닭에 각방면 전문가의 지식을 빌지 아니하면 편찬하기가 어렵다. 주해 사전은 일종의 백과전서로 볼 수 있다. 그러므로 암만 다문박식이라도 몇 사람의 지식으로는 도저히 그 많은 말의 뜻을 바르게 밝히어 내기는 어려울 것이다. 그래서 조선어학회에서는 칠년 전에 조직된 조선어사전편찬회와 협력하야 주해 사전 편찬을 시작한 뒤로 일반 어휘는 전임편찬위원에게 맡기고 전문어휘만은 각방면 전문가 삼십여 명에게 촉탁하야 자기 전문에 속한 어휘를 뽑아서 주해하게 하였는데 어휘 선택, 범위의 표준과 그 주석 방식과 정도와의 표준을 설명하고 들어 보인 주의서를 박여 드리어서 거기에 의하야 일을 한다. 그러나 그동안 사정에 따라 일이 잘 진행되지 못하였다가 이제부터는 다시 전임 오오인의 편찬원을 두고 이 주해 사전 편찬에 적극적으로 노력하게 되었다.

오. 한글 학습서 간행 : 조선어학회의 기관 잡지인 월간 ≪한글≫은 보통 다른 잡지와 달라서 그 목적이 한글 교양에 있는 것만큼 내용이 일종 학습서로 되었다. 어문에 대한 연구 발표로 좋은 논문도 있고, 신문 잡지 기타 서적에서 재료를 취하야 그 잘못된 철자를 교정하야 대조 연구하게 한 것도 있고, 문사들의 좋은 문예작품도 있고, 역사 강좌도 있고, 기타 취미기사도 있어 자자구구이 파고 읽으면 우리의 어문을 잘 공부할 수 있게 되었다. 각 교회 각 신문사에서 계몽운동으로 문자보급에 쓰던 또 쓰는 한글 학습서는 그 종류를 낱낱이 들기가 어렵다. 어떤 책들은 거의 다 조선어학회 회원에게서 교정을 받은 것이다. 이 밖에 서적업자의 출판물로 노동독본이니 농민독본이니 하는 한글 학습서도 적지 아니하다.

육. 한글 경연회와 강습회 : 하기나 동기나의 휴가를 응용하야 각 신문사의 주최로 경향 각지에 한글 강연회나 강습회를 많이 연 것은 세상이 다 잘 아는 바어니와 이 때에 연사나 강사는 다 조선어학회의 회원이요다. 학생 문자보급대가 동원령을 받기 전에 주최한 그 신문사에서는 조선어학회의 회원을 청하야 몇 시간이라도 한글 사범 강연을 그 대원에게 들리어 주어서 한글을 가르칠 때에 도래의 묵은 식으로 아니하고 신철자법으로 어문정리를 목표하고 가르치게 하였다. 이밖에도 소규모로 교회나 사회단체에서 주최하야 열리는 한글 강연회는 경향각처에 종종 있다.

칠. 문예가의 분투 : 누구보다도 문예가는 말과 글이 자기의 생명인 것만큼 어문 정리 운동에 직접으로 노력을 아니할 수 없다. 그래서 그들의 작품을 본다면 예외가 없이 신철자법을 진행하고 있다. 재작년에 평시 우리 어문 연구에 특별한 소양이 없는 일부인사가 혹종의 오견과 계획을 품고 우리 어문 정리 운동에 대하야 반대 망동이 출할제 문예가 제위는 솔선하야 일어나서 그 불순한 동기에 유인한 잠동을 응징하는 성명서를 사회공안하에 비격하였다.

팔. 출판계의 협력 : 아즉 신철자의 훈련기가 지나지 못한 것만큼 사람사람이 글자를 다 바루 쓰느냐 하는 것은 별문제다. 신철자를 좋아 쓰지 아니하면 시대의 낙오자가 되는 줄은 누구나 다 알고 있다. 서점에 책을 사러 온 사람들은 먼저 그 책이 신철자법으로 된 줄을 알아야 산다고 한다. 만일 신철자법 된 것이 아니면 책을 쥐었다가도 던지고 나간다고 한다. 이러한 대세는 출판업자로 하여금 우리 어문 정리 운동에 참가하지 아니할 수 없게 되었다. 그래서 각 신문 잡지 기타 일반 출판물이 다 신철자로 나오고 구소설까지도 차차 신철자로 곤쳐서 낸다. 한자전은 벌서 신철자로 출판된 것이 있고, 이제 인쇄중에 있는 것도 있다. 조선어학회에서는 신철자 교정 부탁을 늘 받게 되는데 그것을 다 응하야 드리랴면 교정사무소를 특선하고 전임을 두지 아니할 수 없게 되었다.

구. 대중의 총동원 : 한글 잡지에 늘 실리는 질의 응답을 보면 누구나 다 알 일이다. 처처에서 통신 교수를 받는 것이니 무슨 바침은 어떻게 쓰느냐 하는 물어 보는 편지가 나날이 들어온다. 경성시내에서는 전화교수를 받는 사람이 적지아니하다. 잡지 원고를 쓰다 못 쓴 철자에 대하야 조곰만 의심이 나면 그만 조선어학회로 전화를 걸고 있다. 이것은 다 문화인의 문화적 양심에서 울리어 나오는 동력이오 또 대세다. (병인 삼월 십팔일) ―이극로(1936), '조선 어문 정리 운동의 현황'『사해공론』제2권 제5호(국한 혼용문을 한글로 옮김)

이 글은 한글 통일의 의미와 통일안 보급 방안을 구체적으로 명시한 글이다. 한글 통일은 '철자법 통일', '표준어 사정', '외래어 사정', '어법 통일'을 대상으로 하며, 철자 사전과 주해 사전을 편찬하여 철자법을 보존해야 할 뿐 아니라 독법(국어교육상의 문제) 및 표준어의 통일을 기해야 한다고 하였다. 이를 위해 각종 강연회와 강습회, 문예가들의 분투, 출판계의 협력이 필수라고 하였는데, 이는 이 통일안 보급운동의 일반적인 경향을 반영한 진술이다. 이극로(1936.11.)의 '한글 통일 운동의 사회적 의의'는 통일안의 의미를 구체적으로 밝힌 논문이다. 이 논문에서는 '인류 문화는 말과 글을 통해 발달된 것'으로 한글 통일의 대상이 '철자법, 표준어, 어법, 단어, 외래어, 독법'임을 명확하게 제시하였다.

그러나 통일안 보급이 쉽게 이루어진 것은 아니었다. 통일안을 반대하는 인사들은 '조선문기사정리기성회(朝鮮文記寫整理期成會)'라는 단체를 결성하고 통일안 반대 성명을 냈을 뿐만 아니라 학회를 결성하기도 하였다. 이 회에는 백남규, 박승빈, 이긍종, 윤치호 등의 참여하였다. 다음은 이를 증명한다.

(29) 통일안 반대 운동
ㄱ. 한글 新綴字法 反對의 烽火를 들어―긔사법 본리의 평이화를 절규: 有志者 五十名이 參集
  '한글'식 신철자법(新綴字法)에 대한 반대의 저류(底流)는 올에동안 리면에 양조되어 폭파될 시기를 기다리는 것 갓다고 하더니 급기야 작 이십일에는 이 방면의 유지 오십여 명이 본정 명치제과 이층에 모히어 단연히 반대의 봉화를 들고 나서게 되엿다. 정각 칠시경에 단상은 윤치호 (尹致昊) 씨를 좌장으로 추천 회의를 진행하엿다. "소위 '한글'의 신철자 법이라는 오히려 종래의 우리가 가지엇든 확연한 력사적 긔록이며 대중 이 간편하게 살 수 잇는 훌륭한 조선 고유한 문자 그것을 중간에 변천과 최근에 착오로 난삽하게 만든 것이라 단연히 반대한다" 하는 본회의가 모힌 취지에 대하야 백남규(白南圭), 박승빈(朴勝彬), 리긍종(李肯鐘) 三 씨의 설명이 잇섯고, 一. 本會를 朝鮮文記寫期成會라 名稱하고 二. 朝鮮 文 記寫法의 本理를 平易化하는 것으로 目的을 삼는다는 규약을 만장일 치로 결의하엿다. 동시에 장문의 성명서를 발표하기로 만장은 거수 가결 하야 별항과 가튼 성명서를 만천하에 배부하기로 긔약 긔성회 위원 십여 명을 선정하고 십시에 산회하엿다.

◇ 聲明의 大要－期成會 委員 氏 名

별항과 가티 期成會 委員 씨 명과 동회가 만장일치로 가결하야 전야에 살포하기로 된 성명의 大要를 보면 다음과 갓다.

한 民族의 言語와 文字를 그 民族의 生活과 至大한 關係가 잇는 것이 니 言文의 記寫法은 一. 整理가 明確하야 位階가 整然함을 要하며, 二. 歷 史的 制度에 依하여 慣例를 尊重함을 要하며, 三. 大衆의 學習과 日用에 便易함을 要하는 것이라 . 그런데 近日에 각인이 統制되지 못하고 不規 則한 偏曲 **이 記寫로 流布하는 것은 朝鮮文에 대한 混亂의 行動이다. 訓民正音을 創製하신 世宗大王 親序에도 "新製二十八字하노니 欲使人人 易習하야 便於日用耳"라 敍述하야 便易 贊議하엿든 것을 한글式 新綴字 法으로 至難不可廢 이것으로 치*難하야 民衆에게 病菌을 注入하는 것과 가튼 行態 잇게 되엿다. 이에 反對하야 代案함에 聲明을 펴 有志 人士의 關心을 換氣하는 바이다.

◇ 整理 期成會 委員：尹致昊, 文一平, 白南圭, 李相協, 李肯鐘, 金鳴鎭, 李升雨, 沈友濱, 伊定夏, 柳*東, 權寧仲, 朴容九, 崔泰衡, 具滋玉, 鄭奉 應 —『매일신보』 1934.6.24.

ㄴ. 한글식 新綴字法 反對 聲明書－朝鮮文記寫整理期成會

한 민족의 언어와 문자는 그 민족의 생활에 지대한 관계가 잇는 것이다. 또 대단 **으로 통용하는 것이다. (윤치호 외 101인의 반대 성명 中略)

[規約]

第一條. 本會는 朝鮮文記寫整理期成會라 稱함

第二條 本會는 朝鮮文 記寫法의 合理 平易化를 圖함으로 目的함.

第三條 本會에 委員 若干人을 置함.

第四條 本會의 一切 事務는 委員會에서 處理함. 但 會員의 決議에 抵觸함을 不得함.

第五條 議會는 必要가 有한 時에 委員會의 決議로 委員長이 此를 召集함. —『매일신보』 1934.7.15.

이 자료에 나타나듯이 통일안 반대의 주요 논리는 통일안이 '정리의 명확성', '역사적 제도의 관례 존중', '대중의 학습과 일용의 편의'라는 어문 정리의 기준에 미흡하기 때문이라는 것이다. 이처럼 통일안 반대 운동이 일어나게 된 이유 가운데 하나는 어문 통일에 대한 시각차 때문이라고 할 수 있다. 특히 1932년 박승빈의 주도로 결성된 '조선어학연구회'는 학회 강령에 다음과 같은 기사법을 주장할 것을 포함하였다.

(30) 조선어학연구회 강령31)

◇ 綱領

一. 學術的 眞理에 基因한 法則을 尊行하고 堅强的 幻影的 見解를 排除함

二. 歷史的 制度를 尊重하고 無稽한 好奇的 主張을 排除함

三. 民衆的 實用性을 重視하야 平易 簡明한 處理法을 取하고 難澁 眩昧한 處理法을 排除함

---

31) 조선어학연구회(1934)의 『정음』 창간호에는 이 학회의 '취지서', '강령', '규칙'이 실려 있다. 이 책의 자료집을 참고할 수 있다.

右記 綱領의 趣旨에 依하야 記寫法 中에 左의 要項을 主張함

  (1) 硬音의 記寫에 硬音符號 된시옷(ㅅ)을 襲用하고 雙書式을 排斥
     함

  (2) 'ㅎ'의 바팀을 否認함

  (3) 한 音節文字에 二個의 바팀을 쓰는—發音 不能되는—記寫法을
     否認함(단 'ㄹ'의 중간 바팀은 認定함)

  (4) 用言(形容詞 動詞 等)의 語尾 活用을 是認하고 單語 固定(語尾不
     變)의 見解를 否認함 ―조선어학연구회(1934),『정음』창간호.

이처럼 통일안 반대의 주요 논리는 '학술적 진리', '역사적 제도' 등과 관련된 것이었다. 특히 철자법에서 '역사적 제도'는 1912년 조선총독부에서 제정한 '보통학교용 언문 철자법'의 '역사적 철자법'과 유사한 성격을 지닌다. 이른바 '역사적 철자법'은 관습적으로 전해오는 비표음적 표기를 일컫는데, 조선어학연구회에서 주장한 '역사적 제도'는 기존의 관습적 표기를 대부분 수용하는 것을 의미한다.

이와 같은 관점에서 『매일신보』에는 통일안에 대한 비판적 기사가 빈번히 실렸다. 대표적인 예가 염상섭의 '綴字法 是非 私見'(『매일신보』 1934.11.11.~11.29. 총 13회 연재)이다. 염상섭은 통일안 자체를 전면적으로 부정하지는 않았지만 받침 사용법이나 용언 어미 활용의 문제점을 제시함으로써 조선어학연구회와 같은 논리를 견지하였다. 김억(1934)의 '문법'(『매일신보』 1934.12.13. '일일일제')이라는 칼럼도 마찬가지이다. 이 칼럼에서 그는 "우리는 한글 硏究者들의 統一案을 어듸까지든지 支持하고 또 그 助長에 조고마한 힘이라도 다하지 아니할 수가 업는 것이외다. 그럿타고 쏘한 어듸까지든지 눈을 감고 盲目으로 쌀아갈 수도 없는 것이외다."라고 진술하고 있다.

이처럼 통일안을 반대하는 논리가 나타나게 된 이유는 기존의 철자법에 비해 혁신적인 면이 많았기 때문이다. 특히 철자법을 통일하

고 보급하는 과정에서 학파의 대립뿐만 아니라 규범을 새롭게 익혀야 하는 부담감이 작용하였기 때문에 반대 의견이 나타나는 것은 자연스러운 현상이었다고 볼 수 있다. 이에 대해 최현배(1934)에서는 '한글 難解의 心理 分析'이라는 글에서 "한글마춤법통일안은 어렵다는 것이 果然 眞正한 事實인가?"라고 묻고, 한글 운동의 필연성과 함께 '난해하다'는 심리를 분석하고 있다. 이 논설의 내용은 다음과 같다.

(30) 한글 難解의 心理 分析

第一. 한글 運動의 必然性

第二. 學生의 한글 難解

(1) 그네들의 한글 難解의 正當한 理由 : 첫재로 오늘의 中等學生이나 專門學生들은 다 그 前 階段의 學校敎育에서 한글에 對한 相當한 準備知識을 얻지 못하였다. (中略)

(2) 英語 數學은 難解라고 하지 않고 다만 한글 難解라 하는 心理 : 이와 같은 意味에서 어느 程度의 正當한 理由가 잇슴에도 不拘하고 한글을 다른 學科와 比較하여 볼 것 같으면 한글이 어렵다 하는 不平은 넘어도 不當한 것이 아니될 수 없다. (中略)

(3) 音聲과 語法의 理論의 難解함의 當然性 : 어떤 學生의 한글이 어렵다 하는 不平의 다른 一面이 있으니 그것은 곧 조선말의 소리에 關한 理論과 말본(語法)에 關한 理論이 어렵다는 것이다. (中略)

(4) 新術語와 未知語의 出現에 對한 不平의 心理 : 조선어학을 배워갈 적에 새로운 術語가 나오든지 모르는 말이 나오든지 할 것 같으면 곧 조선어가 어렵다 하는 사람이 있다.(中略)

第三. 새것은 어렵다는 心理 : (中略)

1. 새것은 익은 것보다 어렵다.

2. 複雜한 것은 簡單한 것보다 어렵다.

3. 規則的인 것은 無規則的인 것보다 어렵다.

4. 統一은 어렵다.

5. 反對하기 爲하야 다짜고짜로 한글이 어렵다의 다섯 가지를 들 수가
   있다. (中略)
第四. 複雜한 것은 어렵다는 心理 (中略)
第五. 規則은 어렵다는 心理(中略)
第六. 統一은 어렵다는 心理(中略)
第七. 마춤법(綴字法)을 대중말(標準語) 問題와 混同하는 心理(中略)
第八. 反對하기 爲하야서 '한글 難解'를 부르짖는 心理(中略)
第九. 初學 兒童과 한글
第十. 끝맺는 말슴 —최현배, '한글 難解의 心理 分析', 『신동아』 1934.9.
   (제4권 제9호)

이 논설에서는 '한글 難解'라는 세인의 비평은 나름대로 이유가
있기는 하지만 한글 통일운동의 본질에 비추어 볼 때 적절하지 않은
논리라는 점을 항목별로 비판하였다. 이러한 심리에 대해 최현배
(1934)에서는 '改革이 遂行되어 가는 過渡期의 心理', '怠惰와 安逸을
貪 하는 心理', '科學 本然의 理論을 깨치지 못한 心理', '조선 사람의
自侮의 心理', '統一을 偏狹固陋하게 解釋한 心理', '根本부터 反對를
爲 한 不純한 心理'라고 규정하고, "이러한 그릇된 心理는 陽春의 白
雪같이 점차로 녹아져 없어질 것임은 明白한 일"이라고 규정하였다.

최현배(1934)에서 밝힌 것처럼, 통일안을 둘러싸고 지지와 반대의
대립이 격화된 데에는 통일안에 대한 해석의 차이뿐만 아니라 철자
법 연구에 대한 입장의 차이나 역사성도 개재되어 있었다. 이에 대
해서는 일성자라는 필명으로 게재한 '〈한글〉, 〈정음〉 대립 소사'(『사
해공론』 1938.7. 제4권 7호)에 잘 나타난다.

(31) 〈한글〉, 〈정음〉 對立 小史
   속칭 〈한글〉파와 〈정음〉파는 언제부터 무엇 때문에 엇더케 대립하야

왓는가〉

〈한글〉파란 곳 조선어학회를 이름이요, 〈정음〉파란 물론 조선어학연구회다. 이 두 파는 방금 일반 사회생활이나 문화생활에서 파별적 색채가 표면에서 그러진 이지음 우리 사회에 있어 그 중 괄목할 파적 대립물이다. 그것은 일반으로 사회생활이나 문화동태가 최근 현저히 침체에 드러간 여운이기도 하나 타방 언어 문제가 우리 사회에 있어 퍽 중대성을 띄우게 된 사실의 결과라 할 수 잇다.

주지와 가치 조선 어문의 대한 관심이 고조되기는 이곳에 신문화가 드러온 때부터이엇다. 중세의 문인 한문에 대하야 신시대는 제 어로써 문을 삶는 이상을 내세우게 되어 자연 조선인에게 있어 어의문이 아닌 한문의 구애를 버서나랴는 욕망이 발생한 것이다.

이것은 중세로부터 개화의 세계가 생탄하랴는 커다란 자유의 정신 그것으로서 중대한 의의를 갓는다. 사실로선 井上角五郎 씨의 언한혼용문체 신문의 발간, 신교과서, 성서 기타 등의 족출로 한 개의 심대한 조류로 나타난 것이다.

이런 실제적 사정이 그 집중된 理際的 표현 혹은 순수한 어문 운동으로 나타난 것이 一八九七년 즉 지금으로 사십년 전 실각 주시경 씨를 중심으로 결성된 '국문동우회' 운동이다. 주씨는 세인이 다 알듯 일즉부터 한자 전폐론을 고조하고 최남선 씨와 더부러 광문회에서 비로서 조선어를 체계적으로 연구한 분이다. '언문'이 '한글' 즉 큰(한은 큰의 고어) 글로 개칭된 것이 이때 최남선 씨의 명명에 의한다. 그 뒤 엇던 사정으로 조선어학회로 개칭하얏다가 다시 일구일오년에 아주 해산햇엇다. 그러든 것이 기미 이후 신기운이 떠도는 탕중에서 조선어 연구회를 조직하얏다가 소화5년 현재의 조선어학회가 결성되엇다. 이 단체에는 현재 우리가 잘 아는 이극로, 최현대, 김윤경, 이윤재, 신명균 등 제씨 조선어학계 대방의 제씨를 망라하엿고 주시경 씨 도라간 이후로 그의 유지뿐만 아니라 그의 학설을 계승하고 그것의 기초 우에서 어문정리의 대학을 성취할냐고 한 것이다. 그런대 소화6년 돌연 박승빈 씨를 중심으로 조선어학연구회라는 게 조직되고 박승빈 씨 학설이라는 것을 따로 학회로서 주장하게 되었다. 이러면서 이 학회의 기관지 〈한글〉에 대립하야 〈정음〉이란 것을 발행하고 그들은 조선문을 일방에서 '한글'이라 부르는 대신 '정음'이라 불렀다. 그리고 '한글; 학설을 주설이라 부른 것이다.

그런대 이 대립이 어서 생겟느냐 하면 표면은 물론 학설의 대립하나 그 실은 전 광문회 시대의 동지엇든 주시경 씨와 최남선 씨가 분리되면서 실상 대립의 씨는 배태된 것이라 볼 수 잇다.

최 씨가 그 뒤 계명구락부의 간부고 그곳에서 조선어사전 편찬 사업이란 것을 시작하고, 또 어학연구회가 그곳의 회원으로 예하면 윤치호, 임규, 기타 제씨을 중심으로 결성되야 결국은 단순한 어학계의 대립이 아니라 더 깊은 기초를 띄인 그것의 연장이라 볼 수 있는 점이 불소하얏다.

단체로 보아도 〈한글〉쪽이 야당적인 데가 있는 반면 〈정음〉 쪽은 여당적인 점이 불무타 할 수 잇섯다. 그 뒤 조선어학회에서 '한글'철자법의 제정을 하자 대립은 공연한 투쟁으로 급전개를 보히어 〈정음〉편에선 조선문 기사정리기성회를 조직하고 가지각색 방면의 인사 백여명 연명으로 〈한글〉철자 반대 성명을 하엿다. 이런 정세 속에서 〈한글〉 편에는 이전에 미리 작가, 비평가, 시인 그타 문학관계자 칠십팔명 연서로 〈한글〉 지지의 중요한 성명을 발하엿다.

사전은 방금 조선어학회에서 거의 완성에 각가워 가는데 〈정음〉 쪽에서도 사전을 만드러 간다 하니 이런 중대 사업에 학리에 의하는 것 이상의 대립을 본다는 것은 유감된 일이다. —『사해공론』 1938.7. (제4권 제7호)

이 글은 통일안 지지파와 반대파의 중립적인 입장에서 '한글파'와 '정음파'가 대립한 역사를 개괄한 글이다. 대립의 근원이 '주시경'과 '최남선'에 있다고 하면서, 한글 쪽이 야당적이며, 정음 쪽이 여당적이라고 규정하였다. 이는 통일안 반대파의 논리가 조선총독부의 철자법 정책과 가까운 이론을 견지할 뿐 아니라, 이들이 『매일신보』를 비롯한 관변 언론 기관에서 활동한 경험이 많았기 때문이다. 이처럼

'조선어학회'를 중심으로 한 통일안 지지파와 '조선어학연구회'를 중심으로 한 통일안 반대파의 대립이 생겨난 이후로 국어의 각종 문제에 대한 대립이 상시적으로 존재하게 되었는데, 이러한 대립이 국어의 발전에 기여한 면도 있지만 어떤 경우에는 감정적인 대립으로 비화하는 경우도 매우 많았다.

5. 표준화 정책의 한계와 한글 운동의 의의

일제강점기 조선총독부는 조선어과 교과서 편찬을 위한 '철자법 제정', '사전 편찬', '법령 및 공문 서식 보급과 전문 분야의 일본식 용어 채택', '한자 제한' 등의 어문 정책을 실행한 바 있다. 이들 정책은 '어문의 발전과 보존'이라는 어문 정책의 본질과는 관련이 없다. 조선총독부의 어문 정책은 근본적으로 식민 지배를 위한 어문 정책으로, 조선어가 완전한 일본어 보급이 이루어질 때까지 존재하는 과도기적 언어로 취급되었으므로 '교과서 편찬'과 같은 제한된 범위 내에서 실행되었다. 비록 제3차 철자법 개정이 사회에서의 조선어 통일까지 목표로 내세웠지만 이는 구호에 불과할 뿐, 구체적인 연구나 실행이 이루어진 것은 아니었다.

이와 같은 상황에서 1920년대 조선어에 대한 실천적 연구를 슬로건으로 한 조선어연구회 회원들을 중심으로 동인지 『한글』이 발행되고, 1929년 사전 편찬 문제가 본격적으로 등장하면서 '한글마춤법 통일안'이 제정되었다. 이렇게 제정한 통일안은 정부의 주도로 이루어진 것이 아니라는 점에서 '안(案)'이라는 성격을 띠고 있지만, 국어 표준화의 틀을 마련하는 계기가 되었다. 통일안에 대한 지지와 반대의 대립이 있었지만 국가 차원에서 공식적으로 맞춤법을 제정하기 전까지 국어의 표기 규범으로 작용하였으며, 문교부의 '한글 맞춤법'(1988)도 통일안을 수정한 규범이다.

이처럼 국어의 표준화 과정에서 일제강점기 '한글 운동'의 차원에서 진행된 통일안 제정은 매우 큰 의미를 갖는다. 조선어학회의 '외래어 표기법 통일안'(1940)도 마찬가지이다. 현행 국어의 규범인 '한글 맞춤법', '표준어와 표준 발음', '외래어 표기법', '국어의 로마자 표기법'의 기틀은 일제강점기 식민 상황에서 식민 정부의 무관심 속에 실천적 운동을 전개했던 '한글 운동'의 결과로 만들어진 셈이다.

조선총독부의
대민 정책(對民政策)과 계몽 문제

1. 근대정신과 식민 정부의 계몽 정책

사전적인 의미에서 근대(近代)란 중세와 현대 사이의 시대를 말한다. 근대의 개념이나 근대정신이 무엇인가에 대해서는 합일된 의견을 구하기 어렵다. 다만 『표준국어대사전』에서는 근대정신을 "휴머니즘과 과학적 합리주의를 바탕으로 자연, 인간, 사회를 관찰하고 이해하는 정신"이라고 풀이한 바 있다.

휴머니즘과 과학적 합리주의라는 용어는 매우 추상적인 용어이다. 이 점에서 많은 학자들은 근대정신의 특징으로 '정치적 민주주의', '경제적 자본주의', '사상적 합리주의', '사회적 평등주의'를 이데올로기로 하는 사회라고 규정한다. 특히 역사학자나 사회 사상가들의 이론을 기반으로 할 때 근대는 정치 이데올로기의 차원에서 '민족주의'나 '국가주의'가 성행하고, 이를 바탕으로 한 '계몽주의'가 지배하는 사회라고 할 수 있다.

이와 같은 차원에서 '한국 어문민족주의'는 근대정신의 산물이라고 할 수 있다. 이 정신은 정병호(2002)에서 밝힌 것처럼 『독립신문』 창간호 논설(1896.4.7.)에서도 드러난다. 이때의 논지는 '청국의 글자와 다른 우리글', '자주 독립을 위한 글', '진보하는 사람을 위한 글'로서의 '조선글'의 가치를 인식해야 한다는 것이었다. '국문은 전국 인민, 상하 귀천이 모두 알 수 있는 글'이라는 관점에서 국문을 통일하고 보급하는 일이 중요한 과제라는 점은 1895년 이후 1910년까지의 주된 사상적 흐름이었다.

이러한 사상은 곧 '계몽주의'와 상통한다. 계몽주의는 16~18세기에 유럽 전역에 일어난 혁신적 사상으로 알려져 있다. 교회의 권위에 바탕을 둔 구시대의 정신적 권위와 사상적 특권과 제도에 반대하여 인간적이고 합리적인 사유(思惟)를 제창하고, 이성의 계통을 통하여 인간 생활의 진보와 개선을 꾀하려 한 점이 특징이다. 같은 맥락에서 우리의 계몽주의는 '지식 수준이 낮거나 인습에 젖어 있는 사람'을 일깨우는 문제에서 출발하며, 이를 위해 '문명개화(文明開化)'와 '자주 독립(自主獨立)'을 슬로건으로 하는 시대 의식을 형성한다.

이 점에서 1895년 이후의 사상적 흐름은 '계몽주의'를 기반으로 하는 '근대정신'의 시대라고 규정할 수 있다. 다만 사상사의 관점에서 이 시기의 계몽주의가 서구의 근대성과 동일한 의미를 갖고 있는지에 대해서는 별도의 논쟁이 필요할 것이다. 이와 같은 여러 가지 사정을 고려하더라도 '어문민족주의'가 형성되기 시작한 1895년 전후를 '근대 계몽기'로 규정하는 데는 무리가 없을 것으로 보인다.[1]

그러나 국어 정책과 국어운동의 역사 연구 과정에서 우리의 '어문민족주의' 형성 과정에는 여러 가지 변수가 작용했다. 그 가운데 대표적인 것이 '자주 독립' 또는 '국가 사상'과 관련된 것이었다. 정병

---

1) 이 용어의 적절성 문제는 여기서 별도로 논의하지 않는다. 다만 이 용어는 서울대학교 국어교육연구소가 진행한 '근현대 민족어문교육 기초 연구' 프로젝트에서 토의를 거쳐 채택했던 용어임을 밝혀 둔다. 이에 따라 윤여탁 외(2005)에서는 1880년대(한성순보와 주보 발행기)부터 1910년(강점 직전까지)을 근대 계몽기로 규정한 뒤 국어교육사를 서술하였다.

호(2002)에서 제시한 것처럼 한국의 어문민족주의는 '국문 사용 주장=근대적 독자 창출=문명개화'라는 흐름을 이어가지 못한 채, 1905년 통감 정치와 1910년 강제 병합을 통한 국권 상실로 이어졌다. 이는 '국문의 상실'을 의미할 뿐 아니라 근대 민족국가의 문자 생활이 왜곡되는 과정을 의미한다. 특히 일본의 어문민족주의가 '국어의 독립(통일)=국가의 통일=국운 신장'이라는 등식을 전제로 한 각종 정책이 실현된 데 비하여,[2] 우리의 사정은 '자주 독립 사상'과 '민족국가 사상'이 발전할 수 없는 시대 상황에 놓이게 되었다.

(1) 二十世紀 新國民[3]

六. 國民과 敎育

今日 韓國의 自由를 復ᄒ며 文明을 開ᄒᆯ 法門은 卽 敎育이라. 然이나 彼 國家에 利가 無ᄒ거나 或 害가 有ᄒ 敎育 無精神敎育, 舊式敎育, 魔敎育은 決코 二十世紀 新國民의 敎育이 아니니 然則 今日 敎育界에 國家精神, 民族主義, 文明主義 等으로 標識를 立ᄒᆯ 것은 勿論이어니와 吾儕ᄂ 尙武敎育 四字를 大聲으로 唱ᄒ노니 何故오 ᄒ면 前節에 論ᄒ 如히 此 世界는 軍國世界라. 世界 列國이 悉皆 尙武敎育 卽 軍國民敎育을 振興ᄒ는 故로 彼와 如히 福利를 獲得 又 擴張ᄒᆞ나니 嗚呼라 尙武敎育이 아니고는 決코 國家精神, 民族主義, 文明主義를 維持 發揮치 못할지며, 又 況

---

2) 일본의 국어운동에 대해서는 김채수 외(2002), 이연숙(고영진, 임경화 옮김, 2006) 등을 참고할 수 있다.

3) 통감시대의 사상 통제 방식은 '학회령', '신문지법', '교과용도서 검정' 등을 통해 광범위하게 이루어졌다. 특히 교과용도서 검정을 위해 '교과서 조사 사업'을 진행하였는데, 정치적, 사회적, 교육적 방면의 기준을 설정하여 검정 여부를 결정하였다. 특히 교과서의 내용 가운데 '過激ᄒ 文字로 自主獨立을 說ᄒ야 國家의 現象을 破壞ᄒ랴는 精神을 鼓吹ᄒᄂ 者', '國家論, 義務論을 揭ᄒ야 憤慨的 言辭를 用ᄒ 者', '偏狹ᄒ 愛國心을 說ᄒ 者'를 기준으로 삼음에 따라 '민족', '자주', '독립', '자유' 등의 표현이 교과서에서 사라지는 효과를 낳기도 하였다. 이처럼 통감시대에는 '자주독립론', '민족국가론' 등과 같은 근대 정신이 성장하지 못한 채 왜곡되는 결과를 낳기도 하였다. 『대한매일신보』 1909년 3월 23일에 게재된 '同化의 悲觀'은 이러한 시대 상황을 잘 드러내는 논설이다.

韓國과 如히 武力의 衰頹ㅎ 國으로 尙武敎育이 아니고는 決코 回天의 道
를 望키 無ㅎ리니 國民 同胞는 반다시 尙武敎育을 擴張ㅎ야 軍國民의 精
神을 修養ㅎ며 軍國民의 能力을 俱備케 홀지어다.

　然이나 現在 韓國의 敎育制度로는 決코 普及을 望치 못홀 뿐 아니라
又 金融의 乏이 益甚ㅎ즉 敎育界의 悲運이 益迫홀지니 엇지 可歎홀 者
아닌가. (중략)

　—二十世紀 國民, 『대한매일신보』 1910.3.3.

이 논문은 1910년 2월 23일부터 3월 3일까지 8회에 걸쳐 『대한매
일신보』에 연재되었던 논문이다. 국권 침탈 직전의 정치사상과 시대
의식을 살필 수 있는 좋은 논문으로, '국가주의', '민족주의', '문명주
의'가 이 시기의 중심 사상이 될 수 있었다. 그러나 통감시대의 각종
사상 통제 및 동화 정책은 이러한 근대정신이 자연스럽게 성숙할 수
없음을 보여 준다.

(2) 同化의 悲觀

　只今 한國 社會가 外國社會를 模倣홈이 可혼가 曰 不可ㅎ니라 模倣홈
이 不可혼가 曰 可ㅎ니라 可홈을 何故오 曰 同等的 思想으로 模倣홈은
可ㅎ니라 如何ㅎ면 同等的 思想의 模倣이라 홀까 曰 我가 同等코즈 하야
模倣홈이니 故로 外國 社會가 文明에 進ㅎ면 我도 文明에 進하며 外國
社會가 自由를 愛하면 我도 自由를 愛하며 外國 社會가 學術을 發揮ㅎ면
我도 學術을 發揮ㅎ며 外國 社會가 武力을 奮興ㅎ면 我도 武力을 奮興ㅎ
는 等 模倣이 是니라

　郵 如何ㅎ면 同化的 思想의 模방이라 홀신 曰 我가 同化코즈 ㅎ야 모
방홈이니 我의 精神은 都無ㅎ고 彼를 服從키만 樂하며 我의 利害는 不計
ㅎ고 彼를 모範키만 務ㅎ야 我가 彼되기를 僕僕 自願ㅎ다가 畢竟 我의
身이 彼의 身으로 化ㅎ며 我의 國이 彼의 國으로 化ㅎ야 其 國家와 其 種
族이 消滅 乃已ㅎ는 모방이니라

故로 同等的 모방은 鳥가 飛를 習홈과 如ᄒ고 同化的 모방은 蜈蛤이 瓜蠃를 學홈과 如ᄒ며 <u>同等的 모방은 後覺的의 모방이오 同化的 모방은 奴隷的 모방이니라</u> 嗚呼라 天下의 事ㅣ 同化에셔 无悲혼 者ㅣ 無ᄒ며 同化에셔 无痛혼 者ㅣ 無ᄒ나니 凡 世界 有精神혼 同胞ᄂ 悲를 自取ᄒ지 말며 痛을 自買ᄒ지 말지어다 近日 한國샤會의 現狀을 察ᄒᄆ 同化의 熱이 愈愈膨脹ᄒ야 其極이 無ᄒ니 此ㅣ 엇지 可怪혼 者ㅣ 아닌가 余의 言을 不信홀진ᄃ 余ㅣ 謂컨ᄃ 其壹二 實例를 擧ᄒ리라

(壹) 精神的 同化 腦髓ᄂ 我의 腦髓로ᄃ 其中에 彼의 精神만 充滿ᄒ얏스며 五體ᄂ 我의 五體로ᄃ 所爲가 彼의 精神만 發現ᄒ야 彼我 彼族 我族 彼國 我國의 區別이 無홈에 至혼 者니 現今 한國 內에 此等 人物이 屢屢 出現혼 바ㅣ며

(二) 言語文字上 同化 大抵 言語 文字ᄂ 國家와 民族의 壹 標準이니 言語 文字가 變ᄒ면 國家와 民族의 標準이 變ᄒ며 言語 文字가 滅ᄒ면 國家와 民族의 標準이 滅홈이라 只今 한國社會를 睹ᄒ건ᄃ 其標準을 自變코ᄌ ᄒ며 其標準을 自滅코ᄌ ᄒᄂ 者ㅣ 엇지 其多혼가 <u>彼竪子輩를 試看ᄒ라 逢別 禮語에 '사요나라' '곤니지와'必稱ᄒ며 書信 往復에 某方某殿이라 必書치 아니ᄒᄂ가</u> 嗚呼라 韓國 禮語에 '날시 안녕ᄒ시오' '평안히 가십시오' 等 句語가 如何히 奇妙ᄒ기에 彼外語 不條理의 語(彼語가 外語일 샏 아니라 語義도 韓어보다 不美홈)되ᄂ 어로 談話ᄒ며 韓國 書信에 '某家某宅'이라 홈이 如何히 穩當ᄒ기에 彼外文 不條理의 文(彼文이 外文일 샏 아니라 文義도 한文보다 不美홈)되ᄂ 字로 往復ᄒᄂ가

(三) 頭髮 被服上 同化 頭髮과 被服은 亦是 言語 文字와 同等의 關係가 有혼 者어늘 彼無知輩의 妄動이 頻繁ᄒ야 頭髮이 未燥혼 兒女가 學校에 入ᄒ면 或 曰髮이 油膩(유이)ᄒ고 或 曰服이 瓢拂ᄒ며 男子輩도 或 曰服을 着혼 者ㅣ 有ᄒ니 此가 果然 何等 怪狀인가 —'同化의 悲觀', 『대한매일신보』 1908.3.23.

이 논설은 통감시대부터 진행된 각종 정책으로 말미암아 한국인의 사상, 언어·문자, 생활 방식이 일본화되기 시작함을 통탄한 논설이다. 이러한 흐름에 따라 강점 이후에는 '한국'이라는 국호와 함께 정치사상도 발현될 수 없었다. 흔히 '우민화 정책'으로 불리는 조선총독부의 계몽 정책은 이러한 흐름의 연장선에서 출발하고 있는 셈이다.

ㄹ. 무단 통치기의 대민 정책

2.1. 식민 통치의 본질

일제의 식민 통치 방침은 강점과 함께 발표된 데라우치[寺内正毅]의 '유고(諭告)'를 통해 짐작할 수 있다.

(3) **諭告**

(前略) 夫 疆域이 相接ㅎ며 休戚이 相倚ㅎ야 民情 亦有昆弟之誼者ㅣ 相合ㅎ야 一體를 成홈은 自然之理요 必至之勢라. 以是로 大日本帝國 天皇陛下게셔ᄂᆞᆫ 朝鮮의 安寧을 確實케 保障ㅎ시고 東洋의 平和를 永遠히 維持홈을 緊切케 體念ㅎ샤 前 韓國 元首의 希望을 應ㅎ셔 其 統治權의 讓與를 受諾ㅎ신 바ㅣ라. 自今 前 韓國의 皇帝陛下ᄂᆞᆫ 昌德宮 李王殿下라 稱ㅎ며 皇太子ᄂᆞᆫ 王世子가 되시고 後嗣가 長히 相傳繼承ㅎ고 萬歲無窮홀지며 太皇帝陛下ᄂᆞᆫ 德壽宮 李太王殿下라 稱ㅎ야 慈히 皇族의 禮遇를 賜ㅎ시고 其 秩俸이 豊厚홈은 皇位에 在ㅎ실 時와 無異홀지라. 朝鮮 民衆은 咸爲帝國臣民ㅎ야 彼天皇陛下撫育之化ㅎ고 永히 深仁厚德之惠澤에 浴홈이라. 殊히 忠順히 新政을 翼贊홀 賢良은 其 功勞를 準ㅎ야 榮爵을 授ㅎ시며 且 恩金을 賜ㅎ시고 又 其 材能을 應ㅎ야 帝國 官吏라 或은 中樞院 議官之班에 列ㅎ며 或은 中央 又 地方官廳之職員에 登用케 ㅎ심

이라.

又 班族儒生之耆老가 能히 庶民之師表될 者에는 尙齒之恩典을 與ᄒ시며 孝子節婦에 鄕黨之模範이 될 者에는 褒賞을 賜ᄒ시와 其 德行을 表彰케 ᄒ심이라. 曩者 地方官職에 在ᄒ야 國稅欠逋의 行爲가 有ᄒ 者는 其 責任을 解除ᄒ야 特히 其 未勘金의 完納을 一體히 免ᄒ이라. 又 從前 法律에 違背ᄒ 者로 其 犯罪 性質이 特히 愍諒ᄒ즉ᄒ 者에 對ᄒ야는 一律 大赦之特典을 與ᄒ심이라.

如今 地方民衆은 積幣之餘孽을 受ᄒ으로써 或 失業傾産하며 至於尤深者ᄒ야는 流離饑餓에 瀕ᄒ 者도 有ᄒ니 爲先 民力의 休養을 圖ᄒ이 急務로 認ᄒ야 隆熙二年度 以前의 地稅로 尙今 未納에 屬ᄒ 者는 此를 除免ᄒ고 隆熙 三年 以前의 貸付에 屬ᄒ 社穀은 其 還納을 特免케 ᄒ고 且 本年 秋季에 徵收ᄒ 地稅는 特히 其 五分之一을 輕減ᄒ며 更히 國帑 約 一千七百萬圓을 支出ᄒ야 此를 十三道 三百二十有餘 府郡에 配列케 ᄒ고써 士民의 接産敎育의 補助 竝 凶歉之救濟로 充用케 ᄒ이라. 是皆更始 一新之時를 當ᄒ야 惠撫慈養之聖旨를 昭케 ᄒᄂ 所以라. 雖然이나 國政之利澤에 浴ᄒ 者는 應其 分ᄒ야 負擔國費ᄒ이 天下通則이오 古今東西ㅣ 皆莫不然ᄒ이라. 故로 期必코 這般 救恤之本旨를 克體ᄒ야 或 狃恩而奉公之心을 失치 勿ᄒ이 可ᄒ이라.

凡政之要는 生命 財産의 安固를 圖ᄒ에 急務가 無ᄒ지라. 蓋히 殖産之法과 興産之途는 次此로 振作케 ᄒ을 得ᄒ이라. 從來 不逞之徒와 頑迷之輩가 出沒遝邇ᄒ야 或 殺人命ᄒ며 或 掠財貨ᄒ며 或 企非謀ᄒ며 或起騷擾ᄒ 者ㅣ 有ᄒ니 以是로 帝國 軍隊는 各道 要處에 駐屯ᄒ야 時變에 備ᄒ며 憲兵 警察은 普亘都鄙ᄒ야 專혀 治安에 從事ᄒ고 又 各地에 法廷을 開ᄒ며 公平無私ᄒ 審判을 下케 務ᄒ은 本是 懲罰奸凶ᄒ여 芟除邪曲키를 爲ᄒ이오 畢竟 國內 全般之安寧과 秩序를 維持ᄒ고 各人으로 ᄒ야곰 安其堵ᄒ야 營其業ᄒ며 治其産ᄒᄂ딕 不外ᄒ이라. (中略)

顧컨딕 人文發達은 後進敎育에 不可不俟라. 敎育之要는 進智磨德ᄒ야 以在資於修身齊家ᄒ이나 然이나 諸生이 輒厭其勞而就其逸ᄒ고 徒談空

理而流放漫홈은 終히 無爲徒食之民이 된 者ㅣ 往往 有之ᄒ니 自今으로 宜矯其弊ᄒ야 去華就實ᄒ며 一洗其懶惰陋習ᄒ고 涵養勤儉之美風을 努홈이 可홈.

信敎의 自由ᄂ 文明 列國이 均認ᄒᄂ 바ㅣ라. 其 崇拜ᄒ 敎旨를 倚ᄒ야써 安心立命之地를 求홈은 固離其所ㅣ나 宗派의 異同으로써 漫히 試其分爭ᄒ며 又藉名信敎ᄒ야 卽 議政事ᄒ며 若企異圖홈은 卽 茶毒良俗ᄒ야 妨害安寧ᄒ 者로 認ᄒ야 當히 按法處斷치 아니치 못ᄒ리라. 然이나 儒佛諸敎與基督敎를 不問ᄒ고 其 本旨ᄂ 畢竟 人心世態를 改善홈에 在ᄒ 故로 固히 施政之目的과 不爲背馳而已쑨 아니라 도로혀 可히 此를 補益홀 者로 不疑ᄒ니 以是로 各種 宗敎를 待홈에 毫無狹於親疏之念을 勿論ᄒ고 其 布敎傳道에 對ᄒ야 適當ᄒ 保護 便宜를 與홈이 不吝홈이라. (下略) —『조선총독부 관보』 1910.8.29.

'유고'의 주요 내용은 강점의 취지(조선의 안녕, 동양의 평화), 강점의 결과(황제와 황족, 신정을 익찬할 현량, 반족 유생 기로, 지방 민중에 대한 대우), 일본의 시정 방향(군대 주둔, 헌병, 경찰, 법정, 교육, 종교) 등으로 이루어져 있다. '유고'에서 확인할 수 있듯이 강점 직후의 통치 방침은 '황족과 강점에 동조한 귀족'에 초점이 맞추어져 있었다.[4] 조선 민중에 대한 통치 방침은 '적폐(積弊)의 얼(孽)'을 청산하여 '구제(救濟)' 또는 '구휼(救恤)'을 함으로써 '식산(殖産)'과 '흥업(興業)'을 도모한다는 것이었는데, 이를 위해 먼저 이루어져야 할 것이 '생명재산(生命財産)의 안고(安固)'이므로 "제국 군대가 주둔하고, 헌병 경찰이 전국에 상주하며, 각지에 법정을 열어" 안녕과 질서를 유지한다는 것이다. 이른바 '무단통치(武斷統治)'는 동화주의를 내세웠으나 권력의 어느 부분도 공유하지 않는 '민족 말살 정책'의 하나였다.[5] 이 무단정치의

---

4) 이에 대해서는 문정창(1966), 차기벽 외(1985), 차석기(1999) 등에서도 연구된 바 있다.

5) 이에 대해 차기벽(1985 : 31)에서는 "일제는 동화주의를 내세웠으나 그것은 극도의 자기기만으로 한민족의 어느 부분에도 권력을 나누어 주지 않았다. 즉 국왕, 봉건 대관료를

성격에 대해 이 시기 정우회 대의사였던 이노우에[井上角五郎]은 다음과 같이 진술하고 있다.

(4) 朝鮮統治의 成功

余는 東京을 出發ᄒ기 前에 寺內總督을 訪問ᄒ얏더니 總督은 來十二日에 京城으로 歸任홀 豫定인즉 同行홈이 如何오 ᄒ나 余는 不得已ᄒᆫ 事勢를 因ᄒ야 代議士 淸釜太浪 氏와 同伴ᄒ야 出發 渡鮮ᄒ얏노라. 余는 朝鮮과 不淺ᄒᆫ 關係가 有ᄒ니 <u>明治 十七年</u>브터 久히 京城에셔 卜住ᄒ얏고 且 <u>京釜鐵道</u>를 起工ᄒ던 것이 卅七年 頃인ᄃᆡ 余는 當時에ᄂᆞ 監督ᄒ기 爲ᄒ야 渡來ᄒᆫ 事ㅣ 有ᄒᆫ지라. 故로 朝鮮의 當年 朝野의 名士 中에도 知友가 不少ᄒ더니 今回에 다시 朝鮮의 土地를 踏ᄒ고 爲先 喫驚ᄒᆫ 者는 新領土에 在ᄒ 內地人의 發展이 想像 以外오 特히 釜山港은 海陸의 設備가 整頓ᄒᆫ 中 市街 等도 大히 膨脹ᄒ고 整頓ᄒᆫᄃᆡ 驚歎홈을 不勝ᄒ얏거니와 惟獨 釜山港ᄲᅡᆫ만 안이라 京釜線 到處에 內地人의 形影이 無所不在ᄒ야 主要 各驛은 勿論ᄒ고 寒村僻陬에 至ᄒ기ᄭᅡ지 日本 家屋의 散在홈을 見ᄒ얏고 又 溫突 簷頭에 鯉幟를 揭ᄒ얏스니 此는 溫突 內에 必然 內地人이 居住홈이오 沿線의 禿山赫陵은 十七年 頃에 余가 視察ᄒ 當時보다 尤甚ᄒ즉 此亦 豫想 以外오 <u>朝鮮倂合에 全土가 極히 靜穩</u>ᄒ다 ᄒ더니 今回 實地로 平穩無事홈을 目擊ᄒ얏고 <u>新政은 顯著히 普及</u>ᄒ야 內地人의 移住者가 連續不絕ᄒ니 此地 産業의 開發은 多言을 不須홀지로다.

近來 總督政治에 對ᄒ야 意見이 百出ᄒ되 其中 尤甚ᄒ 者는 惡罵를 放ᄒ는 者ᄭᅥ지 有ᄒ나 此等 朝鮮의 現下의 狀態를 未解ᄒ는 者가 안이면 其眞相을 不知ᄒ고 誤解홈에 基因홈이오 且 世間에셔는 往往히 <u>武斷政治 言論壓制</u>에 對ᄒ 事는 統治上 必要ᄒ 結果로 斷行된 것인즉 軍政을

일제의 귀족 제도에 편입하여 중추원이라는 한직에 가두어 넣고 군수 등 재래의 지방관을 총독부의 말단 기구에 흡수하여 유교와 구양반 지주 계층을 지배의 사회적 지주로서 개편 이용하고자 했지만 그들을 실권에서 떼어 놓기 위해서는 용의주도한 방책이 강구되었다"라고 진술한 바 있다.

施ᄒ야도 未爲不可ᄒ도다. <u>然而 朝鮮이 今日과 如히 平穩無事ᄒ 狀態롤 持續홈은 總督政治의 一大 成功이오 寺內總督이 안이면 能치 못홀 바이라.</u> 警察制度의 普及은 新領土 統治上 가장 緊要ᄒ 條件이니 現在에도 警察制度가 普及ᄒ 結果로 朝鮮의 草賊은 其形影을 遁秘홈이 안인가. 要컨딘 彼等은 <u>武斷의 意義를 了解치 못ᄒ고 徒然히 武斷政治를 排斥ᄒ야 武斷政治로써 非立憲的이라 홈은</u> 其迂怪홈을 言키 難ᄒ도다. 新領土의 言論取締도 亦統治上에 極히 必要ᄒ 條件이니 無責任ᄒ 言論과 亂暴ᄒ 橫議ᄂ 有害無益ᄒ즉 到底히 取締치 안이치 못홀지니 若夫矯激의 論을 主張ᄒ다가 禁遏을 受ᄒ고 言論의 壓迫이라 따ᄒᄂ 者ㅣ 有ᄒ면 是ᄂ 自己의 面에 唾ᄒᄂ 者인즉 相互間에 國家의 利益得失을 考慮ᄒ고 是非言論을 挿홀 것이 안이로다. (下略) —『매일신보』 1911.5.10.

'무단 정치'나'헌병 경찰 정치'라는 용어는 강점 직후 일본인 스스로가 쓴 용어이다. 식민 정책의 하나로 '무단 정치'를 실행할 수밖에 없었던 이유는 데라우치의 '유고'에도 나타나듯이 강점에 대한 민중의 저항 때문이었다. 식민 지배자들은 이들을 '폭도난민(暴徒亂民)'으로 규정하고, 이들의 저항운동을 '소요 사건(騷擾事件)'으로 격하시키면서 군대, 헌병, 경찰을 통한 강제 진압 정책을 취하였다. 이는 정치, 경제적인 면뿐만 아니라 사상이나 문화면에도 그대로 적용되었는데, 각 도의 정치 단체를 강제로 해산하고,[6] 조선어 언론을 탄압하는 방식으로 나타났다. 그 결과 1910년대의 조선어 신문은『매일신보』과 같은 어용지만 남게 되었다.

일제의 식민 통치는 '종속적 동화주의'를 속성으로 하였으며, 궁극적으로는 '완전 동화'를 목표로 하였다. 식민 정책에 관해서는 통감시대 이후 일제강점기까지 정치, 경제적인 차원뿐만 아니라 학문적

---

6) 이에 대해서는 이태일(1985 : 61; 차기벽, 1985 수록)을 참고할 수 있다.

인 차원에서도 관심사가 되었는데, 대부분의 일본 학자들은 조선 지배를 단순한 식민 지배가 아니라 '협조 관계'로 파악하거나 아예 '조선은 식민지가 아니라 일본의 일부'라고 강변하기도 하였다. 다음은 이를 증명한다.

(5) 各國의 植民政策, 松岡正男

今日의 여러분의 招請에 依하야 植民政策에 關한 講演을 하게 되엿슴니다. 그러나 諸位는 生覺건대 朝鮮에 久居하야 從하야 朝鮮 統治의 實情에도 精通하야 <u>所謂 植民地(眞正한 意味로는 朝鮮은 植民地가 안이지마는) 統治策의 實際에 就하</u>야도 豊富한 實際的 智識을 有하얏슬 것이외다. 그러나 余는 昨年 十二月 十日 初에 朝鮮에 *生하얏슴으로 今日에 겨우 五十日밧게 되지 못한 單純한 乳兒로도 比喩할 수 잇슴니다.

그러함으로 余의 講演은 或은 事實에 對한 考證이 不充分하야 所謂 隔靴搔癢의 感이 업지 안이하다 그러나 一學者의 机上* 諸位의 實際的 智識에 *****을 與할는지 아지 못하겟슴으로 萬一 그러한 功效가 잇다하면 *의 多幸으로 알겟나이다. 그런데 近者에는 內閣의 大臣이 됨에도 一個人의 資格…이라는 말이 流行하게 되엇슴니다. (下略) ―『매일신보』 1927.2.7.~2.16.

이 글은 매일신보사 부사장이었던 마쓰오카[松岡正男]가 경성은행 집회에서 행한 강연의 일부이다. 식민 정책에 관한 특강을 하면서 조선은 진정한 의미에서 식민지가 아니라고 강변하는 점이 특징이다. 일제강점기 식민 지배 연구는 제국주의와 함께 정치, 경제적 차원에서 비교적 많은 연구가 진행되었는데 그 가운데 하나가 가타[加田哲二](1940)의 『식민정책(植民政策)』(다이아몬드사)이다. 이 책에서 저자는 식민주의를 '종속주의', '동화주의', '자치주의', '협동주의'로 나누고, 일본의 조선에 대한 지배는 협동주의에 근거를 두고 있는 것처럼 서술한 바 있다. 그러나 본질적으로 무단통치, 헌병 정치를 바탕으로 한 식민 정책은 '종속적 동화주의'를 근간으로 하고 있으며, 이에 따라 조선 민중은 민도가 낮고 의뢰심이 강하며 과거 정치의 폐단과 악습을 이어받은 고루한 국민으로 식민 지배의 혜택을 받아 제국 신민이 되어야 할 대상으로만 간주되었다.

2.2. 개조 대상의 조선인과 기능적 문식성

강점 직후 식민 정부의 조선 민중 정책은 '헌병, 경찰'을 동원한 억압의 대상일 뿐이었다. 그렇기 때문에 극히 일부 지역에서 자생적으로 발생한 '일어 보급 야학회'[7]를 제외한 계몽 정책이나 계몽운동이 전개된 적은 없었던 것으로 보인다.

이처럼 조선 민중을 개조 대상으로 인식하게 된 데에는 데라우치 유고에 등장하는 '안일', '방만', '나타', '누습'이 과거 교육에서 비롯된 것일 뿐 아니라 민족성에서 기인하는 것이라는 식민 지배 이데올로기가 형성되었기 때문이다. 따라서 '교육 혁정(敎育革政)'을 통하여 과거의 폐단을 청산해야 하며, 실학 교육을 바탕으로 조선인의 근본 사상을 개척해야 한다고 주장하였다. 다음은 이러한 이데올로기를 잘 드러낸 논설이다.

(6) 朝鮮敎育 革正論[8]

　韓國 倂合 以後로 殆히 七星霜에 垂코져 홈이 朝鮮人이 我 聖皇 統治

---

7) 『매일신보』에 보도된 '楊州의 國語 講習'(1911.12.16.), '北鮮 人民의 國語'(1912.3.24.), '鮮人 敎員 夏期 講習'(1912.6.8.), '仁川의 國語 講習'(1913.8.12.) 등이 이에 해당한다.

8) 이 논설은『매일신보』1917년 3월 27일부터 4월 8일까지 10회에 걸쳐 연재된 사설이다. 이 시기 이와 비슷한 논조의 사설이나 칼럼이 자주 연재되었는데, '敎育의 根本觀念'(김기전, 1917.6.23.~7.3. 총8회), '鮮人敎育의 要旨'(1918.3.18~4.2. 총7회), '鮮人同化'(正上圓了, 1918.8.23.~8.25. 총3회), '敎育革新論'(1919.9.14.~9.17. 총3회) 등이 있다. 이에 대해서는 자료집을 참고할 수 있다.

의 下에셔 無偏無黨혼 一視同仁의 恩澤에 浴ㅎ야 日本人과 同化ㅎ고 上下가 共同一致ㅎ야 結合의 實을 擧ㅎᄂ 中에 在홈은 朝鮮總督府의 政治가 其宜를 得홈에 由홈이라 홀지라도 抑亦 聖天子의 稜威大德에 由치 안임이 無ㅎ니 吾人은 此点에 對ㅎ야 爲先 總督政治의 成功을 一言치 안임을 不得ㅎ노라.

雖然이나 韓國併合은 朝鮮에 對혼 政治 改革의 第一步에 不過ㅎ니 苟히 朝鮮의 政治가 改革된 以上에ᄂ 此와 同時에 朝鮮人의 生活的 狀態도 一變치 안이치 못홀 것이오 朝鮮人의 生活狀態가 一變ㅎᄂ 以上에ᄂ 其 思想精神도 亦 一變홀 것은 必至의 勢가 되지 안임을 不得홀지니 孔子ㅣ 不云乎아. 齊가 一變ㅎ면 魯에 至ㅎ고 魯가 一變ㅎ면 道에 至ㅎ리라 ㅎ니라. 朝鮮人은 併合과 同時에 旣히 其 政治를 一變ㅎ얏스니 政治가 一變혼 以上에ᄂ 更히 一變ㅎ야 社會改善이 되고 再變ㅎ야 思想界의 改善이 될 것은 自然의 到着点이 되ᄂ 所以라.

吾人으로셔 今日 朝鮮의 社會的 狀態를 察ㅎ면 正是 新舊 思想 改善의 一代 過渡期라 謂치 안임을 不得홀지니 此를 當ㅎ야 朝鮮人으로셔 自覺치 안이ㅎ면 則 已어니와 苟히 朝鮮人으로셔 自覺ㅎ야 日本人과 共히 日本의 文明과 同化ㅎ고 日本人과 共히 其 生命財産을 保全ㅎ고 日本人과 共히 自由 權利를 獲得ㅎ고 日本人과 共히 其步趣를 共同히 ㅎ며 其 態度를 一樣히 ㅎ고 日本人과 共히 世界 列國의 間에 立ㅎ며 進ㅎ야 其 品位 勢力 信用을 維持코져 ㅎ면 其 生活的 狀態의 改善과 同時에 思想精神의 向上的 進步를 期ㅎ고 日本人과 其 生活을 共同히 ㅎ고져 ㅎ면 今日에 맛당히 精神的으로 自覺치 안이치 못홀 것이오 日本的으로 自覺치 안이치 못홀 것이며 且 精神的으로 自覺ㅎ고 日本的으로 自覺코져 ㅎ면 朝鮮人으로 ㅎ야곰 其所嚮을 知케 ㅎ지 안치 못홀 것이오

朝鮮人으로 其所嚮을 知케 ㅎ고져 ㅎ면 爲主ㅎ야 朝鮮人의 思想精神을 支配ㅎ던 支那 形式的 文面의 宿弊를 打破ㅎ고 實用的 文明 實用的 學問의 眞意義를 呪唱ㅎ며 消化ㅎ야써 其 福利를 增進ㅎᄂ 事를 期치 안이치 못홀 것이오

朝鮮人으로써 第二十世紀의 實用的 文明 實用的 學問의 眞意義를 呪唱ㅎ며 消化코져 ㅎ면 今日에 宜히 朝鮮敎育의 主義 方向을 確定치 안이치 못홀지니 今日은 朝鮮敎育의 革正을 圖ㅎ이 適히 其一大 過渡期에 屬홈으로써ㅣ라. —『매일신보』 1917.3.27.

이 사설에 나타난 것처럼 병합의 목표는 '일본인과 동화'하는 데 있으며, 조선 교육은 과도기적 상황에서 생활과 사상 개조를 해야 할 입장에 있다는 것이다. 병합은 정치 개혁의 제일보에 불과하며, 조선의 사회적 상태는 '신구 사상 개선의 일대 과도기'로, '생활 개선'과 '사상 정신의 향상'을 위해서는 '일본의 문명과 동화'해야 하며, '일본인과 함께 생명 재산을 보전하고 자유 권리를 획득'해야 하며, '일본적으로 자각'해야 한다는 것이다. 이 사설은 조선의 폐단이 중국의 유교문화의 형식주의에서 비롯된 것으로 성리학의 폐단을 극복하고 실학 교육을 해야 한다고 주장한다. 특히 4월 6일자의 사설에서는 "實學主義이라 홈은 何也오 曰 利用厚生의 學問이 是也ㅣ오 曰 開物成楊의 學問이 是也ㅣ라. 今日 朝鮮人으로 ㅎ야곰 虛學的 敎育의 桎梏에서 脫却ㅎ야 <u>我 日本人과 共同生活을 營ㅎ고 忠良ㅎ 帝國의 臣民이 되야 文明의 恩澤에 浴케 ㅎ고져</u> ㅎ면 利用厚生의 敎育을 施ㅎ고 開物成務의 學問을 與홈보다 急 且 切홈이 無ㅎ도다." 라고 하여, 실학 교육 이데올로기가 '일본과의 동화', '제국 신민화'와 같은 의미를 갖고 있음을 밝혔다.

이러한 개조 이데올로기는 조선인에게도 적지 않은 영향을 미쳤던 것으로 볼 수 있는데, 그 가운데 대표적인 논조가 이광수(1922)의 '민족 개조론' 이데올로기이다. 이 논설은 『개벽』 제23호(제3권 제5호)에 실렸는데, 이 글에서 이광수는 다음과 같이 주장한다.

(7) 民族改造의 意義

(前略) 大體 民族改造란 무엇인가. 一民族은 다른 自然現象과 가티 時時

刻刻으로 어떤 方向을 取하야 變遷하는 것이니 한 民族의 歷史는 그 民族의 變遷의 記錄이라 할 수 잇습니다. 檀君時代의 朝鮮民族, 三國時代의 朝鮮民族, 高麗나 朝鮮時代의 朝鮮民族 또는 가튼 李朝時代로 보아도 壬亂以前과 以後, 甲午 以前과 以後, 이 모양으로 朝鮮民族은 쉬힘 업시 變化하여 나려왓습니다. (中略) 이것은 自然의 變化외다. 또는 偶然의 變化외다. 마치 自然界에서 쉬힘업시 行하는 物理學的 變化나 化學的 變化와 가티, 우리 눈으로 보기에는 偶然히 行하는 變化외다. 또는 無知蒙昧한 野蠻人種이 自覺업시 推移하여 가는 變化외다. (下略)

이광수의 '민족 개조론'은 기존의 우리 역사가 '자각 없는 변화', 곧 '무지몽매', '야만 인종'의 상태에 있었음을 전제로 민족 전체의 목표와 방향을 개조하지 않으면 안 된다는 논리를 바탕으로 하고 있다. 이 논설은 '병언(幷言)'에서 "이 글의 內容인 民族 改造의 思想과 計劃은 在外同胞 中에서 發生한 것으로서 내것과 一致하야 마츰내 내 一生의 目的을 이루게 된 것이외다. (中略) 願컨대 이 思想이 사랑하는 靑年 兄弟姉妹의 純潔한 가슴 속에 깁히 쌘리를 박아 꼿이 피고 열매가 매쳐지이다."라고 진술하고 있듯이, 재외동포(특히 일본)들의 사상에서 비롯되었음을 강조하였다. 이 논설은 '역사상으로 본 민족개조운동', '갑신 이래 조선의 개조운동', '민족 개조는 도덕적일 것', '민족성의 개조는 가능한가', '민족성의 개조는 얼마나 시간을 요할가', '개조의 내용', '개조의 방법', '결론'으로 이루어져 있다. 특히 그가 개조의 내용이라고 밝힌 8개 사항은 식민 지배 이데올로기의 조선 민중관과 상통한다.

(8) 改造의 內容

(一) 거즛말과 속이는 行實이 업게

(二) 空想과 空論은 버리고 올타고 생각하는 바 義務라고 생각하는 바를 부즈런히 行實하게

(三) 表裏不同과 反覆함이 업시 義理와 許諾을 鐵石가티 지키는 忠誠되
는 信義 잇는 者가 되게

(四) 姑息, 逡巡 等의 怯懦를 버리고 올흔 일, 작정한 일이어든 萬難을 무
릅쓰고 나가는 者가 되게,

(五) 個人보다 團體를, 卽 私보다 公을 重히 여겨 社會에 對한 奉仕를 生
命으로 알게(以上 德育 方面)

(六) 普通 常識을 가지고 一種 以上의 專門 學術이나 技藝를 배워 반듯이
一種 以上의 職業을 가지게(以上 智育 方面)

(七) 勤儉 貯蓄을 尙하야 生活의 經濟的 獨立을 가지게(以上 經濟 方面)

(八) 家屋, 衣食, 淸潔 等 衛生에 合致하는 生活과 一定한 運動으로 健康
한 體格의 所有가 되게 함(下略) ―이광수(1922), '민족개조론', 『개
벽』 제23호(1922년 5월호)

이광수가 제창한 민족 개조의 내용은 강점 초기 조선총독부의 민
중관 또는 대민 정책과 유사한 내용이라고 할 수 있다. '도덕 교육'
을 강조하고(『매일신보』 1910년 12월 28일 사설), '실업 교육'의 제창하며
(『매일신보』 1917년 4월 6일 사설), 조선인의 폐단이 '의뢰주의', '고식주
의'에 있다고 주장하는 논리(『매일신보』 1918년 3월 26일부터 4월 2일까지
연재한 '鮮人敎育의 要旨')는 식민 지배 이데올로기와 큰 차이가 없는
셈이다.

이러한 배경에서도 조선인에 대한 기능적 문식성은 무시될 수 없
었다. 그렇기 때문에 강점 초기 관보에서는 각종 법령이나 공문, 자
료를 일본문으로 게재하고 이를 번역하여 '조선역문(朝鮮譯文)'으로
게재하였다. '조선역문'은 1923년까지 실렸으며, 그 빈도수가 줄어들
다가 1920년대 중반에는 자취를 감추었다. 이뿐만 아니라『잠업지남
(蠶業指南)』(1912, 경상북도 내무국)과 같은 실용서는 '일선한(日鮮漢)' 혼
용 문체로 발행되었으며, 민력(民曆)에서도 조선문을 사용하였다.

3. 사회 교화와 대민 정책

3.1. 사회 교화론의 실체

일제의 대민 정책은 1920년대에 들어서서 중요한 변화를 보인다. 이른바 '문화 정치'를 표방하면서 조선문 신문과 잡지의 발행이 늘었고, 일본 유학생을 중심으로 한 계몽 강연이 유행하기도 하였다. 또한 식민 수탈로 인한 농촌의 피폐는 더욱 심해져 갔으며, 사회주의나 공산주의를 비롯한 사상이 유포되기도 하였다. 이러한 상황에서 1920년대에는 '사회 교화론(社會敎育論)'이 제창되기도 하였다.

1920년대 사회 교화론은 학무과장 마쓰무라[松村松盛]의 '學校를 中心으로 하는 社會敎化'에 나타나듯이 '교화(敎化)'의 차원에서 강조되었다. 사회 교화 이데올로기는 '학교 보급'이 충분하지 않은 실정에서 조선인으로 하여금 통치 방침에 순응할 수 있도록 교화해야 한다는 논리이다.

(9) 社會 敎化의 必要

可及的 多數人에게 高尙흔 程度의 敎育을 施흘 것이라 함은 現代의 良心의 要求이며 從하야 又 今日의 敎育行政의 大眼目으로 할 바이라. 小數의 人이 獨占的으로 賢明하게 된다 함은 今日의 時勢로 不適한 것이니 何人일지라도 賢明하기를 望하는 것은 人情이라. 故로 될 수 잇는 대로 各人의 希望에 委하야 各人 天賦의 能力을 伸張케 하는 方針으로 相當 施設을 爲할 것은 極히 肝要한 事어니 卽 萬人에 對하야 <u>敎育을 受할 바의 機會를 均等히 提供</u>한다는 方針을 執치 안이하면 不可한 것이라. 然인대 所謂 學校인 敎育機關의 設置는 大抵 充分치 못한 事 多하고 且 <u>學校가 假令 充分하다 할지라도 個人의 境遇上 或은 經濟上 其他의 理由에 依하야 學校에 入하기 難한 者도 多數이니 其 如何한 境遇로 하던지 學校의 敎育을 受치</u>

못하는 人 又는 受得할지라도 充分히 高等教育을 受치 者가 殆히 世間의 大多數를 占한한 現況이라. 此等 多數에 對하야 學校教育은 殆히 何等의 恩惠를 與하기 不能한 것이니 學校教育 以外에 何等의 方法에 依하야 多數의 人이 向上慾을 滿足케 하야써 個人으로든지 國民으로던지 價値의 高한 者가 되게 하는 것이 國家의 繁榮上은 勿論이오 文化의 向上에 對하야도 極히 必要한 事인대 더구나 朝鮮에 在하야는 教育機關이 不充分하며 又 無教育者가 大多數를 占하고 文化의 惠澤이 普及치 못한 現狀이라. 從하야 世界의 大勢를 理解치 못하고 總督 政治의 悅服치 안는 者도 有하며 又 動輒裡裡의 流言蜚語에 迷惑되어 猜疑 不安 中에 漂迫하는 者도 有한 貌樣이니 此等의 人에 對하야는 特히 敎化의 方法을 講치 안이하면 不可하며 又 朝鮮 內에 在한 內地人일지라도 新政治의 趣旨를 十分 理解치 못하는 所以로 連連의 誤解를 朝鮮人에 對하야 生케 하는 者도 亦 不無하니 如斯한 人을 그대로 放置한다 함은 人道上으로 言하던지 又 國家 政策上으로 言하던지 決코 可喜할 者이 안인즉 此等의 人싯지도 敎化하는 것은 朝鮮의 現狀에 照하야 最히 必要한 것임으로 思하노라. —'學校를 中心으로 하는 社會敎化', 『매일신보』 1921.12.2.

이 논설에서는 사회 교화가 총독 정치에 열복하지 않는자, 유언비어에 미혹되어 시의 불안에 표박하는 자 등을 교화하여 신정치의 취지를 이해하도록 하는 데 목표가 있음을 분명히 하였다. 마쓰무라는 사회 교화의 수단으로 "現行되는 學校를 中心으로 한 社會敎化의 施設을 見하건대 講演會라던지 展覽會 活動寫眞, 幻燈, 圖書의 閱覽, 印刷物의 配布와 如함은 其 普通의 것이며 大槪 地方에 在한 社會敎化의 事業은 殆히 學校를 中心으로 한 것이오 其他 在하야는 何等 可見할 者가 無하니 此等의 種種인 施設에 就하야 次에 自己의 意見 及 希望을 述코져 하노라."라고 하여 강연회, 전람회, 활동사진, 환등, 도서 열람, 인쇄물 배포 등의 방식과 학교를 중심으로 한 사업 등이 있음을 제시하였다. 그는 '민중적'이고 '시간과 장소와 인에 적합'하게 사회 교화의 기풍이 일어나야 한다고 강조하였다. 이 교화는 궁극적으로 "況且 朝鮮과 如히 特殊한 事情이 有한 地方에셔는 一層 兩者의 聯絡을 要할 것이며 且 敎育者된 者는 少하야도 內地人의 品性을 向上하야써 內鮮融和를 傷하게 함과 如한 事는 絶對로 無케 할 것과 又 此로부터 朝鮮의 同胞로 하여금 聖旨에 잇는 바와 新政의 方針을 理解케 하기에 努力하는 氣風"을 조장하여 동화에 이르게 하는 것을 의미한다.

사회 교화의 차원에서 청년 교육은 매우 중요한 과제로 여겨졌다. 왜냐하면 교육 시설이 부족한 상황에서 청년층의 불만이 고조될 수밖에 없었고, 이 불만은 당시의 농촌 실정이나 시대사조(사회주의, 공산주의 등)와 맞물려 식민 정책의 저항 세력으로 변화할 가능성이 높았기 때문이다.[9] 이 점에서 청년 지도와 청년 사상에 대한 각종 이데올로기가 등장하였다. 다음을 살펴보자.

(10) 청년 지도 이데올로기

ㄱ. 現代 靑年은 氣風은 此가 振作되지 안은 바는 아니나 그러나 아즉 ̇ 지도 特立 不拔의 精神이 乏한 것은 事實이며 又 現代 靑年의 思想은 此가 進化되지 안은 바는 아니나 그러나 아즉 ̇ 지도 趣向의 經路를 定치 못흔 것과 如하도다. 換言하면 現代 靑年의 氣風은 緩急의 取捨와 先後의 量度의 無히 徒히 强剛을 事로 하는 傾向이 有하고 其 思想은 確立할 處에 確立치 못하고 進就할 處에 進就치 못하고 徒히 四衢의

---

9) 1920년대의 교육 문제 가운데 가장 심각한 것은 '취학난'이었다. 취학난이 해소되지 않을 경우 아동이나 청년층의 불만이 고조될 수밖에 없었으며, 또한 청년층 교화는 총독 정치의 수용 가능성을 높이기 위해서도 필요한 문제였다. 특히 일제강점기 각 학교에서 빈발했던 '동맹휴학(同盟休學)' 문제는 사회 교화 차원에서 학생 지도와 청년 지도의 중요성을 부각시킨 요인으로 볼 수 있다. 『매일신보』에 실린 동맹 휴학과 관련된 사설로는 '頻頻한 敎育界의 不祥事'(1923.10.29.), '徽文學校 盟休 問題'(1923.12.1.), '盟休 事件의 續發을 慨歎함'(1924.6.28.) 등이 있다. 이 맹휴 사건은 '치안 유지법'이 공포된 이후에도 지속된다.

路頭에서 彷徨하야 右로 傾하고 左로도 趨하리만치 一定한 方向과 一定한 徑路가 無함과 如한 傾向이 有한 것이로다. 그리고 彼等은 可否를 擇할 만한 智가 無하고 善惡을 辨할 만한 識見이 無하야 徒히 現代的 歐米 風潮에만 感染되야 그 流行의 菌이 內部에 深入함과 同時에 舊代의 道德 觀念을 根本으로써 此를 破壞코져 ᄒ야 一行一動과 一事一件를 모다 西洋의 儀式과 西洋의 習俗을 模倣하려 하ᄂ 者 等임으로 其 行動은 奇怪한 行動이 多하며 思想에ᄂ 危險한 思想이 多한 것이니 此가 決코 國民을 爲하야 慶賀할 것이 아니며 又ᄂ 國家를 爲하야 慶賀할 것이 아니오 차라리 靑年의 前途를 爲하야 憤然히 大息치 아니함을 不得하겟도다. (下略) ―'靑年 思想의 先導', 『매일신보』1923.12.8.

ㄴ. 現代의 靑年은 文化의 先驅者로 될 것이다. 思想의 支配者로 될 것이다. 그리하야 社會의 中堅人物로 될 者도 靑年 學生이며 國家의 干城이 될 者도 ᄯᅩ한 靑年 學生일 것이다. 그러면 靑年 學生이란 其 使命이 大하며 責任의 重한 것은 更히 贅論할 餘地가 無한 것이다. 그럼으로 民族의 休戚도 靑年 學生의 思想 如何로 左右되는 것이며 國家의 隆替도 ᄯᅩ한 靑年 學生의 趨向 如何로써 判斷되는 것이다. 此 엇지 理論에만 止할 ᄲᅮᆫ이리오. 事實의 事가 此와 如한 것이다. 그런대 萬一 靑年 學生으로 하야금 浮華尙하고 荒淫을 事하야 進하야ᄂ 社會의 風氣를 紊亂케 하고 入하야ᄂ 家庭의 倫理를 淪滅하는 者로 될 것 갓흐면 此는 如何히 學問이 淵深하며 如何히 智識이 鎭蓄되얏다 할지라도 足히 其 材를 取치 못할 것이다. (中略) 一言으로서 盡하면 我 東洋의 道德이 存在하는 日에는 吾人도 ᄯᅩ한 存在함을 得할 것이지마는 此 道德이 滅亡하는 日에는 吾人도 ᄯᅩ한 滅亡함을 免치 못할 것이다. 家의 父兄된 者, 學校의 先生된 者, 社會의 後輩된 者 又는 宗敎家로 된 者 其他 靑年을 指導하는 位에 在한 者 等은 猛烈히 此에 省하야 靑年 學生의 腦로부터 道德의 精神을 排除치 안토록 하기에 特別한 敎育을 施치 안이치 못할 것이다. ―'現代 學生의 倫理思想', 『매일신보』1924.7.14.

앞의 '민족 개조론'의 논조와 크게 다르지 않은 이들 논설에서 주된 대상은 '청년'이었다. 이처럼 '도덕 정신'을 바탕으로 한 청년 교육론은 '자기 수양', '처세 방법'에 대한 강조로 나타난다. 이러한 맥락에서 청년 지도를 위한 수양서가 발행되기도 하였다. 그 가운데하나가 강하형(姜夏馨, 1922)의 『이십세기 청년독본(二十世紀 靑年讀本)』(一名修養篇, 太華書館)이다. 이 책은 '범례'에서 다음과 같이 밝혔다.

(11) 청년독본의 범례

一. 本讀本은 現代 靑年의 思想과 危機를 洞察하야 靑年의 圓滿한 理想과 高尙한 修養에 普及토록 編纂한 것이다.

一. 本讀本은 特히 철實緊要한 二十章에 解明으로 簡易詳捷을 目的ㅎ야自習解에 必要토록 한 것이라

一. 本讀本은 修養에 關한 諸方面에 適材를 蒐集하야 靑年 處世의 寶典이 되며 現代에 適當토록 有意한 것이라

一. 本讀本은 人類生活에 幸福과 高遠한 理想의 建設者되는 靑年의 立脚地를 開拓코자 한 것이라

一. 附錄으로 座右銘과 修身要領과 東西格言은 靑年의 一日이라도 不可缺할 金訓이다. 靑年은 반다시 警箴을 삼어 實行躬踐하면 處世에 入門에 進路하엿다 하리로다.

『청년독본』은 '청년편', '청년의 전진편', '입지편', '처세편', '지기론', '생활편', '정육론(情育論)', '희망편', '활동편', '노력편', '번민편', '실천편', '책임편', '자각편', '수양편', '자제편', '성공편', '행복편', '도덕편', '행로편'으로 구성되었는데, 각 편의 이름을 통해 짐작할수 있듯이 개인의 처세와 행복, 도덕과 수양을 강조하는 내용이 주를 이루고 있다. 이와 같은 순응적인 인간관은 청년뿐만 아니라 전체 조선 민중을 대상으로 강요되었으며, 이 주제는 식민 통치와 관련된 각종 강습회나 강연회의 주된 주제를 이루었다.

청년 지도 이데올로기는 1927년 조선 농회령 공포 이후 각종 '청년회' 조직으로 변화한다. 『매일신보』1927년 4월 30일의 사설 '靑年會의 農村 事業'에서는 118개의 간이 농촌학교를 설립하여 2579명의 청년 지도자를 배출하고 이들을 통해 신용 조합을 창설하도록 하였음을 보도한 바 있고, 1928년 11월 18일의 '農村의 夜學'에서는 문맹 타파를 통해 종자 개량, 비료 증식과 같은 농업 생산성 향상을 꾀해야 한다는 주장이 실리기도 하였다. 농촌 야학의 문제는 이 시기 조선총독부의 계몽 정책이 갖는 의미를 명확하게 보여준다.

(12) 農村의 **夜學**

朝鮮人의 八割 以上은 農을 *으로 한다. 그러면 朝鮮의 經濟는 農村의 振興 與否로 左右될 것이며 朝鮮人의 文化는 農村 子弟의 啓蒙 如何로 變化될 것이다. 그러나 **하야 農村의 現狀을 回顧하면 疲弊 荒凉인 程度는 經驗上으로 悽慘하야 그 開發될 前途**된다. 그러면 朝鮮의 經濟와 朝鮮의 文化는 此 農村의 現狀과 正比例가 된다는 結論을 보게 되는 것이다. 그런 까닭에 農村의 啓發은 焦眉의 急務로 我等은 全的의 力量을 農村 啓發에 注入하여야 한다. 그러면 啓發은 何에 依하야 進行될가. <u>爲先 文盲을 打破하여야 할 것이니 世上에는 可憐한 事가 許多하지마는 文盲갓치 可憐한 것은 다시 업다.</u> 眼을 具하얏스되 人의 意思 記錄을 讀할 수 업고 쏘 手를 有하얏스되 記錄的 意思를 表示할 수 업다. (中略) 最近에는 面面村村마다 普校 出身者가 업는 곳이 업슨 즉 土幕 中에서라도 夜學을 開始함이 急務라 하노니 男女老少를 勿論하고 普通學校 課程을 基本으로 二三時間式만 講習하야도 그 多回에 文盲은 免할 것이다. 그러면 事事物物에 그 <u>效果가 顯著하야 此에서 種子改良의 欲求도 싱기고 肥料 增施의 必要도 알게 되고 *耕 石拔 治山治水도 理解하게 되어 農村의 基礎的 智識이 確立케 될 것이다.</u> 엇지 無用의 虎打鬼打의 **으로 輕視할 것이랴. 그리고 此와 如한 農村 夜學의 教鞭을 執하는 者의 功德은 農村 開拓의 先驅者로만 될 것이 아니오 眞正한 意味에서 偉大한 英雄으로 看做할 수 잇스니

一國의 大宰相이 되어 均衡의 責任을 負하나 三軍의 將帥가 되어 干城의 義務에 服하나 小毫도 異할 바가 업스니 一은 無名의 英雄이 될 쑨이오 一은 有名의 英雄이 될 쑨이다. 그 努力한 效果가 國에 利가 되고 民에 福이 될 것은 同一하며 더욱이 <u>朝鮮에 잇서서는 이러한 無名 英雄의 努力</u>을 懇切히 바라는 바이다. (下略) ―『매일신보』1928.11.18.

이 시기 야학은 농촌 계몽의 주된 수단 가운데 하나였다. 그러나 관 주도의 '야학'이나 '문맹퇴치운동'은 순수한 의미에서의 계몽 수단이 아니라 농촌 문제의 은폐 수단이거나 농업 생산성 향상을 바탕으로 식민 수탈을 합리화하기 위한 방편이라는 점이 특징이다. 따라서 각종 야학회의 강습 내용은 '시비(施肥)', '종자개량(種子改良)' 등이 주를 이루었다.10)

3.2. 농촌 문제의 본질과 대처 방식

농촌의 피폐상은 1920년대 중반부터 각종 소작 쟁의를 불러올 만큼 심각해졌다. 『매일신보』 1930년 5월 21일의 사설을 참고하면 이 시기 조선총독부에서 자작농이 소작농으로 변화하는 상황이 급속해졌는데, 자작농 51만 가구에 비해 소작농은 125만 가구에 이른다고 하였다.

농촌 피폐의 본질은 식민 수탈의 결과이자 왜곡된 농촌의 산업 구조에서 비롯된 것이었다. 그러나 식민 정부는 농촌 문제의 본질을 '생산성 저하'에서 비롯된 것으로 규정하고, '산미증산계획'이나 '자력갱생운동'과 같은 농촌 진흥책을 제시하였다.

---

10) 『매일신보』에 실린 '농촌 진흥 사업'의 대부분은 '학생 정치운동 배제', '농촌 선각자로서의 청년의 중요성 강조', '근로 정신과 흥산치산 조장' 등을 주제로 하였다. 1928년 12월 6일의 '勤勞精神을 振起, 興産治産을 助長'이나, 12월 13일의 '夜學을 熱心히 獎勵해 洞內의 文盲을 打破', 1929년 1월 1일의 '純眞히 修養하라', 1월 20일의 '農村의 先覺者에게' 등은 이와 같은 이데올로기를 반영한다.

산미증산계획은 식민지 지주제를 은폐하고 식민지 한국을 식량·
원료의 공급지로 재편하고자 하는 의도를 담고 있다.11) 조선사연구
회(1983 : 302)에서 밝힌 바와 같이 이 계획은 저미가(低米價), 저임금
(低賃金) 구조를 유지하고 농업 투자에 의한 초과 이윤을 획득하려는
의도에서 계획된 것으로 이를 통해 '미작 단일 경작화'가 추진되고,
'놀랄 만한 생산성 향상 = 놀랄 만한 농민층 빈곤'으로 이어졌다. 강
점 직후부터 추진되어온 일본인 지주제를 강화시켰으며 그로 인해
각종 소작 쟁의가 발생하기도 하였다.

산미증산 이데올로기는 '농업 교육 개혁론'으로 이어졌으며, 이를
바탕으로 총독부의 농민 계몽운동이 벌어졌다. 특히 청년 문제와 농
촌 문제를 연계하여 각종 '농촌 청년회'를 조직하고, 이들의 활동을
지원하고자 하였다. 앞에서 언급한 '靑年會의 農村 事業'은 이를 보
여준다.

(13) 靑年會의 農村 事業

朝鮮은 經濟的으로 全人口의 八割 以上을 農民이 占領하얏슨즉 農村
의 盛衰問題는 卽 朝鮮의 存亡을 意味하는 問題라. 半島 萬年의 大計를
**함에 엇지 農村問題를 一時라도 **에 *할 것이라. 그러함으로 總督府
當局도 施政의 根本方針을 農村啓發과 農業 獎勵에 置하고 一方으로 金
融組合을 創設하야써 衰殘한 農村 經濟를 緩和하며 한 便으로 農會를 組
織하야 써 改良을 쇠할 뿐 안이라 더욱히 今年에는 ****이란 巨額의 施
設案을 *會에 *出하야 許多한 (中略) 全鮮 各地에 簡易農村學校를 設立
하야 農民의 智識啓發을 圖謀하고 그 學校 出身으로써 繁榮 信用組合을
創設하야 信用**貸付로 農村 經濟를 救濟함을 努力한 結果 現在 學校
所在가 一百十八村에 그에서 卒을 맛친 者가 二千五百七十九人이요 임
의 信用組合을 刱設한 곳이 四個所 組合員 總數가 百名에 達하야 漸次

---

11) 일제의 농업 정책에 대해서는 역사학계에서 많은 연구가 있었다. 조선사연구회(1983 :
301~305)를 참고할 수 있다.

그 效果를 奏하고 잇슬 뿐 안이라 (下略) —『매일신보』1927.4.30.

농업 장려, 농민의 지식 계발, 신용 조합 창설 등을 슬로건으로 하는 농촌 청년운동은 조선총독부의 민중 정책일 뿐 아니라 이 시기 농민 단체의 슬로건이기도 하였다. 이 점에서 이성환(1926)을 살펴보자.

(14) 朝鮮 農民敎育의 理想과 方法

『朝鮮의狀現이 말이아닙니다』 함은 벌서 오래전부터 異口同音의 웨치는 소리가 아님니까 여긔서 「안되엿다」 「엇더케나 안하면 안되겟다」 하는 말도 이와함께 이러나는소리엿습니다. 그리하야 이 『안된狀現』에 싸진 民衆을 救濟키爲하야 或은 民族運動 或은實力運動, 坐或社會運動으로 各 各門戶를세우고 적지아니한犧牲을 바처가며 싸우고잇지아니함니까

그러나 아직씃 신통한成功을 보지못하고 모든運動이 다가치 『大衆의 覺醒이 잇서야되지!?』 하는結論에 이른것가치생각됩니다. 더욱 社會運動 과갓흠은 大衆의階級意識을 要素로하는것인 그마치그成功의빗은 覺醒 한大衆을 가지는데에 잇슬것이외다.

그러면 눈쓰고도 소경이오, 입가지고도 벙어리오, 귀가지고도 귀먹쟁이오, 몸성하고도 병신의처디에잇서 보고십허도 볼줄모르고 쓰고십허도 쓰지못하며 말하고십허도 말할줄모르는 朝鮮의大衆을 이모든不具에서 부터 버서나게하지전에는 즉科學的 思想的으로自己批判을가지는 覺醒한 大衆이되기전에는아모러한 指導原理며 運動方針이라도 그는한갓 거울 이오 소귀의경읽기에서 더지나지못할것입니다.

여긔에서 『大衆을 개우처야되겟다』 하는소리가 놉하지게됩니다. 그러 면 그方法은무엇일가? 結局은 『敎育』의힘에 依하는수박게는 업다고 생 각합니다. 全人口의 그九割을 차지한 것이 農民인点으로보아 特히 『農民 敎育』이래야 될것이라합니다. (下略) —이성환(1926), '조선 농민교육의 이상과 방법', 『조선농민』 제2권 제11호(1926. 11.)

이성환(1926)은 주체는 다르지만 이 시기 '농민 교육론'의 성격을 뚜렷이 드러내 준다. 농촌 피폐의 현실이 식민 지주제의 구조적 모순에서 비롯된 것이 아니라 '대중의 각성 부족', '과학 사상과 자기 비판의 부족'에서 비롯된 것으로 규정하고, 이 문제를 해결하기 위해 '농민 교육'이 필요하다는 주장인 셈이다.12) 이성환(1926)의 논문에서는 '중앙 농민 지도 기관 설립', '단기 농민학교 설립', '농민 잡지 및 도서 보급' 등을 주된 활동 방향으로 제시하였다. 이러한 주장은 식민 정부의 통치 이데올로기와 배치되는 면도 있다. 그렇기 때문에 식민 정부는 통치 이데올로기와 배치되는 각종 농민운동을 억압하는 정책을 실시하였다.

(15) 先導者의 불길

朝鮮갓치 文化 開發의 過渡期에 處한 곳에는 無備遠大한 理想이 업서서는 안이된다. 한낫 理想만으로는 半島의 前途가 開發되겟느냐 하면 그것은 柱礎업는 高瓦와 갓하야 不遠한 將來에 幻覺慘處을 볼 것이라고 밋는다. 最近 十年 동안 半島 靑年의 씩씩한 살고자 하는 運動에는 누구나 敬意를 表한다. 그러나 興奮된 民衆의 입에서 부르짖는 소리에 우리는 實質的 價値를 만히 發見치 못하는 것을 슬퍼하는 바이다. 醉生夢死튼 祖先의 固陋히 직혀 오든 쌍 우에서 새로운 天地를 建設하랴든 新人의 여러 가지 運動을 볼 째 더욱이 그들의 絶叫를 드를 째 너무나 現下 半島의 處地를 沒覺하고 그야말로 現實을 보지 못할 理想에

---

12) 『조선농민』은 1925년 조직된 천도교 청년당이 중심이 되어 조직한 조선농민사의 기관지이다. 1925년 12월 창간호를 발행하고, 1930년 1월 통권 38호로 폐간되었다. 창간호부터 1926년 5월호까지의 편집 겸 발행인은 이돈화였으며, 그 이후는 이성환이 맡았다. 이 잡지는 『개벽』과 마찬가지로 이 시기 농촌 계몽 운동을 이끌었던 주요 잡지였다. 1930년 이후에는 『농민』으로 제호를 바꾸었으며 통권 42호가 발행되었다. 이때의 발행인은 박세직이었다.

만 잡혀 '썅'을 求하기에 汲汲한 民衆에게 淸凉劑의 注射만 勸하지나 안는가 하는 感이 不無한 것이다. 農村 問題가 그럿코 敎育 問題가 그럿코 女性 運動이 쏘한 그러하지나 안는가. 理想과 現實과는 常識的으로 보와 一脈의 連鎖가 업서서는 그것은 理想이 안이라 空想이다. 그러나 只今 우리의 處地는 空想에 醉할 째가 안이며 우리의 欲求는 淸凉劑에 잇지 안코 于先 썅에 잇는 것을 엇지하랴. ─『매일신보』 1928.1.10.

국문 부속 문체로 쓰인 이 사설에서는 이 시기의 민중운동인 '농촌 문제, 교육 문제, 여성운동'이 공허한 이상에 불과하며, 실질적 가치를 발견하기 어렵다고 공박하였다. 공상에 가까운 청량제보다는 '빵을 구하는 문제'가 시급함을 역설한 것이다.

이 점에서 총독부는 일반 농민에게 '근로 정신'을 강조하고, 각종 실과 강습회를 개최하며, 이 이데올로기에 순응하는 '중견 청년 지도자(中堅 靑年 指導者) 양성' 정책을 실시한다.

(16) 忠淸北道의 獨創的인 農靑 實科 講習會

(前略) 講習會의 目的은 農村 振興 中堅 靑年을 養成함에 잇으니 諸君은 스스로 農村의 第一線에 立하야 쌈흘리며 農耕에 從事하며 同時에 着實 穩健한 思想과 品性을 涵養하야 써 衆에 模範이 되여 步一步 農村의 向上 發展을 圖하야 社會 改善 發達에 寄與함이 잇는 有爲한 人材가 되어줌이 卽 本 講習會의 窮極의 目的이다. (下略) ─『매일신보』 1930.7.23.

농촌 청년을 대상으로 한 '중견 인물 양성'은 '모범 농촌 건설' 정책과도 밀접한 관련을 맺는다. 이 정책은 작위적인 모범 농촌을 만듦으로써 농촌 문제의 원인을 농민에게 돌리고, 농사 개량을 통해 농촌 문제를 해결할 수 있다는 이데올로기를 전파하고자 한 정책이다.

(17) 模範 農村

　朝鮮 農村의 疲弊는 卽 朝鮮의 疲弊이오 朝鮮 農村의 振興은 卽 朝鮮의 振興이다. 이것은 다시 말할 것 업시 朝鮮은 人口의 八割 以上이 農民이오 生業의 大部分이 農業인 까닭이다. 그러므로 朝鮮을 疲弊에서 救하야 振興으로 向하라면 먼저 疲弊한 農村을 振興케 할 것은 勿論이다. 近來에 盛히 提供되는 **** 農事改良 等 모든 叫呼와 아울러 爲政當局의 施設이 農村을 本位로 삼는 것이 朝鮮의 現實로 보아 風速을 돌릴 수 업는 當然한 所措이다. 그러나 우리의 農村은 우리가 期待한 그것만큼 振興이 速하지 못한 것은 엇더한 緣由일가. 이것은 두 가지 原因이 잇슬 것이니 하나는 人爲的 原因이오 쏘 하나는 自然的 原因일 것이다.(中略) 今日 우리의 朝鮮 農村에도 우리의 生存에 最善을 다하겟다는 傾向이 濃厚하야 模範 農村이 漸次로 見하는 것은 彼廢의 소리가 놉흔 朝鮮 農村을 爲하야 크게 慶賀할 만한 일이다. 무엇보다 人爲로 最善을 다하면 決코 疲弊치 안는다 하는 조흔 龜鑑을 삼게 되는 까닭이다. 이와 가치 模範 農村의 誕生은 農村의 振興을 말함이다. (下略) —『매일신보』 1930.7.25.

　'모범 농촌'이나 '농촌으로 돌아가자'는 구호는 1930년대의 농촌 문제와 관련된 식민 정부의 농민 정책을 대변한다. 이 정책은 1931년부터 각종 '자작농 창정안', '농민 대회' 등을 거쳐[13] '자력갱생운동(自力更生運動)'으로 변화된다. 이 운동이 본격적으로 제창된 것은 1932년 7월 20일에 조직된 '국민갱생위원회(國民更生委員會)'의 출현이라고 할 수 있다. 이 운동에 대해『매일신보』는 다음과 같이 규정

---

13) 1932년 7월 조선총독부에서는 '수리 조합 부담금 경감을 위한 조합 융자 기간 연장', '지세 면제점을 설치하여 특정지가 50원 이하의 경우 지세 면제', '이식 제한령 개정', '금융 조합 출자 개정' 등의 농촌 구제책을 발동한다. 이는 식민 지주와 금융 회사의 농민 수탈이 극에 달했음을 보여주는 것으로, 이러한 구조에 대한 임시 방책을 제시한 것이다. 이러한 실정을 은폐하기 위해 '농촌 문제는 근대화의 산물'이라는 이데올로기를 전파하며, '자력갱생 운동'을 펼쳐 나갔다. 이에 대해서는『매일신보』1932년 7월 9일, 7월 15일의 사설을 참고할 수 있다.

하고 있다.

(18) 自力更生의 意義

自力更生의 旗幟는 天空에 高揚되얏다. 絶望의 域에 陷하얏든 <u>農山漁村 及 中小 商工業者</u>는 此에 依하야 비롯오 前途에 光明을 認하고 將來의 經略을 發見하게 되얏다. 絶望에서 更生으로 쏘 그가 自力에 依하야 計劃된다 함은 얼마나 歡喜하고 壯快한 바라 할 것이냐. (中略) 그러면 自力更生에는 如何한 意義가 包含되얏다 할 바이냐. 그는 他가 아니라 <u>自力 그것이 衆智를 合하고 衆力을 集大成한 自力이라는 그것이다</u>. 我等은 各自의 力量이 能히 內外로 交至하지 못하는 … 今日 <u>共同으로 此에 當하고 此를 克服하는 方途에는</u> 出치 아니한 바이 잇섯다. (下略) ─『매일신보』 1932.10.22.

이 사설에서는 자력갱생운동이 농촌 문제뿐만 아니라 각종 경제 문제에 모두 해당됨을 밝히면서 '공동체'를 기반으로 하는 주의임을 밝히고 있다. 이러한 맥락에서 조선의 전통적인 제도를 비판하고 '의뢰심'을 버리는 새로운 제도를 수립할 것을 촉구하기도 하였다. 그러나 본질적으로 이 운동은 '식량 충족', '수지 균형(농민의 수입과 지출이 균형을 이루어야 한다는 주장으로 절약을 강조하는 이데올로기)', '부채 근절'이라는 총독부의 시정 방침을 수행하기 위한 운동에 불과하였다.[14]

자력갱생운동은 근본적으로 조선총독부를 주최로 한 민중 정책의 하나였다. 이 점은 『자력갱생휘보』를 통해 알 수 있는데 이 잡지는 1934(소화7년) 5월 1일 조선총독부에서 처음 발행하였다. 현재까지 이 잡지가 통권 몇 호까지 발행되었는지는 알려지지 않았으나 1940년 5월 2일자로 통권56호가 발행되었음을 확인할 수 있다. 특히 통권 56호는 편집 겸 발행자가 최용일(崔勇一)이었으며, 발행소는 조선

---

14) 이는 총독부에서 제시한 '농촌 갱생의 3대 강령'이다. 『매일신보』 1933.3.12. 참조.

총독부로 이 운동이 총독부 주도의 대민 정책의 하나였음을 확인할 수 있다.

3.3. 여성의 노동력화

식민지 대민 정책의 특징 가운데 하나는 여성의 노동력화이다. '여자 교육'은 근대 계몽기의 중요한 교육 문제 가운데 하나였다. 근대식 학제가 도입되고 통감시대에는 '고등여학교령'(1906.8.21.)에 따라 여학교가 설립되었다. 민중을 대상으로 한 여자 교육 문제도 근대 계몽기의 주요 논제 가운데 하나로 다루어졌다. 다음은 『태극학보』 제1호(1906.8.24.)에 실린 김낙영의 '녀ᄌ교휵'의 일부분이다.

(19) 녀ᄌ교휵

대뎌, 인싱이라 ᄒᄂᆫ 거슨 남녀, 두 셩품이 합ᄒᆼ여 된 거ᄉ로 쟝ᄅᆡ의 샤회문명을 기ᄃᆞ려, ᄇᆞ라ᄂᆫ 것이니 녯ᄉ룸이 말ᄒᆼ되 문명이라 ᄒᄂᆫ 거슨 음즉이고 고요ᄒᆫ 두 가지 힘이 합ᄒᆼ여 고로럽게 된 거슬 닐음이라 ᄒᆞ니 (중략) 사룸의 일싱에 튱효 군ᄌ라, 도격 쇼인이라 ᄒᄂᆫ 거시 다 어려슬 ᄱᅢ에 교휵 잘 밧고 못 밧은 것에 달녀ᄉ미 흰조희와 ᄀᆞᆺ치 물드리ᄂᆫ 되로 빗시 ᄂᆞ고 맑은 물과 ᄀᆞᆺ치 그릇을 ᄮᅡ라 형용이 변ᄒᄂᆫ 것 ᄀᆞᆺᄒᆫ 어린 아히의 셩품을 ᄀᆞ릇치ᄂᆫ 거시 젼혀 그 어머니의게 잇ᄉᆞᆫ즉 어머니 된 이는 뭇당히 뎍당ᄒᆫ 학문을 비호워야 홀 터인 고로 뎌 문명ᄅᆞᆯ 틔셔 모든 나라들이 <u>녀인의 권셰를 놉혀 주며</u>, 고등ᄒᆫ 학문 뎡도로 녀학교를 만히 셜립ᄒᆞ여 원 나라 녀ᄌ를 구름ᄀᆞᆺ치 모호와 이훗되의 <u>어진 어머니와 어진 안히가 되여</u> 이러케 듕대ᄒᆫ 소임을 감당홀 만ᄒᆞ게 가라치니 오늘 어린 계집 ᄋ히들은 <u>이훗되 ᄌ손의 어머니라.</u> 지금 이 녀ᄌ들을 교휵식이지 아니ᄒᆞ면 이는 쟝ᄅᆡ의 나라 샤회를 멸망식히ᄂᆫ 것과 다름이 업슬지라. 이 말이 비록 과ᄒᆞ고 외람ᄒᆫ 듯ᄒᆞ나 그럿치 아니ᄒᆞ니 <u>집안은 곳 샤회의 긔쵸오, ᄌ녀ᄂᆫ 즉 집안의 근본이라.</u> 만일 ᄌ손이 픽악ᄒᆞ면 집안이 불힝하고 샤회가 멸망ᄒ리니 엇지 무셥지 아니ᄒ리오. 쟝릭 문명의 긔쵸를 맛흔 부인의 즉분을 잘 짓히게 ᄒᄂ 것은 오늘 여러 부모되신이의 녀ᄌ교휵을 힘쓰ᄂ 듸 잇ᄉ즉 여러 부모ᄭᅧ셔 이ᄀᆺ치 즁흔 소임을 두 엇기에 매엿ᄂ지라. (하략) ―金洛泳, '녀ᄌ교휵'『太極學報』第一號

근대 계몽기의 여자 교육은 전통적인 현모양처(賢母良妻 : 어진 어머니, 어진 아내) 이데올로기를 전제로 하였다. 여자는 가정교육의 주체이자 사회 존속의 토대가 된다는 것이다. 다음의 논설도 이를 반영한다.

(19) **女子 教育에 對ᄒ 一論**
只今 韓國에 女子教育이 新興ᄒ야 一般 女子界의 光線이 起ᄒ니 此가 果然 如何히 感歎홀 事오. 然이나 新空氣가 驅入ᄒᄂ 同時에 弊風이 隨至ᄒ니 卽 女子教育界의 侈習이 是라. 噫라. 女子教育의 目的이 何에 在ᄒ가.
日 (一) 智德體의 新教育을 受ᄒ야 健全흔 人物이 됨에 在ᄒ며 (二) 女子를 義方으로 教導ᄒ야 家庭의 教育을 振興홈에 在ᄒ며 (三) 夫婦가 和樂으로 共勉ᄒ야 家門의 福利를 增長홈에 在ᄒ니라. (下略) ―'女子教育에 對ᄒ 一論',『대한매일신보』 1909.11.11.

이 논설에서 밝힌 '건전한 인물', '가정의 교육 진흥', '부부 화락과 가문 복리'라는 여자 교육의 목적도 '현모양처'의 전통적인 여성상과 크게 다르지 않다. 다만 이 논설에서는 이 시기 여자 교육계가 사치에 물들어 있고, 이는 서구 사조의 영향 때문이라고 통렬하게 비판하고자 하였다.

일제강점기의 여자 교육은 여학도를 대상으로 한 교육에서 '부인교육(婦人教育)'으로 확장된다. '부인 교육'의 핵심 이데올로기는 '가정생활 개량의 주체'라는 점이다. 곧 문화 향상과 경제 발전을 위해 가정생활이 개량되어야 하며, 부인은 가정의 주인으로 가정생활 개량에 필요한 각종 상식을 갖추어야 한다는 것이다. 이때 필요한 상식은 '위생'과 '경제' 관념이다. 곧 조선이 가난한 까닭은 부인이 상식을 갖추지 못했기 때문이며, 가난을 극복하기 위해서는 아동 교육뿐만 아니라 위생과 경제, 더 나아가서는 근로의 정신을 익혀야 한다는 이데올로기인 셈이다. 다음 논설을 참고해 보자.

(20) 婦人의 常識 修養 講演會

　我 每日新報는 別行 揭載한 社告와 如히 來 三日부터 婦人夏期大講演會를 開催하기로 必要한 科目과 밋 老成 多聞의 大家를 講師로 依囑하여 家庭生活 改良에 必要한 婦人의 常識 涵養의 一端에 資코져 한다. 이것은 朝鮮에서는 曾에 有치 안이한 것이오 全然히 本社의 初試驗인 바 婦人講演會라 할지라도 그 趣旨는 單히 一般 家庭 婦人에게 生活 必要한 常識 注入을 目的으로 하는 것이오 思想上으로 或은 理論上으로 彼 世間에서 云云하는 婦人問題 講話와는 全혀 別個의 것이라. 吾人은 반다시 現代의 婦人 問題를 輕視하지 안을 쑨 아니라 寧히 此에 對하야 深甚한 注意를 拂하며 健全한 發達을 期待하는도다. 그러나 이것은 玆에 論議할 必要가 업고 直히 本論에 入하야 我社가 今回 講演會 開催에 對한 理由를 略述하야 普히 朝鮮 姉妹의 贊同을 求하노니 蓋 우리 東洋과 如히 家族中心으로써 社會組織의 要素를 成한 곳에서는 彼 個人本位를 崇尙하는 歐米 各國과는 生活의 出發點브터 多大한 相違와 距離가 잇는 것을 記憶치 아니치 못홀지오 從하야 婦人問題를 論함에도 그 家族의 集團인 家庭의 婦人을 中心으로 하고 論議치 아니치 못할 것은 自明의 理니 이것은 決코 婦人의 個性을 尊重치 아니하다거나 또는 絶大로 女子는 內庭에 束縛한다는 意味는 아니라. 大抵 朝鮮에 文化 向上의 機運이 溫厚함에 따라 生活 改善의 希望은 一層 熱烈하야 가나 그러나 許多한 境遇에 徒히 他의 模倣을 是擧하야 實際로 自己 內省를 爲하는 眞摯美가 缺乏한 것과 또 許多한 意

味로 보아 生活과 流行을 區分한 識見과 判斷力이 업시 混沌含糊하야 所謂 舊衣]를 脫하고 新衣를 着지 아니혼 裸像과 如하도다. (中略)

關하야 朝鮮의 婦人界를 考察하건대 所謂 新式으로 毛羽未成인 同時에 舊觀으로 皮肉不存의 狀態가 顯著하도다. 此의 例證은 此에 ――이 指摘할 餘裕가 有치 아니하거니와 彼 **하는 最少數 '하이카라' 新女子라는 一群은 此를 除外하고 若干 新敎育을 受한 靑年 女子 以外에는 多大數가 即 舊日 家庭의 婦人으로 普通 常識의 修養이 缺한 것은 掩치 못홀 事實인즉 그들이 一家의 主婦가 되야 家庭의 中心 人物로 가장 重要한 任務에 服하는 것은 彼此의 不幸이라 하지 아니치 못할 것이다. 即 衛生과 經濟와 兒童 敎養과 其他 近世 科學的 智識과 生活 改善의 모든 必要한 것을 知치 못하는 것은 主婦로서의 至極히 危險한 것을 認치 아니치 못할지니 如斯히 一家의 主婦로써 普通 常識의 修養신지 업게 혼 것은 우리 社會가 얼마나 生活 改善을 口으로 홀 뿐이오 切實한 自覺이 缺한 것을 立證하는 것이다. (下略) ―『매일신보』 1923.7.27.

이 사설은 1923년 매일신보사에서 주최한 '부인 강습회'와 관련된 사설이다. 이 사설에서 확인할 수 있듯이 부인 강습회는 '가정생활 개량에 필요한 부인의 상식 함양'을 목표로 하였으며, 주요 내용은 '경제', '부업', '법률', '위생', '육아', '미신타파' 등이었다.15) 달리 말해 가정생활 개량은 가정 경제의 빈곤을 타파하는 것을 의미하며 이를 위해 '부인의 부업'을 장려하고, 과학 지식을 갖추어 '미신 타파'를 해야 한다는 것이었다.

이와 같은 이데올로기는 식민 수탈을 전제로 한 여성의 노동력화를 의미하는 것이었다. 이러한 경향은 1932년 '자력갱생운동'을 통하여 더 강화되며, 궁극적으로는 '황국 여성' 이데올로기로 변화해 간다.

---

15) 이에 대해서는 『매일신보』 1923년 8월 8일자의 사설을 참고할 수 있다.

(21) 농촌진흥운동과 농촌부녀자의 관계

농촌진흥운동이 이러난지는 벌서 다섯해가 지낫습니다. 그래서 <u>총독</u><u>부이하 도,군,면,학교,금융조합, 주재소등에서 열심히 지도하고 농가에서</u><u>도 그 지도를 잘밧아서 실행하여온까닭에 해마다 갱생하여가는 농가가</u><u>느러가니</u> 이 얼마나 반갑습닛가. 그런데 이운동은 농촌부인과는 써러질수업는 관계가 잇는것입니다. 그것은 엇재서 그러냐하면 <u>농촌부녀는 집</u><u>안살림을 마타하는관계상 그 살님을잘하고 못하는데서 농가의 갱생도</u><u>잘되고 못되는 것입니다.</u> 농촌진흥운동으로해서 농촌부녀자도 자각이 만히되여서 전자에 아니하든 밧갓일도 만히해서 <u>농사에 조력도하고 부</u><u>업도 잘들해서</u> 수입을 엇고 쏘는 <u>절미저축과 가튼</u> 것을 실행하는 동시에 살님비를 절약해서 집안살님을 보태며 싸라서 갱생계획 실행도 잘되는 집이 만습니다. 그런걸로 보며는 농촌부녀자는 농촌진흥운동의 보조자가 아니라 당당한 관계자라고 볼수잇습니다.

그런의미로서 농촌부녀들쎄서는 농촌진흥운동에대하야 좀더 기픈리해와 자각을 내서 일층분발 활동하서서 갱생의 목적 달성에 힘쓰시길 바라는 바입니다. —김추국, '농촌진흥운동과 농촌부인의 힘', 『자력갱생휘보』 통권 제56호(1940.5.1.)

이 글은 일제강점기 여성의 노동력화가 어떤 목적 아래 어떤 방식으로 추진되었는지를 요약하여 보여준다. 이른바 '갱생'은 농촌 피폐의 원인이 '의뢰심'에서 비롯된 것이며, 이를 타파하기 위해서는 농촌 부인의 자각이 전제되어야 한다는 것이다. '농사 조력', '부업', '절미저축' 등은 자각한 농촌 부인이 행해야 할 업무인데, 이는 엄밀히 말하면 여성의 노동력화를 의미할 뿐이다. 이를 구체화하기 위해 총독부나 각 행정 기관, 금융 조합 등에서는 각종 강연회나 강습회를 통해 농촌 부인의 노동력화를 추진해 나갔다.

식민 시대 여자 교육의 중심 이데올로기는 전통적인 '현모양처'뿐만 아니라 '여성의 노동력화'를 전제로 형성된 것이었다. 그렇기 때문에 지원병제나 징병제 실시 하에서는 '전선에 보내는 감격어린 어머니'로서의 역할을 강조하며, 궁핍한 경제 현실에서는 '부업과 절미'를 통해 가정 경제를 책임지는 현대 여성으로서의 이미지를 강조한다. 또한 전시 체제 하에서는 '총후(銃後 : 후방)'의 지원 부대로서 생활 경제를 책임지는 주체로서의 임무를 부여받으며, 1944년 8월에 이르러서는 '여자 정신대 동원령(女子挺身隊動員令)'에 따라 전선과 전후를 모두 책임지는 수탈 대상으로 전락하게 되었다. 다음은 이러한 이데올로기의 일면을 잘 보여준다.

(22) 婦人의 戰力

－男子보다 優秀한 婦人의 戰力을 發揮하게 하는 것은 곧 勝利의 榮冠을 얻게 하는 길이다.

요사이는 어디로 가도 婦人의 啓蒙이라든가, 婦人의 鍊成을 盛히 부르짖고 있음을 보게 된다. 더욱이 朝鮮에 있어서는 그 必要를 한층 더 느끼고 있는 것이다. 이것은 總力戰에 있어서의 가장 큰 要素의 하나로써 婦人의 特色은 남김없이 發揮하여 써 現下 未曾有의 世界大戰에서 勝利의 榮冠을 얻기 爲해서이다. (中略) 全世界의 女子란 女子는 바야히 있는 힘을 다하여 生活을 改善하고 風俗을 고치어서 勞働에 精進함은 말할 것 없고, 男子나 다름없이 軍隊까지도 編成하여, 國內의 守備는 둘째고, 第一線에까지라도 活躍하여 오는데 그 數가 날로 더하여 가는 情勢에 있다. (下略) —大日本婦人會 朝鮮本部 倉茂周藏, '婦人의 戰力', 『朝光』第九卷 第十一號(1943.11.)

대일본부인회 조선본부 소속의 구라시케라는 이름으로 발표된 이 글은 부인 계몽의 순서가 '생활 개선 → 노동 정진(노동력화) → 총력 동원 대상'으로 변화해 갔음을 드러낸다. 이러한 정책 변화에 따라 부인 계몽의 내용도 변화하며, 부인에게 요구하는 정신이나 생활 태도도 변화해 갔다.[16)]

4. 계몽의 수단과 내용

4.1. 계몽 정책과 언문 보급(諺文普及)

민중 계몽은 근대 계몽기의 주된 사상의 하나였다. 이 점에서 근대 계몽기의 각종 '국문 관련 논설'에서는 국문의 중요성과 문자 보급의 필요성을 제기하고 있다.17) 강점 직후 무단통치 하에서는 일본어 보급을 최우선 과제로 삼고, 민중보다는 황족과 귀족을 회유하는 정책을 우선시하였기 때문에 민중 계몽의 차원에서 '언문 보급'을 고려하지 않았다. 그렇지만 1920년대 이후에는 일본어 의사소통이 불가능한 상태에서, 과도기적 상황으로 조선어를 허용하거나 조선어를 활용한 계몽 정책이 추진되기도 하였다. 다음은 이러한 상황을 잘 반영한다.

(23) 諺文의 普及과 文化의 向上
　一國이나 一社會의 文化 程度는 그 大多數된 分子를 標準으로 삼는 것이요 決코 小數者를 標準으로 할 것이 안이다. 假令 一少 部分에 非凡한 學者가 잇드래도 大多數된 者의 教育 程度가 高치 안이면 그 國家나 社會는 決코 文化 程度가 高하다고 할 수가 업는 것이다.
　그런 故로 少數한 偉人을 養成하기보담도 그리 偉하지 안일지라도 多數한 普通 常識을 具有한 人物을 養成하는 것이 그 國家나 又는 社會에 對하야 큰 利益이고 幸福이다. 그리하야 그 社會는 더욱 向上 發達하고 文化의 程度가 高하야질 것이다. 今日은 實노 生存競爭이 益甚하고 經濟

---

16) 일제강점기 '여성의 노동력화'나 '황국 여성화'에 따른 부인의 생활상 문제는 좀 더 다각적인 분석이 필요하다. 예를 들어 『매일신보』에 소개하는 각종 부업 활동이나 '몸뻬'로 알려진 복식 변화, 전시 체제 하에서의 가정생활 양식 등은 '계몽'이라는 이름을 빌린 식민 시대의 여성 통제 정책의 결과에 따라 생겨난 것들이라고 할 수 있다.

17) 이에 대해서는 허재영(2010)의 『근대 계몽기의 어문 정책과 국어교육』(보고사)을 참고할 수 있다.

戰이 極烈하야지는 故로 少數者의 力으로는 到底히 엇지할 수가 업다. 엇지하얏던지 平均한 智識者의 多數가 團結한 力으로 奮鬪치 안이하면 生存할 수가 업다. 卽 一般的 文化 程度가 高한 國家 又는 社會가 此 生存競爭에 勝利를 得할지며 此에 反한 者가 敗負될 것인대 다만 一時的 勝負에 止할지면 그대지 憂慮될 것도 無하겟지만은 此 生存競爭에 敗하면 世上에 落伍者가 되고 悲慘한 境遇에 陷할 밧게 업는 것이다. (中略)

그럴지라도 이제 急히 前述한 多數 無識者를 모라서 學校敎育을 施하려 하기는 不可할 밧긔 업다. 爲先 社會敎育의 振興을 圖謀하고 一般에게 向하야 常識을 養成할 途를 講究할 밧긔 업다. 然而 社會敎育 中 가장 普遍的이요 效果가 大함은 '文字의 力'이다. 卽 文字의 力으로 智識을 吸收케 함이다. 今日에 이 大使命을 有하는 文字의 狀態를 보니 出版界가 廖廖하고 讀書界는 微微하야 아모 活氣가 업스니 참 痛歎할 바이라. 그러한 中 現在 出版物은 大槪 難解한 漢字만 쓰닛가 普通者에게는 何等 所用이 업는 것인즉 爲先 이 用字부터 改良함과 同時에 文字의 普及을 圖謀하기가 急先務인 줄노 生覺한다.

於是乎 吾人은 諺文의 普及 使用을 提唱함과 同時에 其 實行 方法을 硏究코저 하는 者이다. 元來 言語와 文字는 一致할 것이다. 言文이 一致한 後에야 自由自在로 智識을 吸收할 수가 잇는 것이다. 紛泊한 世上에 智識을 吸收하기 前에 爲先 그 機關된 文字를 알기에 多大한 精力을 消耗하여야 할 일은 참으로 슯흔 一大 不幸이다. 歐米 各國에셔는 다 各히 言文一致하는 故로 其 國民은 智識 吸收上에 文字에 對한 負擔이 非常히 輕하는대 우리 東洋에셔는 漢字라는 어려운 文字의 禍를 受하야 一大 無用의 負擔을 지고 잇는 셈이다. 日本 內地에셔는 多年間 이 問題가 朝鮮의 重大 問題가 되여 硏究된 結果로 前日에 比하면 만히 改良되얏스나 아즉 國民의 負擔과 苦痛이 多大하다고 最近에 漢字制限에 關한 調査會가 設置되야 여러 가지 調査 硏究한 結果로 漢字를 一千九百字 內外로 制限하기로 되엿다고 東電이 報하얏다. 참 一大 英斷인 줄노 生覺한다. (中略)

吾人은 識者가 하로밧비 이 点에 着眼하야 그 普及 獎勵에 當하고 出版物과 如한 것도 改良하되 殊히 家庭婦人의 常識養成에 全力을 注하기를 祈禱하노다. 社會의 半數를 占하고 子女의 敎養 家政經濟 社會元氣의 源泉에 가장 密接한 關係가 잇는 婦人問題가 閑却됨은 痛歎不堪하는 바이다. ―『유도』 제11호, 1923년 6월호.

이 사설은 1923년 조선총독부의 관변 단체의 하나인 조선유도회에서 발행한 『儒道』[18)에 실린 글이다. 이른바 '문화 정치기'의 문자보급의 성격을 드러낸 이 논설은 계몽의 성격이 생존경쟁의 경제전에서 대다수의 국민에게 보통 상식을 갖추게 하는 일임을 밝히면서, 이를 위해 언문일치가 가능한 언문 보급이 이루어져야 한다는 주장을 담고 있다. 여기에서 주목할 점은 계몽의 목표가 '생존경쟁의 경제전에서 승리하기 위한 것'이라는 인식과 이를 위한 수단으로 '언문 보급'이 필요하다는 주장이다. 달리 말해 이 시기 식민 정부나 관변 단체에서 일반 대중에게 '조선어' 또는 '언문'을 가르친 이유가 현실적인 필요에서 비롯되고 있음을 의미한다.

이 시기 조선유도회에서는 '됴선문 통신 강습학회'라는 단체를 설립하기도 하였는데, 『유도』 제11호(1923.6.)에 실린 선전문과 취지문은 다음과 같다.

(24) 朝鮮文通信講習學會

ㄱ. 됴선문 통신 강습학회 선전문

우리 됴선 삼천리 강산에 싀봄이 도라왓슙니다. 천봉만학에 곳도 피고 닙도 피여 문명한 세계가 되옵니다. 잇써를 당흔 우리도 한문자에 져진 구습을 쓰러바리고 지식에 싀로온 길을 발버 져 봄바람과 가티 활동하야

---

18) 조선유도회는 일제의 유림 통제 정책에 따라 만들어진 관변 단체로 기관지『유도』를 발행하였다. 이 잡지는 1921년 4월에 창간되어 통권 15호까지 조선문으로 발행되었으며, 1936년 이후 일본문으로 다시 발행되었다.

문명한 솟속에 신싱활를 구하여 봅시다.

보시오. 우리는 이왕 눈에 동자가 업고 말에 쎄가 잇섯습니다. 이럼으로 우리는 눈 잇는 소경과 말ᄒ는 벙어리에 지나지 못ᄒ얏습니다. 안이 우리 이천만 민족은 거의 소경과 벙어리가 뭉치여 잇는 민족이라 하깃습이다. 무엇보담 우리는 이 소경과 벙어리된 병을 먼져 곳쳐야 하깃습이다. 싱각하여 보시오. 한문을 비호랴면 음 싸로 새김 싸로 쏘 어려운 만자까지 십년이나 이십년이나 공부를 ᄒ여야 겨우 무식을 면할는지 모를 쑨만 안이라 쏘 한문에 깁고 노픈 의미를 알자 ᄒ면 한평싱 공부하야도 알지 못하는 글이올시다. (중략) 이럼으로 우리는 됴선문 통신 강습학회를 셜립하고 우리의 글노-우리의 문화를 발젼하랴 ᄒ읍난 바 당국에서도 극히 찬성하야 허가를 하엿습이다. 참으로 우리의 글은 글자도 묘하지오. 글 쯧도 자미 잇셔요. 더구나 배호기도 쉽고 쓰기도 편리하웁이다. 이럼으로 우리의 남자도 물론이어니와 우리의 글노 가졍에 대한 학문과 자녀를 양육하는 학셜을 편성함에 대하야셔는 학문이 무엇인지 모르든 녀쟈계에 서광이올시다. 오시오. 보시오. 우리의 학회에셔는 강즙소를 셜치하고 신셩한 학셜을 보급하기 위ᄒ야 강의록을 출판하며 쏘 보통학교의 시험쥰비셔를 편찬ᄒ야 입학하는 아동의 편의를 도모코자 하여 일본 가나도 겻헤 달고자 하웁이다. (하략) ―『유도』 제11호(1923.6.)

ㄴ. 朝鮮文通信講習學會 趣旨

(전략) 우리는 이를 發揮하며 이를 演繹하면 漢文 打破할 武器도 되며 學問 發展할 土臺도 되리로다. 그러면 우리는 自然의 精神 自由의 生活, 우리의 民族을 團合하여 新精神 新生活 新民族이 되기를 懇切히 希望하는 바이다. 그럼으로 우리는 朝鮮文 通信 講習學會를 設立하야 敎育을 普及하고 智識을 增進키 爲하야 講習所를 設置하며 世宗大王을 尊奉하고 講義錄을 出版하며 普通學生의 試驗 準備로 學科書를 編成하되 日本 文化를 收入키 爲하야 片假名을 傍註하며 女子界에 普及키 爲하야 別로 이 冊子를 構成하야 一般 同胞와 各道府郡에 宣傳配付하야 여러분 兄弟姉妹의 歡迎과 共鳴을 要求하는 바이라. 무엇보담 우리는 우리 글을 貴重

하게 高尙하게 여기시는 感覺을 주시지 아니치 못할 것을 紹介코자 함이라. 아모조록 朝鮮 사람은 朝鮮 글을 朝鮮 사람은 朝鮮 글을. —『유도』제13호(1923.6.)

유도진흥회의 산하 단체로 출범한 '조선문통신강습학회'의 구체적인 활동 내용은 밝혀져 있지 않다.[19] 그러나 이 단체에서 주도한 '언문보급운동'은 일제강점기 식민 정부의 민중 정책과 무관하지 않다. 그렇기 때문에 학회 창립부터 당국의 찬성과 허가를 받았으며, 일본어로 방주한 강습록을 발행하기로 하였다.

이와 같이 1920년대부터는 조선총독부나 행정 당국, 또는 관변 단체에서 민중을 대상으로 한 조선어를 대상으로 한 계몽 활동이 전개되기도 하였다. 이러한 운동의 성격은 각종 조선어 강습회 또는 '언문 강습회' 등과 관련된 기사를 통해서도 확인할 수 있다. 『매일신보』에서는 1922년 6월 6일부터 1938년 11월 25일까지 '조선교육협회', '경남 사회협회' 등과 같은 사회 교육 단체나 '충청남도', '충청북도', '각군 진흥회' 등에서 조선문을 포함한 강습회를 개최한 25개의 기사가 남아 있다.[20] 이러한 기록을 통해 확인할 수 있는 것은 일제강점기 각종 행정기관이나 관변 단체 주도의 대민 정책에서 '조선어(언문)'을 문맹퇴치 수단으로 여겼다는 사실이다.

이처럼 일본어 보급을 최우선의 과제로 삼으면서도 언문을 가르치고자 한 이유는 식민 정책을 원활하게 수행하는 데 필요한 '기능

---

19) 이 학회의 성격은 『유도』 제11호에 실린 '학회 규칙'을 통해 알 수 있다. 이 규칙은 모두 18조로 이루어져 있으며, 학회 본부를 경성부 도염동의 유도진흥회에 두었고, 학회장은 유도진흥회장이 맡았다. 특히 각도에 지회를 두었는데 지회 본부는 도청소재지에 두었다. 주요 사업으로 '통신 강습록 발행', '순회 강연', '고서, 소학, 대학, 중용, 논어의 필요한 구어 또는 가정 도덕, 백과전서, 격언 등의 조선문 번역'을 내세웠으며, '국어(일본어)로 방주(傍註)'하는 것을 의무로 하였다.

20) 구체적인 내용은 자료집을 참고할 수 있다.

적 문식성'21)이 필요했기 때문이다.

(25) 農村振興 運動에는 文盲打破가 急務

　農村 大多數의 無學者를 抱擁한 忠北道 當局에서는 此等 文盲을 打破하고 農村啓發 施設로 하야 簡易 文字의 普及을 促進할 바가 急務라고 생각하는 중 輓近 農村 振興會와 靑年團에서 그덜 事業으로 短期 講習會를 開催하고 諺文의 普及에 努力하야 相當한 實積을 보고 잇슴에 鑑하야 此等 施設을 助長하는 意味로서 諺文讀本을 編纂하야 講習員에게 配付하고자 計劃 중이라는데 萬一 希望者가 만허서 道費의 豫算額으로서 希望하는 數値만치를 刊行하지 못하고 時에는 實費의 約干額으로 配付할 터이라 한다. 그리고 그 諺文讀本은 普通學校 一學年 程度로 하야 純諺文으로 써 平易하게 만들 터이라는 바 社會敎化係의 李重甲 氏가 그 編纂의 任에 當하기로 되엿다 한다. ㅡ『매일신보』 1933.10.24.

이 기사와 같이 이 시기 각종 진흥 단체나 행정 단체에서는 여러 유형의 독본(讀本)을 편찬하여 언문을 깨치도록 하였는데, 그 이유는 농촌 진흥을 위해 문맹퇴치가 필요했기 때문이었다. 이 점에서 일제 강점기의 조선어(언문)관은 완전한 일본어 보급이 이루어지기 전까지의 과도기적 언어로서, 특히 실업이나 가정생활에 필요한 간단한 지식을 깨치는 수단으로 인식되고 있음을 의미한다.

---

21) '기능적 문식성'이라는 표현은 일상생활에 필요한 '독법(讀法)', '서법(書法)', '산술(算術)'과 같은 기능만을 깨칠 수 있도록 하는 것을 의미한다. 달리 말해 개인적 차원이나 사회 구성원 또는 언어에 내재하는 사상 등을 고려하지 않고 오로지 생활의 필요, 또는 농업 생산성 향상에 필요한 독해력만을 강조하는 문식성을 의미한다. 이는 일제강점기의 문맹퇴치용 독본이 대부분 '독서산(讀書算)'이나 실업 관련 내용으로 구성되어 있음을 통해서도 확인할 수 있다.

4.2. 농민독본류의 내용

일제강점기 민중 계몽은 운동의 주체에 따라 계몽의 목표나 방향이 달라진다. 특히 식민 지배자들의 입장에서는 자발적인 민중운동을 억압하고, 관 주도의 대민 정책의 주된 대상은 농민과 부인이었다. 특히 '자력갱생운동' 이후 전개된 각종 문맹퇴치운동을 위해 '농민독본'을 편찬하였는데, 다음 기사는 이러한 예를 보여준다.

> (26) 農民讀本의 敎授 統一
> 작년 녀름 조선의 최초로 경긔도에서 발행한 농민독본(農民讀本)은 타도에도 상당히 보급되어 임의 총 책수 七만 五천부가 매진되엇스며 속속 수용 신입이 잇서 증쇄중인데 본도에서는 그 독본의 교수 차로로 하여곰 각 과 내용의 주안점을 일치하도록 하기 위하여 이번에 '경기도 농민독본 취급에 대하여'를 발행하여 도내 각 관공서와 학교 금융조합과 각 진흥회에 무상으로 배부하기로 되엿다. 또는 이를 희망하는 자에게는 용산 강통길강 인쇄소(龍山 江通吉岡 印刷所)에서 유상으로 배부할 터이라 한다. ―『매일신보』 1934.2.2.

이 기사는 경기도에서 농민독본을 발행하였으며, 이 독본은 다른 도에서도 상당히 보급되었음을 보도한 기사이다. 아직까지 이 기사에서 언급한 독본이 어떤 책인지 발견되지는 않았으나, 이 시기를 전후로 각 도나 관변 단체에서는 문맹퇴치를 슬로건으로 한 농민독본을 발행한 경우가 많았다. 예를 들어 충청북도 지방과에서 발행한 『간이 농민독본(簡易農民讀本)』(1936), 응세 농도학원(應世農道學院)에서 편찬한 『응세농민독본(應世農民讀本)』(1937), 발행자와 발행 연도를 알 수 없는 『농촌진흥 조선어독본(農村振興 朝鮮語讀本)』(1935년 이후의 것으로 추정),[22) 국민교육연구회의 『농촌속습 조선어독본(農村速習朝鮮語讀本)』(1937, 正文堂) 등이 그것이다. 이와 같은 독본을 편찬한 목적은 다음 자료를 통해 확인할 수 있다.

(27) 편찬 목적

ㄱ. 凡例

一. 本書는 普通學校에 就學치 못한 農村 男女에게 簡易한 朝鮮語를 教授하며 <u>農村振興에 對한 志操를 涵養하기</u> 爲하야 編纂함.

二. 朝鮮語는 學習하는 데 容易하도록 表音的 綴字法을 採擇하고 普通學校 朝鮮語讀本 新綴字法을 多少 加味함.

三. 本書 全篇을 通하야 單히 文字의 解得과 章句의 誦讀에만 止치 말고 家計簿 記入을 可能케 할지며 教材의 內容과 精神에 就하야 充分 理解 覺醒케 하야써 <u>農民道의 振作</u> 誘導에 務함이 可함.

四. 本書의 分量은 每日 二時間식 教授하야 約 三個月에 完了케 함을 標準으로 함. 一忠淸北道 地方課(1936),『簡易 農民讀本』'凡例'

ㄴ. 머리말슴

넷적부터 '글읽어야 사람이 된다'는 말슴이 잇습니다. 글을 모르는 사람은 제 마음속에 잇는 대로 써 볼 수 업스며 남이 써 노은 것도 알아보지 못하고 또는 멀리 잇는 사람에게 알릴 수 업스며 이 뒤까지라도 물려 줄 수 업나니 이를 사람이 되엿다 할 수 잇겟습닛가.

오늘날은 글 모르는 사람은 잘 살기가 어렵습니다. 우리가 알기 쉬운 조선글로 성명 삼자도 못 그리고 용돈도 못 적는다면 엇지 되겟습닛가. 더구나 우리들의 살림살이에 뿌리가 되는 농사로 말슴하면 요새는 전과 달라 나날이 새로워저가는 판인데 아무 것도 모르고야 엇더케 잘하야 나갈 수 잇겟습닛가.

그럼으로 우리 학원에서 이 책을 만들어 농민 여러분께 드리는 것이오니 먼저 조선 언문을 알아가지고 차차 농사짓는 말슴을 읽어보며 사이로

---

22) 이 책은 상권과 하권으로 분책되었으며 현재 하권만 발견한 상태이다. 표지의 발행처와 판권이 낙장이어서 발행 사항을 자세히 확인하기는 어려우나 책의 내용을 바탕으로 1930년대 중반의 농촌 계몽운동 관련 독본이었음을 추정할 수 있다.

<u>국어 산술 한자 위생 등</u> 여러 가지를 알아가야 되겠습니다.

아는 것이 힘이올시다. 여러분 아모쪼록 부지런이 공부하야 훌륭한 농민이 되야 잘 살아 나갑시다. 끝으로 글씨와 글을 주신 여러분께 감사드립니다. 소화 십년 십이월 오일 응세농도학원. ―『응세농민독본(應世農民讀本)』 '머리말슴'

이처럼 이 시기 농촌진흥운동과 관련된 농민독본 편찬은 '농촌진흥의 지조', '농민도의 진작' 등을 목표로, 농사 관련 지식 보급 및 가계부 기입 또는 '일본어, 산술, 한자, 위생' 관련 내용을 포함하였다. 구체적인 내용은 다음과 같다.

(28) 농민독본류의 내용

책명	발행기관	내용
간이농민독본(1936)	충청북도 지방과	凡例 一. 반절(反切), 二. 툇시옷(重初聲), 三. 중중성(重中聲), 四. 밧침(終聲) 五. 둘밧침(重終聲), 六. 사대절(四大節), 七. 우리집, 八. 사시(四時) 九. 보통농사(普通農事), 十. 일년, 十一. 소와 도야지, 十二. 농가집아해, 十三. 양잠(養蠶), 十四. 우리동리, 十五. 거름, 十六. 조석인사, 十七. 부업(副業), 十八. 속담(俗談), 十九. 직업(職業), 二十. 함정에 빠진 호랑이, 二十一. 농사타령, 二十二. 물방아, 二十三. 갱생부락문답(更生部落問答), 二十四. 조선(朝鮮), 二十五. 농가갱생오년게획(農家更生五年計劃), 二十六. 고마운 세상, 二十七. 수짜(數字), 二十八. 한자(漢字), 二十九. 한짜읽는법, 三十. 가게부 쓰는 법, 三十一. 가게부(家計簿), 三十二. 편지(片紙), 三十三. 생활개선(生活改善), 三十四. 산술(算術)

응세농민독본(1937)	응세농도학원	머리말슴 第一編 訓話(국문부속문체임), 第二編 國語(가나 부속문체임) : 총15과
		第三編 朝鮮語(국문부속문체임) 본문(음절표)
		  호미, 고구마, 노리터, 추수, 가갸소리, 소모리, 지심매기, 상사소리, 조은말, 알아낼 것, 일기, 시조, 조선(一), 조선(二), 편지, 農村振興이야기(학원장 백남규 선생 강술 발췌)
		第四編 小農의 經營 方針(국문부속문체임)
		  農業, 小農, 本道 農家의 現況, 小農의 更生 計劃(會田重吉 선생 강술 발췌)
		第五編 稻作(국문부속문체임)
		  土地, 苗代, 本畓(전라남도 농사시험장 보통 농사 부주임 본학원 강사 日高好衛 선생 강술)

		第六編 泉水畓(국문부속문체임) 泉水畓改善稻作法(전라남도 농사시험장 천수답 주임 본학원 강사 佐藤照雄 선생 강술 발췌) 第七編 麥作(국문부속문체임) 用途, 品種, 氣候, 栽培(전라남도 농사시험장 산업기수 金泰守 선생 강술) 第八編 朝鮮의 蠶絲業(국문부속문체임) 朝鮮의 蠶絲業, 養蠶業의 得點, 뽕 등(전라남도 기수 時任淸 선생 강술 발췌)
농촌진흥 조선어독본 (하) (확인 안 됨)	확인 안 됨	第一課 時間 第二課 붉은山 第三課 陽曆과陰曆 第四課 時調 第五課 貯金 第六課 職業 第七課 슬기잇는裁判 第八課 農作物의種子 第九課 衛生 第十課 公衆衛生 第十一課 村婦歌 第十二課 雞林 第十三課 分業 第十四課 메돌법(米突法·meter·メートル法) 第十五課 흑뗀이야기(一) 第十六課 흑뗀이야기(二) 第十七課 朝鮮의大豆 第十八課 朝鮮靑年歌 第十九課 호랑이도안다 第二十課 文益漸 第二十一課 朝鮮地理 第二十二課 四名節 第二十三課 李退溪先生 第二十四課 영리한少年 第二十五課 俚諺 第二十六課 편지 第二十七課 郵便爲替 第二十八課 고무이야기 第二十九課 돈의 유래 第三十課 太陽과달 第三十一課 金剛石 第三十二課 李垣之의孝誠 第三十三課 나그네새 第三十四課 公德 第三十五課 몸에지닌保證書 第三十六課 動物의保護色 第三十七課 별이야기 第三十八課 水蒸氣 第三十九課 중과아전 第四十課 間島 第四十一課 品種의改良 第四十二課 實業 第四十三課 商業 第四十四課 明太 第四十五課 進步하는世上 第四十六課 都會와시골 第四十七課 智慧겨룸 第四十八課 釋王寺 第四十九課 諺文의制定
농촌속습 조선어독본 (1937)	국민교육 연구회	第一. ㄱㄴㄷㄹ, 第二. ㅁㅂㅅㅇㅈ, 第三. ㅊㅋㅌㅍㅎ, 第四. 쉬운말, 第五. 쉬운말, 第六. ㅣ, 第七. ㄲㄸㅃㅆㅉ, 第八. 바침, 第九. 기러기, 第十. 봄노래, 第十一. 요일, 第十二. 일년, 第十三. 제비, 第十四 소낙비, 第十五 사시, 第十六 우리들, 第十七 바람, 第十八 꽃쇠와 달, 第十九 소와 어리니, 第二十 五谷, 第二十一 하라버지, 第二十二 하나와 둘, 第二十三 하날, 第二十四 朝鮮, 第二十五 일긔, 第二十六 편지, 第二十七 시내, 第二十八 라-마, 第二十九 진흥회, 第三十 눈섭 세는 밤, 第三十一 衣色, 第三十二 모내기, 第三十三 공과 개미, 第三十四 一白一黑, 第三十五 一家再興, 第三十六 빈대떡 한 조각, 第三十七 火災를 위문함, 第三十八 率居, 第三十九 말 못하는 勇士에, 第四十 自力更生

농민독본류의 주된 내용은 언문이나 일본문 문자 해득 능력을 기본으로 하여, 농업 기술, 갱생운동, 신용을 중심으로 한 생활 태도, 가계부를 비롯한 생활 서식을 쓰는 방법으로 이루어져 있다. 특히

국민교육회의 독본에는 '진흥회', '일가재흥', '말 못하는 용사에', '자력갱생' 등의 내용이 들어 있어, 이 교재가 식민 통치 이데올로기를 보급하고자 하는 목적을 갖고 있음을 짐작하게 한다. 흥미로운 점은 '함정에 빠진 호랑이'와 '혹 뗀 이야기', '눈썹 세는 밤'과 같은 우화가 들어 있기도 한데, 이는 학습자의 흥미를 고려한 것으로 보인다. 일부 내용은 보통학교나 고등보통학교의 조선어(조선어급한문) 교과의 교과서에도 실려 있으므로, 농민독본 편찬 과정에서 교과서를 참고했음을 알 수 있다.

4.3. 농업 기술서, 자력갱생휘보, 부인 강습회 자료

문맹퇴치용 강습 자료는 아니지만 조선총독부를 통해 발행된 자료 가운데에는 기능적 문식성을 고려하여 우리글로 펴낸 책들이 더 있다. 농민독본류가 농업 개량을 목표로 했다는 점에서 조선총독부에서 펴낸 『농정신편(農政新編)』(1932, 朝鮮印刷株式會社)이나 『자력갱생휘보-언문판(自力更生彙報 諺文版)』第九號(1940, 朝鮮總督府 發行) 등도 식민 정부의 대민 정책이 기능적 문식성을 중심으로 할 경우 우리글을 사용하고 있음을 확인하게 하는 자료이다. 『농정신편(農政新編)』의 발행 의도는 다음과 같다.

(29) 序

忠淸北道 槐山郡 佛頂面에 有名한 篤農家가 잇는대 그는 李泰浩라고 하는 이다. 李太祖의 長子 鎭安大君의 後嗣로서 年齡은 이미 古稀를 지낫다. 少年에는 만흔 硏究를 배왓스며 쏘 東西古今의 歷史에 能通하다. 年來로 農事改良에 留意하야 만흔 硏究를 거듭하여 그의 抱負는 매우 豊富하다. 年前 槐山郡廳에서 農事 講習會를 開催하엿슬 째에 氏도 또한 이를 聽講하엿섯다. 그런대 그 講習會의 所說이 氏가 多年 愛讀하든 農政新編과 相似한 點이 頗多하엿섯다. 그리하야서 그 冊을 發刊하야 널니

農家에 頒布하려 하던 次에 昨冬 齋藤 總督이 氏를 訪問하야 農事의 改良, 農村의 振興에 關한 그의 말을 듯고 感歎不己하엿섯다. 그 後 十餘日 만에 氏로부터 本書를 總督에게 보내고 그의 希望을 말하엿슴으로 總督은 곳 本府 技師로 하여곰 本書의 內容을 審査케 하엿던 바 農家에 參考될 만한 點이 不少함으로써 此를 飜譯하야 頒布하기로 한 것이다. 昭和六年 五月 朝鮮總督府, 一『農政新編』序.

『농정신편』은 1885년 안종수가 번역하여 펴낸 최초의 근대적 농서로 알려져 있다. 조선총독부에서는 진안대군의 후손 이태호가 소장하던 책을 번역하여 반포하였는데, 그 의도는 농사 개량에 참고하도록 하기 위한 것이었다.

자력갱생운동을 홍보하기 위해 제작한『자력갱생휘보』는 일본문으로 만들어진 잡지이다.[23] 현재 확인할 수 있는 것은 대략 20여 종인데, 일문판 본책에 조선문 부록을 별책으로 내거나 '언문판'이라는 별도의 제호를 붙여 펴내기도 하였다. 이 잡지 발행의 목적은 자력갱생운동을 비롯한 식민 정책 홍보에 있었으며, 발행 주체는 조선총독부였다. 이 잡지는 '휘보'라는 형식을 취하고 있으므로 갱생운동과 관련된 각종 사항을 정리하여 보도하는 내용으로 이루어져 있다. 특히 휘보에서는 '농촌 부인운동'을 강조하였는데 이와 관련된 글을 소개하면 다음과 같다.

---

23) 이 잡지의 창간과 종간에 대해서는 충분히 밝혀져 있지 않다. 독립기념관 소장본 가운데 제56호 부록(1938.5.20.), 제61호 부록(1938.10.20.), 제63호 부록(1938.12.20.), 제64호 부록(1939.1.20.)은 조선문으로 발행되었으며, 제76호(1940.1.20.), 제78호(1940.3.20.)은 일문판이다. 또한 '자력갱생휘보 언문판' 제4호(1939.10.20.), 제9호(1940.3.20.)가 있으며, 판본을 구체적으로 확인하지는 못했지만 고서점 유통 물건 가운데 제8호(1940년발행) 제68호(1939년) 제71호 부록(1939년) 제11호(1940년) 제12호(1940년) 제13호(1940년) 제14호(1940년) 제15호(1940년) 제16호(1940년) 제17호(1940년)가 존재하는 것으로 보아, 초기에는 일문판을 본책으로 하고 우리글로 이루어진 부록을 펴내다가, 1939년을 전후하여 '부록' 대신 '언문판'이라는 명칭을 붙여 제호를 다시 쓴 것으로 추정할 수 있다.

(30) 자력갱생휘보의 농촌 부인운동 관련 자료

ㄱ. 농촌진흥운동과 농촌부녀자의 관계

농촌진흥운동이 이러난지는 <u>벌서 다섯해가 지낫습니다</u>. 그래서 총독부이하 도,군,면,학교,금융조합, 주재소등에서 열심히 지도하고 농가에서도 그 지도를 잘밧아서 실행하여온까닭에 해마다 갱생하여가는 농가가 느러가니 이 얼마나 반갑습닛가. 그런데 <u>이운동은 농촌부인과는 써러질수업는 관게가 잇는것입니다</u>. 그것은 엇재서 그러냐하면 농촌부녀는 집안살림을 마타하는관게상 그 살님을잘하고 못하는데서 농가의 갱생도 잘되고 못되는 것입니다. 농촌진흥운동으로해서 농촌부녀자도 자각이 만히되여서 전자에 아니하든 밧갓일도 만히해서 농사에 조력도하고 부업도 잘들해서 수입을 엇고 쏘는 절미저축과 가튼 것을 실행하는 동시에 살님비를 절약해서 집안살님을 보태며 싸라서 갱생계획 실행도 잘되는 집이 만습니다. 그런걸로 보며는 농촌부녀자는 농촌진흥운동의 보조자가 아니라 당당한 관게자라고 볼수잇습니다.

그런의미로서 농촌부녀들께서는 농촌진흥운동에대하야 좀더 기픈리해와 자각을 내서 일충분발 활동하서서 갱생의 목적 달성에 힘쓰시길 바라는 바입니다. ―김추국, '농촌 진흥운동과 농촌 부녀자의 관게', 『자력갱생휘보』 제56호(1938.5.20.)

ㄴ. 非常時와 農村婦人의 使命

제일선에서 용전분투하는 황군의 노력을 감사하는 마음은 도시나 농촌이나 일반으로 가틀 것입니다. 이즈음 날마다 들니는 국방헌금이라든지 비행긔 헌납이라든지 쏘는 우리 농촌 부인들이 아침저녁으로 한술식의 쌀을 써서 모혼 돈이나 가마니를 싸고 색기를 쏘아서 판돈 혹은 전답의 허터진 이삭을 주서서 판돈, 부인회원들의 품을 판돈을 헌납한다는 아름답고 반가운 소식은 듯는 자로 하여금 감격의 눈물을 금치 못하게 합니다.

이제 새삼스럽게 비상시국이니 소비절약이니 말슴드릴 필요도 업슬 줄 압니다. 그런데 전국민의 십분지 팔 이상을 점령하고 잇는 우리 농가

특별이 농촌의 어머니 되시는 부인에게 한마듸 말슴드리려 합니다. (중략) 부인의 임무(책임)가 너무 많은 것 갓치 들니지마는 그것은 한가지로써 전부가 됩니다. 현재 장긔로 끌니고 잇는 지나사변은 좀처럼 속히 긋나지 못할 것 갓습니다. 그러나 황군의 향하는 곳에는 대적하는 재 업고 파죽지세로 백전백승하고 잇습니다. 동아의 목표로 긋까지 싸와 익여야 하겟습니다. 우리도 우리들의 무긔되는 호미와 괭이를 굿게 잡은 총후의 용감한 황군의 한사람이라는 것을 이저서는 아니됩니다. '국민정신동원'이라는 것은 이러한 의미의 말슴이올시다.

첫재, 우리의 양식이 충실하여야 합니다. 그것은 즉 제일선에서 안심하고 충분히 싸우게 하는 것입니다. 둘재 군수품의 제공입니다. 우리들의 손으로 생산하는 물품 중에는 군수품 되는 것이 만습니다.(군량, 마초, 화약, 병긔, 기타) 셋재 전비의 부담입니다. (중략) 그러케 함에는 다음의 여러 가지 방면으로 고려하여야 생활개선에 노력하여야 할 것입니다.[24]
―평안남도 농촌진흥과(부인촉탁) 리산라, '非常時와 農村 婦人의 使命',
『자력갱생휘보』 제63호 부록(1938.12.20.)

이 두 편의 글은 자력갱생운동, 특히 부인을 대상으로 하는 자력갱생운동의 성격을 명확하게 드러내 준다. 앞의 글에 따르면 농촌진흥운동은 1933년을 전후로 하여 본격적으로 실행되었으며, 그 과정에서 부인의 역할이 강조되었음을 알 수 있다. 특히 1938년 이후의 부인운동은 전시 체제 하의 노동력 공급지로서의 역할을 강조하는 방향으로 전개되었다.

이처럼 노동력 공급지로서의 부인운동을 강화하기 위해 각종 단체의 결성, 강연회의 보급 등이 이루어졌는데, 그 과정에서 부인 강습회용 자료가 제작되기도 하였다. 『부인강습회 강연록』도 그 가운

---

24) 이 글에서 제시한 생활 개선책은 '자족자급, 폐물 이용, 관혼 상제 비용의 절약, 금속품, 의국품의 절제, 연료 절약, 전가 근로 실행(전가족 근로), 부인 시장행 실행, 채식주의와 일채주의, 가계보의 활용, 저금 보국'의 10가지이다.

데 하나이다. 이 강연록의 내용은 다음과 같다.

(31) 강연록 목차

이 책은 표지와 부록이 낙장이며, 강연록 목차와 본문만 남아 있다. 본문 가운데 '나무절야과 불조심'에서 '우리 당진에도 합덕면 순성면 신평면은 먼저 말한 바와 갓치 벍언산이 만이 잇슴니다'라는 내용을 고려할 때 당진군의 부인강습회 강연록이었음을 확인할 수 있다. 이 책은 순 한글로만 이루어진 강습회 자료로, 책의 발행 연도는 쉽게 추정할 수 없으나 강연록 첫회 '농촌부인의 심득'이라는 김군수(당시 당진군수였을 것으로 추정됨)의 글 속에 '먼저번에 긔회사를 말삼할 써에 지금 극도로 곤궁하게 된 우리 조선 농촌을 깅싱식히고자 함에는 불가불 농촌 부인 여러분의 활동을 기다리야만 하겟다는 말삼과 이번에 이 부인강습회를 열게된 취지를 틔강 말삼하얏슴니다만은 지금부터 다시 농촌 부인의 심득이라 하는 문뎨 다시 말삼하면 농촌부인이 알고 쏘한 쏙 실힝하여야 할 일 몃가지에 틔하야 말삼하고자 합니다.'라는 대목으로 보아 1933년 농촌진흥운동이 본격적으로 전개된 이후에 발행되었음을 추정할 수 있다. 강연 내용 자체는 농촌부인으로서 갖추어야 할 마음가짐이나 농업 생산성 향상을 위한 농사 기술, 밀주 금지와 납세의 중요성 등으로 이루어져 있다.

이 밖에도 조선총독부나 관변 단체에서는 식민 정책 수행에 필요
한 각종 조선문 자료를 제작·배포하였다. 특히 태평양 전쟁이 격화
되던 1943년 6월에 발행된『구황지남(救荒指南)』(本草營養研究會, 1943.6.)
은 일본어 보급 정책으로 말미암아 조선문을 사용하지 못하는 상황
에서도 구황(救荒) 관련 지식을 일문(日文)과 한문(漢文), 조선문(朝鮮文)
대역으로 편찬한 책이다. 이 책에는 조선총독부 경무국장이었던 단
게[丹下郁太郎]와 조선총독부 농림국장이었던 시오다[鹽田正洪]의 서문
이 실려 있다.

5. 민중운동과 문자보급운동

5.1. 1920년대 민중 강연과 농민운동

일제강점기 농민 계몽 문제는 조선총독부뿐만 아니라 이 시기 한
국 지식인들에게도 중요한 과제였다. 그렇기 때문에 1920년대 이후
에는 재일 유학생을 중심으로 각종 강연회가 활발히 전개되었다. 이
러한 경향은『매일신보』의 다음과 같은 사설에서도 확인할 수 있다.

(32) 1920년대 강연회 관련『매일신보』의 사설

ㄱ. (전략) 今回 同會에서는 其 協會의 趣旨 宣傳과 敎育思想의 普及하기
　爲하야 來 五日부터 將次 朝鮮 全道를 巡廻하야 講演을 爲하기로 하얏
　나니 此 計劃은 實로 長擧이며 快擧이라. 吾人은 一般 人士와 共히 其
　重大한 使命에 深大한 期待로써 歡迎하거니와 大抵 人類는 感情的 動
　物이라 本 講演이 一般 群衆心理에 深刻한 印象을 與할 것은 勿論이며
　此에 依하야 感覺이 有한 時에는 蟄한 者가 動하며 伏한 者가 起하야

各自 人 되려는 思想이 膨大할 것은 可히 써 不見에 是圖라 謂할지로다.

그러나 吾人이 同會에 對하야 特別히 唱導할 것은 講演의 本旨를 오직 敎育의 方面에만 置하야 아모죠록 時局問題에 觸함을 避함이 可하니 ― 昨年 以來 各 團體의 學術 講演이 有하던 時에 徒히 無益의 言을 提하다가 警務官憲에게 中步 或은 解散의 命令을 當한 實例가 有한 즉 此와 如함은 結局 寸利는 無하고 尺害만 有할 쑌이라 그런즉 特히 此에 留意하야 다만 所期의 功果를 收하기만 企待하노라. ―'敎育協會의 宣傳講演', 『매일신보』 1922.6.4.

ㄴ. 每年 夏期는 最近 朝鮮에셔는 講演 季節이라 홀 만큼 海外에 잇는 留學生을 비롯하야 各地에 잇는 學生들의 巡廻講演隊가 各地에 巡廻 講演하는 中이며 其中 某某 講演隊는 或은 法史에게 問罪하는 바이 되며 或은 講演會의 中止 解散 等을 命하는 消息까지 잇스며 더욱이 最近 京城에셔도 某 講演會가 開催되얏슬 씨에도 頻頻히 縣官의 注意를 受하얏스며 또 聽衆으로부터 僻偸된 例도 잇도다. 如何間 現今 朝鮮 各地에는 每日 每夜와 女히 甲隊와 乙團이 交替 互代하야 炎天과 함씌 辯士의 舌도 極度로 白熱化하는 貌樣인 것은 事實이다. 此에 對하야 吾人의 年來로 懷持한 바 意見은 屢屢히 紙上에 公開한지라. 今에 更히 重複할 必要를 認치 아니하나 此際에 數言으로써 注意를 促하는 것도 決코 無益의 事가 안일 것이다.

講演會의 流行은 大體에 在하야 敬賀할 만한 現象이라 認홈에 吾人은 躊躇치 안이한다. 時代의 覺醒된 朝鮮 靑年이 都鄙를 通하야 知識慾에 飢渴된 此時에 海外와 其他 都市에 近世의 學問을 修得한 學生이 各히 그 學習한 바의 智識을 地方 靑年에게 注入하는 것은 元來 極히 贊同할 것이오 또 彼此의 受하는 바 利益도 決코 尠치 아니할 것이다. 卽 文化의 向上이 一種의 標語와 갓치 高調되는 此際에 講演會의 流行은 深히 喜悅할 것인 것은 論을 不侯할 바이다. 此點에 잇서 吾人의 期待는 또는 多大한 것이 잇다. 그러나 吾人은 年來의 經驗에 依하야 流行이 되는 講演會 그것을 無條件으로 贊成치 못하겟스며 또한 盲目的

으로 隨喜치 못하는 것을 遺憾으로 思한다. 그 理由는 첫직로 地方 靑年이 너무 講演에 食傷치 아니할가 念慮하는 것이오 둘직로 大同小異한 …否라. 殆히 如出一口한 듯한 印判을 押捺함과 如한 內容, 空疎의 改造 絶叫와 一知半解의 解散 要求와 싸라 現代 思想의 紹介 宣傳이란 것이 果然 現何의 程度까지 世人의 期待에 應하며 聽演 兩方面에 效益이 잇는가 하는 疑問이며 最後로 비록 例外일지라도 有時乎 淺薄한 動機로브터 他의 糟粕을 小讚하는 名的 或은 有心 故意的 言辭로 往往 社會의 秩序를 紊亂하며 國法에 觸한 바이 되야 — 不殺六의 格으로 地方 官憲에게 取締의 口實下에 玉石 混淆의 禁止 或은 干涉을 招한 例가 不乏흔 것이오 쏘한 神奇를 衒하야 在來의 倫理 道德을 一切로 無視하고 現狀 打破에 急走하는 結果 鄕黨 父老의 感情을 害하며 識者의 嚬蹙을 買하야 平地에 波蘭을 起하는 等 諸點이 다 此에 對하야 비록 ——이 例證을 擧치 아니할지라도 讀者 諸彦은 반다시 首肯할 것이 잇슬 것을 確信하야 無疑하는 바이다. (下略) —'講演會의 流行에 就하야', 『매일신보』 1923.7.19.

이 두 사설에서 이 시기 강연회의 상황과 식민 통치자들의 강연회에 대한 이중적인 태도를 짐작할 수 있다. 식민 통치자들은 강연회를 장려하면서도 '시국 관련 내용'이나 '해외 유학생들의 강연'은 온갖 논리를 동원하여 방해하고자 하였다. 이러한 흐름 속에서도 민족 언론을 내세웠던 동아일보사25)나 조선농민사, 조선어연구회 등에서는 문맹퇴치를 위한 각종 강연회를 진행하였다. 이러한 과정에서 각종 농민독본이나 노농독본이 편찬되기도 하였다. 그 가운데 하나가 이성환(1928)의 『농민독본(農民讀本)』이다.

이 독본은 『조선농민』 1-1(1925.12.)부터 2-2.(1926.2.)까지 '농민독

---

25) 예를 들어 최현배는 동경 유학생 하기 순회 강좌에서 진행한 강의록을 '우리말과 글에 對하야'라는 제목으로 『동아일보』에 연재하였는데(1922년 8월 29일부터 9월 23일까지 23회), 이 원고는 이후 외솔 최현배의 학문적 토대를 이루고 있다.

본(農民讀本)'을 연재되었다.26) '농민 독본'은 제1과 '자수 대학', 제2
과 '농민', 제3과 '농노', 제4과 '농민과 독립자영', 제6과 '농민과 공
동생활'로 이루어져 있다. 이 가운데 '농노'에 관한 내용은 사회 경제
사관을 바탕으로 한 것이므로 식민 정부의 이데올로기와는 배치되
는 면도 있다.

같은 시기에 신명균은 『노동독본(勞動讀本)』(中央印書館, 1928)을 펴
냈다.27) 이 교재는 3권으로 이루어져 있으나 현재 발견된 것은 세
번째 권뿐이어서 정확한 내용을 추론하기는 힘들다. 셋째 권의 내용
은 다음과 같다.

(33) 노동독본 권3의 내용

(1-5과는 낙장) 六, 許生員 七, 度量衡 八, 産業組合 九, 에듸손 十, 電氣
十一, 유리 十二, 고무 十三, 설씨處女 十四, 世界 十五, 수레와 배 十六,
大院君 十七, 별 十八, 太陽 十九, 달 二十, 책녁 二十一張良 二十二, 朝鮮
歷史 一(一 朝鮮民族, 二 朝鮮國家, 三 朝鮮區域, 四 朝鮮時代) 二十三, 朝
鮮歷史 二(一 檀君時代, 二 夫餘時代) 二十四, 朝鮮歷史 三(三 三國時代,
四 (원문 103-104 낙장), 五 (원문 낙장), 六 朝鮮時代)

신명균(1928)의 책명은 '노동독본'이지만, 편제나 설명 방식은 농민
독본류와 크게 다르지 않다. 다만 다른 독본류와는 달리 '산업'과 '역
사'에 관한 서술이 많은 비중을 차지한다.

이와 같이 1920년대 이후 각종 계몽 단체 조직 및 강연 활동을 통
한 민중계몽운동이 있었다. 이러한 운동은 때로는 식민 정부의 탄압
을 받기도 했으며, 때로는 식민 정부와 적절하게 타협하는 선에서
유지되기도 하였다.

---

26) 이 원고는 1928년 단행본으로 출간되었으나 현재까지 원본을 확보하지 못한 상태이다.
27) 이 시기 장지영이 편찬한 『노동독본』도 있으나 실물이 발견되지 않은 상태이다.

5.2. 문자 보급과 한글 운동

1920년대 중반기의 계몽운동이 식민 수탈과 농촌 경제의 낙후성에 대한 농민 자각을 전제로 한 것이었다면, 1930년대의 계몽운동은 '문자보급운동'으로 일컬어지는 '문맹퇴치운동'이 중심을 이루었다. 이에 대해서는 정진석(1999)의 선행 연구가 있다. 정진석(1999)에서는 1930년대 문자보급운동이 활발해진 이유를 1920년대의 문화운동의 쇠퇴에서 찾았다. 이 말은 1920년대 후반기의 정치적 상황을 고려할 때 민중 자각을 전제로 한 계몽운동이 더 이상 지속될 환경이 못 되었음을 의미한다. 곧 1929년 이후의 세계 대공황, 제1,2차 조선 공산당 사건(1925, 1929)에 따른 검거 선풍, 일본의 만주 침략 등에 따라 '민중 자각'을 전제로 한 계몽운동이 심각한 탄압에 직면하게 되었고, 이를 피하기 위한 전략 가운데 하나로 '문자보급운동'이 선택되었음을 의미한다.

이 시기 조선일보사(朝鮮日報社)와 동아일보사(東亞日報社)에서는 민중 계몽의 차원에서 문자보급 교재와 한글맞춤법 교재를 제작 배포하였다. 이 때 만들어진 교재의 목록은 다음과 같다.

(34) 언론사의 문자보급 교재[28]
『한글원본』 조선일보사. 1930.7.10.
『문자보급교재』 조선일보사. 1934.6.22.
『문자보급교재』 조선일보사. 1936.12.13.
『한글공부』 이윤재, 동아일보사. 1933.7.1.
『일용계수법』 백남규, 동아일보사. 1933.6.20.
『신철자편람』 동아일보사. 1933.4.1.

---

28) 이에 대해서는 정진석(1999), 『문자보급운동교재』(LG상남재단)를 참고할 수 있다.

『한글마춤법통일안』동아일보사. 1933.10.29.

　이러한 교재는 언론사가 중심이 되어 문자를 보급하고 민중을 계몽하고자 하는 의도에서 만들어진 것이며, 주로 자모의 명칭, 낱자 익히기, 문장 익히기, 계수법 등으로 구성되어 있다. 이러한 내용 구성은 당시 총독부의 시책에 어긋나지 않으면서 문맹퇴치운동을 함께 전개해야 하는 시대적 상황과 밀접한 관련이 있다.

　이러한 흐름에서 1933년 '한글마춤법통일안' 공포 이후에는 본격적인 '한글보급운동'이 전개된다. '한글 운동'은 크게 '문자 표준화 운동'과 '표준화된 문자보급운동'으로 구분하여 서술할 수 있다.[29] 통일안 보급운동은 방송, 강연회, 신문 강좌 등을 통해 진행되었으며, 조선어학회의 기관지 『한글』은 편집 방식을 바꾸고 통일안 해설을 게재하기도 하였다. 또한 종교 단체나 문인 단체에서도 통일안 보급을 위해 '보급회'를 만들기도 했는데 대표적인 단체로 '대한 성서 공회'(1933.9.5.), '조선 장로교 총회'(1934.9.) 등이 있었다. 이에 대해서는 한글학회(1971 : 172~175)에서 비교적 자세히 서술하고 있다.

　이처럼 1933년 이후의 계몽운동은 '민중 자각'이라는 계몽 본래의 목표보다는 '문맹퇴치' 또는 '표준화된 문자 보급'을 중심으로 전개될 수밖에 없었는데, 그 이유는 식민 통치 이데올로기와 '민중 자각'이 병존할 수 없었기 때문이라고 할 수 있다.

6. 식민 지배와 민중 정책의 본질

　일제강점기 식민 정부의 민중 정책은 근본적으로 노동력 공급지,

---

29) 문자 표준화 운동은 조선총독부의 철자법 제정 및 개정 정책과 마찬가지로 어문 통일을 위한 운동이라고 할 수 있다. 이에 대해서는 앞부분에서 간략히 서술한 바 있다. 한글학회(1971 : 123~171)를 참고할 수 있다.

식량 자원 공급지로서의 인적, 경제적 수탈을 전제로 한 것이었다. 그렇기 때문에 '동화 정책', '우민화 정책'을 기반으로 하여 임기응변식 대민 정책을 수행해 나간 셈이다. 이와 같은 대민 정책은 때로는 '교화'라는 '계몽'의 탈을 쓰기도 하고, 때로는 '농촌진흥'이나 '자력갱생'과 같은 이름으로 나타나기도 한다.

강점 직후의 '무단통치'나 3.1운동 직후의 이른바 '문화 정치', 1930년대 이후의 '모범 농촌', '농촌 진흥', '자력갱생' 등의 이데올로기 뒤에는 항상 강제력에 의한 동화 또는 '국민화', '황민화'의 이데올로기가 내재해 있었다. 이 점은 1933년 당시의 농촌 진흥운동과 경찰관의 관계를 보도한 다음 사설에서도 증명된다.

(35) 農村 振興運動과 警察官

警察官은 民衆을 保護하고 民衆을 指揮하며 民衆을 啓發하는 第一線에 立한 者이다. 社會의 安寧秩序를 保護하기 爲하야 非道를 糾彈하고 犯激을 **한다 할지나 그는 決코 破壞를 是事로 하는 昔日의 貪吏傲卒의 所有에 基한 것이 아니오 一히 發***를 期하기 爲한 菩薩心에 依한 것이다. (中略) 그러므로 有能한 警察官, 職務에 忠實한 警察官은 民衆을 檢察 壓迫함보담은 恒常 民衆을 指導 扶植하야써 非違에 隨하고 法網에 羅함을 豫防함에 是努하는 것이다. 그리하야 民衆의 僕從하여야 할 바를 明示하야 써 此에 **하고 由舉케 함은 물론 民衆을 非違에 墮치 안코 民衆을 法網에 *치 안케 하는 必須事項이라 할 것이이어나 百尺竿頭吏의 一步를 進하야 (中略) <u>農村에 在하는 警察官으로서 農村振興과 自力更生運動을 爲하야 多大한 努力을 加하고 顯著한 效果를 舉揚한다는 快舉와 美談은 從來에 在하야도 數處에 傳하는 바이엇섯다.</u> 그리하야 엇더한 道에서는 旣히 農學校 出身者를 農村 駐在 警察官으로 採用하는 所措에까지 出한 바이어서 農村振興과 自力更生運動의 進陟에 貢獻하는 警察官의 功勞는 實로 莫大한 바이며 今後 더욱 積極的 努力을 要望하야 不己하는 바이엇섯다. (下略) —『매일신보』1933.12.27.

이 사설은 '농촌 진흥운동'이나 '자력갱생운동'의 이면에 경찰관의 지도가 전제되고 있음을 극명하게 드러낸다. 강점 직후의 헌병 경찰이나 문화 정치기의 각종 민중 통제 법령, 1930년대 이후의 각종 민중 정책은 시대에 따라 식민 정책이 변화한 것을 의미한다. 이를 고려할 때 식민 시기의 민중 계몽 정책은 지배 이데올로기와 배치되지 않는 범위 내에서의 '기능적 문식성', '생산성 향상만을 목표로 한 지식 보급'만을 목표로 진행되었으며, 우리 스스로 전개한 각종 계몽 운동도 이 범주를 쉽게 벗어나기 어려웠음을 확인할 수 있다.

참고문헌

1. 국문 논저

강윤호(1963), 「언어의 본질, 발달 등」, 『국어교육』(현대교육학총서 1), 현대교육
학총서출판사.

강윤호(1973), 『개화기의 교과용 도서』, 교육출판사.

강진호 외(2007), 『국어 교과서와 국가 이데올로기』, 글누림.

강진호·허재영(2010), 『조선어독본』 1-5, 제이앤씨.

고영근(1995), 『국어학 연구사 : 흐름과 동향』, 학연사.

고영근(1998), 『한국어문운동과 근대화』, 탑출판사.

고영근(2001), 『한국의 언어 연구』, 역락.

고영근·김민수·하동호 편(1977), 『역대문법대계』, 탑출판사.

구자황·문혜윤 편(2010), 『근대독본총서』 1~3, 도서출판 경진.

국립국어연구원(1991), 『국어학논저목록집』(국어정책), 국립국어연구원.

국립국어연구원(2000), 『21세기 국어 정책』, 국립국어연구원.

국어학회(1993), 『세계의 언어정책』, 태학사.

국회도서관(1969), 『국내간행물 기사 색인(1945~1957)』, 국회도서관.

국회도서관(1982), 『정기간행물 기사 색인(1910~1945)』, 국회도서관.

김규창(1985), 『조선어과 시말과 일어교육의 역사적 배경』, 김규창교수논문간행위원회.

김대행(1995), 『국어교과학의 지평』, 서울대학교출판부.

김민수(1975), 『국어정책론』, 탑출판사.

김민수(2007), 『현대 어문 정책론』, 한국문화사.

김성배(1957), 『신국어교육론』, 대한교과서주식회사.

김성배(1976), 『국어교육의 연구』, 선명문화사.

김성준(2010), 『일제강점기 조선어 교육과 조선어 말살 정책 연구』, 경인문화사.

김수업(1980), 『국어교육의 원리』, 청하.

김순전 외(2009), 『조선총독부 제1기 초등학교 일본어 독본』 1~4, 제이앤씨.

김슬옹(2007), 『조선시대 언문의 제도적 사용 연구』, 한국문화사.

김영민(2009), 근대 계몽기의 문체 연구, 『동방학지』 제148집, 연세대학교 국학
연구원.

김용묵 외(1957), 『초등학교 각과지도법』, 청문각.

김원경(1993), 『국어과 (교과)교육학』, 교학연구사.

김원규(1950), 「학제개혁론 비판」, 『신천지』 5-1, 서울타임스.

김윤경(1933), 「최근의 한글 운동」, 『동광』 제40호, 동광사.

김종철(1989), 『한국 교육정책 연구』, 교육과학사.

김채수 외(2002), 『한국과 일본의 근대 언문일치체 형성 과정』, 보고사.

남일성 외(1995), 『중국 조선어문 교육사』, 동북조선민족교육출판사(연변).

노명완(1991), 『국어과교육론』, 갑을출판사.

노영택(1979), 『일제하 민중교육 운동사』, 탐구당.

루이 장 칼베(1974), 「식민주의와 언어」, 이병혁 외 옮김(1986), 『언어사회학
서설』, 까치.

문교부(1954), 『초등학교 교과과정』, 문교부.

문교부(1963), 『초등학교 교육과정해설』, 문교부.

문정창(1966), 『군국 일본 조선 강점 36년사』, 서울대학교출판부.

민현식 외(2007), 『미래를 여는 국어교육사』, 서울대학교출판부.

민현식(1999), 『국어문법연구』, 역락.

민현식(2000), 『국어교육을 위한 응용국어학 연구』, 서울대학교출판부.

박병채(1982), 「일제하의 국어 운동 연구」, 『일제하의 문화 운동사』(박병채 외), 현음사.

박붕배(1963), 「국어교육 평가」, 『국어교육』(현대교육학총서 1), 현대교육학총 서출판사.

박붕배(1987), 『국어교육전사(상)』, 대한교과서주식회사.

박붕배(1996), 『최근 국어과 교육의 이론과 현장의 조명』, 한샘.

박붕배(1997), 『국어과 교육 논총』 1·2·3, 한국국어과교육개발연구소.

박붕배(1997), 『국어교육전사』(중)·(하), 대한교과서주식회사.

박붕배(2003), 『침략기의 교과서』(일제강점기 조선어과 교과서 영인본), 한국국 어교육연구원.

박영목 외(1996), 『국어교육학 원론』, 박이정.

배유미(2003), 「무단통치기 일제의 일본어 보급 정책」, 『근현대민족어문교육 기초연구 제3차 집담회 자료집』, 서울대학교 국어교육연구소.

서상규·한영균(2000), 『국어정보학입문』, 태학사.

송철의(2004), 「한국 근대 초기의 어문 운동과 어문 정책」, 『한국문화』 제33집, 서울대학교 한국문화연구소.

신인간사(2007), 『신인간 총목차집』 1, 신인간사.

아단문화기획실(1995), 『아단문고 장서 목록』, 아단문화기획실.

안병희(2009), 『국어연구와 국어정책』, 월인.

오천석(1964), 『한국교육사』, 현대교육학총서출판사.

외솔회(1977), 『나라사랑』 제26호.

윤여탁 외(2005), 『국어교육 100년사』, 서울대학교출판부.

윤정일 외(1991), 『한국의 교육정책』, 교육과학사.

윤치부(2004), 『국어교육 논저목록』 1·2, 박이정.

이극로(1935), 「한글통일운동의 사회적 의의」, 『신동아』, 1936.11.

이근수(1978), 『조선조 어문 정책 연구』, 홍익대학교출판부.

이병근(1986), 「개화기의 어문 정책과 표기법 문제」, 『국어생활』 4, 국어연구소.

이병근(2000), 『한국어 사전의 역사와 방향』, 태학사.

이병근 외(2007), 『일제 식민지 시기 한국의 언어와 문학』, 서울대학교출판부.

이병혁(1986), 『한국사회와 언어사회학』, 나남.

이상태(1978), 『국어교육의 기본 개념』, 한신문화사.

이성연(1988), 「열강의 식민지 언어정책에 관한 연구」, 전남대학교 박사논문.

이연숙, 임경화·고영진 역(2006), 『국어라는 사상 : 근대 일본의 언어의식』, 소명
　　출판.

이용주(1995), 『국어교육의 반성과 개혁』, 서울대학교출판부.

이은정(1988), 『개정한 한글 맞춤법 표준어 해설』, 대제각.

이응백(1963), 「국어교육의 목표, 교육과정」, 『국어교육』(현대교육학총서 1), 현
　　대교육학총서출판사.

이응백(1975), 『국어교육사연구』, 신구문화사.

이응호(1973), 『개화기 한글 운동사』, 성청사.

이응호(1975), 『미군정기 한글 운동사』, 성청사.

이종국(1991), 『한국의 교과서 : 근대교과용도서의 성립과 발전』, 대한교과서주
　　식회사.

이종국(2001), 『한국의 교과서 출판 변천 연구』, 일진사.

이태일(1985), 「식민지 통치 기구의 정비와 운용」, 『일제의 한국 식민 통치』(차
　　기벽 외), 정음사.

이하준(2005), 『항일기 국어 교육』, 가톨릭대학교출판부.

이해명(1991), 『개화기 교육개혁 연구』, 을유문화사.

이호성(1947), 『민주주의 국어교수법 강화』, 문교사.

이희복(1963), 『국어교육의 앞길』, 어문각.

이희복(1963), 「국민학교, 중학교 학습지도」, 『국어교육』(현대교육학총서1), 현
　　대교육학총서출판사.

이희승(1946), 「국어란 무엇인가」, 『신천지』 1-3호, 서울타임스.

이희승(1946), 「언어와 민족」, 『신천지』 창간호, 서울타임스.

이희승(1949), 「국어교육의 당면 문제」, 『새교육』 2-2호. 대한교육연합회.

이희승(1955), 『국어학개설』, 민중서림.

임한영 외(1967), 『한국교육의 당면과제』, 왕문사.

장태진(1988), 『국어사회언어학 연구』, 삼영사.

장태진(2004), 『한국말 공동체의 연구』, 역락.

정범모(1956), 『교육과정』, 풍국학원.

정병호(2002), 「한국과 일본의 신문 저널리즘과 언문일치 운동」, 『한국과 일본의 근대 언문일치체 형성 과정』(김채수 외), 보고사.

정일환(1997), 「교육 정책 의제 설정 : 이론과 적용」, 『교육 정책 논리와 최적 선택』, 소화.

정준섭(1995), 『국어과 교육과정의 변천』, 대한교과서주식회사.

정진석(1989), 「일제 36년간 발간된 단 하나의 우리말 신문 매일신보」, 『매일신보』(영인축쇄판), 경인문화사.

정진석(1999), 『문자보급운동교재』, LG상남언론재단.

정태수(1992), 『미군정기 한국교육사 자료집』(상)·(하), 홍지원.

조선사연구회(1983), 『새로운 한국사 입문』, 돌베게.

조태린(1988), 「일제시대의 언어정책과 언어운동에 관한 연구」, 연세대학교 석사논문.

조항록(2010), 『한국어 교육 정책론』, 한국문화사.

중앙교육연구소(1954), 『아동과 교육과정』(상), 대한교육연합회.

중앙대학교 부설 한국교육문제연구소(1974), 『문교사』, 중앙대학교출판국.

차기벽 외(1985), 『일제의 한국 식민 통치』, 정음사.

차석기(1999), 『한국 민족주의 교육의 생성과 전개』, 태학사.

최경봉(2008), 「일제강점기 조선어 연구의 지향」, 『제47차 한국어학회 전국학술대회 자료집』, 한국어학회.

최봉기(2008), 『정책학 개론』, 박영사.

최옥경(1993), 「일제의 대한 식민지 언어정책의 배경 언어관 고찰」, 전남대학교 석사논문.

최용기(2003), 『남북한 국어 정책 변천사 연구』, 박이정.

최용기(2010), 『한국어 정책의 이해』, 한국문화사.

최창열(1978), 『국어교수법』, 개문사.

최현섭 외(1995), 『국어교육학의 이론화 탐색』, 일지사.

최현섭 외(1996), 『국어교육학개론』, 삼지원.

하동호(1986), 『한글 논쟁 논설집』(역대문법대계 3-22, 3-23), 탑출판사.

한국교과서연구재단(2001), 『한국 교과용도서 목록』, 한국교과서연구재단.

한국교육10년사 간행위원회(1958), 『한국교육10년사』, 풍문사.

한글학회(1971), 『한글학회 10년사』, 한글학회.

행정신문출판부(1956), 『한국교육개관』, 행정신문사.

허만길(1994), 『한국 현대 국어정책 연구』, 국학자료원.

허재영(2002ㄱ), 「근대 계몽기의 어문 문제와 어문 운동의 흐름」, 『국어교육연구』 제11호, 서울대학교 국어교육연구소.

허재영(2002ㄴ), 「근대 계몽기의 어문 정책」, 『국어교육연구』 제10호, 서울대학교 국어교육연구소.

허재영(2003), 「통감시대의 어문 정책」, 『한국어교육』 제18호, 한국어문교육학회.

허재영(2004ㄱ), 「과도기의 교과서」, 『교육한글』 제16~17합집, 한글학회.

허재영(2004ㄴ), 「근대 계몽기 이후 문맹퇴치 및 계몽 운동의 흐름」, 『국어교육연구』 제13집, 서울대학교 국어교육연구소.

허재영(2004ㄷ), 「문법 교육과정의 변천」, 『문법교육』 제1호, 한국문법교육학회.

허재영(2004ㄹ), 「일제강점기 일본인을 대상으로 한 조선어교육」, 『한말연구』 제14집.

허재영(2004ㅁ), 「일제강점기 조선인을 대상으로 한 일본어 보급정책 연구」, 『일제강점기 일본어 보급 정책 자료』, 역락.

허재영(2005ㄱ), 「건국기의 중등 국어교과서 연구」, 『어문연구』 제127호, 한국어문교육연구회.

허재영(2005ㄴ), 「국어 교육 정책 연구사」, 한국어교육학회 편찬위원회 편, 『국어교육론』 1, 한국문화사.

허재영(2005ㄷ), 「국어과 교육과정과 독서 교육론의 전개」, 『한말연구』 제16집,

한말연구학회.

허재영(2005ㄹ), 「국어과에서 독서 교육 발달 과정 연구 : 근대 계몽기로부터 건국기까지」, 『정신문화연구』 제100호, 한국학중앙연구소.

허재영(2005ㅁ), 「국어사전 편찬 정책 및 그 역사」, 『국어교육연구』 제15집, 서울 대학교 국어교육연구소.

허재영(2005ㅂ), 「국정 중학교 국어과 교과서에서의 국어 지식 영역 변천」, 『돈 암어문학』 제18집, 돈암어문학회.

허재영(2005ㅅ), 「근대 계몽기 국어 교과의 성립 과정 연구」, 『중등교육연구』 53-1, 경북대 중등교육연구소.

허재영(2005ㅇ), 「국어과에서의 쓰기 교육 변천 연구」, 『어문론총』 제42호, 한국 문학언어학회.

허재영(2006ㄱ), 「교육과정기 이전의 작문 교재 변천사」, 『한국어학』 제32집, 한국어학회.

허재영(2006ㄴ), 「문법 교육의 내용과 교수 : 학습 이론 변천사」, 『문법교육』 제4 호, 한국문법교육학회.

허재영(2006ㄷ), 「쓰기 교육과정의 변천과 이론적 배경」, 『한말연구』 제18집, 한말연구학회.

허재영(2007ㄹ), 「개화기의 문자 생활과 국어 문체의 변화」, 최기호 외, 『한국어 의 역사와 문화』, 박이정.

허재영(2007ㅁ), 「일제강점기 조선어 장려 정책과 한국어 교육」, 『한말연구』 제20집, 한말연구학회.

허재영(2008ㄱ), 『국어의 변화와 국어사 탐색』, 소통.

허재영(2008ㄴ), 『우리말 연구와 문법 교육의 역사』, 보고사.

허재영(2008ㄷ), 「어문 생활사 연구 대상과 방법」, 『우리말글』 제42집, 우리말글 학회.

허재영(2009ㄱ), 『일제강점기 교과서 정책과 조선어과 교과서』, 도서출판 경진.

허재영(2009ㄴ), 「국어사전 편찬 연구사」, 『한국사전학』 제13호, 한국사전학회.

허재영(2009ㄷ), 「일제강점기 조선총독부의 교과서 정책과 교과서 편찬 실태」,

『동양학』 제46집, 단국대학교 동양학연구소.

허재영(2010ㄱ), 『국어 쓰기 교육의 변천과 발전』, 소통.

허재영(2010ㄴ), 『국어과 교육론 : 국어과 교육의 내용과 역사』, 역락.

허재영(2010ㄷ), 『근대 계몽기 어문 정책과 국어 교육』, 보고사.

허재영(2010ㄹ), 『통감시대 어문 교육과 교과서 침탈의 역사』, 도서출판 경진.

허재영(2010ㅁ), 「문자 사용 양상에 따른 국어 문체 변천사」, 전정예 외, 『새로운 국어사 연구 방법론』, 도서출판 경진.

호리오 데루히사, 심성보·윤종혁 옮김(1997), 『일본의 교육』, 소화.

홍웅선(1963), 「한글첫걸음 시대, 교과서, 교육과정」, 『국어교육』(현대교육학총서1), 현대교육학총서출판사.

홍윤표 외(2002), 『한국어와 정보화』, 태학사.

2. 일본어

加田哲二(1940), 『植民政策』, ダイアモント社(大板).

姜東鎭(1979), 『日本の朝鮮支配政策史』, 東京大學出版部(東京).

國立國語研究所(1997), 『日本語と朝鮮語』, くろしお出版(東京).

木下竹次 外(1939), 『尋一合科教育の實踐』, 小學館(東京).

山田寬人(2004), 『植民地朝鮮における 朝鮮語獎勵政策』, 不二出版(東京).

三ツ井崇(2004), 『植民地下 朝鮮における 言語支配の構造 : 朝鮮語規範化問題を中心に』, 關西學院大學出版會(兵庫縣).

小倉進平(1921), 『朝鮮語學史』, 大阪屋號書店(大阪).

阿部辰之助(1922), 『現代朝鮮之研究』, 朝鮮印刷株式會社(京城).

原田金司(1945), 『朝鮮國民學校 國語要說』, 春川師範學校國語教育研究室.

乙竹岩造(1938), 『日本教育學教授法摘要』, 培風館.

伊藤光園(1940), 『內地人同樣なれる 國語話方の秘訣』, 四海公論社.

帝國地方行政學會 朝鮮本部(1932), 『朝鮮公用文の研究』, 行政學會印刷所.

帝國地方行政學會(1923), 『綜合教育學教科書』, 朝鮮印刷株式會社.

朝鮮新聞社(1936), 『朝鮮諸名士執筆 朝鮮統治の回顧と批判』, (株式會社) 朝鮮
　　新聞社.

朝鮮諸名士執筆(1937), 『朝鮮統治の回顧と批判』, 朝鮮新聞社(京城).

朝鮮初等教育研究會(1932), 『最新 各科學習指導要領』, 朝鮮公民教育會.

朝鮮總督府(1915), 「教科用圖書一覽表」, 『한국학』 제5집, 1975.

朝鮮總督府(1930), 『普通學校 朝鮮語讀本 卷一 編纂趣意書』(歷代文法大系 3-17).

朝鮮總督府(1937), 『朝鮮事情』 朝鮮總督府 印刷局(京城).

朝鮮總督府(1939), 『初等朝鮮語讀本 全(簡易學校用) 編纂趣意書』, 朝鮮總督府.

萩原彦三(1966), 『日本通治下の朝鮮における朝鮮語教育』, 友邦協會(日本).

學部編輯局(1910), 『普通教育學』, 學部(구한국시대).

桜井恵子(1999), 「韓國の日本語學習の談話展開の分析」, 『日語日文學研究』 제
　　35집.

3. 영어권

Bernard Spolsky, 김재원·이재근·김성찬(2001), 『사회언어학』, 박이정.

Hudson, R. A., 최현욱·이원국 역(1986), 『사회언어학』, 한신문화사.

Kloss, A.(1969), *Research Possibilities on Group Bilingualism, International Center for Research on Bilingualism.*

Peter Trudgill, 남원식 역(1985), 『사회언어학개론』, 형설출판사.

Ralph Fasold(1984), *The Sociolinguistics of Society*, Blackwell. New York.

Ronald Wardthaugh, 박희재 역(1994), 『사회언어학』, 한신문화사.

4. 주요 자료

『每日新報』(1910~1945), 景仁文化史.

『朝鮮總督府官報』, 亞細亞文化史.

『舊韓國官報』, 亞細亞文化史.

『朝鮮總督府 施政年譜』(1910~1945), 國學資料院.

『文敎の朝鮮』, MT出版(東京).

『月刊 朝鮮』, 高麗書林.

(기타 교과서 및 잡지 등은 별도로 제시하지 않았음)

찾 아 보 기